KB267452

혁신은 왜 실패하는가

혁신은 왜 실패하는가

초판 1쇄 인쇄 2026년 2월 3일
초판 1쇄 발행 2026년 2월 10일

지은이 박종성
펴낸이 오세인 | 펴낸곳 세종서적(주)

국장 주지현 | 편집 최정미, 이현미
표지 디자인 유어텍스트 | 본문 디자인 김미령
마케팅 조소영 | 경영지원 홍성우

출판등록   1992년 3월 4일 제4-172호
주소   서울시 광진구 천호대로132길 15, 세종 SMS 빌딩 3층
전화   (02)775-7011
팩스   (02)776-4013
홈페이지   www.sejongbooks.co.kr
네이버 포스트 post.naver.com/sejongbooks
페이스북   www.facebook.com/sejongbooks
원고 모집   sejong.edit@gmail.com

ISBN 979-11-995124-4-3   03320

• 잘못 만들어진 책은 바꾸어드립니다.
• 값은 뒤표지에 있습니다.

일러두기

1. 단행본과 잡지 등은 『 』로, 논문, 영화, TV 프로그램 등은 「 」로 표기했다.
2. 인명, 지명 등 외래어는 국립국어원 외래어표기법을 따랐으나 회사명, 제품명 등은 일반적으로
   통용되는 표기가 있을 경우 이를 참조했다.
3. 외화의 원화 환산 시 2026년 1월 8일 환율을 기준으로 했다(1달러당 1,453원, 1파운드당 1,949원).

혁신은 왜 실패하는가

WHY DOES INNOVATION FAIL?

박종성 지음

글로벌 기업들의 25가지 시행착오를 통해 살펴본 메타 착각

세종

인공지능AI 기술은 목적이 아닌 수단이며, 해답이 아닌 도구다. 그러나 지금 이 순간, 수많은 기업이 이 자명한 사실을 간과한 채 혁신이라는 이름으로 기술 도입 경쟁의 소용돌이에 뛰어들고 있다.

오늘날 산업 현장은 DX(디지털 대전환Digital Transformation)를 넘어 AX(인공지능 대전환AI Transformation) 시대에 접어들고 있다. AX는 기업, 조직, 산업이 인공지능을 활용해 업무, 제품, 서비스, 조직 문화, 비즈니스 모델 등 비즈니스 전반을 혁신하는 과정이다.

클라우드, IoT, 빅데이터 등 디지털 기술을 활용해 비즈니스 전반의 효율화와 자동화를 추구하는 DX의 기반 위에서 비즈니스 전반의 지능화를 통한 성장과 생산성 혁신을 추구하는 것이다.

이러한 AX의 물결 속에서, 기업들은 AI 기술을 활용해 업무, 제품, 서비스 전반을 지능화하고 성과를 혁신해야 한다는 절박함에 직면하고 있다. 회의실마다 'AI 전략'이 난무하고, 임원들은 경쟁사보다 빨리 AI 기술을 도입해야 한다는 강박에 시달린다. 소위 전문가들과 언론은 AI 기술이 가져다줄 장밋빛 미래를 찬양하며, "빨리 AI 기술을 도입하지 않으면 도태될 것"이라고 한다. 마치 100년 전 전기가 처음 등장했을 때처럼, 우리는 다시 한번 '기술 그 자체'에 도취되어 있다.

『혁신은 왜 실패하는가』는 바로 그 순간, 우리의 어깨를 붙잡고 멈춰 세우는 날카로운 경고를 담고 있다. 이 책은 단순한 실패 사례집이 아니라, 인류가 지난 100년간 기술 앞에서 반복해온 '착각'을 파헤친다. 1890년대 전기 혁명부터 2020년대 생성형 AI까지, 시대와 기술이 바뀌어도 우리는 똑같은 착각의 함정에 빠진다. 저자는 AX 분야 일등 기업 LG CNS에서 풍부한 컨설팅 경험을 쌓은 전문가로, 혁신이라는 미명하에 행해진 역사적 사실들로부터 이 반복되는 착각을 다섯 가지 '메타 착각'이라는 개념으로 명쾌하게 정리한다.

"새 기술만 들여오면 생산성이 저절로 오른다."

"정답은 빅데이터 속에 있다."

"인간은 시스템의 약한 고리다."

"멋진 기술은 스스로 시장을 만든다."

"리더가 강하게 밀어붙이면 혁신이 따라온다."

이 다섯 가지 착각은 독립적으로 존재하지 않는다. 그들은 서로를 강화하며, 조직 전체를 집단 착각의 소용돌이 속으로 몰아넣는다. 그리고 가장 무서운 점은, 이 착각들이 '합리적'이고 '논리적'으로 보인다는 것이다. 보고서의 숫자는 아름답고, 프레젠테이션은 설득력 있으며, 모든 이해관계자가 고개를 끄덕인다. 재앙은 조용히, 그러나 확실하게 다가온다.

지금 이 순간에도 수많은 기업이 'AI 도입'을 외치며 달려가고 있다. 하지만 이 책의 독자라면 반드시 멈춰 서서 물어야 한다.

"우리는 무슨 문제를 해결하려 하는가?"

"AI 기술은 그 문제에 대한 올바른 해답인가?"

"기술 도입과 함께 우리의 프로세스와 문화도 진화할 준비가 되어 있는가?"

"혹시 우리는 해결책을 먼저 정해놓고, 거기에 맞는 문제를 찾고 있는 것은 아닌가?"

이 책은 '사전 부검'이라는 실용적 도구를 제공하고 있다. 프로젝트가 실패한 뒤 원인을 분석하는 '사후 부검'은 이미 늦다. 저자는 우리에게 시간을 거슬러 올라가 묻는다. "만약 이 프로젝트가 완전히 실패한다면, 그 이유는 무엇일까?" 이 단순해 보이는 질문의 전환이 조직 내 침묵을 깨고, 보이지 않던 위험을 드러낸다. 각 장 끝에 실린 '프로젝트 성공률을 높이는 사전 부검 체크리스트'는 단순한 체크리스트가 아니다. 그것은 조직의 집단 사고를 깨는 해독제이며, 기술에 대한 맹목적 신앙에 균열을 내는 쐐기다.

오늘날 우리가 마주한 AI 기술의 발전은 인류 역사상 가장 빠르게 전개되는 변화다. 기술의 접근성은 높아졌고, 진입 장벽은 낮아졌다. 누구나 AI 기술을 쉽게 '도입'할 수 있다. 바로 여기에 함정이 있다. 쉬워 보이기 때문에, 깊이 생각하지 않는다. 빠르게 움직여야 한다는 조급함이 신중한 성찰을 밀어낸다.

이 책은 우리에게 경고한다. 기술은 중립적이지 않다. 잘못 사용된 기술은 문제를 해결하는 대신 더 큰 문제를 만든다. 자동화는 일을 줄이는 대신 '일을 하기 위한 일'을 늘릴 수 있다. 데이터는 진실을 드러내는 대신 편견을 증폭시킬 수 있다. 시스템은 효율을 높이는 대신 조직을 경직시킬 수 있다.

그렇다면 우리는 어떻게 해야 하는가?

저자는 분명히 말한다. 혁신을 포기하라는 것이 아니다. 오히려 제대로 된 혁신을 하라는 것이다. '제대로'라는 말의 의미는 간단하다. 기술을 목적이 아닌 수단으로 보고, 해결책보다 문제에 먼저 집중하며, 조직과 사람의 준비 없이 시스템만 바꾸는 오류를 피하라는 것이다.

이 책은 경영자에게는 겸손과 성찰을, 그리고 현장 실무자에게는 용기를 준다. "이 프로젝트, 정말 제대로 가고 있습니까?"라고 물을 수 있는 용기 말이다. 모두가 한 방향으로 달려갈 때, 가장 용기 있는 행동은 멈춰 서서 방향을 확인하는 것이다. 모두가 AI 기술이 가져다줄 것이라고 믿는 약속의 땅을 향해 달려가는 지금, 이 책은 우리 앞에 놓인 지도가 정말 올바른지, 우리가 가려는 곳이 정말 약속의 땅인지 묻는다. 이 질문에 답할 준비가 된 사람만 진정한 혁신을 이룰 수 있다. 그리고 그 답을 찾는 여정의 첫걸음이 바로 이 책이다.

지금 당신의 조직에서 진행 중인 'AI 프로젝트'를 떠올려보라. 그리고 이 책의 첫 장을 펼쳐라. 아직 늦지 않았다.

이경식 | 서울대학교 산업공학과 교수

기술이 아무리 빠르게 발전해도 그 자체가 혁신이나 성공으로 이어지지 않는다는 사실을 우리는 수많은 조직 현장에서 경험해왔다. 특히 전통 산업 시대의 성공 공식이 AX 시대에는 오히려 걸림돌이 되는 경우가 많은데, 그 핵심 이유는 기술이 아니라 사람과 조직의 사고방식이 변하지 않기 때문이라는 점을 이 책은 날카롭게 짚어준다. 그리고 무엇보다 우리가 반복해온 '예측 가능한 실패'를 어떻게 하면 피할 수 있는지에 대한 깊고 실질적인 통찰을 전한다. 빠르게 변화하는 AX 시대에 무엇을 새롭게 바라보고 어떻게 일해야 하는지 고민하는 대한민국 리더들에게 권하고 싶은 책이다.

황성현 | 가친대학교 스타트업 길리지 교수, 퀀텀인사이트 내표, 선 카카오 무사상

혁신은 왜 실패하는가

이 책은 혁신의 실패 요인을 다섯 가지 '메타 착각'으로 규명한다. 신기술 도입 시 장밋빛 미래만 강조하다 실패를 겪는 기업들에 이 책은 훌륭한 길잡이가 되어준다. 저자는 다양한 역사적 사례를 바탕으로 혁신의 난관을 분석하는 한편, 구체적인 대안까지 제시한다. 끊임없이 혁신을 모색해야 하는 기업과 리더들에게 깊은 통찰을 주는 지침서로 일독을 권한다.

유성준 | 세종대학교 석좌교수, 인공지능융합연구원장

"혁신하라!"는 말은 이 시대 가장 유혹적인 주문이다. 그런데 이상하다. 다들 열심히 혁신하는데, 왜 대부분 실패로 끝날까? 이 책은 바로 그 불편한 질문에 정면으로 답한다. SERICEO 비즈니스 북클럽에서 수많은 경영서를 읽어왔지만, 이처럼 혁신의 '실패 DNA'를 날카롭게 해부한 책은 드물다. 저자는 100년 전 전기 도입 실패부터 메타의 VR 좌충우돌, 질로우의 AI 폭망, 1,700억 원을 날린 BBC의 디지털 프로젝트까지 추적하며 묻는다. "당신은 왜 같은 실수를 반복하는가?"
이 책의 매력은 단순히 '조심하라'는 경고가 아니라, '사전 부검'이라는 처방전을 내민다는 점이다. 사후 부검은 누구나 한다. 그러나 실패하기 전에 죽음을 상상해보는 조직만이 살아남는다. 혁신을 꿈꾸는 리더라면, 이 책으로 실패 예방접종부터 맞길 권한다.

이동우 | SERICEO 비즈니스 북클럽 북멘토

혁신을 망치는 것은 기술이나 변화에 대한 저항이 아니라, '똑똑한 사람들의 잘못된 확신'이다. 이 책은 혁신이 필요한 모든 리더와 실무자에게 아이디어보다 실행이 중요하다는 사실을 알려주며, 우리가 당연하게 믿어온 확신을 질문으로 바꾸도록 이끈다.

이시한 | 성신여대 겸임교수, 북튜브 「시한책방」 운영자, SH미래인재연구소 대표

시장에는 변하지 않는 진리가 있다. '성공과 실패는 항상 고객에 의해 결정된다'는 것이다. 저자가 말하는 인류의 다섯 가지 메타 착각은 이 진리를 증명하는 동시에, 혁신가들이 자기중심 사고에 빠지는 것은 인류 역사 속에서 반복되고 고쳐지지 않는 고질병이라는 사실도 말해준다. 그래서 이 책이 소중하다. 혁신을 만드는 기업들이 쉽게 빠질 수 있는 착각과 고질병에서 벗어나 성공의 길을 가도록 도와주기 때문이다.

이길상 | 이퀄썸스퀘어 CEO, 「OKR로 빠르게 성장하기」 저자

인류는 왜 100년 동안 같은 실수를 반복하는가?

주니어 컨설턴트로 일하던 십수 년 전, 거대한 부품 공장의 재탄생을 목격했다. 축구장 몇 개를 합친 것보다 더 넓은 공간이 갓 칠한 페인트 냄새와 기계의 서늘한 금속 냄새로 가득했다. 당시 고객사였던 공장의 책임자는 자랑스러운 표정으로 '스마트 팩토리'의 심장부, 즉 거대한 유리벽 너머의 관제실을 가리켰다. 그곳은 고요하고 질서 정연했다. 인간의 불안정한 숨소리나 불필요한 잡담 대신, 서버가 내뿜는 일정한 백색소음이 공간을 채웠다. 거대한 스크린에서는 수백 개의 데이터가 쉴 없이 흐르고, 시스템의 상태를 알리는 녹색 신호등이 깜박이며 모든 것이 정상임을 증언했다.

공장 책임자는 새로운 시대의 문을 열었다는 확신에 찬 목소리로 설명했다. 인간의 실수는 이제 과거의 유물이 되었으며, 이 시스템이 모든 것을 보고, 모든 것을 판단하고, 모든 것을 통제하기에 일분일초의 낭비도 없을 것이라고 했다. 그의 말은 틀리지 않아 보였다. 시스템이 정말로 모든 것을 통제하는 것 같았다. 하지만 몇 달 뒤, 다시 그곳을 찾았을 때 마주한 풍경은 기이하고 당혹스러웠다. 관제실의 스크린에서는 여전히 수백 개의 녹색 불이 반짝였지만, 생산 라인은 어딘가 모르게 삐걱거렸다. 현장 직원들의 얼굴에는 보이지 않는 피로가 짙게 배어 있었다. 나는 그 이유를 알아내기 위해 며칠간 공장 곳곳을 조용히 관찰했다.

그리고 마침내 그 기이한 풍경의 실체와 마주했다. 한 직원은 자동화 시스템이 미세한 각도 차이 때문에 인식하지 못하는 부품을 바로잡기 위해 하루에도 수백 번씩 라인 옆에 서서 기계를 '속이는' 일을 하고 있었다. 또 다른 직원은 시스템이 내뱉는 비효율적인 동선을 무시하고, 자신만의 지름길을 통해 부품을 나르고 있었다. 정작 중요한 소통과 문제 해결은 시스템 바깥의 낡은 무전기를 통해 그들만의 언어로 이루어지고 있었다. 시스템은 일을 돕는 것이 아니라, 그들이 돌봐야 할 예민하고 손 많이 가는 상전이 되어버렸다. 그들은 어느새 '일을 하기 위한 일'에 파묻혀 허우적거리고 있었다. 경영진의 눈에 보이지 않는 이런 '그림자 노동Shadow Work'은 조용히 그들의 시간을 갉아먹고 있었다. 프로젝트는 공식적으로 실패하지 않았다. 보고서의 숫자는 여전히 아름다웠다. 하지만 나는 알고 있었다. 그들의 거창한 계획이 서서히 가라앉고 있다는 사실을.

그들은 왜 그토록 눈에 뻔히 보이는 함정에 빠지고 말았을까? 더 나아가, 시작부터 실패가 예견되어 있었는데, 왜 아무도 그 사실을 눈치채지 못했을까? 이 질문에 대한 답을 찾아가면서 나는 깨달았다. 그것은 어느 한순간의 실수 때문에 벌어진 일이 아니라, 서로 단단히 맞물려 돌아가는 거대한 '생각의 함정'에 빠진 결과였다. 그 함정의 실체를 파헤치는 것이 바로 이 책을 쓰게 된 이유다.

소리 없이 침몰하는 거함들

오늘날 기업 현장은 DX(디지털 전환)를 넘어 AX(AI 기반 비즈니스 혁신) 시대로의 대전환을 맞이하고 있다. 어디를 가나 기술에 대한 예찬론이 넘쳐나지만, 그 이면의 실패 가능성과 원인, 그리고 구체적인 대처 방안에 대한 논의는 찾아보기 어렵다. 막대한 투자에도 불구하고 많은 혁신 프로젝트가 실패하고 있으며, 특히 AI 관련 프로젝트는 그 심각성이 더 두드러진다. 실제로 다수의 조사 결과에 따르면, AI 관련 프로젝트는 기존 IT 프로젝트에 비해 실패율이 현저히 높을 뿐 아니라, 실패할 경우 비즈니스에 미치는 파급 효과와 피해 규모 또한 훨씬 심각한 수준이다.

냉혹한 현실은 숫자로 여실히 드러난다. 2025년을 지나며 AI에 대한 막연한 환호는 '확장 실패'라는 차가운 성적표를 마주했다. S&P 글로벌이 발간한 마켓 인텔리전스 보고서에 따르면, 글로벌 주요 기업의 42퍼센트가 AI 프로젝트를 중도 포기했을 것으로 추정했다. 같은 해 하반기 딜로이트Deloitte 보고서의 결과도 다르지 않다. 글로벌 리더의 3분의 2 이상이 "현재 진행 중인 AI 실험 중 실제 전사 시스템으로 확장되는 비율은 30퍼센트 미만에 그칠 것"이라고 답했다. 기술적 가능성과 비즈니스 현실 사이의 괴리가 고스란히 드러나는 대목이다.

다른 연구들은 더 암울한 그림을 그린다. RAND 연구소는 AI 프로젝트의 실패율이 최대 80퍼센트에 달하는데, 이는 비AI 기술 프로젝트 실패율의 거의 두 배에 해당하는 수치라고 분석한다. MIT의 2025년 연구는 한 걸음 더 나아가, 기업이 수십억 달러를 투자했음에도 불구하고 생성형 AI 파일럿 프로젝트의 95퍼센트가 측정 가능한 수익을 창출하는 데 실패했다고 밝힌다.

이런 현상은 AI 기술의 접근성이 높아진 것과 무관하지 않다. AI 실험의 용이성이 실제 운영의 복잡성을 가리고, 명확한 전략 없이 기술 도입에만 몰두하는 '전략적 조급증Strategic Impatience'이 만연한 결과일 수 있다. 이는 미래를 향한 건강한 조급함이 아니라, 본질적인 질문을 건너뛰고 눈앞의 기술적 유행을 좇는 데 급급한 불안감에 가깝다. 이처럼 기술 도입 속도와 실패율 증가는 우연한 상관관계가 아니라, 서로를 부추기는 인과관계에 가깝다. 기술 도입의 문턱이 낮아질수록, 리더들은 고통스러운 준비 과정을 건너뛰고 싶은 유혹에 빠진다. 그러나 이는 단기적 편의를 위해, 미래의 실패라는 값비싼 청구서를 선택하는 행위다.

대부분의 관련 서적이나 강연이 첨단 기술의 밝은 미래만 조명하는 동안, 이렇듯 현장에서는 수많은 프로젝트가 소리 없이 좌초하고 있다. 바로 이런 현실과 이상 사이의 깊은 간극에서 이 책의 필요성이 제기되었다.

나는 지난 15년간 경영 컨설턴트로서 국내 유수 기업들의 디지털 혁신 여정을 지원하며 성공과 함께 수많은 안타까운 실패도 직간접적으로 목격했다. "왜 야심 찬 프로젝트들이 기대한 성과를 거두지 못하고 실패하는가?"라는 현장의 오랜 질문에 대한 답을 찾고, 이를 여러 기업의 경영진에게 설명하는 과정에서, 나는 시대를 관통하며 반복되는 다섯 가지 '메타 착각Meta-Illusion'이 그 핵심 원인임을 발견했다.

우리를 함정에 빠뜨리는 다섯 가지 메타 착각

우리는 똑똑하고 성실하다. 하지만 똑똑하고 성실한 사람들이 모여 어리석은 결정을 내리는 일은 놀라울 만큼 흔하다. 왜냐하면 실패는 개인의 능력이 부족해서가 아니라, 우리가 세상을 이해하고 계획을 세우는 방식에 깊이 뿌리내린 체계적인 착각 때문에 발생하기 때문이다. 나는 수많은 실패 사례를 분석하며, 시대와 산업을 넘어 반복적으로 나타나는 다섯 가지 거대한 '메타 착각'을 발견했다.

메타 착각 1에서는 '새 장비만 도입하면 생산성이 저절로 오를 것'이라는 가장 흔하고 오래된 착각에 대해 살펴본다. 새로운 기술의 잠재력을 낡고 비효율적인 과거 방식에 그대로 가둬버리는 어리석음을 들여다본다. 메타 착각 2에서는 '정답은 빅데이터와 복잡한 시스템에 있다'는 기술 만능주의의 중심으로 들어간다. 현실을 완벽하게 비춘다고 믿었던 데이터가 사실은 현실의 희미한 그림자에 불과할 때 어떤 비극이 벌어지는지 목격할 것이다. 메타 착각 3은 여기서 한 걸음 더 나아가, '인간은 시스템의 가장 약한 고리이므로 제거해야 한다'는 오만한 믿음이 어떻게 스스로를 파괴하는지 추적한다. 인간의 직관과 경험을 '잡음'으로 취급한 시스템이 어떻게 최후의 안전장치를 스스로 내던지는지 살펴볼 것이다.

메타 착각 4에서는 방향을 바꿔 '멋진 제품은 스스로 시장을 만든다'는 기술에 대한 맹신을 조명한다. 풀어야 할 '문제'가 무엇인지 묻기도 전에, 자신의 기술이 유일한 '정답'이라고 확신했던 천재들의 화려한 실패담을 마주할 것이다. 마지막으로 메타 착각 5에서는 이 모든 착각을 지휘하는 리더의 문제를 다룬다. '리더가 비전을 제시하고 강하게 밀어붙이면 혁신은 따라온다'는 믿음이 어떠한 방식으로 조직을 병들게 하는지, 구성원의 저항을 '장애물'이 아니라 시스템의 위험을 알리는 '면역 반응'으로 봐야 하는 이유는 무엇인지에 대한 질문을 던질 것이다.

   혁신은 왜 실패하는가

실패를 미리 내다보고 예방하는 법, 사전 부검

서점에는 성공한 사람들의 이야기가 넘쳐난다. 하지만 성공은 좋은 스승이 되기 어렵다. 성공 안에는 수많은 운과 우연이 온통 뒤섞여 있기 때문이다. 반면 실패는 보편적이고 강력한 스승이다. 단, 우리가 그 실패를 겪고 난 뒤가 아니라, 겪기 전에 배울 수만 있다면 말이다. 이 책은 성공을 찬양하는 대신, 실패의 구조를 집요하게 파고든다. 화려하게 실패한 프로젝트들이 남긴 값비싼 교훈을 통해, 우리는 어떻게 하면 같은 지뢰를 밟지 않을 수 있는지, 아니 더 정확히는 어떻게 하면 '예측 가능한' 실패를 미리 피해갈 수 있는지 배울 것이다.

어떻게 해야 실패 가능성을 미리 내다보고 예방할 수 있을까? 인지심리학자 게리 클라인Gary Klein의 '사전 부검Pre-mortem'이 그 답이 될 수 있다. 이름은 조금 섬뜩하지만, 죽은 사람의 사인死因을 살피는 '사후 부검Post-mortem'을 거꾸로 뒤집은 개념이다. 사후 부검은 근본적인 한계를 안고 있다. 죽음에 이른 경위와 원인을 아무리 샅샅이 규명한들, 정작 환자는 이미 죽은 뒤이기 때문이다. 반면 사전 부검은 아직 살아 있는 프로젝트, 즉 '환자'를 살리기 위한 예방 의학이다. 실패라는 재앙을 막기 위해 미리 접종하는 백신인 것이다.

방법은 간단하다. 여러분의 팀이 새로운 프로젝트를 시작하기 직전이라고 상상해보자. 리더나 진행자는 회의실에 모인 사람들에게 이렇게 선언한다. "자, 잠시 눈을 감아봅시다. 우리는 지금 미래를 비추는 수정 구슬을 들여다보고 있습니다. 바로 지금, 6개월 후의 미래가 눈앞에 펼쳐지고 있습니다. 우리가 야심 차게 시작했던 이 프로젝트는…… 완전히 처참한 재앙으로 끝났습니다." 이 극적인 선언이 끝나면, 모두에게 몇

분의 시간이 주어진다. 각자 조용히, 그리고 독립적으로 프로젝트가 처참하게 실패한 이유를 생각나는 대로 적어본다.

"무엇이 잘못될 수 있는가?"라고 묻는 대신, "이미 실패했다, 무엇이 잘못되었는가?"라고 질문의 방향을 트는 것이 사전 부검의 핵심이다. 이 작은 전환은 우리 뇌의 작동 방식을 완전히 바꾼다. 심리학자들은 이를 '전향적 회상Prospective Hindsight'이라고 부른다. 미래를 '예측'하라고 하면, 우리 뇌는 막연한 낙관론에 빠지기 쉽다. 하지만 이미 일어난 과거를 '설명'하라고 하면, 훨씬 더 구체적이고 논리적인 탐정이 된다. 1989년 수행된 한 연구에 따르면, 이 기법을 사용했을 때 미래 결과의 원인을 정확하게 식별하는 능력이 30퍼센트나 향상되었다. 사전 부검은 우리 뇌의 작동 모드를 교묘하게 바꾸는 일종의 '인지적 해킹'인 셈이다.

사전 부검의 진짜 힘은 따로 있다. 그것은 조직 내에 만연한 '집단사고Groupthink'를 무너뜨린다는 점이다. 평소라면 회의 분위기를 망칠까봐, 혹은 부정적인 사람으로 보일까 봐 차마 꺼내지 못했던 마음속 우려를 터놓을 수 있는 완벽한 명분을 제공한다. 이 회의에서 비판은 더 이상 불평이 아니다. 오히려 가장 뛰어난 통찰력의 증거가 된다. 가장 날카로운 실패 원인을 찾아낸 사람이 팀의 영웅이 되는 순간이다. 그렇게 사전 부검은 팀원들에게 누구도 다치지 않고 진실을 말할 수 있는 '심리적 안전지대'를 만들어준다.

이 책은 사전 부검이라는 도구를 여러분의 계획에 체계적으로 적용할 수 있도록 설계한 안내서다. 실패를 유발하는 다섯 가지 거대한 '메타 착각'을 하나씩 해부하며, 실제 사례를 통해 착각의 발생 경위와 본질을 파고든다.

각 장의 이야기가 끝나면 잠시 책을 덮고, 이를 렌즈 삼아 여러분이 지금까지 세운 계획을 꼼꼼히 들여다보자. 이 성찰 과정을 구체적으로 이끄는 것이 바로 각 장 말미에 있는 '프로젝트 성공률을 높이는 사전 부검 체크리스트'다. 가령 "만약 내 계획이 수포로 돌아간다면, 그 이유가 혹시 해결책이 가진 기술적 화려함에 눈멀어 '진짜 문제'를 보지 못했기 때문은 아닐까?"와 같은 질문들이 여러분의 사유를 더 깊고 넓은 곳으로 안내할 것이다. 이처럼 읽고, 멈추고, 자신의 계획에 비추어 질문하는 과정을 반복하다 보면 여러분은 곳곳에 숨어 있는 암초를 피할 가장 강력한 레이더를 손에 쥘 것이다.

우리는 살면서 "그때 알았더라면……" 하고 후회 섞인 한숨을 수없이 내쉰다. 거창한 계획이 어이없는 이유로 무너지는 상황을 지켜보는 것에 지친 사람들, '나중에 보니 명백했던' 실수를 미리 발견하고 싶은 사람들, 그리고 후회가 아닌 통찰을 손에 넣고 싶은 사람들, 이 책은 바로 그런 사람들을 위한 생각의 지도다. 이 책은 특정 분야 전문가만을 위한 것이 아니다. 중요한 투자 의사결정을 앞둔 기업 임원과 실무자, 벤처 투자자, 신사업을 준비하는 창업가, 중요한 발표를 앞둔 직장인, 그리고 인생의 중요한 결정을 내려야 하는 우리 모두를 위한 책이다.

2026년 1월, 잠원동 작은 서재에서
박종성

차례

메타 착각

1

도구의 혁신이
곧 생산성의 혁신이다

역사의 어떤 순간들에는 약속의 냄새가 진동한다. 귓가를 찢던 증기 엔진의 포효와 공장을 질식시키던 시커먼 석탄 연기가 마침내 자취를 감추고, 그 자리에 오직 깨끗한 동력원이 선사하는 고요만 흐를 것이라는 약속. 인간의 개입과 실수가 원천적으로 제거된 불 꺼진 공장, 그 칠흑 같은 어둠 속에서 수천 개의 로봇 팔이 쉼 없이 완벽한 제품을 쏟아내는 광경을 화려한 언어로 그려내는 순간. 물리적 거리라는 제약이 사라진 가상 사무실, 멀리 떨어져 있는 동료와 마주 앉아 서로 미세한 표정과 몸짓까지 읽으며 손발을 맞출 수 있다는 달콤한 약속을 건네는 순간. 혹은 수십억 개의 상품에 붙은 전자 태그가 거대한 공급망 전체를 하나의 투명한 유리 상자로 만들 것이라는 비전을 선포하는 순간.

이런 장면에서 기술은 단순한 도구가 아니라 종교적 복음으로 다가온다. 비효율, 실수, 낭비, 단절. 인간과 시스템의 고질적이고 지저분한 문제들을 단번에 해결해줄 만병통치약처럼 보인다. 약속의 핵심은 언제나 같다. 복잡하고 골치 아픈 인간사의 문제를 돈으로 살 수 있는 어떤 '물리적 실체'로 단번에 해결할 수 있다는 믿음. 우리는 그 새로운 기계 표면에서 미래의 섬광을 보고, 그 고요한 작동음 속에서 완벽한 통제와 질서의 시대를 꿈꾼다. 그 약속에 취하기는 너무나 쉽고, 그 서사에 저항하기는 거의 불가능해 보인다. 혁신은 마치 쇼핑 카트에 새로운 물건을 담는 행위와 다름없는 것처럼 보인다.

하지만 그토록 눈부셨던 약속의 아침이 지나고, 냉정한 현실의 오후가 찾아왔을 때 우리가 마주하는 풍경은 종종 기이하고 당혹스럽다. 현장은 화려한 청사진이 그려낸 세계와 전혀 다른 방식으로 움직인다. 정밀한 용접을 위해 도입된 최첨단 로봇 팔은 엉뚱하게도 옆에 있는 다른 로봇에 불꽃을 튀기거나, 서로의 몸체에 페인트칠을 하거나, 조립해야 할 차체를 찢어버리는 코미디를 연출한다. 공장주는 막대한 돈을 들여 구입한 새 전기 모터를, 낡은 증기기관이 놓여 있던 자리에 그대로 설치한다. 결국 전기의 진짜 잠재력은 봉인된 채, 수십 년 된 비효율적인 벨트와 동력 축을 돌리는 데만 힘을 낭비한다. 어떤 조직은 불필요하고 형식적인 절차를 없애는 대신, 그 일을 자동으로 해주는 복잡한 시스템을 만들기도 한다. 이 때문에 진작에 사라졌어야 할 관례가 신기술이라는 이름으로 포장되고 박제된다. 시공간을 초월한 협업을 위해 값비싼 헤드셋을 착용한 직원들은 채 한 시간도 버티지 못하고 두통과 멀미를 호소하며 기기를 벗어 던진다. 그러고는 익숙한 2차원 화상 회의 링크를 클릭한다.

또 한 가지, 이처럼 기묘한 실패 현장에서는 공통적으로 '그림자 노동'이 발견된다. 경영진의 눈에는 보이지 않지만, 현장 직원들은 새 기술이 남긴 구멍을 메우기 위해 보이지 않는 노동에 시달린다. 비에 젖어 자동화 시스템이 읽지 못하는 상자의 바코드를 일일이 손으로 다시 찍고, 가상 현실 기기의 무게 중심을 맞추기 위해 뒤쪽에 동전 뭉치를 테이프로 붙인다. 약속된 자동화는 노동의 종말이 아니라, '기계의 실수를 뒷수습하는' 새로운 형태의 고단한 노동을 낳았다. 기술이 약속한 유토피아와 아수라장 같은 현장의 간극을 이 이름 없는 노동으로 힘겹게 메웠다.

이것이 바로 우리가 이 책에서 파헤치려는 첫 번째 '메타 착각'이다. "새롭고 멋진 장비만 도입하면 생산성은 저절로 올라갈 것이다." 더 정확히 말해, "새로운 기술의 도입 자체가 업무 프로세스, 효율성, 조직 문화의 변화를 자동적으로 불러올 것이라는 잘못된 믿음은 업무 처리 방식이나 조직 구조, 인간 행동의 근본적인 재설계 없이 도구만 바꾸면 된다는 안일한 생각이다." 이런 착각은 단순한 실수가 아니다. 그것은 하나의 강력한 인지적 유혹이다. 눈에 보이지 않고, 갈등을 유발하며, 조직 문화와 인간 행동의 변화라는 '어려운 과제'를, 예산을 투입해 구매할 수 있는 기술이라는 '쉬운 과제'로 대체하려는 전략적 회피에 가깝다. 로봇을 구입하는 것은 명쾌하고 손쉽게 결정할 수 있지만, 수십 년간 이어진 조직의 관성을 바꾸는 것은 고통스러운 정치적 과정을 거쳐야 한다. 우리는 후자의 고통을 피하고자 전자의 명쾌함에 기꺼이 기댄다.

이 착각의 바이러스는 시대와 기술을 넘어 반복적으로 창궐하며 거대한 실패의 역사를 써왔다. 앞으로 이어질 이야기는 그 실패의 해부도다. 우리는 몇 가지 근본적인 질문을 던지며 그 역사의 현장으로 들어갈 것이다. 첫째, 우리의 탁월한 기술력을 낡고 비효율적인 과거의 길을 그대로 포장하는 데 쓴다면 어떤 비극이 벌어질까? 애초에 존재하지 말았어야 할 업무를 자동화하기 위해 복잡한 기계를 만드는 것은 과연 혁신일까, 퇴행일까? 둘째, 우리가 해결하려는 문제가 '기술 부족'이 아니라 '상상력 부족' 때문에 발생한 것은 아닐까? 값비싼 새 시스템이 기존의 어려움을 해결하는 것이 아니라, 오히려 증폭시키는 확성기 역할만 할 때, 누구에게 책임이 있을까? 셋째, 완전무결해 보이는 기계를 널리 보급

 혁신은 왜 실패하는가

하기 위해 세운 전략이, 예측 불가능하고 연약한 인간의 마음과 충돌할 때 그 대가는 무엇일까? 문제 해결을 위한 답이 사람과 프로세스에 있다는 것을 알면서도, 왜 우리는 기술의 화려함에 현혹되어 본질을 외면하는 걸까? 마지막으로, R&D 단계에서는 분명 완벽했던 결과가 현실의 혼돈과 부딪치는 순간 산산조각 나는 이유는 무엇일까?

이 질문들은 과거의 실패담에만 머무르지 않는다. AI와 양자 컴퓨팅, 이름 모를 다음 세대의 기술이 문을 두드리는 오늘날, 이 질문들은 훨씬 더 절박하게 우리의 답을 기다리고 있다. 여기서 다룰 이야기는 기술에 대한 막연한 공포나 맹목적인 숭배에 관한 것이 아니다. 오히려 그 반대다. 더 단단하고 지속 가능한 혁신을 찾기 위한 탐사 기록이다. 진정한 혁신은 번쩍이는 새 기계의 도입에서 시작되는 것이 아니라, 우리의 일하는 방식, 조직 문화, 자신의 낡은 습관을 직시하는 순간 발현된다는 것을 증명하려는 시도다. 새로운 기술은 언제나 모든 문제를 해결해줄 것처럼 우리를 유혹한다. 하지만 그 손을 잡기 전에, 우리는 과연 지금 올바른 질문을 던지고 있는지 되짚어봐야 한다.

1장

변화를 가로막는 관성의 힘

::

100년 전 전기 혁명, 새 술을 낡은 부대에 담다

새로운 시대 희망의 불꽃, 전기

1900년대 초, 세상은 거대한 변화의 문턱에 서 있었다. 하늘은 온통 시커먼 석탄 연기로 뒤덮이고, 귓가에서는 거대한 기계들이 쉴 새 없이 돌아가는 요란한 소리가 끊이지 않는다. 공장 안으로 한 발짝 들어서면, 뜨거운 증기와 역한 기름 냄새가 뒤섞여 숨쉬기조차 쉽지 않았다. '증기기관의 시대'라 불리는 시절, 익숙한 공장의 풍경이었다. 하지만 수십 년간 세상을 지배한 이 오랜 동력원의 시대도 서서히 막을 내리고 있었다. 마치 짙은 어둠을 가르고 솟아오르는 한 줄기 빛처럼, '전기'라는 눈부신 새 시대의 동력이 역사의 무대에 떠올랐다.

이런 변화는 단순히 사용하던 에너지를 바꾸는 것 이상의 의미를 지녔다. 그것은 세상을 근본부터 뒤흔들 거대한 변혁의 씨앗과도 같았다. 사람들은 전기가 인간의 고된 노동을 덜어주고, 생활 방식을 편리하게 변화시킬 것이라 기대했다. 나아가, 사회가 움직이는 기본 구조, 심지어 우리가 세상을 이해하고 바라보는 방식까지 완전히 바꿀 엄청난 잠재력을 지닌 존재로 여겼다. 그 기대는 마치 고대 신화 속 프로메테우스가 인간에게 가져다준 '불'에 비견될 정도였다. 전기는 그만큼 새로운 문명을 밝힐 희망의 빛으로 인식되었고, 엄청난 기대를 한 몸에 받았다. 당시 사람들은 이 새로운 에너지가 열어젖힐 무한한 가능성에 깊이 매료되었다.

그 당시 사회 분위기는 전기 혁명에 대한 열광으로 가득했다고 해도 과언이 아니었다. 이전까지 공장의 심장이었던 증기기관은 크고, 시끄럽고, 석탄 먼지와 연기를 끊임없이 내뿜는 더러운 존재였다. 하지만 새로 등장한 전기 모터는 작고, 조용하며, 무엇보다 깨끗했다. 사람들은 이 전기 모터를 공장의 풍경부터 소리, 냄새까지 모두 긍정적으로 바꿀 혁신적인 존재로 바라보았다. 낡고 비효율적인 동력이 만들어내는 소음과 끔찍한 공해에서 마침내 벗어나, 훨씬 깨끗하고 효율적으로 일할 수 있다는 기대감은 공장을 소유한 자본가부터 고된 노동에 시달리던 현장 노동자까지, 그 시대를 살아가던 모든 사람을 설레게 했다.

특히 전기 모터는 기존의 증기기관보다 훨씬 높은 에너지 효율을 자랑했을 뿐만 아니라, 공장 내 수많은 기계 각각에 필요한 만큼의 힘을 개별적이고 아주 정밀하게 공급할 새로운 가능성을 활짝 열었다. 이는 단순히 낡은 기계를 새 기계로 교체하는 수준의 변화가 아니었다. 그것은 전체 생산 방식의 근본적인 변화를 예고하는 강력한 신호탄과 같았다. 당시 신문과 잡지들은 앞다투어 전기를 '제2의 불', '산업 현장의 마법사'와 같은 화려한 수식어로 묘사하며, 전기가 만들 꿈같은 미래의 모습을 그려냈다. 이런 표현들은 단순히 신기술에 대한 막연한 기대를 넘어, 전기가 사회 전체를 얼마나 근본적이고 긍정적으로 변화시킬 수 있을지에 대한 사람들의 깊은 믿음과 뜨거운 열망을 고스란히 보여주었다.

공장주들은 더 이상 석탄을 쌓아두고 보일러를 관리하는 골치 아픈 일 없이, 훨씬 저렴하고 효율적으로 공장을 돌릴 수 있는 시대를 꿈꾸었다. 노동자들은 위험천만하게 돌아가던 복잡한 벨트와 회전축 사이에서 벗어나, 훨씬 안전하고 쾌적한 환경에서 일할 수 있다는 희망을 품었다. 생산성이 폭발적으로 증가해, 마침내 모든 사람이 풍족하게 사는 유토피아적 시대가 도래할 것이라는 낙관론이 당시 유럽과 미국의 주요 산업 도시를 휩쓸었다. 이 희망찬 기대는 공장 울타리를 넘어 가정과 농촌, 도시의 거리 구석구석까지 사회 모든 분야로 빠르게 퍼져갔다.

1893년 미국 시카고에서 열린 만국박람회는 이런 열망을 더 부채질하는 결정적 계기가 되었다. 수많은 전구가 밤하늘을 대낮처럼 밝히는 화려한 야경은 전 세계에서 모여든 사람들에게 전기의 경이로움과 그것이 가져올 밝은 미래를 깊이 각인시켰다.

그러나 이처럼 기술 발전만 있으면 모든 문제가 저절로 해결될 것이라는 순진하고 낙관적인 생각은 얼마 지나지 않아 현실의 차가운 벽에 부딪혔다. 사람들은 곧 깨달았다. 기술 자체의 힘만큼이나, 아니 어쩌면 그보다 훨씬 더 중요하게 그 새로운 기술을 받아들이고 이해하며 제대로 활용하는 사람들의 능력과 기존 사회 시스템의 준비 상태가 새로운 변화의 성공과 실패를 결정짓는 핵심적 변수라는 사실을 말이다.

부푼 기대가 실망으로, 생산성의 역설

전기가 혁신을 가져올 것이라는 기대는 하늘을 찔렀지만, 현실에서 그 혁신이 이루어지는 길은 전혀 평탄하지 않았다. 사람들이 새로운 기술

 혁신은 왜 실패하는가

의 등장을 가장 먼저, 그리고 가장 쉽게 체감한 변화는 단연 '빛'이었다. 이전까지 공장의 밤을 밝혔던 가스등은 그을음을 내뿜고 화재 위험이 컸으며, 빛 자체도 불안정했다. 하지만 밝고 깨끗하며 무엇보다 안전한 전기 조명은 공장 안을 환하게 비추었고, 그 덕분에 밤에도 훨씬 효율적이고 안전하게 작업할 수 있었다.

실제로 전기가 공장에 처음 도입된 초기 단계에, 대부분의 공장주는 동력 시스템 전체를 근본적으로 바꾸는 거대한 변화를 시도하기보다 조명 개선에 투자하는 경향을 뚜렷하게 보였다. 동력 시스템 교체는 복잡할 뿐만 아니라 막대한 초기 투자 비용이 들었기 때문이다. 반면 조명 개선은 당장 눈에 보이는 효과가 크고 상대적으로 설치하기도 쉬웠다. 게다가 전기 조명은 작업 환경 개선 외에도 화재 위험을 크게 줄이는 효과가 있었다. 이는 곧 공장이 부담하던 비싼 보험료를 낮추는 결과로 이어졌다. 이렇게 절감된 보험료만으로도 전기 설비에 투자된 비용을 전부 회수할 정도였으니, 공장주로서는 매우 합리적인 첫 단계처럼 보였을 것이다.

그렇지만 공장 운영의 진정한 핵심이자 심장과도 같은 동력 시스템을 바꾸는 것은 조명 개선과 다른 차원의 문제였다. 많은 공장주가 마치 유행처럼 너도나도 낡고 효율 낮은 증기기관을 해체하고, 그 자리에 번쩍이는 새로운 전기 모터를 설치하기 시작했다. 그 당시 기술자들은 한결같이 전기 모터의 기술적 우수성을 역설했다. 그들은 "전기 모터는 낡은 증기기관보다 에너지 효율이 월등히 뛰어나다. 게다가 고장도 잘 나지 않아 유지 보수도 훨씬 수월하다"라고 주장했다. 연료비를 대폭 아낄 수 있고, 기계 설비를 관리하기도 한결 쉽다는 점은 누구나 매우 탐낼 만한 장점이었다. 특히 워런 더바인Warren D. Devine Jr.과 같은 학자들의 연구 결과가 이런 기대에 힘을 실어주었다. 그들의 연구에 따르면, 전기를 사용하면 단순히 연료 효율이 높아지는 것을 넘어, 기계를 돌리는 데 필요한 전체 에너지를 줄이는 효과까지 있었다.

그러나 이처럼 한껏 부풀었던 장밋빛 꿈은 공장의 높은 문턱을 넘어서자마자, 냉정하고 차가운 현실의 벽에 정면으로 부딪히고 말았다. 야심 차게 전기 설비에 막대한 돈을 투자한 공장들에서, 기대했던 것과 전혀 다른 당혹스러운 결과가 속속 보고되기 시작했다. 생산성은 기대만큼 오르지 않고, 심지어 어떤 경우에는 증기기관을 사용할 때보다 생산성이 떨어지는, 도저히 이해하기 어려운 일까지 발생했다.

이것이 바로 훗날 폴 데이비드Paul A. David와 같은 저명한 경제학자들이 '생산성 역설Productivity Paradox'이라고 명명하는, 풀기 어려운 수수께끼 같은 현상의 서막이었다. 데이비드는 「다이너모와 컴퓨터The Dynamo and the Computer」라는 논문에서 공장에 전기(다이너모)가 처음 도입되었을 때의 역사를 면밀히 들여다보았다. 그는 이 연구를 통해, 아무리 혁신적인 기술이라 할지라도 그것이 사회에 처음 등장한 뒤, 실제로 생산성을 의미 있게 끌어올리기까지 우리가 일반적으로 생각하는 것보다 훨씬 긴 '학습과 적응 시간'이 필요할 수 있다고 지적했다. 이는 마치 새로운 스마트폰을 구입하더라도 그 안에 담긴 모든 새로운 기능을 익히고 제대로 활용하기까지 상당한 시간이 걸리는 것과 비슷한 이치다.

실제로 공장에 전기가 도입되고 약 30년 동안은 대부분의 산업 분야에서 생산성이 뚜렷하게 향상되었다는 명확한 증거를 찾기 어려웠다. 공장들이 전기의 진정한 가치를 깨닫고, 이를 효과적으로 활용해 생산성을 본격적으로 끌어올리기 시작한 것은 1920년대 들어서라고 전해진다. 전기 조명 덕분에 작업 환경은 다소 개선된 것처럼 보였지만, 공장

     혁신은 왜 실패하는가

운영의 핵심 지표라고 할 수 있는 제품 생산 비용이 크게 줄어들거나 생산량이 비약적으로 증가하는 극적인 변화는 좀처럼 나타나지 않았다.

"도대체 무엇이 잘못된 것일까?" 공장주들은 깊은 고민과 실망에 빠졌다. 일부는 막대한 투자 손실을 감수한 채, 다시 낡고 비효율적이지만 적어도 익숙한 증기기관으로 회귀하는 안타까운 결정을 내리기도 했다. 이런 상황은 새로운 기술이 처음 사회에 등장했을 때 흔히 겪을 수 있는 혼란과 부풀었던 기대에 미치지 못하는 결과에 대한 깊은 실망감을 여실히 보여주었다. 특히 신기술 도입 초기의 부정적 경험은 사람들이 새로운 도전을 주저하게 했고, 결국 이것이 혁신의 전반적인 속도를 늦추고 발목을 잡는 중요한 요인이 되기도 했다. 전기가 약속한 '효율성 넘치는 밝은 미래'는 마치 손에 잡힐 듯 잡히지 않는 아지랑이처럼 아득하게 느껴졌다.

이런 상황은 매우 중요한 사실을 명확하게 말해준다. 그것은 기술의 우수성만으로는 결코 사회의 '진보'를 담보할 수 없고, 그 기술이 놓이는 복잡한 사회경제적 맥락, 무엇보다 그 기술을 직접 사용하는 사람들의 인식과 행동 방식이 함께 긍정적으로 변화해야 한다는, 다소 까다롭지만 결코 외면할 수 없는 현실을 보여주었다.

공장의 전기화가 실패한 진짜 이유

초기 공장의 전기화가 이처럼 기대에 미치지 못한 근본적 이유는 과연 무엇 때문이었을까? 오랜 시간이 흐른 뒤, 학자들은 그 원인을 기술 자체의 문제보다 새롭고 혁명적인 기술을 수용하고 활용하는 '방식'에서 찾기 시작했다. 즉 기존의 낡은 시스템과 사람들의 경직된 사고방식이 문제의 핵심이었다는 것이다. 마치 비싼 새 술을 낡고 해진 부대에 담으려 한 격이었다. 그렇게 된 핵심적인 이유를 세 가지 정도 짚어볼 수 있다.

첫째, 신기술에 대한 피상적인 이해가 가장 큰 문제였다. "전기? 그냥 좀 더 깨끗한 증기기관 아닌가?" 가장 근본적인 문제는 전기의 진짜 잠재력, 그 본질적인 힘을 제대로 이해하지 못한 것이었다. 대부분의 공장주, 심지어 기술자들까지 전기를 그저 '더 깨끗하고, 더 편리하며, 힘이 더 센 증기기관' 정도로만 여겼다. 그들은 공장 한가운데 버티고 있던 거대한 증기기관을 뜯어내고, 그 자리에 똑같이 커다란 전기 모터 하나를 덩그러니 설치하는 방식을 택했다. 그리고 공장 천장을 복잡하게 가로지르며 동력을 전달하던 수많은 회전축, 도르래, 가죽 벨트들로 이루어진 동력 전달 장치를 거의 그대로 재사용했다.

작가 팀 하포드Tim Harford가 날카롭게 지적했듯이, 그들은 증기기관과 거의 똑같은 방식으로 새로운 전기 모터를 사용했다. 기존 시스템을 크게 바꾸지 않아도 되므로 단기적으로는 가장 쉬운 접근 방법이었을지 모르지만, 전기의 진짜 잠재력을 이끌어내는 데는 명백한 한계가 있었다. 에너지원만 증기에서 전기로 바뀌었을 뿐, 공장 전체에 힘을 전달하는 방식과 그 때문에 어쩔 수 없이 복잡하고 비효율적이던 기계 배치 구조는 증기기관 시대와 근본적으로 다르지 않았던 셈이다. 그렇다면 왜 이처럼 근시안적으로 접근했을까? 아마도 새로운 변화에 따르는 불확실성과 막대한 비용을 최소화하려는 심리, 무엇보다 수십 년 동안 이어져온 기존 방식에 대한 익숙함 때문이었을 것이다.

기술사학자 토머스 휴스Thomas Hughes는 그의 연구에서 전력망과 같은 거대한 기술 시스템은 단순히 부품 하나를 바꾸는 것만으로 절대 개선될 수 없으며, 그 시스템을 구성하는 관련된 모든 요소가 함께 유기적으로 변해야만 진정한 발전을 이룰 수 있다고 강조했다. 전기의 진짜 강점, 즉 모터를 작게 만들어 공장 곳곳에 자유롭게 나누어 배치할 수 있다는 점(분산성)과 기계를 필요에 따라 따로따로 켜고 끌 수 있다는 점(유연성) 같은 엄청난 잠재력을 전혀 고려하지 않은 채, 그저 낡고 비효율적인 기존 시스템의 부속품으로 취급했다. 이는 단순히 기술을 잘 몰라서 생긴 문제를 넘어, 기존의 강력한 중앙 집중식 동력이라는 익숙한 생각의 틀을 벗어나 새로운 가능성을 떠올리지 못한 '상상력의 부재'라고 볼 수 있다.

둘째, 변화를 가로막는 관성의 힘이 생각보다 훨씬 강력했다. "예전부터 이렇게 해왔는데, 굳이 지금 와서 바꿀 필요가 있을까?" 수십 년 동안 너무나 익숙하게 이어져온 '증기 시대의 기술과 문화에 대한 강력한 관성'이 새로운 변화의 흐름에 큰 제동 장치로 작용했다. 19세기 공장은 거대한 중앙 증기기관에서 만들어낸 막대한 힘을 수많은 회전축과 벨트를 통해 각각의 작업 기계로 전달하는 중앙 집중식 동력 전달 구조에 완벽하게 맞춰 설계되고 운영되었다. 따라서 공장 안 기계들은 힘이 물리적으로 전달되도록 회전축 주변에만 제한적으로 놓였고, 작업 공정의 논리적 흐름보다 힘 전달 용이성이 공장 전체의 배치를 결정하는 가장 중요한 기준이었다.

이런 기존 시스템에는 이미 어마어마한 돈이 투자되었고, 현장 관리자들과 기술자들은 비효율적이지만 너무나 익숙한 시스템과 작업 방식에 적응되어 있었다. 어쩌면 그들에게 공장 천장을 어지럽게 가로지르는 수많은 벨트와 바닥에서부터 울려 퍼지는 기계의 진동은 마치 '산업 발전을 상징하는 웅장하면서도 익숙한 소리' 그 자체였을지도 모른다. 그러므로 새로운 형태의 동력 시스템과 공장 배치가 매우 낯설고 불편하게 느껴졌을 것이다. 조직 전체가 기존 방식이 주는 안락함과 익숙함에 젖어 있었던 것이다.

역사학자들은 이런 현상을 '경로 의존성Path Dependency'이라는 개념으로 설명한다. 이는 한번 특정 경로로 들어서거나 특정 방식에 익숙해지면, 나중에 더 좋고 효율적인 대안이 나타나더라도 쉽게 기존 경로를 벗어나거나 방식을 바꾸지 못하는 경향을 의미한다. 이런 관성이 새로운 기술의 편익을 압도한 것이다. 그것은 기존 생산 시스템 전체와 관련 기술, 숙련된 노동력의 작업 패턴, 그리고 관리 방식까지 모두 아우르는 매우 복합적이고도 강력한 '현상 유지'의 벽이었다.

셋째, 기술의 발전 속도를 조직이 따라가지 못하는 '기술과 조직의 불협화음'이 심각했다. "기술은 좋은데, 우리 조직은 아직 준비가⋯⋯" 라는 당시의 반응이 이를 요약한다. 사실 기술 자체는 이미 조직의 관성을 훨씬 앞서가고 있었다. 이미 1900년대 초반에도 전기 모터는 충분히 작고 효율적으로 만들어지고 있었으며, 기술적으로 기계마다 작고 효율적인 소형 모터를 직접 달아 독립적으로 움직이게 하는 '개별 구동Unit Drive' 방식의 구현이 충분히 가능했다. 워런 더바인의 연구에 따르면, 이런 개별 구동 방식은 1880년부터 1930년 사이 점진적으로 발전하며 널리 퍼졌다.

이는 공장 내부 공간을 훨씬 자유롭게 설계하고, 에너지 효율을 극대화하며, 작업 공정 전체를 최적화할 수 있다는 엄청난 가능성을 의미했다. 그러나 이런 근본적인 변화는 단순히 낡은 증기기관을 새로운 전기 모터로 바꾸는 수준을 훨씬 뛰어넘었다. 그것은 공장 전체의 설계 철학, 물자와 정보가 흘러가는 방식, 자재를 관리하는 방법, 현장에서 일하는 노동자들의 역할과 그들에게 필요한 기술까지 근본적으로 바꿔야 하는 매우 거대하고 복잡한 과제였다. 결국 새로운 기술의 성공적 도입과 그것을 뒷받침할 '조직 전체 및 작업 공정의 재설계' 사이에 결정적 괴리가 존재했던 것이다.

대부분 기업은 이런 본질적이고 총체적인 변화의 필요성을 제대로 알아차리지 못하거나, 그 엄청난 복잡성과 단기적으로 발생할 수 있는 막대한 비용, 그리고 성공 여부가 불확실한 미래의 효과 앞에서 주저하고 망설였다. 최첨단 전기 기술은 공장의 높은 문턱을 넘었지만, 정작 그 기술을 제대로 담고 활용할 그릇, 즉 조직의 구조와 업무 처리 과정, 구성원들의 사고방식이 여전히 낡고 경직된 증기 시대의 틀 안에 갇혀 있었다. 기술은 미래를 향해 힘차게 달려가는데, 정작 그것을 활용해야 할 조직은 과거에 머물러 있었던 것이다.

오늘날 많은 기업이 기존 사업 모델을 버리고 새롭게 변신하는 데 어려움을 겪는 것(혁신의 딜레마)과 매우 비슷하다. 기존 방식에 완벽하게 최적화된 조직일수록, 새로운 기술의 진짜 잠재력을 온전히 활용하는 데 필요한 근본적이고 때로는 고통스러운 변화를 이루기 더 어렵다.

사고의 전환, 전기의 진짜 힘을 깨우다

그렇지만 모든 공장이 과거의 틀에 갇혀 새로운 시대의 흐름에서 길을 잃은 것은 아니다. 일부 앞서가는 기업가들과 혁신적인 생각을 가진 기술자들은 전기의 본질적 특성, 즉 기존 증기기관과 근본적으로 다른 '힘을 나눌 수 있는 능력'(분산 가능성)과 '정밀하게 제어할 수 있는 편리함'(제어 용이성)에 주목하기 시작했다. 그들은 당연한 듯 받아들여지던 기존 방식에 "왜 우리는 여전히 커다란 증기기관을 다루듯 전기를 사용해야 할까?"라는 근본적이고도 도발적인 질문을 던졌다. 그리고 마침내, 그들은 과감하게 기존의 중앙 집중식 동력 전달 시스템을 폐기하고, 기계마다 작고 효율적인 소형 전기 모터를 직접 설치해 독립적으로 움직이게 하는 개별 구동 방식을 실험적으로 도입하는 역사적 결단을 내렸다.

오랫동안 막혀 있던 혁신의 물꼬를 시원하게 튼 결정적 순간이었다. 마치 어둡고 긴 터널 끝에서 마침내 한 줄기 빛을 발견한 것과 같았다. 독일의 지멘스Siemens는 이미 1880년에 세계 최초로 전기 엘리베이터를 선보였고, 1906년에서 1907년 사이 제철소에서 사용되는 거대한 압연기를 정밀하게 제어할 수 있는 특수 전동기를 개발하는 등 초기 정교한 모터 제어 기술 분야에서 선두를 달리고 있었다. 미국의 제너럴일렉트릭General Electric, GE이나 웨스팅하우스Westinghouse와 같은 주요 전기 장비 회사들 역시 이 분야를 선도하며 개별 구동 기술의 확산에 핵심적 역할을 했다. 특히 자동차왕 헨리 포드Henri Ford의 포드자동차Ford Motors 하이랜드 파크 공장은 전기로 움직이는 컨베이어벨트 시스템을 통해 작업 흐름을 획기적으로 최적화하며 대량생산 시대를 본격적으로 연 대표적 성공 사례로 꼽힌다.

이런 결정은 초기 공장 전기화 과정에서 나타난 답답하고 정체된 흐름을 단번에 바꾸는 결정적 전환점이자, 산업 혁신의 시작을 알리는 강력한 신호탄이었다. 이 역사적인 '발상의 전환'은 어느 한순간 번뜩이는 발명이라기보다, 새로운 기술과 조직 운영 방식에 대한 점진적이고도 깊이 있는 이해의 변화와 그것이 현장에 널리 퍼지는 지난한 과정이었다. 단순히 기술적 지식을 넘어 공정 전체를 최적화하고 시스템 전체를 통합적으로 바라보는 경영 철학의 근본적인 변화가 필요했다.

개별 구동 시스템 도입의 효과는 실로 기대 이상이었다. 그 변화는 공장의 모습부터 생산 방식, 심지어 노동자의 역할까지 바꿔놓았다.

더는 작업장 기계들을 무겁고 거대한 회전축과 수많은 벨트에 의지해서 배치할 필요가 없어지자, 기계 배치가 생산 공정의 논리적 흐름과 효율성에 따라 자유롭게 이루어졌다. 이는 곧 한 층짜리 넓고 긴 공장 건물을 효율적으로 설계할 수 있게 했고, 물건이 공장 안에서 부드럽게 흘러가도록 만들어 생산성을 크게 향상하는 결과를 가져왔다.

또한 천장을 마치 거미줄처럼 어지럽게 뒤덮었던 거대한 구동축과 벨트들이 사라지면서 공장 내부는 훨씬 더 넓고 밝아졌으며, 환기도 수월해졌다. 증기 동력을 사용하던 공장들과 달리, 전기로 움직이는 새로운 공장들은 훨씬 더 가볍고 유연한 건축 구조가 가능해져 단위 면적당 생산성도 향상되고, 노동자들도 이전보다 훨씬 쾌적한 환경에서 일하게 되었다.

기계는 작업이 필요할 때만 각각 전원을 켜고 돌릴 수 있어, 불필요한 에너지 낭비가 혁신적으로 줄어들었다. 또한 특정 기계가 고장 나더라도 그것 때문에 전체 생산 라인이 멈추는 일이 현저히 줄어들고, 다양한 종류의 제품 생산에 유연하게 대처해 시장 변화에 더 민첩하게 반응할 수 있었다.

작업자들의 안전을 심각하게 위협하던 위험천만한 벨트와 회전축들이 사라지면서, 작업장의 안전도도 획기적으로 높아졌다. 동시에 극심한 소음, 높은 열기, 유해한 매연과 같은 공해 문제도 상당 부분 사라져 노동자들의 작업 환경이 근본적으로 좋아졌다. 이는 단순히 생산성 향상을 넘어 일하는 사람을 더 존중하는, 즉 '노동의 인간화'라는 중요한 가치를 실현할 가능성을 열었다. 그렇지만 동시에 최적화된 작업 흐름과 개별 관리는 노동자에게 새로운 형태의 노동 강도 증가나 더 철저한 감시 문제로 이어질 수도 있어, 기술 발전이 가져오는 복합적인 측면도 함께 고려해야 했다.

결국 혁신을 이끈 것은 기술 자체가 아니라, 그 기술의 진정한 의미와 가능성을 꿰뚫어보고 낡은 생각의 틀을 과감히 부순 사람들의 상상력과 용기, 그리고 끊임없는 실험정신이었다. 개별 구동 시스템을 성공적으로 도입한 공장들은 다른 경쟁자들을 압도하는 생산성 우위를 점하기 시작했다. 이는 오늘날 우리가 알고 있는 현대적인 대량생산 시스템의 튼튼한 기반을 마련하는 결정적 계기가 되었다. 전기는 단순히 기존 동력원의 대체를 넘어, 공장 전체를 하나의 살아 움직이는 효율적인 시스템으로 완벽하게 재설계하는 강력한 '플랫폼 기술'이었다.

저명한 기술경제학자 네이선 로젠버그Nathan Rosenberg가 지적했듯이, 전기와 같은 범용 기술General Purpose Technology, GPT은 그 기술 자체로 끝나는 것이 아니라, 사회의 다양한 분야에서 마치 도미노처럼 연쇄적 혁신과 새로운 기술 발전을 일으키는 엄청난 잠재력을 가지고 있다. 실제로 개별 구동 방식의 성공적 도입은 개선된 공장 배치와 효율적인 작업 흐름을 통해 특정 작업 공정의 추가적 기계화 및 자동화를 더 촉진하는 강력한 선순환 구조를 만들었다. 이는 20세기 대량생산 시대를 특징 짓는 더 세분화된 기계화 공정과 체계적인 조립 라인 방식이 등장하는 데 가장 기초적이면서도 핵심적인 밑바탕이 되었다.

전기 혁명이 우리에게 남긴 숙제

1900년대 초, 전기를 마치 낡은 증기기관처럼 어설프게 사용하려 했던 수많은 공장의 실패담은 그저 오래된 산업 역사의 한 페이지를 장식하

 혁신은 왜 실패하는가

는 옛날이야기가 아니다. 이는 새로운 기술이 기존 낡은 시스템 및 사람들의 경직된 생각과 충돌할 때 어떤 처참한 결과를 초래할 수 있는지, 그리고 진정한 의미의 혁신은 과연 어디에서부터 시작되는지 생생하게 보여준 매우 값비싸고도 중요한 교훈이다. 오늘날 AI, 빅데이터, 스마트 팩토리와 같은 눈부신 첨단 기술 시대에도, 이 교훈은 여전히 강력한 메시지를 던진다. 만일 기업이 여전히 익숙한 업무 처리 방식과 낡은 조직 구조, 변화를 두려워하는 리더십에 머물러 있다면 100여 년 전 증기 시대 공장들이 값비싼 시행착오를 반복한 것과 본질적으로 다르지 않은 길을 걷게 될지도 모른다.

증기에서 전기로의 전환이 당시 공장 시스템 전체를 혁명적으로 바꾸어놓았듯이, AI 또한 오늘날 산업 현장에서 그와 비슷한 변화의 힘을 약속하고 있다. 하지만 안타깝게도 많은 기업이 아직까지 AI를 단순히 특정 기능 개선이나 일부 업무의 자동화에 국한해서 적용하고 있다. 이는 어쩌면 초기 공장들이 전기의 혁명적 가능성을 간과하고 기존의 낡은 기계 시스템을 돌리는 데만 제한적으로 사용했던 과거의 실수를 그대로 되풀이하는 것일 수도 있다. 역사는 우리에게 과감한 생각의 전환과 기존 시스템에 대한 근본적인 고민이야말로 지속적인 경쟁 우위를 확보할 수 있는 핵심임을 분명히 말해준다.

과거의 실패 사례는 오늘날 새로운 기술 도입을 통해 혁신을 꿈꾸는 모든 조직에 다음과 같은 네 가지 근본적이고도 뼈아픈 질문을 던진다. 이 질문에 대한 진지하고 깊이 있는 답을 찾는 것이 혁신 성공의 관건이 될 것이다.

첫째, 우리는 도입하려는 새로운 기술의 '진짜 의미와 힘'을 제대로 이해하고 있는가? AI와 같은 혁신적인 신기술은 단순히 기존 업무를 자동으로 처리하는 수단을 넘어, 사업 모델 자체를 근본적으로 재창조할 엄청난 잠재력을 가지고 있음을 기존과 '전혀 다른 관점과 각도'에서 바라볼 필요가 있다. 기술의 고유한 특성과 엄청난 잠재력을 제대로 파악하고 창의적으로 활용하지 못하면, 아무리 값비싼 최첨단 기술이라도 본래 가치를 충분히 발휘할 수 없을 것이다.

둘째, 우리 '조직의 구조와 일하는 방식'은 새로운 기술을 온전히 받아들일 만큼 유연하고 열려 있는가? 만약 낡고 경직된 기존 틀에 새로운 기술을 억지로 끼워 맞추려 하면, 오히려 조직 전체의 비효율성이 증폭되고 예상치 못한 새로운 갈등이 생길 것이다. 새로운 기술을 도입하려면 반드시 기존 방식의 근본적 재설계Business Process Reengineering, BPR와 조직 구조의 혁신적 개편이 먼저 이루어져야 한다.

셋째, 새로운 변화를 적극적으로 이끌어갈 '사람과 조직 문화'가 충분히 준비되어 있는가? 아무리 뛰어난 최첨단 기술이라도 그것을 제대로 이해하고 창의적으로 활용하며 지속적으로 발전시킬 사람과, 실패를 두려워하지 않고 끊임없는 학습과 실험을 적극적으로 장려하고 응원하는 개방적인 조직 문화가 없다면, 아무 쓸모 없을 것이다. 특히 변화에 대한 비전을 명확히 제시하고 조직 전체 분위기를 긍정적이고 진취적으로 이끌 리더십의 근본적인 변화가 그 무엇보다 시급하다.

넷째, 우리는 과연 '작은 단위의 성공과 실패'로부터 빠르게 배우고 있는가? 모든 것을 한 번에 완벽하게 바꾸려는 거대하고 이상적인 시도보다, 작은 단위의 실험을 통해 실제적 경험과 데이터를 축적하고, 그 과정에서 얻은 교훈을 바탕으로 점차 성공 모델을 개선하고 확장하는 전략이 훨씬 효과적이고 안전하다. 실패를 결코 숨겨야 할 부끄러운 오점이 아니라 더 큰 성공을 위한 소중한 배움의 기회로 받아들이고, 조직에서 투명하게 공유되어야 한다.

　진짜 의미 있는 변화는 기술 도입 자체에서 비롯된 것이 아니라, 그 기술을 과거 방식대로 한정해서 사용하지 않겠다고 결정하고, 전체 작업의 흐름과 일하는 방식을 새롭게 창조한 순간 시작되었다. 전기나 AI와 같이 세상을 바꾸는 강력한 힘을 가진 범용 기술GPT의 완전한 잠재력과 그로 인한 이점은 종종 그 기술 하나만으로 온전히 실현되기 어렵다. 그것을 효과적으로 뒷받침하는 여러 보조적 기술, 혁신적인 업무 처리 과정, 나아가 새로운 사업 모델 개발과 성공적인 현장 적용을 위한 끊임없는 노력이 함께 이루어져야 비로소 빛을 발한다. 기술은 우리에게 단지 새로운 가능성의 문을 열어줄 뿐이다. 그 가능성을 현실화하고 구체적인 가치를 창출하는 것은 결국 그 기술을 사용하는 사람 및 조직의 창의적 노력과 현명한 선택에 달려 있다.

Q1. 우리는 기술의 '겉모습'만 빌려오고 있는가, 아니면 기술의 '본질'을 이해하고 있는가?

1900년대 초, 공장주들은 전기를 그저 '연기 안 나는 증기기관' 정도로 여겼다. 그래서 증기 엔진이 있던 자리에 전기 모터만 갈아 끼우고는 혁신했다고 믿었다. 그러나 전기의 진정한 잠재력은 거대한 출력 그 자체가 아니라, 동력을 필요한 만큼 세밀하게 나누어 적재적소에 공급하는 '분산성'에 있다. 이러한 본질을 간과한 채 설비의 외형만 바꾼 공장들은 결국 아무런 성과도 거두지 못했다. 지금 우리가 도입하려는 디지털 기술이나 AI도 마찬가지다. 단순히 사람이 하던 일을 기계가 대신하게 하는 '대체재'로만 보고 있지는 않은가? 이 기술만의 고유한 속성, 즉 '연결성', '예측 능력', '개별화' 같은 본질적 가치를 우리의 비즈니스 모델에 어떻게 녹여낼지 고민해야 한다.

✪ **우리가 도입하려는 이 기술이 기존의 방식과 근본적으로 다른 점, 즉 이 기술만의 'DNA'는 무엇인가? 우리는 그 차이점을 활용해 업무의 성격을 바꾸려 하는가, 아니면 그저 속도만 높이려 하는가?**

진단 포인트 프로젝트의 목표가 '시간 단축'이나 '비용 절감'과 같은 효율성 지표에만 머물러 있다면 그것은 위험한 신호다. '새로운 가치 창출'이나 '업무 방식의 근본적 변화'와 같은 질적 목표가 포함되어 있는지 확인해 보자.

✪ 만약 이 기술을 바탕으로 우리 회사를 오늘 처음 설립한다면, 지금의 조직
도와 업무 프로세스를 그대로 사용할 것인가?

진단 포인트 '아니요'라는 대답이 나온다면, 현재의 프로세스는 기술에
맞지 않는 낡은 옷이다. 기술에 맞춰 프로세스를 재설계하는 작업BPR이
계획의 핵심으로 포함되어 있는지 점검해보자.

✪ 기술 공급업체의 화려한 제안서나 경쟁사의 사례를 흉내 내는 데 급급하
지 않은가? 우리 조직의 맥락에서 이 기술을 어떻게 재해석하고 응용할지
치열하게 고민하는가?

진단 포인트 실무진이 기술의 원리를 깊이 이해하고 이를 우리 상황에
맞게 변형Customization하거나 응용할 수 있는 역량을 갖추고 있는지, 혹은
직원들에게 그런 깊이 있는 학습 기회를 제공하고 있는지 진단해보자.

Q2. 새로운 엔진을 낡은 배에 억지로 구겨 넣고 있지는 않은가?

초기에 전기 도입이 실패한 것은 기술 때문이 아니었다. 문제는 증기기관
에 맞춰 설계된 공장 구조, 기계 배치, 그리고 기술자들의 굳어진 습관이
었다. 아무리 뛰어난 기술도 낡은 틀(시스템) 안에 갇히면 제 기능을 하지
못한다. 오히려 기존 시스템과 충돌하며 더 큰 비효율을 만들어낸다. 기술
이 제대로 뛰어놀 수 있도록 '조직'과 '제도'를 함께 바꿔야 한다.

✪ 우리가 도입한 기술의 잠재력을 100퍼센트 끌어내는 데 방해되는, 우리
조직 내부의 '보이지 않는 장벽'(오래된 관행, 불필요한 결재 단계, 부서 간 이기
주의 등)은 무엇인가?

진단 포인트 단순히 기술 도입 일정분만 아니라, 조직 내 장애 요인을 제거하고 사람들의 행복을 변화시키기 위한 '변화 관리_{Change Management}' 계획이 구체적으로 수립되어 있는지 확인해보자.

✪ **새로운 기술을 도입함으로써 무용지물이 되거나 가치가 떨어지는 기존 자산(설비, 시스템, 특정 기술 인력 등)은 무엇인가? 우리는 그 손실을 감수할 용기가 있는가?**

진단 포인트 기존 자산을 아까워해서(매몰 비용 오류), 신기술과 기존 기술을 어정쩡하게 병행하려는 시도가 없는지 살펴보자. 이는 두 시스템의 장점을 모두 잃게 만드는 지름길이다. 과감한 폐기 전략이 필요하다.

✪ **"우리 회사는 원래 이렇게 해왔어"라는 말이 혁신의 발목을 잡고 있지는 않은가? 기존 방식을 고수함으로써 이득을 보는 기득권 그룹은 누구이며, 그들의 저항을 어떻게 생산적인 에너지로 돌릴 것인가?**

진단 포인트 변화에 저항하는 핵심 인물이나 부서를 식별하고, 그들의 불안을 해소하며, 개혁의 주체로 참여시키기 위한 구체적이고 전략적인 소통 계획이 마련되어 있는지 점검해보자.

불 꺼진 공장의 신화

::

GM의 90억 달러짜리 로봇 혁명은 왜 실패했는가?

1980년대 초, 미국 자동차 산업의 핵심축인 디트로이트는 위기감에 휩싸였다. 연이은 석유 파동의 충격과 무섭게 치고 올라오는 일본 자동차의 공세는 세계 최강을 자부하던 미국 자동차 산업의 자존심에 깊은 상처를 남겼다. 이 격동의 시기에, 제너럴 모터스General Motors, GM의 키를 잡은 신임 회장 로저 스미스Roger Smith는 누구도 예상하지 못한 혁신적인 카드를 꺼내 들었다. 그의 비전은 단순한 개선이 아니라, 공장 운영 패러다임 자체를 뒤흔드는 거대한 도박에 가까웠다.

'라이트 아웃'이라는 원대한 비전

1982년 1월, 디트로이트의 한 극장에서 무대에 오른 로저 스미스는 특유의 중후한 목소리로 전 세계를 향해 GM의 야심 찬 미래상을 선포했다. "우리는 세계 최초로, 단 한 명의 인간 작업자도 없이 자동차를 완벽하게 조립하는 '라이트 아웃Lights-out', 즉 불 꺼진 공장을 세울 것입니다!" 이 한마디는 제조업의 미래에 거대한 질문을 던지는 동시에, GM의 절박함과 혁신 의지를 동시에 드러냈다.

상상해보라. 생산 라인의 전등이 모두 꺼진 어두운 공장에서 수백, 수천 대의 로봇이 밤새 스스로 차체를 용접하고, 정교하게 도색하며, 모든 부품을 한 치의 오차도 없이 조립하는 완전 자동화 공장의 모습을. 당시로서는 공상과학 영화에나 나올 법한, 그야말로 파격적인 청사진이었다. 현장에 모인 기자들은 물론 전 세계 산업계는 스미스의 이 미래적 상상력에 압도되었고, 그의 혁신적인 발언은 즉각 주요 언론의 헤드라인을 장식했다.

1970년대에 일어난 두 차례의 석유 파동과 일본 자동차의 무서운 약진으로 자존심에 금이 간 미국 자동차 산업 관계자들에게, 스미스 회장이 제시한 '로봇 혁명'은 마치 구원과도 같았다. 떨어진 제조업의 경쟁력을 단숨에 되찾고 과거의 영광을 재현할 수 있다는 희망을 약속하는 듯했다.

스미스 회장은 이 역사적인 첫 기자회견에서 구체적인 투자 규모까지 명시했다. 향후 10년간 초기 90억 달러에 이르는 천문학적인 금액을 GM 공장 자동화 프로젝트에 전폭적으로 쏟아붓겠다는 내용이었다. 당시 GM의 주가가 1981년 말 기준 약 38달러였던 점과 기업 가치를 고려하면, 이는 기업의 명운을 건 도박과도 같은 엄청난 규모의 투자였다. "기계가 인간의 실수를 완벽하게 지우고, 자동차 품질의 역사를 완전히 새로 쓸 것입니다." 스미스 회장의 이와 같은 단언은 GM이 직면한 모든 문제에 대한 명쾌한 해답처럼 받아들여졌다.

로저 스미스의 야심은 곧바로 실행에 옮겨졌다. 그의 지휘 아래 GM

 혁신은 왜 실패하는가

의 자동화 프로젝트는 그야말로 급가속 페달을 밟았다. 1982년 GM은 일본의 로봇 제조 명가 화낙Fanuc과 손잡고 합작 법인 GM화낙로보틱스를 설립해, 로봇 기술 확보에 박차를 가했다. 기술 내재화와 기술 사업화라는 두 마리 토끼를 잡겠다는 의도였다. 이 합작사는 단숨에 세계 최대 로봇 공급업체 중 하나로 발돋움했다. 1984년에는 미시간주 플린트에 '공장 자동화부Factory Automation department, FA'라는 전담 조직까지 신설하며 자동화 기술 개발 및 전사적 도입에 강력한 의지를 드러냈다.

디트로이트 인근의 햄트램크 공장을 시작으로 로즈타운, 볼티모어 등 GM의 핵심 생산 기지들은 경쟁적으로 최신식 로봇 팔, 컴퓨터로 제어되는 자동화 컨베이어 시스템, 레일 없이 공장 바닥을 자유롭게 움직이는 자동 유도 차량AGV 등으로 무장하기 시작했다. 마치 미래 공장의 경연장과 같았다.

동시에 GM은 경쟁자에게서 배우는 것도 주저하지 않았다. 1984년 캘리포니아주 프리몬트에서는 숙명의 라이벌이던 토요타Toyota와 합작해 NUMMINew United Motor Manufacturing, Inc. 공장을 설립했다. 표면적 목표는 '일본식 생산 방식의 마법', 즉 토요타 생산 시스템TPS의 비밀을 직접 배우고 GM 내부에 이식하겠다는 것이었다. 이런 파격적인 결단은 GM의 위기의식과 변화에 대한 갈망을 동시에 보여주었다.

로저 스미스는 각종 언론 인터뷰와 연설을 통해 자신의 비전을 끊임없이 설파했다. "GM은 1990년대에 이르면 완전 자동화된 제조 시스템으로 전환해, 인건비 측면에서 연간 30억 달러 이상 절감할 것입니다!" 그의 자신감 넘치는 발언에 투자자들은 열광했고, GM의 주가는 미래에 대한 기대로 부풀어 올랐다.

햄트램크 공장의 악몽

로저 스미스의 화려한 청사진과 장밋빛 전망은 실제 공장 문턱을 넘어서자마자 냉혹한 현실과 마주했다. 1986년에 자동화 설비가 본격적으로 가동되자, 야심 차게 출발한 디트로이트 햄트램크 조립 라인에서 첫 주부터 심각한 문제가 속출했다. 당초 목표는 분당 60대의 자동차를 생산하는 것이었지만 '첫 주'에 고작 60대를 생산했고, 그나마 최종 검사 합격률이 절반에도 미치지 못했다는 기록은 당시 얼마나 혼란스러운 상황이었는지 짐작하게 한다.

현장은 그야말로 아수라장이었다. 최첨단 로봇 팔은 용접점을 제대로 찾지 못해 엉뚱한 곳에 불꽃을 튀기거나, 차체를 '찢어'버리는 일이 다반사였다. 자동 도장 시스템의 스프레이 노즐은 수시로 고장 났고, 급기야 자동차가 아닌 주변 다른 로봇이나 설비에 페인트를 분무하는 황당한 장면을 연출했다. 로봇들이 서로의 몸체에 페인트를 칠하거나, 용접 불꽃을 엉뚱한 곳에 튀기고, 유리창을 깨뜨린 일화들은 당시 GM 자동화 실패의 상징처럼 회자되었다.

생산 속도를 조금 높이면 문제가 더 심각해졌다. 자동화 컨베이어 시스템이 심하게 흔들려 컴퓨터가 차체의 정확한 위치를 인식하지 못했다. 또한 조도 센서가 공장의 조명이나 미세한 먼지에도 민감하게 반응해 수시로 오작동하며 전체 생산 라인을 멈춰 세웠다. 결국 GM이 야심 차게 선보인 최첨단 '라이트 아웃' 공장은 계획했던 분당 60대는커녕 하루에 10대도 소화하지 못하는 값비싼 애물단지로 전락하고 말았다.

GM의 최고 엔지니어들은 문제의 원인을 찾아 해결하기 위해 밤샘 작업을 이어갔지만, 상황은 쉽게 나아지지 않았다. '인간 없는 완전 자동화 공장'이라는 표어가 무색하게, 실제 현장에서는 수많은 인간 기술자가 멈춰 선 로봇을 힘겹게 손으로 밀거나, 방진복을 입은 채 스패너와 드라이버를 들고 로봇 사이를 정신없이 뛰어다니는 우스꽝스러운 모습이 지역 신문의 가십난을 장식하기 시작했다. GM이 쏟아부은 90억 달러는 마치 고철 더미처럼 공장 한구석에서 서서히 빛을 잃어갔다.

GM 프로젝트는 왜 실패했을까?

GM의 '라이트 아웃' 프로젝트가 처참하게 실패한 이유는 무엇일까? 전문가들은 한 가지 원인 때문이 아니라 복합적인 문제가 얽힌 필연적 결과라고 입을 모은다. 그중에서 핵심적인 세 가지 문제점을 짚어보자.

첫째, 풀고자 하는 문제가 명확하게 정의되지 않았다. 스미스 회장을 비롯한 GM 경영진은 당시 미국 자동차 산업의 위기와 일본 자동차의 품질 우위라는 복잡한 문제를 지나치게 단순화했다. 그들은 마치 'GM 공장에 로봇이 부족해서 경쟁에서 뒤처진다'는 식으로 문제의 본질을 오판했다. 그러나 토요타가 NUMMI 공장을 통해 GM에 보여준 진정한 강점은 개별 로봇의 성능이나 자동화율 자체가 아니었다. 그것은 숙련된 인간 작업자, 효율적으로 설계된 생산 공정, 낭비를 최소화하고 지속적인 개선(카이젠)을 추구하는 조직 문화가 유기적으로 결합한 '린 생산 시스템Lean Manufacturing System' 그 자체였다. 일본 공장에서 로봇은 이미 고도로 표준화되고 안정화된 공정 설계를 더욱 효율적으로 뒷받침하고 '결함 제로Zero Defect' 문화를 실현하기 위한 보조적 '도구'였을 뿐, 모든 문제를 해결해주는 '만병통치약'이 아니었다.

실제로 GM은 NUMMI 공장에서 토요타의 중요한 교육 자료를 전달받았다. 그중에는 생산 라인의 모든 작업자가 품질 문제가 발생했을 때 즉시 라인을 멈출 수 있는 권한, 이른바 '안돈 코드Andon Cord' 시스템의 중요성을 강조하는 내용이 포함되어 있었다. 하지만 GM 경영진은 이를 "우리 공장 현실에서는 불가능한 공자님 말씀일 뿐"이라며 일축하고 도입을 꺼렸던 것으로 전해진다. 문제의 핵심을 외면한 채 기술 도입에만 매몰된 결과였다.

둘째, 검증되지 않은 기술을 동시다발적이고 전면적으로 도입하는 '빅뱅Big Bang 방식'의 전환 전략이 치명적이었다. GM은 새로운 자동화 설비와 로봇 시스템을 충분한 사전 테스트나 단계별 검증 과정 없이, 마치 군사작전을 펼치듯 단기간에 여러 공장에 경쟁적으로 도입했다. 동시에 기존 생산 방식, 품질 관리 시스템, 심지어 수십 년간 형성된 노사 관계까지 한꺼번에 해체하고 재구축하려는 과욕을 부렸다. 소규모 파일럿 라인 운영을 통해 기술적 문제점을 사전에 파악하고 학습 효과를 축적한 뒤 이를 바탕으로 점차 다른 공장으로 확산하는, '작게 시작해 검증하고, 성공 모델을 빠르게 확산하는Pilot Small, Scale Fast' 신중한 접근 방식은 찾아볼 수 없었다. 당시 GM 내부에서는 투자수익률 목표를 달성하기 위해 가능한 한 빨리 '규모의 경제'를 실현해야 한다는 최고 경영층의 압박이 심했고, 그 결과 실제 생산 현장은 마치 미완성 기술들의 거대한 시험대처럼 변했다. 언론에 종종 희화화되었던 '로봇이 서로를 용접하거나 엉뚱한 곳에 페인트를 칠하는' 전설적인 장면들은 결코 계획된 연출이나 예행연습의 일부가 아니라, 무리한 속도전을 강행한 데 따른 예견된 부작용이었다.

셋째, 첨단 자동화 설비 운용에 필요한 조직 문화와 핵심 역량의 심각한 격차 문제가 발목을 잡았다. 수천 대에 달하는 복잡한 로봇과 자동화 시스템을 효과적으로 운용하고 유지 보수하며 지속적으로 개선해나가는 고급 기술 인력은 턱없이 부족했고, 단기간에 양성할 수도 없었다. 하루 3교대로 쉴 새 없이 돌아가는 자동차 생산 라인에서, 특히 야간 교대 근무 중에 사소한 설비 정지라도 발생하면 엔진 조립, 차체 용접, 도장 등 여러 공정이 연쇄적으로 멈춰 서는 '라인 스톱' 사태가 빈번히 발생했다. 이런 비상 상황에서 현장 관리자들과 작업자들은 노동조합과의 지난한 협상과 임기응변을 통해 라인 정지 시간을 최소화하는 데만 급급했다. 자동화 투자의 본질적 목표였던 '설비 가동률 향상'을 통한 '생산성 증대'와 '품질 혁신'은 그저 빛바랜 구호가 되어버렸다. GM 경영진이 기술적 해결책에만 몰두하는 동안, 기술을 운용하고 발전시킬 조직의 학습 능력과 문화적 토양을 다지는 데는 소홀했다는 비판을 피하기 어렵다.

발로 차버린 학습 기회

1988년 로저 스미스 회장은 GM의 한 고위 임원으로부터 NUMMI 공장의 운영 현황에 대한 보고를 받았다. NUMMI 공장은 토요타가 직접 전수한 99가지 엄격한 품질 관리 기준과 안돈 코드로 대표되는 현장 중심의 문제 해결 문화를 성공적으로 이식했다. 그 결과는 매우 놀라웠다. 과거 악명 높았던 GM 프리몬트 공장에서 해고되었던 전미자동차노조UAW 소속 작업자들이, 같은 생산 라인에서 이전보다 훨씬 낮은 결함률과 높은 생산성을 기록하며 성공 신화를 써 내려가고 있었다.

이는 GM에 쓰디쓴 약이 될 절호의 학습 기회였다. 하지만 GM 본사 경영진의 반응은 실망스러웠다. 그들은 NUMMI의 성공을 '기술'이나 '시스템'의 우위에서 찾기보다 "캘리포니아의 온화한 기후 덕분이다", "열정적인 일본인 관리자들 덕분이다", "언론의 집중적인 스포트라이트 효과다"와 같이 일시적이고 비핵심적인 '문화적 특수 현상'으로 치부해 버렸다. NUMMI의 성공 사례가 자사의 자동화 전략이 근본적으로 잘못되었을 수 있다는 불편한 진실을 드러내는데도 애써 외면한 것이다. 실패로부터 배우고 유연하게 전략을 수정하는 대신, 경영진은 여전히 로봇에 집착하며 "우리가 아직 충분히 좋은 로봇이나 완벽한 소프트웨어 알고리즘을 확보하지 못했기" 때문이라는 기술 만능주의적 해석에 머물렀다.

900억 달러의 손실과 파산의 그림자

1990년대 초, GM은 야심 차게 추진한 '라이트 아웃' 프로그램의 실패를 공식적으로 선언하지 않았다. 그 대신 "자동화에 대한 투자금은 장기적 관점에서 점차 회수되고 있는 중"이라는, 모호하고 방어적인 입장만 되풀이했다. 그러나 시장의 평가는 냉정했다. 햄트램크 공장을 비롯한 주요 자동화 공장들은 지속적인 품질 문제와 낮은 생산성으로 생산량을 계속 줄여갔다. 심지어 고도로 자동화되었던 일부 생산 라인을 해체하고 다시 인간 작업자 중심으로 재조립하는 수모를 겪기도 했다.

외부 감사 기관과 산업 분석가들은, GM이 1980년대 중반부터 1990년대 중반까지 약 10년간 자동화 관련 프로젝트에 실제로 집행한 누적 투자액이 당초 스미스 회장이 공언했던 90억 달러를 훨씬 넘어, 총 900억 달러에 달할 가능성이 높다고 추정했다. 당시 자동차 업계에서는 "GM이 자동화에 쏟아부은 그 엄청난 돈이면, 당시 시가총액이 그보다

　　　　　　　　　　　　　혁신은 왜 실패하는가

훨씬 적은 토요타 자동차와 닛산 자동차를 모두 인수할 수도 있었을 것"
이라는 쓸쓸한 농담이 공공연하게 회자될 정도였다. 이는 GM의 전략적
실패가 얼마나 막대한 기회비용을 초래했는지 단적으로 보여준다.

물론 '라이트 아웃' 프로젝트가 처참한 실패만 남긴 것은 아니었다.
역설적으로, 이 거대한 실패의 잔해 속에서 GM의 일부 공정 기술 엔지
니어들은 값비싼 경험을 통해 센서 네트워크 기술, 로봇 시뮬레이션 언
어(로봇의 움직임, 작업 수행, 주변 환경과의 상호작용 등을 컴퓨터상에서 가상으
로 시험하고 검증하는 데 사용되는 프로그래밍 언어 또는 소프트웨어 환경), 그
리고 공장 자동화의 핵심 요소인 PLCProgrammable Logic Controller 통합 기
술 등 미래 스마트 팩토리 구현에 필요한 자동화 기술 관련 노하우를 체
득했다는 평가도 있다. 그리고 1990년대 후반 이후 GM의 핵심 부품인
파워트레인(엔진 및 변속기) 생산 공장에서 결함률이 꾸준히 감소하고 생
산성이 향상된 배경에는, 이들이 '라이트 아웃' 프로젝트의 실패에서 배
운 교훈과 좌충우돌하는 과정에서 축적된 자동화 기술력이 중요한 밑거
름으로 작용했다는 분석도 나온다.

다만 이런 긍정적 유산이 가시적 성과로 나타나기까지는 당초 계획
대비 거의 세 배에 달하는 15년 이상이 소요되었다. 그사이 GM의 북미
시장 점유율은 일본과 유럽 경쟁업체들에 속절없이 잠식당했다. 그리고
마침내 2009년, 한때 세계 최강이었던 GM이 미국 연방정부에 파산 보
호를 신청했을 때, 수많은 언론은 그 복합적 원인 중 하나로 과거 무리한
자동화 투자 실패로 누적된 막대한 고정비 부담과 그로 인한 전반적인
경쟁력 약화를 빼놓지 않았다.

불 꺼진 공장이 던진 뼈아픈 질문

GM의 '라이트 아웃' 에피소드는 신기술 기반의 혁신을 추구하는 모든 이에게 시대를 초월해서 교훈을 준다. 특히 기술 자체의 현란함에 취해 그 기술로 해결하고자 하는 근본적인 문제가 무엇인지 치열하게 고민하지 않으면 어떤 비극적 결과를 초래하는지 생생하게 보여준다.

로저 스미스 회장이 보기에 가장 긴급하게 해결해야 할 '문제'는 '로봇의 부재' 혹은 '낮은 자동화 수준'이었을지도 모른다. 그러나 GM이라는 거대 조직이 실제로 직면한 문제는 수십 년간 개선되지 않은 생산 공정, 지나치게 복잡하고 비효율적인 부품 구조, 변화를 거부하는 경직된 노사 문화, 그리고 무엇보다 품질에 대한 조직 전체의 집단적 무관심과 안일함이었다. 사람, 프로세스, 조직 문화를 근본적으로 혁신하지 않은 채, 단순히 값비싼 최신 장비만 대규모로 도입하는 것은 기존 문제점을 해결하기는커녕 그것들을 더 증폭시키는 '확성기' 역할만 할 뿐이라는 냉엄한 사실이, 900억 달러라는 값비싼 수업료로 입증된 셈이다.

GM의 실패는 오늘날 디지털 전환과 신기술 도입을 고민하는 모든 이에게 다음과 같은 중요한 질문을 던진다. 그리고 이 질문들은 여전히, 아니 어쩌면 더욱 절실하게 우리의 답을 기다리고 있다.

첫째, '왜Why' 이 기술이 필요한지 명확히 정의했는가? 모든 혁신은 "왜"라는 질문에서 출발해야 한다. 로봇이나 AI, 빅데이터와 같은 자동화 시스템은 수많은 해결책How 중 하나일 뿐, 그 자체가 목적이 될 수 없다. 가장 먼저, 우리가 해결하고자 하는 근본적인 문제Why가 무엇인지 조직 구성원 모두가 공감할 수 있도록 명확히 정의해야 한다. 그리고 그 문제가 정말 '사람의 실수'나 '기술 부족' 때문에 발생하는지, 아니면 잘못 설계된 프로세스나 낡은 조직 문화에서 비롯되는지What 철저히 검증해야 한다. GM은 이 첫 단추를 잘못 끼웠다.

둘째, '작게 시작해 검증하고, 성공 모델을 빠르게 확산하라'는 원칙을 따르고 있는가? 모든 것을 한 번에 바꾸려는 '빅뱅 방식'의 접근은 예측 불가능한 위험을 기하급수적으로 높인다. 새로운 기술이나 시스템은 반드시 제한된 범위의 파일럿 프로젝트나 특정 공정에서 충분히 시험 운영을 거쳐 발생 가능한 문제점을 사전에 파악하고, 불량률 감소, 생산성 향상, 비용 절감과 같은 객관적인 데이터를 통해 그 효과를 철저히 검증한 뒤 점진적으로 확대 적용하는 것이 현명하다. 만약 GM이 이렇게 단계별로 접근했더라면, 천문학적인 투자금 중 상당 부분을 절약하고 실패의 충격도 최소화할 수 있었을 것이다.

셋째, 도입하려는 기술 수준과 조직의 문화 및 핵심 역량 간 '레벨 매칭Level Matching'을 고려했는가? 아무리 비싸고 첨단화된 자동화 설비를 도입하더라도 그것을 효과적으로 운영하고 지속적으로 개선할 조직 내부의 기술적 역량과 학습 문화가 뒷받침되지 않으면, 그 빛나는 자산이 순식간에 조직의 발목을 잡는 거대한 부채로 전락할 수 있다. GM은 최첨단 로봇을 다룰 준비가 되지 않은 조직에 미래 기술을 이식하려다가 탈이 났다. 기술과 조직 역량의 부조화는 값비싼 실패를 낳는다.

넷째, 실패로부터 배우고 신속하게 교정할 수 있는 '공개적인 학습 프로세스'가 조직 내에 존재하는가? NUMMI 공장에서 이미 그 효과가 입증된 '품질 문제가 발생했을 때 모든 작업자가 즉시 라인을 멈출 수 있는 권한'과 같이, 조직 내에서 시시각각 발생하는 작은 실패나 문제점을 발견하는 즉시 구성원들에게 공유해야 한다. 그리고 이를 통해 근본적인 원인을 진단하고 개선 대책을 신속하게 실행하는, 투명하고 개방적인 메커니즘이 마련되어야 조직 전체가 발전할 수 있다. 실패는 성공의 어머니가 될 수 있지만, 그것은 오직 실패를 통해 배우려는 자세와 시스템이 갖춰져 있을 때만 가능하다.

'라이트 아웃' 이후, 자동화는 어디로 향하는가?

GM의 '라이트 아웃' 프로젝트의 처참한 실패는 역설적으로 미국 제조업계가 '완전 무인 자동화'라는 비현실적인 꿈에서 한발 물러서는 계기가 되었다고 평가하는 사람이 많다. 인간 작업자와 로봇이 같은 공간에서 안전하게 협력하며 각자 장점을 극대화하는 '협동 로봇Collaborative robot, Cobot' 기반의 유연하고 현실적인 자동화 모델로 눈을 돌리는 전환점이 되었기 때문이다.

이런 흐름은 GM만의 이야기가 아니다. 실리콘밸리의 총아로 불리며 혁신의 아이콘이 된 테슬라Tesla 역시 프리몬트 공장 설립 초기에 "로봇이 모든 것을 하는 외계인 우주 전함Alien Dreadnought과 같은 공장을 만들겠다"라고 호언장담했다. 하지만 CEO 일론 머스크Elon Musk는 과도한 자동화로 인해 오히려 생산 라인의 잦은 정지와 품질 문제에 시달린 뒤, "인간은 과소평가되었다. 과도한 자동화는 실수였다"라고 솔직한 자기 반성을 내놓기도 했다.

테슬라의 경험은 자동화와 인간 노동력 간 섬세한 균형이 얼마나 중요한지 다시 한번 일깨워주었다. 자동차 산업이 다시금 "자동화란 인간 작업자가 더럽고Dirty, 위험하고Dangerous, 단조로운Dull 소위 3D 작업을 기계에 넘기고, 그 대신 인간은 더 창의적이고 부가가치가 높은 일에 집중하도록 돕는 현명한 보조 수단"이라는 기본적인 원칙을 재확인하는

　　　　　　　　　혁신은 왜 실패하는가

데, GM의 900억 달러짜리 값비싼 시행착오가 중요한 반면교사 역할을 한 셈이다.

GM '팩토리 제로', 인간과 로봇의 공존

한때 '라이트 아웃'의 야심 찬 꿈이 좌절된 햄트램크 공장 부지에는 이제 '팩토리 제로Factory ZERO'라는 새로운 이름이 붙었다. 그리고 이곳에서는 2025년부터 차세대 전기 픽업트럭과 자율주행 택시용 쉐보레 오리진Chevrolet Origin 같은 미래형 자동차들이 생산될 예정이다. GM은 이번에 과거의 실패를 값비싼 교훈으로 삼아, "사람, 프로세스, 데이터, 로봇을 모두 동등하게 중요한 생산 축으로 여기고, 이 요소들이 유기적으로 협력해 시너지를 내는 스마트 팩토리를 설계했다"라고 강조한다. 주목할 점은 새로운 공장의 로봇 팔 뒤편에 여전히 '문제가 발생하면 어떤 작업자든 즉시 생산 라인을 멈출 수 있는 붉은색 비상 정지 끈'이 달려 있다는 사실이다. 이는 과거 NUMMI의 성공 요인 중 하나였던 현장 작업자의 권한 부여와 문제 해결 중심 문화를 적극적으로 수용하려는 의지로 해석된다.

어쩌면 1980년대, '불 꺼진 공장'을 꿈꾸며 타올랐던 GM의 로봇 판타지는 완전히 꺼진 것이 아닐지도 모른다. 꺼지지 않은 잔불은 이제 '사람과 기계가 함께 공장의 불을 밝히고' 서로의 강점을 살려 협력하며 미래를 만들어가는, 더 현실적이고 지속 가능한 스마트 팩토리라는 새로운 불빛으로 조용히 옮겨붙고 있는지도 모른다.

GM의 '라이트 아웃' 프로젝트는 단순한 흑역사가 아니다. 그것은 오늘을 사는 우리에게 여전히 유효한 질문을 던진다. 기술은 세상을 밝히는 강력한 토치Torch와 같지만, 그 빛을 잘못된 곳에 비추면 오히려 우리가 미처 보지 못했던 문제의 그림자를 더욱 짙고 선명하게 만들 뿐이다. 우리가 속한 조직은, 그리고 우리 자신은 그 강력한 기술의 토치를 지금 어디에, 그리고 무엇을 위해 비추려 하는가? GM이 흘린 900억 달러의 값비싼 눈물은, 오늘날 새로운 기술 장비 도입과 디지털 전환을 통해 혁신을 꿈꾸는 모든 조직과 개인이 여전히 진지하게 답해야 할 현재진행형 숙제로 남아 있다. 기술 자체에 대한 맹신이 아니라 기술을 통해 무엇을 이루고자 하는지 근본적인 성찰이 동반될 때 비로소 그 기술은 진정한 혁신의 빛을 발할 수 있을 것이다.

Q1. 기술 부족이라는 '증상'에 현혹되어 있는가, 아니면 비효율적 시스템이라는 '근본 원인'을 직시하고 있는가?

GM은 일본 자동차에 뒤처지는 원인을 '로봇 부족'으로 오진했다. 그러나 NUMMI가 증명한 것처럼, 진짜 원인은 비효율적인 프로세스와 경직된 문화였다. 잘못된 진단에 처방된 고가의 약은 부작용만 낳을 뿐이다.

✪ 우리 프로젝트가 해결하려는 '진짜 문제'를 한 문장으로 정의할 수 있는가?

진단 포인트　프로젝트의 최종 목표가 단순히 'AI 도입'이나 '자동화율 50퍼센트 달성'과 같이 기술을 도입하는 것 자체에 머물러 있어서는 안 된다. '불량률 10퍼센트 감소'나 '고객 응대 시간 50퍼센트 단축'과 같이 기술을 통해 달성하고자 하는 구체적인 '비즈니스 가치'가 명확히 정의되어야 한다. 기술 자체가 목적이 되면 그것은 비즈니스에 실질적 기여를 하지 못하는 비싼 장식품에 불과하다.

✪ 우리가 처한 문제가 정말 기술이 없어서 발생한 것인가?

진단 포인트　현재의 비효율적인 업무 방식, 의사결정 구조, 그리고 직원들의 역할과 책임R&R을 그대로 둔 상태에서 기술만 도입했을 때 문제가 해결될지 냉정하게 시뮬레이션해봐야 한다. 엉망인 프로세스에 기술을 도입하는 것은 문제를 해결하는 것이 아니라, 그 엉망인 상태를 '자동화'하고 '가속화'해 재앙을 증폭시킬 뿐이다.

✪ 경쟁사의 강점에 대해 잘못 알고 있는 것은 아닌가?

진단 포인트　우리가 경쟁사를 부러워하는 지점이 그들이 사용하는 눈에 보이는 '도구Tool'인지, 아니면 그 도구를 활용해 성과를 만들어내는 보이지 않는 '운영 역량'인지 엄밀히 구분해야 한다. 화려한 기술 이면에 숨겨진 그들의 진짜 강점, 즉 린 생산 방식이나 조직 문화 같은 본질적인 경쟁력을 분석하지 않고 껍데기만 흉내 내서는 안 된다.

Q2. 한 번에 모든 것을 뒤집는 '빅뱅'을 꿈꾸는가, 아니면 검증하며 조금씩 나아가는 '점진적 변화'를 택하는가?

GM은 햄트램크 공장에 검증되지 않은 기술을 한꺼번에 쏟아붓는 바람에 '복잡성의 재앙'을 초래했다. 대담한 비전과 신중한 실행이 만나야 의미 있는 '혁신'이 탄생할 수 있다.

✪ 왜 이 프로젝트는 '반드시', '지금', '전면적'이어야 하는가?

진단 포인트　'전면 도입'이라는 방식이 프로젝트의 성공을 위해 논리적으로 반드시 필요한 선택인지, 아니면 경쟁에 뒤처진다는 불안감이나 트렌드를 좇아야 한다는 조급함에서 비롯된 것인지 따져봐야 한다. 모든 것이 완벽하게 맞물려 돌아가야만 성공하는 계획은 현실에서 매우 위험하며, 작은 실패가 전체 붕괴로 이어질 수 있다.

✪ '가장 작지만 의미 있는' 파일럿 프로젝트는 무엇인가?

진단 포인트　실패하더라도 회사가 휘청거리지 않을 정도의 최소 비용과 시간으로 핵심 가설을 검증할 수 있는 구체적인 파일럿 프로젝트가 정의

　　　　　　　　　　　　　혁신은 왜 실패하는가

되어 있어야 한다. 또한 그 실험을 통해 무엇을 검증해야 다음 단계로 넘어갈 수 있을지 명확한 성공과 실패의 기준KPI이 사전에 합의되어야 한다.

⭐ 실패 시 '출구 전략 Exit Strategy**'이 있는가?**

진단 포인트　파일럿 프로젝트가 실패로 판명되었을 때, 과감하게 프로젝트를 중단하거나 방향을 전면 수정할 수 있는 용기와 절차가 준비되어 있는지 확인해야 한다. 이미 투입된 매몰 비용Sunk Cost이나 리더의 체면 때문에 "조금만 더 하면 된다"라며 잘못된 길을 고집하게 만드는 구조적 위험을 경계해야 한다.

Q3. 기술을 어떤 관점에서 바라보고 있는가? 모든 난관을 돌파하게 해줄 '마법의 지팡이'로 여기는가, 아니면 업무 효율성을 증강해줄 도구로 활용하는가?

GM의 로봇들은 서로 페인트칠을 하며 혼란을 일으켰다. 기술은 잘 정돈된 프로세스 위에서만 제 기능을 발휘한다.

⭐ 기술 도입 전에 반드시 정리해야 할 '숙제' 목록이 있는가?

진단 포인트　기술이 마법처럼 모든 문제를 해결해줄 것이라고 막연히 기대하기보다, 기술이 제대로 작동하기 위해 선행되어야 할 과제들을 식별해야 한다. 표준화되지 않은 데이터, 중구난방인 업무 절차, 불명확한 책임 소재 등 기술 도입 전에 반드시 정리정돈해야 할 영역을 목록화하고 해결해야 한다.

✪ **기술 도입이 가져올 '역효과**Side Effect**'를 미리 내다봤는가?**

진단 포인트   자동화가 약속하는 효율성 이면에 업무의 유연성을 떨어뜨리거나 예상치 못한 새로운 병목 구간을 만들 가능성은 없는지 점검해야 한다. GM의 사례처럼 기계 하나가 멈추면 전체 라인이 멈춰버리는 취약한 구조가 되거나, 기존 문제점들이 더 크게 드러날 위험에 대해 미리 대비책을 세워야 한다.

✪ **기술이 인간의 어떤 업무를 대신하고, 어떤 업무를 증강하는가?**

진단 포인트   단순히 인력을 줄이는 것이 목표가 되어서는 안 되며, 기술 도입으로 인해 사라지는 숙련된 직원의 '암묵지'(현장 노하우)와 '유연성'을 어떻게 보완할 것인지 계획해야 한다. 인간을 배제하는 것이 아니라, 인간이 더 가치 있는 일에 집중하도록 돕는 방향으로 기술을 설계해야 한다.

3장

도장 찍는 로봇

::

일본은 왜 첨단 기술로 낡은 관행을 자동화했는가?

낡은 풍습을 박제한 로봇

2019년 12월, 도쿄 빅사이트. 최첨단 기술 각축장인 '2019 국제 로봇 전시회iREX 2019'에 기묘한 존재가 등장했다. 일본의 기술력이 응축된 이 솔루션은 등장과 동시에 세계의 이목을 끌었다. 산업용 로봇의 강자 덴소 웨이브Denso Wave, 금융 서비스 기업 히타치 캐피털Hitachi Capital, IT 서비스 기업 히타치 시스템Hitachi Systems 등 쟁쟁한 기업들이 공동 개발한 'RPARobotic Process Automation(로봇 프로세스 자동화) & 코보타COBOTTA 사무 자동화 지원' 솔루션이 그 주인공이었다.

이 솔루션의 핵심은 덴소 웨이브가 개발한 소형 협동 로봇 '코보타'였다. 개발사들은 이 로봇이 기존의 소프트웨어 기반 자동화로는 불가능했던 영역, 즉 물리적인 종이 문서에 도장을 찍는 단순 반복 작업을 해결한다고 선언했다. 기술 자체는 꽤 정교했다. 두 개의 로봇 팔이 협업하는 방식이었다. 한쪽 팔이 최대 60페이지에 달하는 문서를 한 장씩 넘길 때마다, 상단 카메라가 페이지를 스캔해 도장을 찍어야 할 위치를 정확히 찾아냈다. 그러면 다른 팔이 지정된 도장을 집어 인주를 묻힌 뒤, 오차 없이 정확한 위치에 찍었다. 마지막으로, 도장 찍은 문서를 다시 스캔해 PDF 파일로 컴퓨터에 저장했다.

2020년 3월부터 월정액 구독 서비스로 제공될 예정이던 이 제품에 대해 일본 언론은 '세계 최초 AI 한코判子(일본식 도장) 로봇'이라는 찬사를 보냈다. 그러나 이 로봇의 작동 방식은 세간의 기대와 거리가 멀었다. 수많은 서류를 고속으로 처리할 것이라는 예상과 달리, 로봇은 한 페이지를 처리하는 데 2분에서 2분 30초라는, 답답할 만큼 신중하고 느린 속도로 움직였다. 개발사는 그 이유를 "서류를 신중하게 다룰 필요가 있기 때문"이라고 설명했다.

'신중함'이라는 변명은 기술적 한계에 대한 해명이 아니라, 이 로봇이 섬겨야 할 관료주의 문화의 본질을 정확히 반영하는 수사였다. 효율보다 절차의 '엄숙한 수행'을 중시하는 문화 말이다. 로봇의 느린 움직임은 그저 작업을 자동화하는 것이 아니라, 그 작업에 깃든 의례Ritual를 기계적으로 재현하는 것에 가까웠다. 로봇은 효율을 위한 도구가 아니라, 비효율적인 의식을 수행하는 기계 사제司祭였던 셈이다.

공교롭게도 로봇이 공개된 시점은 코로나19 팬데믹이 전 세계를 덮치기 직전이었다. 팬데믹은 모든 서류에 실물 도장을 찍고 대면對面 결재를 받아야 하는 일본 특유의 '한코 문화'가 가진 비효율성을 사회 전체 문제로 공론화했다. 이런 배경에서 등장한 도장 로봇은 그 존재만으로 하나의 역설을 드러냈다. 개발사들은 금융 기관이나 지방 자치 단체의 대량 날인 업무에 대한 고충을 해결하려 했지만, 그들의 해법은 문제의 원인인 '날인 행위' 자체를 제거하는 것이 아니라, 그 낡은 행위를 자동화하는 것이었다. 결국 이 로봇은 혁신의 상징이 아니라, 일본 사회가 한코 문화라는 과거의 중력에서 얼마나 벗어나지 못하고 있는지 증명하는 대표적 상징이 되고 말았다.

마차에 제트 엔진 달기

도장 찍는 로봇이 제시한 업무 흐름은 디지털 시대의 합리성과 정면으로 배치된다. 그 과정을 요약하면 다음과 같다.

- 내부 전산 시스템상에서 내용 검토와 결재가 끝난 전자 문서를 연다.
- 이 디지털 문서를 물리적 날인을 위해 종이로 출력한다.
- 출력한 종이를 로봇에 건네 도장을 찍게 한다.
- 로봇이 날인한 종이를 다시 스캐너로 읽어 PDF와 같은 디지털 파일로 변환해서 보관한다.

이 기이한 순환 구조는 낡은 마차에 제트 엔진을 다는 격이다. 이는 디지털 전환 시 흔히 벌어지는 오류로, 문제의 근원인 낡고 비효율적인 프로세스는 그대로 둔 채 그 위에 신기술만 덧씌우는 행태를 꼬집는 말이다. 문제의 근원, 즉 "이미 디지털로 결재한 문서에 왜 굳이 또 도장을 찍어야 하는가?"라는 근본적인 질문을 회피한 결과다. 날인이라는 특정 행위만 자동화함으로써 전체 프로세스가 오히려 더 복잡해지고, 새로운 병목 지점만 추가한 셈이다.

그렇다면 왜 이런 접근 방법이 반복적으로 등장할까? 그것은 바로 "왜?"라는 질문이 "어떻게?"라는 질문보다 훨씬 더 어렵고 정치적 비용을 요구하기 때문이다. 기존의 업무 수행 방식을 바꾸는 것은 조직의 뿌리 깊은 관습과 기득권에 도전하는 행위다. 이는 높은 마찰과 저항을 동반한다. 반면 '어떻게 하면 도장을 자동으로 찍을까?'라는 기술적 문제 해결에만 집중하는 것은 훨씬 안전하고 쉽다. 조직은 실제로 변하지 않으면서 혁신적인 것처럼 보일 수 있는 값싼 위안을 얻는다. 도장 로봇은 바로 이 조직적 자기기만을 위한 기술적 마취제였다.

총소유비용Total Cost of Ownership, TCO을 따져보면 경제적 합리성에 대한 의문이 더 커진다. 로봇의 초기 도입 비용이나 임대료, 연간 소프트웨어 유지 보수 비용, 인주 패드 같은 소모품 비용, 예기치 않은 고장 시 수리 비용까지 모두 합산하면, 차라리 그 업무만 전담하는 계약직 직원을 한 명 고용하는 편이 더 저렴할 수 있다는 비판이 제기되었다. 이는 부분 최적화의 함정에 빠진 나머지, 전체적 비용 대비 편익 분석을 간과한 결과다. 이 경제적 비합리성은 앞서 말한 인지적 실패의 당연한 결과다.

세상은 비웃고, 법률은 외면하다

등장 초기 일본 언론의 기대를 잔뜩 모은 것과 달리, 세상의 반응은 냉소와 조롱에 가까웠다. 이 기묘한 발명품은 즉시 일본 기업 문화의 경직성을 상징하는 아이콘으로 등극했다. 상황이 얼마나 우스꽝스러웠던지, 일본의 유명 풍자 뉴스 사이트 「교코신문虚構新聞」은 "자동 날인 로봇은 우리 기사가 아니며, 실제로 존재하는 것"이라는 해명 트윗을 올려야 할 정도였다. 소셜 미디어에서는 이 로봇이 "이미 이그 노벨상Ig Nobel Prize(반

복할 수 없거나 다시 반복해서는 안 되는 업적에 수여하는 상) 후보"라는 조롱
이 쏟아졌고, 일부는 한술 더 떠 "현실의 부조리를 여실히 드러내는 미디
어 아트"라고 비꼬았다. 일본의 뛰어난 로봇 기술이 얼마나 시대착오적
목적에 동원될 수 있는지 적나라하게 보여준다는 의미였다.

하지만 이 로봇의 치명적 결함은 따로 있었다. 바로 법률적 문제였
다. 일본 법체계에서 도장의 효력은 '본인의 의사에 따라 날인했다'는 전
제에서 비롯된다. 도장을 찍는다는 물리적 행위가 개인의 의지를 표명
하는 것이다. 그런데 로봇이 날인을 대행하는 순간, 이 '본인의 의사'라는
핵심적 연결고리가 끊어진다. 기계는 의지를 가질 수도, 사람을 대리할
수도 없기 때문이다.

이것은 단순한 기술적 흠결이 아니다. 로봇이 개입할 수 없는 사
회·문화·제도적 틀이다. 도장 문화의 핵심은 물리적 흔적 자체가 아니
라, 그 흔적에 담긴 인간의 약속과 책임이라는 무형의 가치다. 로봇은 날
인하는 행위는 완벽하게 복제할 수 있지만, 그 안에 담긴 인간의 의지라
는 본질은 결코 복제할 수 없다. 아이러니하게도 도장 문화를 보존하기
위해 만들어진 이 로봇이 역으로 도장의 법적 신뢰성을 근본적으로 훼
손함으로써 한코 문화의 종말을 앞당기는 논리적 근거를 제공한 셈이
다. 이 기술은 전통을 지키려다가, 그 전통이 작은 충격에도 쉽게 흔들
리는 사람 간의 약속에 기반하고 있다는 사실을 의도치 않게 폭로해버
렸다. 개발사들은 "어떻게?"라는 기술적 문제에 매몰되었지만, 세상은
"왜?"라는 근본적 질문을 던졌다. 기술적으로는 성공했을지 몰라도, 그
기술이 해결하려던 문제의 전제 자체가 잘못된 것이었다.

한코 문화라는 보이지 않는 장벽

도장 찍는 로봇이라는 기형적인 발명품이 탄생한 배경에는 일본 사회에 깊숙이 뿌리내린 '한코 문화'라는 거대한 장벽이 있다. 이 문화를 이해하지 않고서는 이 사태의 전모를 온전히 설명할 수 없다.

일본에서 한코는 단순한 서명 대체 수단이 아니다. 그것은 신원, 권위, 신뢰를 상징하는 문화적 인공물이다. 기원은 고대로 거슬러 올라가지만, 현대적 의미의 한코 문화가 전국적으로 확산한 것은 메이지 시대(1868~1912)부터이다. 당시 정부가 모든 국민에게 성姓을 부여하고, 부동산 등기나 법인 설립과 같은 중요한 법률 행위에서 정부에 등록된 도장, 즉 '지츠인実印' 사용을 의무화하면서, 한코는 일본인의 삶과 법률 체계에 깊숙이 통합되었다. 도장을 찍는 행위는 '신용이라는 무색무취의 개념을 눈으로 볼 수 있는 형태로 표현하는' 행위로 인식되며, 의사결정의 무게와 책임감을 가시화하는 역할을 한다. 바로 이 지점에서 차갑고 비인격적으로 느껴지는 디지털 방식에 대한 심리적 저항감이 발생한다.

이 문화의 경직성을 가장 극명하게 보여주는 상징이 바로 '오지기 한코お辞儀ハンコ', 즉 '상대에게 고개 숙여 절하는 도장'이라는 비공식적 관행이다. 결재 서류에 도장을 찍을 때, 하급자가 상급자의 도장을 향해 존경을 표하듯 자신의 도장을 왼쪽으로 살짝 기울여 찍는 것을 말한다. 이는 위계질서가 강한 금융업(은행, 증권사 등)과 관공서에서 흔히 발견된다. 2023년에 실시한 한 설문조사에서는 30~40대 금융업 종사자의 10퍼센트가 여전히 직장에 오지기 한코 문화가 존재한다고 답했다(그 외에도 부하 직원의 생각에 마지못해 동의한다는 의미로 도장을 180도 뒤집어 찍는 '사카사노 오인逆さの押印'이라는 독특한 문화도 있다. [표 3-1] 참고).

     혁신은 왜 실패하는가

| 표 3-1 | 일본의 도장 관련 독특한 문화

명칭	설명	내포된 의미와 맥락	디지털 환경에서의 발현
오지기 한코	하급자가 상급자의 도장을 향해 절하듯 자신의 도장을 왼쪽으로 기울여 찍음. 기울이는 각도로 존경 정도를 표현하기도 함.	조직 내 위계질서를 시각적으로 강화하고 상급자에 대한 존경을 표하는 비언어적 소통 방식. 금융업과 관공서에서 흔함.	일부 전자 결재 플랫폼에서 도장 이미지를 회전시키는 기능을 추가해 이 의례를 디지털 환경에서 재현함.
사카사노 오인	상급자가 부하 직원의 서류를 결재할 때 의도적으로 도장을 거꾸로 찍음.	마지못해 혹은 조건부로 승인한다는 의미를 담은 수동-공격적 의사소통. 결재에 완전히 동의하지 않음을 암시하는 경고의 의미를 지님.	물리적 행위와 그 규범 이탈에 담긴 미묘함 때문에 일반적으로 디지털로 재현되지 않음.

더욱 놀라운 사실은, 낡은 문화가 신기술에 저항하는 것을 넘어, 신기술을 자신의 논리에 맞게 변형하고 오염시킨다는 점이다. 일부 전자 결재 서비스 제공업체들은 이 '절하는 도장' 의례에 대한 수요가 워낙 강하자, 도장 이미지를 디지털상에서 회전시킬 수 있는 기능을 소프트웨어에 추가했다. 이는 기술이 중립적이지 않다는 사실을 보여준다. 조직 문화와 업무 절차에 대한 근본적인 성찰 없이 도입된 신기술은, 결국 낡고 비효율적인 의례를 수행하는 '디지털 노예'로 전락할 위험이 있다. 폐기해야 할 구시대적 유물을 신기술이 오히려 박제하고 널리 퍼뜨리는 역할을 하는 것이다.

변화를 거부하는 정치적 타협의 산물

한코 문화가 이토록 끈질기게 생명력을 유지하는 데는 문화적 관성 외에 또 다른 이유가 있다. 바로 정치와 경제의 이해관계다. 일본의 한코 산업은 규모가 800억에서 2,800억 엔에 이를 정도로 안정적인 내수 시장을 형성하고 있다. 전일본인장업협회全日本印章業協会와 같은 강력한 이익 단체는 자신들의 이권을 위해 정치적 영향력을 행사해왔다.

2019년 다케모토 나오카즈竹本直一 의원의 과학기술정책담당상 임명이 이런 이해관계 충돌을 가장 극적으로 드러냈다. 그는 디지털화를 이끌어야 할 주무 장관이면서, 동시에 '일본의 인장 제도 및 문화를 지키는 의원연맹'이라는 친親한코 로비 단체 회장을 맡고 있었다. 명백한 이해 상충에 관한 질문에 다케모토 장관은 한코 문화와 디지털화는 대립하는 것이 아니라고 주장했다. 그가 내놓은 해법은 "도장 찍은 종이 문서를 스캔해서 디지털화하는" 방식의 '조화로운 공존'이었다. 이 발언은 도장 찍는 로봇의 존재 이유를 설명하는 완벽한 정치적 수사였다. 도장 로봇은 기술적으로 기이할지 몰라도, 기존의 관행과 기득권을 유지하면서 변화에 대한 최소한의 제스처를 취하려는 정치적 타협의 산물이었다. 기술적·경제적 비합리성에도 불구하고, 그것은 '공존'이라는 정치적 슬로건을 물리적으로 구현한 상징물로서, 정치적으로는 합리적인 존재였다.

'탈脫한코'를 향한 발걸음과 그 한계

견고해 보이던 한코 문화의 아성에 균열이 생긴 것은 외부의 충격과 내부의 정치적 결단 때문이었다. 코로나19 팬데믹이 결정적 촉매제 역할

혁신은 왜 실패하는가

을 했다. 사회적으로 재택근무가 요구되면서, 오직 도장을 찍기 위해 위험을 무릅쓰고 사무실로 출근해야 하는 '한코슛샤ハンコ出社'는 전국적인 불만과 조롱의 대상이 되었다. 이처럼 광범위한 대중의 불만은 정부가 더 이상 문제를 외면할 수 없게 만드는 강력한 압력으로 작용했다.

이런 사회적 분위기에서 2020년, 당시 행정개혁담당상이었던 고노 다로河野太郎 의원은 '탈한코脫ハンコ' 운동을 강력하게 주도했다. 그는 정부에 제출하는 행정 절차 중 도장이 필요한 약 1만 5,000건 가운데 99퍼센트 이상을 폐지할 수 있다고 발표하며 개혁의 깃발을 높이 들었다.

그러나 '99퍼센트 폐지'라는 극적인 수치를 신중하게 해석해야 한다. 이 조치는 주로 일상적인 확인 용도로 사용되는, 법적 등록이 필요 없는 '미토메인認印'을 대상으로 했다. 반면 부동산 거래나 법인 등기처럼 법적으로 중요한 효력을 지니는 등록된 도장, 즉 '지츠인'의 사용 의무는 대부분 그대로 유지되었다. 한마디로, 전형적인 '통계의 장난'이었다. 대중에게 극적인 성과로 비칠 수 있는 수치를 달성하면서도, 문제의 핵심에 있는 복잡하고 정치적으로 민감한 구조는 그대로 남겨두었다. 이런 방식은 저항이 가장 적고 손쉬운 부분을 공략해 개혁의 환상을 만들고 대중의 압력을 해소하려는 정치적 전략에 가깝다.

사실 한코 문제는 일본의 아날로그 업무 생태계의 일부일 뿐이다. 2024년 7월 조사에 따르면, 일본 직장인의 약 40퍼센트가 여전히 팩스를 사용한다는 사실이 이를 방증한다. 한코와 팩스는 종이 기반의 낡은 시스템을 지탱하는 쌍두마차이며, 하나를 제거하더라도 다른 하나가 남아 있는 한 진정한 디지털 전환은 요원하다.

그런데도 변화는 더디지만 계속되고 있다. 2021년에 출범한 디지털

청이 이런 노력을 이어가고 있으며, 2024년 2월에는 돌봄 서비스 계약 시 날인이 불필요하다는 점을 명확히 하는 등 개혁이 점차 다양한 영역으로 확산하고 있다.

기묘한 로봇이 남긴 값비싼 교훈

일본의 도장 찍는 로봇 사태는 한 국가의 특수한 해프닝을 넘어, 디지털 전환을 추진하는 모든 조직에 중요한 교훈을 던진다. 이는 RPA 도입 시 흔히 발생하는 실패 사례를 압축적으로 보여준다.

- **잘못된 업무 선정**: 애초에 제거하거나 근본적으로 재설계해야 할 비효율적인 업무를 자동화 대상으로 삼았다.
- **수단과 목적의 혼동**: 업무 효율화라는 비즈니스 목표보다 RPA라는 도구 도입 자체에 집중했다.
- **프로세스 분석 부재**: 전체 업무 흐름을 분석하고 단순화하는 과정 없이, 특정 단계만 자동화하려 했다.
- **관리 사각지대, '유령 로봇'의 등장**: 명확한 관리, 문서화, 유지 보수 계획 없이 자동화 시스템을 구축해 통제 불가능한 위험을 초래 했다.

특히 '책임 공백' 문제가 치명적이었다. 로봇이 날인 과정에서 실수를 저질렀을 때, 그에 대한 모든 법적·행정적 책임은 여전히 담당자, 즉 인간에게 귀속되었다. 이는 결국 담당자가 로봇이 처리한 모든 문서를 다시 확인해야 하는 이중 부담을 낳았고, 자동화의 목적인 업무 경감 효과를 완전히 무력화시켰다. 이것은 자동화가 아니라 '로봇을 감시하는' 새로운 형태의 디지털 잡무를 창출한 것에 불과했다.

이는 비단 일본만의 문제가 아니다. 놀랍게도 또 다른 산업 강국 독일에서도 흔히 발견할 수 있다. 독일 역시 강력한 경제력에도 불구하고 공공 서비스의 디지털화에서 뒤처져 있다. 리스크 회피 문화, 개인정보 유출 우려, 복잡한 연방제에서 비롯되는 관료주의, 그리고 전통적인 미텔슈탄트Mittelstand(중소기업)의 거센 저항 등이 주된 원인이다. 놀라울 정도로 일본의 상황과 유사하다.

반면 대한민국은 각종 전자정부 평가에서 꾸준히 최상위권을 차지하며 이들 국가와 대조적인 모습을 보인다. 한국의 성공은 수십 년간 유지된 정부의 의지와 전략, 정부 클라우드G-Cloud와 같은 핵심 인프라에 대한 대규모 투자, 그리고 시민 편의 증진이라는 명확한 목표 설정 등에 기인한다.

이런 비교는 중요한 결론을 도출한다. 디지털 전환은 기술의 문제가 아니라, 본질적으로 정치적·조직적 문제라는 것이다. 일본, 독일, 한국 모두 기술 선진국이므로, 이와 같은 결과는 기술 격차로 설명할 수 없다. 결정적 차이는 지속적인 정치적 리더십, 전략적 투자, 낡은 관행과 기득권이라는 조직의 관성을 극복하고 근본적인 변화를 끌어낼 수 있는 사회적·정치적 역량에 있다.

도장 로봇 사태는 값비싼 실패였지만, 역설적으로 일본 사회에 긍정적인 변화의 계기를 제공하기도 했다. 이 사건 이후 일본 내 논의는 '도장이냐, 디지털 날인이냐?'라는 이분법을 넘어 디지털 신뢰, 데이터 보안, 리스크 관리라는 훨씬 더 정교하고 본질적인 차원으로 발전하기 시작했다. 도장이 가진 '신뢰 표현'이라는 기능을 블록체인 기반 디지털 신원 확인 솔루션으로 대체하려는 시도가 나타났고, 금융기관들은 다중 요소 인증Multi Factor Authentication, MFA과 같은 강력한 보안 조치를 도입하기 시작했다. '멍청한' 로봇의 실패는 역으로 '스마트한' 디지털 신뢰 체계의 필요성을 부각한 셈이다. 바로 이것이, 애당초 태어나지 말았어야 할 이 기묘한 로봇이 남긴 유일하고 값진 유산일 것이다.

Q1. 우리는 지금 '마차에 제트 엔진'을 달고 있는가, 아니면 '이동하는 방식' 자체를 바꾸고 있는가?

도장 찍는 로봇은 '날인'이라는 낡은 행위를 없애지 않고, 그 행위를 기계적으로 모방하는 데 그쳤다. 그 결과, 디지털과 아날로그가 뒤섞인 기형적인 프로세스가 탄생했다. 우리의 프로젝트는 문제의 뿌리를 뽑고 있는가, 아니면 잎사귀만 다듬고 있을 뿐인가?

✪ **우리가 도입하려는 기술이 기존 업무를 단순히 '자동화'하는 것인가, 아니면 업무 자체를 불필요하게 만들거나 근본적으로 '재설계'하는 것인가?**

진단 포인트 만약 기술 도입 후에도 기존의 업무 단계가 그대로 남아 있거나(종이 출력 후 스캔 등) 프로세스가 더 복잡해진다면(로봇 관리 업무 추가 등), 이는 '마차에 제트 엔진 달기'의 신호다. 최고의 효율은 '일을 더 빨리하는 것'이 아니라 '하지 않아도 되는 일을 없애는 것'에서 나온다.

✪ **이 프로젝트의 목표가 '기술 확충'인가, 아니면 '관행 파괴'인가?**

진단 포인트 "왜 이 일을 이렇게 하는가?"라는 질문에 "원래 이렇게 해왔으니까" 혹은 "규정 때문에 어쩔 수 없다"라는 대답이 돌아온다면 경고등을 켜야 한다. 기술은 낡은 관행을 합리화하는 도구가 되어서는 안 된다. 관행 자체가 문제라면, 기술 도입 이전에 프로세스 혁신과 규정 개선이 선행되어야 한다.

✪ 기술을 걷어내고 보았을 때, 우리가 개선하려는 프로세스의 흐름이 논리
적이고 합리적인가?

진단 포인트 기술은 비효율적인 프로세스를 가리는 화장품이 아니다.
아날로그 상태에서 말이 안 되는 프로세스는 디지털로 옮겨놓아도 여전
히 말이 안 된다. 기술 없이도 설명 가능하고 납득할 수 있는 업무 흐름이
먼저 정립되어야 한다.

Q2. 우리는 '전체 최적화'를 지향하는가, 아니면 '부분 최적화'의 함정에 빠져 있는가?

도장 로봇은 도장을 찍는 순간만 보면 업무가 효율화된 것처럼 보이지만,
전체 프로세스를 보면 출력, 스캔, 로봇 관리라는 엄청난 비효율과 비용을
초래했다. 나무만 보고 숲을 보지 못하는 실수를 경계해야 한다.

✪ 이 기술을 도입하고 유지하는 데 드는 '총소유비용Total Cost of Ownership'이
기존 방식보다 확실히 저렴한가?

진단 포인트 로봇 구매비뿐만 아니라 유지 보수비, 소모품비, 그리고 로
봇을 관리하고 감시하는 인력의 인건비까지 모두 계산에 넣어야 한다. 배
보다 배꼽이 더 큰 경우가 아닌지, 혹은 단순히 비용을 A부서에서 B부서
로 떠넘기는 것에 불과한지 냉정하게 따져봐야 한다.

✪ 자동화로 인해 새롭게 생겨나는 '그림자 노동'은 무엇인가?

진단 포인트 도장 로봇 때문에 담당자가 문서를 일일이 확인해야 했던
것처럼, 기술 도입이 사용자의 눈에 보이지 않는 새로운 잡무를 만들어내

지는 않는가? 자동화가 인간을 창의적인 일로 이끄는 것이 아니라, 기계의 보조자로 전락시키는 결과를 낳는다면 그것은 실패한 혁신이다.

⭐ **시스템이 오류를 일으켰을 때 최종 책임은 누가, 어떻게 지게 되는가?**

진단 포인트　로봇이 실수했을 때 책임 소재가 불분명해 결국 사람이 다시 검수해야 한다면, 이는 자동화의 의미를 상실한 것이다. 책임의 공백Responsibility Gap은 현장 실무자들에게 불안감을 주고, 결국 이중 작업을 유발하며 시스템의 효율성을 갉아먹는다.

4장

기술 만능주의라는 함정

::

월마트와 펜타곤은 왜 100원짜리 전자 스티커에 집착했는가?

기술 만능주의에 빠진 월마트와 펜타곤

2000년대 초반, 세상은 닷컴 버블 붕괴의 기나긴 후유증과 9·11 테러의 충격에서 헤어나지 못한 채 어딘가 불안하게 들떠 있었다. 기술이 모든 것을 해결해줄 것이라는 믿음, 혹은 그래야만 한다는 절박함이 공기 중에 떠다녔다. 바로 그 시절, 세계에서 가장 거대한 두 조직이 각자 전장에서 똑같은 꿈을 꾸기 시작했다. 하나는 유통 제국 월마트Walmart이고, 다른 하나는 워싱턴 D.C.에 자리 잡은 세계 최강 군사 조직 펜타곤Pentagon이었다. 이 두 조직은 RFID, 즉 전파를 이용해 물건을 식별하는 100원짜리 전자 스티커 하나로 자신들의 가장 고질적인 문제를 단번에 해결할 수 있다고 믿었다.

2003년 6월, 시카고의 한 콘퍼런스 홀에서 단상에 오른 월마트 최고 정보책임자CIO 린다 딜먼Linda Dillman은 산업계를 향해 사실상의 '칙령'

을 내렸다. "2005년 1월부터 월마트의 상위 100개 공급업체는 물류 센터로 들어오는 모든 팔레트와 상자에 의무적으로 RFID 태그를 부착해야 합니다." 최종 목표는 이러한 정책을 2006년 말까지 모든 공급업체를 대상으로 확대하는 것이었다. 그녀가 그린 미래는 눈부셨다. 트럭이 물류 센터 게이트를 통과하는 순간 모든 상품 정보가 자동으로 시스템에 기록되어, 창고 직원은 더 이상 바코드를 일일이 스캔할 필요가 없어진다. 재고가 없어 물건을 못 파는 '결품'이라는 단어는 사전에서나 찾아볼 수 있으며, 복잡하기 짝이 없던 공급망 전체가 투명한 유리 상자처럼 속이 훤히 들여다보이는 시대가 열린다는 것이었다. 이것은 단순한 기술 도입이 아니라, 공급망 관리라는 게임의 규칙 자체를 바꾸려는 거대한 야망이었다.

같은 해 10월, 워싱턴 D.C.의 펜타곤도 비슷한 결론에 도달했다. 이들의 문제는 상업적 비효율을 넘어 국가 안보와 직결된 것이었다. 제1차 걸프전 당시, 전장으로 보낸 수많은 컨테이너의 내용물과 위치를 파악하지 못해 거대한 '철의 산Iron Mountains'을 쌓아 올렸던 뼈아픈 경험은 미국 국방부에 '자산 가시성Asset Visibility' 확보라는 절체절명의 과제를 안겼다. 결국 국방부는 월마트와 놀랍도록 유사한 RFID 의무화 정책을 발표했다. 2005년 1월부터 모든 군납품에 태그를 붙이라는 이 명령은 월마트의 100개 업체를 아득히 뛰어넘는 6만여 공급업체에 영향을 미치는 거대한 프로젝트였다.

이것은 우연이었을까? 아니면 거대 조직이 막다른 골목에 몰렸을 때 나타나는 필연적 증상이었을까? 월마트의 공급망과 미국 국방부의 군수 시스템은 너무 거대하고 복잡해 마비되기 일보 직전이었다. 이 문제를 해결하려면 조직의 뿌리 깊은 관행을 바꾸고, 수많은 부서의 이해관계를 조정하며, 수십 년간 굳어진 업무 프로세스를 전부 해체하고 재조립해야 했다. 그것은 고통스럽고, 정치적으로 위험하며, 성공을 장담할 수 없는 지저분한 작업이었다. 이런 상황에서 강력한 신기술 하나를 '만병통치약'처럼 도입해 모든 문제를 한 번에 해결하겠다는 발상은 너무나 매력적이었다. 기술 지상주의Technological Solutionism는 단순히 기술에 대한 낙관이 아니라, 복잡한 현실 문제를 외면하고 싶은 관료주의적 욕망의 다른 이름일 뿐이었다. 결국 RFID 의무화라는 칙령은 혁신적 리더십의 증거가 아니라, 조직의 핵심 문제를 정면으로 마주할 용기가 없는 경영진의 '책임 회피'에 가까웠다. 월마트와 펜타곤은 서로 다른 전장에서 같은 꿈을 꾸었지만, 그 꿈은 곧 똑같은 현실의 벽에 부딪혀 산산조각 났다.

시스템은 쉽게 바뀌지 않는다

화려한 청사진은 현실의 문턱을 넘자마자 갈가리 찢겼다. 기술이 모든 것을 해결해줄 것이라는 믿음은 현장의 아우성 앞에서 속수무책이었다. 혼란은 세 가지 전선에서 동시다발적으로 터졌다.

첫 번째 전선은 공급업체였다. 월마트는 RFID 도입으로 모두가 비용을 절감할 수 있다고 주장했지만, 그 비용이 고스란히 공급업체에 전가되었다. 당시 개당 50센트에서 80센트를 넘나들던 비싼 RFID 태그 가격은 저수익 상품을 납품하는 업체들에 재앙과도 같았다. 태그와 리더기, 소프트웨어 구매에 막대한 초기 비용을 쏟아부어야 했지만, 그로 인해 자신들이 얻을 수 있는 투자수익은 전혀 보이지 않았다. "구체적으로 무엇이 어떻게 달라지는지, 누구도 명확한 가이드라인을 제시하지

     혁신은 왜 실패하는가

못하고 있다"라는 하소연은 월마트의 일방적인 통보 앞에서 공허한 메아리일 뿐이었다. 결국 월마트가 벌금 정책으로 압박을 가하자, 프록터앤드갬블Procter & Gamble, P&G과 같은 핵심 파트너마저 시범 사업 단계에서부터 이탈하는 사태가 벌어졌다. 이것은 기술적 문제가 아니라, 상생을 외면한 데 따른 파트너십의 실패였다.

두 번째 전선은 기술 그 자체였다. RFID의 전파는 액체와 금속이라는 두 천적을 만났다. 물이나 음료수, 금속 캔으로 가득 찬 팔레트의 태그는 전파를 제대로 쏘거나 받지 못했다. P&G는 추운 곳에 있다가 따뜻한 창고로 들어오면서 물기를 머금게 된 팔레트의 태그 인식률이 0퍼센트를 기록했다고 보고했다. 심지어 월마트가 야심 차게 진행한 초기 시범 운영에서조차 전체 태그 인식률은 '절대로 용납할 수 없는' 수준인 63퍼센트에 불과했다. 기술은 실험실이라는 인위적으로 조성된 환경을 벗어나자마자 작업 현장이라는 자비 없는 현실과 마주했다.

가장 아이러니한 실패는 세 번째 전선, 즉 현장 운영 과정에서 벌어졌다. 자동화를 약속했던 기술은 오히려 더 많은 수작업을 낳았다. 물류 센터 직원들은 태그가 읽히지 않는 상자를 일일이 컨베이어벨트에서 내려 흔들거나 위치를 바꾸며 수동으로 스캔해야 했다. 트럭 운전기사들은 하역 시간이 오히려 더 길어졌다고 불평했고, 매장 직원들은 RFID 시스템이 놓친 상품 정보를 다시 바코드로 찍거나 수기로 입력하는 이중 작업에 시달렸다. 미국 국방부의 상황은 더 심각했다. 이라크의 사막과 같은 극한 환경에서 RFID 리더기는 잦은 고장을 일으켰고, 태그는 먼지와 높은 기온 때문에 쉽게 손상되었다. 결국 병참 장교들은 첨단 시스템이 읽지 못하는 정보를 다시 손으로 장부에 기록해야만 했다. 자동화의 꿈은 이렇게 수작업의 악몽으로 끝을 맺고 말았다.

이 대실패의 중심에는 '파일럿의 함정'이라는 교훈이 있다. 월마트는 텍사스 지역의 통제된 환경에서 진행한 초기 파일럿 테스트에서 95퍼센트 이상의 높은 인식률을 기록하며 성공을 예감했다. 그러나 이 성공은 현실이 아니라 잘 짜인 연극에 불과했다. 최고의 장비, 숙련된 전문가, 예측 가능한 변수들로 가득한 실험실의 성공은 수천 개의 매장과 공급업체, 예측 불가능한 날씨와 인간의 실수로 가득한 실제 환경으로 확장되자 속수무책으로 무너졌다. 시스템의 복잡성은 규모와 함께 선형적으로 증가하는 것이 아니라 기하급수적으로 폭발한다. 이 '파일럿-스케일 갭Pilot-to-Scale Gap'은 단순히 기술적 용어가 아니다. 그것은 실험실의 성공에 취해 현실의 복잡성을 무시한 '오만'의 다른 이름이다. 파일럿 테스트의 결과가 만족스러울수록 성공을 담보하는 것이 아니라, 오히려 현실을 오판하게 만드는 달콤한 독이 될 수 있다는 사실을 그들은 너무 늦게 깨달았다.

옷 매장에서 발견한 해답

월마트와 미국 국방부의 거창한 혁명이 좌초하면서 RFID 기술은 '비용만 많이 드는 비효율적인 기술'이라는 오명을 뒤집어썼다. RFID 무덤에 잡초가 무성해질 무렵 전혀 예상하지 못했던 곳에서 반전이 시작되었다. 그곳은 거대한 공급망이 아니라, 백화점의 옷 매장이었다.

2010년대 들어서면서 소매 환경이 급변했다. 온라인으로 주문하고 오프라인 매장에서 찾아가는 BOPISBuy Online, Pick-up In Store나 매장 재고를 활용해 온라인 주문을 처리하는 '십프롬스토어Ship-from-Store'와 같은 옴니채널Omni-channel 쇼핑이 대세로 떠올랐다. 이는 소매업체들에 매

혁신은 왜 실패하는가

장 재고를 실시간으로, 아주 정확하게 파악해야 한다는 과제를 안겨주
었다. 하지만 현실은 처참했다. 바코드와 수작업에 의존한 재고 조사의
정확도는 60~70퍼센트에 불과했다. 시스템상 재고가 있다고 표시된 상
품 10개 중 3~4개는 실제 매장에 존재하지 않는 '유령 재고'였다. 고객
이 온라인으로 주문한 파란색 M사이즈 셔츠가 매장에 없다는 사실을 뒤
늦게 발견하는 순간, 그 거래는 취소되고 고객의 신뢰는 무너진다. 이것
은 단순한 비효율이 아니라, 생존을 위협하는 고통스러운 문제였다.

이때 메이시스Macy's 같은 의류 소매업체가 새로운 해법을 제시했다.
이들의 접근 방식은 월마트와 정반대였다. 거창한 공급망 혁명이 목표
가 아니었다. 이들은 팔레트나 상자가 아닌, '옷 한 벌, 신발 한 켤레'와 같
은 개별 상품 단위에 RFID 태그를 부착하는 '아이템 레벨 태깅Item-level
Tagging'을 시도했다. 이들의 질문은 "어떻게 하면 RFID 기술을 우리 사
업에 적용할까?"가 아니라, "어떻게 하면 이 지긋지긋한 유령 재고 문제
를 해결해 옴니채널 시대에 살아남을 수 있을까?"였다. 명확하고 시급한
비즈니스 문제 해결이 최우선 목표였다.

이들은 기술을 밀어붙이지Technology-push 않고, 문제를 해결하기 위
해 용도에 맞는 기술을 끌어오는Problem-pull 방식을 택했다. 2008년부터
2010년에 걸쳐 사이즈별 재고 관리가 특히 중요한 데님, 신발 같은 특정
카테고리에서 소규모 시범 운영을 시작하며 신중하게 접근했다. 문제를
명확히 정의한 뒤 기술을 적용하자, 곧 놀라운 결과가 나타났다. 메이시
스의 재고 정확도는 기존 60퍼센트대에서 95퍼센트를 넘어 98퍼센트
수준까지 수직상승했다. 이는 곧바로 매출 증대로 이어져, 전체 매출이
2~5퍼센트가량 증가했다. 매장에 진열되지 못한 채 창고에 쌓여 있던
상품 비율이 30퍼센트에서 4~6퍼센트 수준으로 급감했고, 시즌 마감

전 정가 판매율이 높아져 불필요하게 가격을 인하하는 일까지 줄어들었다. 특히 매장에 단 한 개 남은 상품까지 찾아내 판매하는 'P2LUPick to the Last Unit' 프로그램을 통해, 예전 같으면 매장 한구석에 처박혀 있었을, 그러나 모으면 규모가 막대한 재고를 판매 가능한 자산으로 전환했다.

성공 사례가 쌓이자, 국제 상품 코드 표준화 기구인 GS1은 이 값비싼 교훈을 체계적인 방법론으로 정립했다. 이들이 발표한 가이드라인에서 이야기하는 첫 번째 단계는 '태그 선정'이나 '리더기 설치'가 아니라, '명확한 비즈니스 목표 정의'였다. "매장 재고 정확도를 70퍼센트에서 98퍼센트로 올려 품절로 인한 판매 손실을 줄인다"와 같이 측정 가능한 목표를 설정하고, 그 목표를 달성하는 데 필요한 데이터 흐름을 설계한 뒤, 마지막 단계에서 어떤 기술을 적용할지 결정하라는 것이었다.

여기서 중요한 통찰을 얻을 수 있다. RFID의 가치는 기술 자체에 내재한 것이 아니다. 그 가치는 철저히 상황 의존적이다. 2005년 월마트에는 RFID가 '있으면 좋은 것'이었지만, 2012년 옴니채널의 파도에 직면한 의류 소매업체에는 RFID가 생존을 위해 '반드시 있어야만 하는 것'이었다. 즉 이 기술이 '왜Why' 필요한지 절박한 비즈니스 요구가 존재했기에, '어떻게How'라는 기술적 해결책이 비로소 빛을 발했다. 기술은 스스로 위대해지지 않는다. 세상이 그 기술을 절실히 필요로 할 때 비로소 위대해진다.

20년짜리 비싼 수업료를 치른 월마트

과거의 실패는 매몰 비용이 아니라, 올바른 질문을 찾기 위한 값비싼 수업료였다. 20여 년 전 RFID 혁명의 깃발을 들었다가 초라하게 후퇴했던

 혁신은 왜 실패하는가

거인 월마트가 다시 돌아왔다. 놀랍게도 그들의 손에는 과거 낡은 칙령 대신, 경쟁자들이 성공을 통해 그 효과를 입증한 새로운 '지침서'가 들려 있었다. 2019년을 기점으로 월마트는 RFID 전략을 재가동했다. 하지만 이번에는 접근 방식이 과거와 180도 달랐다. 모든 공급업체를 대상으로 한 '빅뱅' 방식 대신, 이미 성공이 검증된 의류 카테고리에서 시작해 점진적으로 홈, 스포츠용품, 전자제품 등으로 확대하는 신중하고 단계적인 방식을 택했다. 거인은 더 이상 서두르지 않았다.

가장 큰 변화는 "왜?"라는 질문이 명확해졌다는 점이다. '공급망 가시성 확보'와 같은 추상적인 선언이 아니라, '매장 진열 상품의 가용성을 높여 고객 경험을 개선하고, 옴니채널 서비스를 활성화한다'는 구체적이고 고객 중심적인 목표를 설정했다. 특히 의류 부문의 재고 정확도가 60퍼센트대에 머물러 온라인 등으로 들어온 주문이 취소되는 등 직접적인 사업 손실이 발생하자, RFID 도입은 더 이상 IT 부서만의 과제가 아닌 전사적 비즈니스 문제로 격상되었다.

공급업체를 대하는 태도 역시 독단적 명령에서 협력적 파트너십으로 바뀌었다. 월마트는 공급업체들에 상세한 'RFID 도입 가이드'를 제공하는 등 상생 방안을 모색했다. 이 가이드북에는 상품 종류별로 어떤 사양의 태그를 사용해야 하는지, 오번 대학 RFID 연구소를 통한 태그 성능 테스트 절차는 어떻게 진행되는지 등 구체적이고 명확한 정보가 담겨 있었다. 이는 '무조건 하라'는 강요에서 '성공할 수 있도록 돕겠다'는 지원으로 바뀐 근본적인 변화였다.

풀어야 할 문제를 명확히 정의하고 접근 방식을 바꾸자, 결과는 즉각적으로 나타났다. 월마트 내부 보고에 따르면, 새로운 RFID 전략 도입 후 의류 부문의 재고 정확도는 95퍼센트 이상으로 치솟았다. 이 성공은

| 표 4-1 | **월마트의 전략 변화**

특징	2003년 의무화 정책(기술 우선주의)	2019년 이후 전략(문제 해결 우선주의)
주요 목표	공급망 전반에 RFID 기술 강제 도입	명확한 비즈니스 문제 해결: 매장 상품 가용성 증대 및 옴니채널 서비스 활성화
적용 범위	'빅뱅' 방식: 상위 100개 공급업체, 모든 팔레트/케이스, 전국적으로 동시 시행	단계적 접근: 의류에서 시작해 카테고리별로 점진적 확대
추진 주체	IT 부서 중심의 하향식 칙령	고객 경험 개선을 위한 전사적 (상품, 운영, IT) 비즈니스 요구
공급업체 역할	강제적 의무 준수, 비용 및 복잡성 전가	협력적 파트너십, 명확한 가이드북과 표준 절차에 따른 이행
핵심 초점	태그를 부착하는 행위 자체	태그가 생성하는 '데이터의 가치'를 활용한 운영 및 매출 개선
결과	막대한 비용, 낮은 ROI, 현장 혼란, 공급업체 저항, 전략적 후퇴	재고 정확도 향상(98퍼센트 이상), 매출 증대, 고객 경험 개선, 지속 가능한 확장

RFID 프로그램이 월마트의 핵심 전략으로 다시 자리 잡고, 다양한 상품군으로 확산되게 하는 기폭제가 되었다. [표 4-1]은 월마트가 20여 년에 걸쳐 깨달은 교훈이 무엇인지 보여준다. 이는 기술 도입 전략이 '기술 우선주의'에서 '문제 해결 우선주의'로 어떻게 진화했으며, 그 결과가 얼마나 극적으로 달라졌는지 보여주는 압축적인 증거다.

RFID가 가르쳐준 혁신의 제1원칙

RFID를 둘러싼 20년간의 대하드라마는 시대를 초월해 모든 기술 혁신에 적용되는 하나의 보편적 법칙을 가르쳐준다.

흔히 기술 도입 실패의 원인을 '과도한 초기 투자 비용'에서 찾는다. 하지만 그것은 본질을 가리는 핑계에 불과하다. RFID 태그 가격은 지난 20년간 개당 50센트 이상에서 5센트 이하로 하락했다. 이제 스티커 자체는 더 이상 혁신의 장벽이 아니다. 혁신의 진짜 비용, 그리고 가장 어려운 과제는 눈에 보이지 않는 곳에 있다. 그것은 바로 새로운 기술이 생성하는 데이터를 제대로 활용하기 위해 기존의 일하는 방식을 재설계하고, 분산된 IT 시스템을 통합하며, 조직 구성원들의 변화를 이끌어내야 하는 등 상당히 고된 일이다. 기술 우선주의 접근법이 항상 실패하는 이유는, 바로 이 보이지 않는 비용과 노력을 과소평가하기 때문이다.

월마트와 미국 국방부, 그리고 수많은 기업이 20년간 수조 원의 비용을 치르며 뼈아프게 배운 교훈은 결국 하나의 문장으로 귀결된다. "기술은 강력한 도구가 될 수는 있어도, 그것이 곧 목적이 될 수는 없다."

"새로운 스티커를 붙이기 전에, 붙여야 하는 이유부터 명확히 해라." 그 이유가 명확해지는 순간, 100원짜리 RFID 태그는 비로소 조직의 데이터를 바꾸고 새로운 가치를 창출하는 1조 원짜리 '금딱지'가 될 수 있다. 하지만 목적이 명확하지 않은 상태에서 성급하게 기술을 도입하면, 그 어떤 첨단 기술도 결국 창고에서 먼지만 뒤집어쓴 채 방치되는 값비싼 장식품 신세를 면치 못할 것이다. 이것이 바로 RFID가 반세기에 걸쳐 우리에게 가르쳐준, 시대를 초월하는 혁신의 제1원칙이다.

Q1. 기술이 가진 '가능성'에 취해 있는가, 아니면 현장이 겪고 있는 '절박함'에 응답하고 있는가?

2003년 월마트는 RFID가 모든 문제를 해결할 만병통치약이라고 생각했지만, 정작 무엇을 치료해야 할지 모호했다. 반면 2010년대 의류 업체들은 '유령 재고'라는 구체적인 고통을 해결하기 위해 기술을 호출했다. 기술은 목적어가 아니라 서술어가 되어야 한다.

✪ 이 프로젝트가 지금 당장 중단된다면, 비즈니스의 어느 부분이 가장 고통스러워지는가?

진단 포인트　프로젝트가 멈췄을 때 겪게 될 고통을 구체적인 숫자나 고객의 육성으로 설명할 수 없다면, 우리는 지금 '없어도 그만인' 기술을 도입하려고 하는 것일지도 모른다. 현장의 절박함이 없는 기술 도입은 비즈니스에 실질적 기여를 하지 못하는 비싼 장식품에 불과하다.

✪ 우리가 해결하려는 문제를 '기술 없이' 해결할 방법은 정말 없는가?

진단 포인트　더 단순하고 저렴한 아날로그적 대안이 있음에도 굳이 복잡한 기술을 선택했다면, 그것은 문제 해결을 위한 '혁신'이 아니라 기술력을 뽐내기 위한 '과시'일 가능성이 크다. 기술은 다른 모든 방법을 검토한 뒤에 선택하는 최후의 수단이어야 한다.

✪ **성공을 판가름할 단 하나의 핵심 지표_{KPI}를 꼽는다면 무엇인가?**

진단 포인트 '기술 도입률'이나 '설치 완료 건수'와 같은 과정 지표가 아니라, '재고 정확도 향상'이나 '매출 증대'처럼 비즈니스의 본질적 가치를 건드리는 결과 지표를 설정해야 한다. 기술이 작동하는지보다 기술이 돈을 벌어다 주는지(비용을 절감해주는지)를 측정해야 한다.

Q2. 협력 파트너에게 일방적으로 '명령'하는가, 아니면 성공을 돕기 위해 손을 내미는가?

2003년의 월마트는 공급업체에 비용과 책임을 떠넘겼지만, 2019년의 월마트는 상세한 지침서를 제공하며 함께 가야 할 길을 보여주었다. 협력 생태계는 참여자 모두가 이익을 공유할 때 비로소 작동한다.

✪ **이 프로젝트로 인해 파트너가 얻는 즉각적이고 명확한 이익은 무엇인가?**

진단 포인트 '장기적인 관계'라는 모호한 말 대신, 그들의 손익계산서에 찍힐 구체적인 이득을 제시할 수 있어야 한다. 파트너들이 리스크를 감수하고 자발적으로 움직일 확실한 동기를 부여해야 프로젝트가 지속 가능하다.

✪ **파트너들이 우리 몰래 프로젝트의 실패를 바라고 있지는 않은가?**

진단 포인트 그들이 변화에 저항할 수밖에 없는 구조적 이유(비용 증가, 업무 가중 등)를 파악하고, 이를 해소할 구체적인 당근을 준비했는지 점검해야 한다. 파트너의 이익을 무시한 채 강행하는 프로젝트는 결국 내부의 적으로 인해 좌초된다.

⊗ **우리는 파트너에게 단지 '무엇'을 하라고만 하는가, 아니면 '어떻게' 해야 하는지도 알려주는가?**

진단 포인트 요구사항만 던져주는 것은 갑질이지만, 성공 노하우와 도구(지침서, 테스트 환경 등)를 제공하는 것은 리더십이다. 파트너가 성공해야 우리도 성공한다는 마음으로 그들을 실질적으로 도울 수 있는 구체적인 지원 체계를 갖춰야 한다 .

5장

텅 비어버린 가상 사무실

::

메타의 메타버스 오피스 실험은 왜 길을 잃었는가?

체현된 인터넷 시대를 여는 메타버스

2021년 10월 28일, 페이스북Facebook이 사명을 메타Meta로 변경한다고 발표한 순간, 전 세계 테크 업계와 수많은 언론은 거대한 기대감으로 술 렁였다. CEO 마크 저커버그Mark Zuckerberg는 자사의 연례 콘퍼런스인 '커넥트Connect'에서 "미래에는 메타버스 안에서 함께 일하고, 놀고, 소통 하게 될 것"이라는 담대한 비전을 선포했다. 그의 비전은 신제품 발표를 위한 것이 아니었다. 그것은 모바일 인터넷 시대를 끝내고, 단순히 화면 을 바라보는 것을 넘어 오감으로 느끼는 '체현된 인터넷Embodied Internet' 시대를 열겠다는 거대한 패러다임 전환 선언이었다.

이 야심 찬 비전을 현실로 만들 첫 번째 도구로, 가상현실VR 협업 플 랫폼인 '호라이즌 워크룸스Horizon Workrooms'가 화려하게 조명되었다. 홍 보 영상에서 직원들은 큼지막한 VR 헤드셋을 착용한 채 3차원 가상 회의실에 아바타의 모습을 하고 모여 앉았다. 마치 같은 공간에 있는 것처럼 손짓으로 슬라이드를 넘기고 가상 화이트보드 위에서 아이디어를 함께 스케치하는 모습은, 팬데믹 시대가 낳은 원격 근무와 화상 회의로 지친 많은 이에게 신선하고 묘한 매력으로 다가왔다.

메타가 던진 메시지에는 감성이 충만했다. 기존 화상 회의가 우리를 납작한 2차원 캔버스에 가두었다면, 메타버스는 물리적 거리에 상관없이 동료들과 같은 방 안에 함께 있는 듯한 생생한 '존재감'과 '연결감'을 회복시켜줄 것이라고 약속했다. 이는 혁신을 갈망하던 스타트업부터 글로벌 컨설팅 회사에 이르기까지, 수많은 기업이 파일럿 프로그램 운영 예산을 긴급 편성하며 메타버스 오피스 실험에 뛰어들게 만드는 강력한 기폭제가 되었다. 회사의 이름을 건 이 거대한 도박은, 메타가 소셜 미디어를 넘어선 새로운 왕국을 건설하는 데 자신들의 미래를 걸었음을 알리는 신호탄이었다. 하지만 이런 감성적인 비전은 곧 차갑고 단단한 물리법칙, 그리고 생물학적 현실과 정면으로 충돌할 운명이었다.

사용자의 발목을 잡는 하드웨어의 한계

호라이즌 워크룸스를 처음 경험한 사용자는 대부분 초기 몇 분간 깊은 인상을 받았다. 자신의 실제 목소리에 맞춰 아바타의 입 모양이 자연스럽게 움직이고, 고개를 돌리는 방향에 따라 소리가 입체적으로 들리는 공간 음향Spatial Audio 기술은 분명 기존 화상 회의에서 느낄 수 없던 몰입감을 선사했다. 어색하기만 했던 '시선 맞춤' 역시 아바타를 통해서나마 어느 정도 구현되는 듯한 느낌을 주었다.

그러나 이런 기술적 경이로움이 주는 흥분은 오래가지 못했다. 가장 먼저 사용자의 발목을 잡은 것은 하드웨어의 물리적 한계였다. 당시 주력 모델이었던 메타 퀘스트 2Meta Quest 2 헤드셋의 무게는 약 503그램에 달했다. 30분 이상 착용하자, 이마를 압박하고 목덜미에 피로감을 주기 시작했다. 안경을 쓴 동료들은 헤드셋 내부 렌즈에 수시로 김이 서린다며 불편함을 호소했고, 일부 사용자는 어지러움과 메스꺼움을 동반하는 'VR 멀미VR Sickness' 증상을 경험하며 고충을 토로했다.

스탠퍼드 대학교 가상인간상호작용연구소VHIL의 연구 결과는 누구든 이런 부작용을 겪을 수 있음을 과학적으로 뒷받침했다. 한 연구에서는 완전 몰입형 VR 헤드셋 환경에서 참가자 절반 이상이 10분을 채우지 못하고 실험을 중단해야 했으며, 메스꺼움 수치가 현저히 증가했다고 보고했다. 연구소를 이끄는 제러미 베일렌슨Jeremy Bailenson 교수는 VR이 "매우 강렬한 매체"이며, 사용자에게 불편함과 멀미를 유발할 수 있음을 지속적으로 경고했다. 결국 파일럿 프로그램에 참여했던 팀에서도 둘째 날부터 참가자 중 상당수가 헤드셋을 벗고 기존 화상 회의 방식으로 돌아가기 시작했다.

'하루 8시간 VR 환경에서 근무하는 완전한 가상 사무실'이라는 비전에 우리 몸이 가장 먼저 거부권을 행사한 셈이었다. 이런 설계 실패의 가장 상징적인 증거는 사용자들이 자발적으로 만들어낸 기이한 해결책이었다. 레딧Reddit과 같은 온라인 커뮤니티에서는 헤드셋의 앞쪽 쏠림 현상을 해결하기 위해 스트랩 뒤쪽에 보조 배터리나 동전 뭉치를 테이프로 붙여 무게 균형을 맞추는 'DIYDo It Yourself 카운터웨이트' 비법이 공유되기 시작했다. 수십만 원짜리 최첨단 기기를 제대로 사용하기 위해 사용자가 직접 하드웨어를 개조해야 하는 상황은, 세련된 홍보 영상과 고통스러운 현실 사이 깊은 괴리를 보여주는 우스꽝스러운 장면을 연출했다.

메타버스 오피스의 치명적 오류

메타버스 오피스 실험의 처참한 실패는 단일 원인이 아니라 여러 문제가 복합적으로 얽혀 발생한 필연적 결과였다. 이는 기술 자체의 문제라기보다 기술을 통해 풀고자 했던 문제의 정의, 기술을 적용하는 방식, 기술과 인간의 상호작용에 대한 근본적인 오해에서 비롯되었다.

메타버스 오피스는 명확한 문제 해결을 위한 '필요Problem-pull'가 아니라, 신기술을 어떻게든 적용하려는 '공급Technology-push' 중심 접근의 전형적인 실패 사례다. 프로젝트의 목표는 '메타버스 기술 도입' 그 자체가 되었고, 정작 그 기술이 실제로 비즈니스 문제를 얼마나 개선할 수 있는지에 대한 고민은 뒷전으로 밀려났다. 메타버스 오피스는 '원격 근무의 비효율 개선'이라는 막연한 명분을 내세웠지만, 기존 화상 회의보다 구체적으로 무엇이, 얼마나 더 나은지 정량적 증거를 제시하지 못했다. 결국 사용자들은 "왜 굳이 무겁고 불편한 헤드셋을 써야 하는가?"라는 근본적인 질문에 대한 명쾌한 답을 찾지 못했다.

메타버스 오피스의 또 다른 치명적 오류는 기존 업무 수행 방식을 근본적으로 재창조하는 대신, 낡고 비효율적인 현실 사무실의 모습을 3차원 가상 공간에 어설프게 복제하려 했다는 점이다. 기업에서 생성되고 유통되는 문서의 80퍼센트 이상은 여전히 엑셀, 파워포인트, PDF와 같은 2차원 평면 파일 형식인데, 이런 자료들을 가상현실 속 벽이나 테이블에 '붙여놓고' 보면 글씨가 깨지거나 가독성이 현저히 떨어졌다. 문서를 확대하거나 축소하는 과정에서 좌표가 틀어져 중요한 도표가 화면 밖으로 사라지는 황당한 상황도 빈번하게 발생했다.

이는 디지털 전환에서 흔히 지적되는 '소가 다닌 길 포장하기Paving

혁신은 왜 실패하는가

the cowpath' 오류의 완벽한 재현이었다. 이는 100년 전 공장들이 전기의 진정한 잠재력인 '분산성'을 외면한 채, 거대한 중앙 증기기관처럼 중앙 집중식으로 전기를 사용했던 실수나, 불필요한 날인 행위 자체를 자동화했던 일본의 '한코 로봇'과 본질적으로 다르지 않다. 결국 기대했던 '몰입형 협업'은커녕, 기본적인 자료 공유조차 기존 방식보다 더 어려워지는 역설적인 상황이 발생했다.

물리적 불편함과 비효율적 작업 방식에 더해, 메타의 일방적인 정책 변경은 사용자의 신뢰를 결정적으로 무너뜨렸다. 2022년과 2024년에 걸쳐, 메타는 호라이즌 워크룸스의 핵심 기능 중 일부였던 가상 화이트보드, 파일 공유, 채팅 기능 등을 사용자에게 충분한 설명 없이 축소하거나 폐기했다. 메타는 "더욱 간편하고 안정적인 사용자 경험을 위한 업데이트"라고 공지했지만, 이는 사실상 플랫폼의 구성 방식이 너무 복잡하고 버그가 많아 유지 보수에 어려움이 많다는 실패의 자백에 가까웠다.

사용자 커뮤니티 포럼에는 "이것은 명백한 다운그레이드다. 새로운 기능을 추가하기 전에 기존 문제점부터 제대로 해결해달라"는 불만의 목소리가 넘쳐났다. 협업을 위해 도입한 도구에서 화이트보드, 파일 공유와 같은 핵심 기능을 제거하는 것은 자동차에서 좌석을 떼어내는 자해 행위와 같았다. 빈틈을 막기 위해 기존의 장점마저 걷어내자, 사용자들은 무겁고 불편한 VR 헤드셋을 굳이 착용할 이유를 완전히 상실했다. 결국 대부분의 사람은 가장 익숙하고 쉬운 기존 방식, 즉 마이크로소프트 팀스Microsoft Teams나 줌Zoom 링크를 클릭하는 길을 선택했다.

이런 전략적 실패는 스탠퍼드 대학교 연구진이 제시한 'DICE' 프레임워크를 통해 더 명확하게 설명된다. 이 프레임워크에 따르면, VR 기술은 현실에서 수행하기에 위험하거나Dangerous, 불가능하거나Impossible,

비생산적이거나Counterproductive, 혹은 비싼Expensive 경험에 적용될 때 가장 큰 가치를 발휘한다. 하지만 일상적인 팀 회의는 이 네 가지 중 어디에도 해당하지 않았다. 오히려 VR은 기술적 장벽과 신체적 불편함을 일으키며 회의 생산성을 떨어뜨리고 비용 부담만 키웠다. 메타는 강력한 특수 목적용 도구를, 더 간단한 범용 도구가 훨씬 뛰어난 성능을 발휘하는 평범한 작업에 잘못 적용하는 근본적인 실수를 저지른 것이다.

사용자 수준에서 발생한 문제들은 곧 시장 전체의 차가운 외면과 막대한 재무적 손실로 이어졌다. 메타의 VR/AR 기술 개발 부문인 리얼리티 랩스Reality Labs는 2022년 한 해에만 137억 달러, 2023년에는 161억 달러, 2024년에는 177억 달러에 달하는 천문학적인 영업 손실을 기록했다. 2021년부터 누적된 손실액은 600억 달러를 훌쩍 넘어섰다. 이런 재무적 압박 속에서 시장의 주요 플레이어들이 하나둘 발을 빼기 시작했다. 2023년 3월, 콘텐츠 제국 디즈니Disney는 야심 차게 구성했던 '메타버스 전략 팀'을 1년여 만에 해체했다. 같은 달, 마이크로소프트 역시 자사의 선구적 소셜 VR 플랫폼이었던 '알트스페이스VRAltspace VR' 서비스를 공식 종료한다고 발표했다. 콘텐츠와 엔터프라이즈 시장의 두 거인이 연이어 후퇴한 것은, 메타가 주도하던 거대 메타버스 비전이 상업적으로 실현 불가능하다는 시장의 강력한 불신임 투표와도 같았다.

가장 뼈아픈 지점은 실제 사용자들이 외면한 '텅 빈 가상 공간' 문제였다. 2022년 말 「월스트리트저널Wall Street Journal」이 입수한 메타 내부 문건에 따르면, 소셜 VR 플랫폼 '호라이즌 월즈Horizon Worlds'의 월간 활성 사용자 수MAU는 20만 명 미만으로, 당초 목표치였던 50만 명에 크게 못 미쳤다. 대부분의 사용자는 첫 달 이후 플랫폼에 다시 돌아오지 않았고, 내부 설문조사에서 사용자들은 "마음에 드는 세계를 찾을 수 없다",

"함께 어울릴 사람을 찾을 수 없다", "아바타가 진짜 사람 같지 않다"라고 불평했다. 메타는 수십억 달러의 투자로 최첨단 기술을 구축했으나 사용자들이 머물고 싶어 하는 커뮤니티와 그 안에서 유기적으로 작동하는 콘텐츠를 만들어내는 데 실패했다.

좌절 속에서 찾은 현실적 진화, 선택과 집중

혼란과 시행착오 속에서도 몇몇 선구적 조직은 메타버스 기술을 현실적인 문제 해결에 효과적으로 활용할 길을 찾아냈다. 거대한 가상 오피스라는 허황된 꿈에서 벗어나 '선택과 집중'의 지혜를 발휘한 것이다.

네덜란드의 대형 보험사 ASR은 전면적인 VR 오피스 도입 대신, 신입사원 조직 적응 프로그램에 '두 시간짜리 VR 입문 투어'를 도입하는 것으로 방향을 전환했다. 신입사원들은 VR 헤드셋을 통해 회사의 역사, 조직 문화, 주요 업무 프로세스를 체험한 뒤 즉시 헤드셋을 반납했다. 짧은 시간 집중적인 경험이었기 때문에 VR 멀미나 기기 사용으로 인한 피로감이 거의 없었고, 프로그램 참여자들의 만족도도 매우 높았다.

스웨덴의 가구 기업 이케아IKEA는 복잡하고 무거운 VR 헤드셋 대신, 소비자들이 이미 익숙하게 사용하는 스마트폰과 태블릿 PC 기반의 증강 현실Augmented Reality, AR 기술을 적극적으로 활용했다. '이케아 플레이스IKEA Place'와 같은 앱을 통해 소비자들은 실제 자기 방에 가상의 가구 모델을 배치하며 구매 결정을 내릴 수 있었다. 이는 '현실을 대체'하려는 VR의 접근법과 달리, '현실을 강화'하는 AR의 실용성을 보여주었다.

이런 성공 사례들은 '네트워크 효과'에 의존하지 않는다는 공통점을 지닌다. 호라이즌 워크룸스의 가치는 여러 사용자가 동시에 접속해야 발현되었지만, 공간 안에 아무도 없어서 들어가기 꺼려지는 '텅 빈 공간 문제'로 인해 실패했다. 반면 ASR의 조직 적응 프로그램이나 이케아의 AR 앱은 단 한 명의 사용자가 콘텐츠와 상호작용하는 것만으로도 완전한 가치를 제공한다. 가치는 더 명확하고, 사용 장벽은 더 낮으며, 다른 사람에 대한 의존성은 없다. 이것이 바로 실용적인 몰입형 기술 도입의 청사진이다.

메타, "왜"라고 묻는 법을 배우다

실패는 그 자체로 끝이 아니라, 올바른 질문을 찾기 위한 값비싼 수업료였다. 20여 년 전에 RFID 혁명의 깃발을 들었다가 초라하게 후퇴했던 월마트가 문제 중심적 접근으로 돌아와 성공을 거둔 것처럼, 메타 역시 시장의 냉혹한 피드백을 받은 뒤 조용히 전략을 수정하기 시작했다.

가장 결정적인 변화는 2023년 말부터 시작된 호라이즌 월즈의 모바일 및 웹 플랫폼 확장이었다. 이는 VR 헤드셋만이 유일한 입구라는 기존의 폐쇄적 전략이 실패했음을 스스로 인정하는 중대한 선회였다. VR은 이제 '필수 장비'가 아닌, 더 높은 몰입감을 원하는 사용자를 위한 '선택 가능한 프리미엄 옵션'으로 재정의되었다. 데스크톱 PC와 모바일 기기가 여전히 기본적인 플랫폼의 지위를 유지하게 된 것이다. 완전한 가상 사무실 구현이라는 최초의 원대한 꿈은 사실상 꺾였지만, 대신 다양한 기기에서 가볍게 접근할 수 있는 하이브리드 협업 도구를 지향하는 방향으로 현실적 진화를 택했다. 메타버스 오피스 실험의 초기 비전과 현실적 진화 사이의 극적인 변화는 [표 5-1]로 명확하게 요약할 수 있다. 이는 기술 도입 전략이 '기술 우선주의'에서 '문제 해결 우선주의'로 어

     혁신은 왜 실패하는가

| 표 5-1 | 메타버스 오피스: 초기 비전 vs. 현실적 진화

특징	2021년 초기 비전	2024년 이후 현실적 진화
핵심 목표	모든 업무를 수행할 수 있는 가상 사무실 구축	특정 목적(훈련, 시뮬레이션, 디자인)을 위한 고효율 몰입형 협업 도구 제공
필수 장비	VR 헤드셋	PC/모바일 기본, VR은 선택적 고급 옵션
적용 방식	일상 업무의 전면적·상시적 전환	필요 시 접속하는 단시간, 고밀도 몰입 경험
성공 지표	플랫폼의 월간 활성 사용자MAU 및 체류 시간	특정 문제 해결에 따른 측정 가능한 투자 수익률ROI

떻게 진화했으며, 그 결과가 얼마나 달라졌는지 압축해서 보여준다.

메타버스 오피스가 남긴 교훈

3년여에 걸친 짧지만 강렬했던 메타버스 오피스 열풍과 그 후 조정 과정
은 기술 도입과 혁신의 본질에 대해 명확한 메시지를 남겼다.

첫째, 인간의 몸이 감당하지 못하는 불편한 제품은 아무리 혁신적인
아이디어를 담고 있어도 결코 지속적으로 사용될 수 없다. 둘째, 기술은
사용자의 기존 작업 방식에 자연스럽게 부합해야 하며, 효율적인 방식
을 억지로 새로운 플랫폼에 맞춰 변형해서는 안 된다. 셋째, 새로운 기술
을 사용해야 할 이유가 명확하지 않으면 사람들은 대부분 가장 익숙하
고 쉬운 기존 방식을 선택한다. 넷째, 투자 대비 구체적인 효과ROI를 정
량적으로 증명하지 못하는 기술은 결국 예산 삭감의 첫 번째 표적이 된

다. 마지막으로, 메타버스 기술의 진정한 가치는 모든 것을 포괄하는 만능 가상 공간이 아니라, 특정 목적에 최적화된 '맞춤형 몰입 경험'을 제공할 때 발현된다.

2021년 "이제 우리 모두 메타버스로 출근합니다!"라는 벅찬 구호는 불과 3년 만에 "꼭 필요할 때만 잠깐 빌려 쓰는 편리한 3D 협업 공간"이라는 훨씬 더 현실적이고 겸손한 표현으로 바뀌었다. 그러나 이런 변화는 단순한 '실패'나 '후퇴'라기보다 거품이 빠지고 실용적 가치를 찾아가는 '진화' 과정으로 보는 것이 더 타당하다. 한때 꿈꿨던 거대한 단일 가상 사무실의 환상은 사라졌을지 모르지만, 작은 문제를 정확하게 겨냥하고 해결하는 가볍고 효율적인 몰입형 도구들은 지금도 다양한 분야에서 조용히 성장하고 있다. 미래의 이상적인 사무실은, 저마다 다른 강점을 지닌 기술들을 필요에 맞게 조합해서 사용하는 '기술 합판Technology Plywood'과 같은 모습일 가능성이 높다.

결국 요란했던 메타버스 오피스 실험이 우리에게 증명한 것은 한 가지일지도 모른다. 진정한 혁신은 모두에게 최신형 VR 헤드셋을 씌우는 순간이 아니라, 잠시 그 헤드셋을 내려놓고 "우리가 이 기술을 통해 궁극적으로 무엇을 해결하려고 했으며, 사용자에게 어떤 가치를 제공하려고 했는가?"라는 본질적인 질문을 다시 던지는 순간 비로소 시작될 수 있다는 평범한 진리 말이다.

Q1. 막연한 '환상'을 팔고 있는가, 아니면 손에 잡히는 '도구'를 건네고 있는가?

메타버스 오피스는 "실제 사무실처럼 생생하게 연결될 것"이라는 감성적인 약속으로 우리를 유혹했다. 하지만 정작 사용자들은 "기존 화상 회의보다 구체적으로 뭐가 더 편한가?"라는 질문에 대한 답을 찾지 못했다. 거창한 비전이 구체적인 쓸모보다 앞설 때, 혁신은 신기루가 된다.

✪ **우리가 해결해주겠다고 약속한 고객의 애로사항은 구체적으로 무엇인가?**
진단 포인트 '소통 부재'나 '연결 강화' 같은 막연한 키워드 뒤에 숨지 말고, '회의 자료 공유의 번거로움'이나 '원격 근무 시 느끼는 고립감'과 같이 고객이 실제로 겪고 있는 애로사항이 무엇인지 명확히 정의해야 한다. 문제를 두루뭉술하게 정의하면 해결책도 두루뭉술해질 수밖에 없으며, 이는 필연적으로 고객의 외면을 부른다.

✪ **우리의 솔루션이 기존 방식보다 '조금' 더 나은 것이 아니라, '압도적으로' 편리하다는 것을 숫자로 증명할 수 있는가?**
진단 포인트 우리의 솔루션이 기존 방식보다 단순히 '조금' 더 나은 수준에 그쳐서는 안 되며, '작업 시간 50퍼센트 단축'이나 '운영 비용 30퍼센트 절감'과 같이 고객이 체감할 수 있는 압도적인 효용을 정량적 수치로 증명할 수 있어야 한다. 모호하고 흐릿한 개선은 고객을 새로운 솔루션으로 끌어들일 수 없고 오래된 습관을 바꾸지 못한다.

⚙ **화려한 수식어와 미래 지향적인 포장을 다 벗겨내고, 오직 '기능'만 남기더라도 고객은 기꺼이 지갑을 열까?**

진단 포인트　'메타버스'나 'AI' 같은 화려한 마케팅 용어와 미래 지향적인 포장을 모두 걷어내고 오직 '핵심 기능'만 남겨두었을 때도 우리 제품이 여전히 매력적인지 냉정하게 평가해야 한다. 본질적인 가치가 빈약하다면 트렌드라는 포장지는 곧 벗겨지고 초라한 실체만 남게 될 것이다.

Q2. 울퉁불퉁한 흙길 위에 비싼 아스팔트만 깔고 있는 것은 아닌가?

엑셀이나 파워포인트와 같은 2차원으로 된 문서를 3차원의 가상 벽에 그대로 붙여놓는 것은, 소가 다니던 꼬불꼬불한 길을 그대로 둔 채 그 위에 비싼 포장도로를 까는 것과 같다. 문제의 본질은 그대로 내버려두고 겉모습만 최신 기술로 덮어씌우는 '무늬만 혁신'은 오히려 더 큰 불편을 낳는다.

⚙ **우리는 기존 일하는 방식을 새로운 기술에 억지로 구겨 넣고 있는가, 아니면 기술의 특성에 맞게 일하는 방식 자체를 새롭게 디자인하고 있는가?**

진단 포인트　기존 업무 방식을 새로운 기술 환경에 그대로 옮겨놓는 단순한 '복제'가 아니라, 기술의 특성에 맞춰 일하는 방식 자체를 근본적으로 다시 설계하는 '재창조'가 이루어져야 한다. 새로운 그릇에는 담는 방식도 새로워야 한다.

⚙ **이 기술을 도입함으로써 고객의 업무 프로세스 중 불필요한 단계가 확실**

히 사라지는가, 아니면 오히려 '접속'이나 '설정'과 같은 귀찮은 단계가 추가되는가?

진단 포인트   기술 도입으로 새롭게 추가되는 '접속'이나 '설정' 같은 번거로운 단계와, 그로 인해 사라지는 불필요한 단계의 총량을 비교해 사용자의 전체 업무 프로세스가 확실히 간소화되었는지 검증해야 한다. 기술이 오히려 사용자의 시간을 뺏고 있다면 혁신이 아닌 퇴보에 불과하다.

⊙ **기존의 낡은 관습을 디지털로 그대로 복제하려는 시도를 하고 있지는 않은가?**

진단 포인트   가상 공간에서 종이 서류를 넘기는 애니메이션을 넣는 것처럼, 디지털 환경의 장점인 검색이나 하이퍼링크 기능을 포기하고 낡은 아날로그 감성만 흉내 내고 있지는 않은지 점검해야 한다. 과거의 관습과 비효율을 디지털 세계에 박제해서는 안 된다.

메타 착각

2

정답은 거대한 데이터와 복잡한 시스템에 있다

알고리즘이 약속하는 거대한 청사진

'혼돈으로부터 질서를 창조하겠다는 약속', 현대 기업과 정부를 사로잡은 이 거대한 믿음은 '기술 만능주의'에 가깝다. 충분히 방대한 데이터와 정교한 알고리즘, 혹은 완벽하게 통합된 시스템만 있다면, 이전 시대에는 상상도 할 수 없었던 효율성을 달성하고 고질적인 문제들을 단번에 해결할 수 있다는 확신이다.

그 약속은 늘 그렇듯, 거스를 수 없는 진보라는 합리적 얼굴로 다가온다. 그것은 인간의 불완전한 직관과 조각난 절차로 생긴 비효율과 오류의 과거를 남김없이 청산하겠다는 선언이다. 주택 거래의 미로를 단숨에 돌파하는 '슈퍼 앱'의 청사진이 펼쳐지고, 기업의 모든 혈관에 흐르는 데이터를 통제하는 '디지털 두뇌'의 탄생이 예고된다. 낡은 테이프 시대가 저물고 완벽한 디지털 제작 환경이 열리며, 비효율이라는 바이러스가 박멸된 의료 유토피아가 그 모습을 드러낸다.

이 모든 약속의 핵심은 결국 하나로 귀결된다. 바로 현실의 혼돈을 코드의 논리로 길들여, 완벽한 통제와 예측이 가능한 세계를 구축하겠다는 거대한 환상이다. "데이터는 새로운 석유"라는 시대의 슬로건은 이 환상에 기름을 부으며, 누구도 저항할 수 없는 추진력을 만들어낸다.

이런 청사진을 그리는 설계자들은 기술적 진보에 대한 순수한 믿음뿐만 아니라, 때로는 위험한 오만함에 이끌린다. 그들은 자신의 비전이 너무나 강력하고 기술이 진보했기에, 현실 세계의 복잡성 따위는 가볍게 뛰어넘을 수 있다고 믿는다. 한 기업의 명운을 통째로 걸겠다는 비장한 선언이 나오고, 한 국가의 수장이 "기술이 수많은 생명을 구할 것"이라고 단언하는 순간, 합리적 의심은 설 자리를 잃는다. 의사결정 과정은 종종 이데올로기에 지배당한다.

"과연 우리 AI가 이 데이터로부터 안전하게 학습할 수 있는가?"라는 열린 질문 대신, "우리의 믿음대로 AI가 빅데이터로부터 학습한다는 것을 어떻게 보여줄 것인가?"라는 확신에 찬 목표에서 모든 것이 출발한다. 이런 확신은 외부의 권위 있는 컨설팅 회사가 제시하는 천문학적인 기대수익률과 만나 더 견고해진다. "연간 4,000만 달러 비용 절감"이라는 매혹적인 숫자는 위험한 도박을 합리적이고 필연적인 선택으로 둔갑시킨다.

사실 거대한 단일 솔루션을 향한 열망은 기술적 판단이라기보다 정치적 행위에 가깝다. 그것은 중앙의 권력을 강화하고, 각자 왕국을 구축한 채 흩어져 있는 강력한 내부 집단들에 단일한 표준을 강요하며, 이사회와 주주들에게 팔기 좋은 '진보'라는 이름의 단순하고 강력한 서사를 만드는 가장 효과적인 도구다. '통합 플랫폼'이라는 구호는 기술 현대화라는 명분 아래 기존의 권력 구조를 해체하려는 정치적 무기인 셈이다. 따라서 프로젝트의 성패는 코드의 품질이 아니라, 리더십이 이 정치적 지뢰밭을 어떻게 헤쳐가느냐에 달려 있다. 하지만 리더들은 기술이 정치 문제까지 해결해줄 것이라는 또 다른 착각에 빠져, 종종 이 껄끄러운 과제를 외면한다.

이런 프로젝트는 선택 가능한 여러 경로 중 하나가 아니라, 마치 유일한 미래처럼 제시된다. 경쟁의 압박, 산업계의 과열된 분위기, 혹은 국가적 위기 상황에서 거대한 프로젝트는 '지금 당장 하지 않으면 뒤처진다'는 절박함으로 포장된다. '빠르게 움직여야 한다'는 지상 과제는 신중한 분석과 검토의 가치를 집어삼키고, 비판적 목소리는 변화에 저항하는 수구세력의 불평으로 치부된다. 그렇게 실패의 무대는 화려한 장밋빛 청사진 위에서 조용히 막을 올린다.

매끄러운 지도가 울퉁불퉁한 현실을 만날 때

아름답고 우아한 코드의 세계가 지저분하고 비이성적인 현실의 영토를 침범할 때 비로소 엄청난 실패를 예고하는 균열이 시작된다. 모든 시스템은 데이터가 현실을 완벽하게 대변한다는 치명적인 가정 위에 세워지기 때문이다. 그러나 데이터는 결코 현실 그 자체가 될 수 없다. 현실을 비추는 희미한 그림자에 불과할 뿐이다.

어떤 알고리즘은 집의 면적을 계산할 수는 있어도, 그 집을 가득 채우는 오후 햇살의 따스함이나 지하실에서 올라오는 퀴퀴한 냄새, 혹은 '그 집에 고양이 20마리가 산다'는 결정적 사실까지 담아내지는 못한다. 어떤 AI는 진실보다 거짓이 구조적으로 더 빠르게 확산하는 오염된 인터넷 환경에서 독성 데이터를 무분별하게 섭취하며 세상을 배운다. 또 어떤 시스템은 환자의 고통에 대한 풍부하고 입체적인 이야기를, 보험사에 청구 가능한 몇 개의 코드와 데이터 포인트로 환원해버린다. 가장 올바른 결정을 내리는 데 필요한 가장 중요한 정보는 종종 데이터화할 수 없는 영역에 존재한다. 그러나 시스템은 현실의 이 '암흑물질'을 보지 못한다.

두 번째 충돌은 마찰 없는 소프트웨어의 세계(비트)와 완강히 저항하는 물리적 세계(원자) 사이에서 일어난다. 디지털의 야망은 언제나 물리적 세계의 실행 역량을 앞지른다. 클릭 한 번으로 집을 사들이는 속도를 그 집을 수리하고 판매하는 현실의 속도가 따라잡지 못할 때, 디지털 전략은 금세 악몽으로 변질된다. 최첨단 자동화 창고의 로봇들은 ERP라는 새로운 두뇌가 쏟아내는 오류투성이 데이터와 미세한 상자 규격의 불일치 앞에서 속수무책으로 멈춰 선다. 디지털 세계의 성공 공식인 '크게 생각하고, 빠르게 움직여라'라는 물리적 노동과 공급망, 유형자산이 얽힌 현실 세계에서는 재앙의 주문이 될 뿐이다.

가장 파괴적인 충돌은 인간의 본성과 조직의 정치라는 마지막 전선에서 벌어진다. 거대한 솔루션은 인간이 새로운 '효율적' 프로세스에 순순히 적응할 합리적 존재라고 가정하지만, 현실은 문화와 관성, 이기심과 권력 다툼이 만연한 전쟁터다. '통합 플랫폼'이라는 대의는 각 부서의 정체성과 자존심이 걸린 영토 전쟁 앞에서 산산조각 나고, 새로운 자동화 시스템에 일자리를 위협받는 현장 노동자들은 조용한 '사보타주'로 저항한다. 그리고 한 국가의 의사들은 치료가 아닌 청구를 위해 설계된 시스템의 폭력 앞에서 집단적 번아웃에 빠져든다.

사실 새로운 기술은 실패의 원인이 아니라, 조직 내부에 숨어 있던 병리를 드러내고 증폭시키는 진단 도구에 가깝다. 낡고 비효율적인 과거 시스템은 어쩌면 조직 내 불편한 진실과 부서 간 갈등을 수면 아래 감춰두는 완충 장치였을지도 모른다. 하지만 경직된 새 시스템은 그 모든 비공식적 합의와 암묵적 질서를 파괴하고, 잠복해 있던 갈등을 수면 위로 끌어올려 폭발시킨다. 기술은 만성적이고 관리 가능했던 문제를 급성의 파국적 실패로 전환하는 촉매제가 된다. 이 모든 실패의 기저에는 공통된 오만이 깔려 있다. 시스템 설계자들이 현장 최전선에 있는 사람들의 깊고 암묵적인 지혜를 무시했다는 점이다. 데이터 과학자들은 노련한 부동산 중개인의 직관을, 엔지니어들은 플랫폼의 생리를 더 잘 이해하는 인터넷 트롤들의 노련함을, 컨설턴트들은 창고 관리자의 현실적 노하우를, 리더들은 자사 최고 제작진의 작업 방식을, 그리고 시스템 설계자들은 의사들의 사고 과정을 무시했다. 실패는 바로 추상적이고 계량적인 '과학적' 지식이 실용적이고 맥락적인 '장인'의 지식보다 우월하다는 지적 오만의 대가다.

솔루션이 오히려 문제가 될 때

잘못된 전제 위에 세워진 시스템은 단순히 멈춰 서는 데 그치지 않는다. 스스로 혼돈을 생산하고 피해를 증폭시키는 엔진으로 돌변한다. 어떤 시스템은 공식적으로 폐기되지 않은 채, 조직의 자원을 빨아먹는 기묘한 '디지털 흡혈귀' 상태로 연명한다. 기술적으로는 살아 있지만 기능적으로는 완전히 죽어버린 시스템. 막대한 돈과 시간, 정치적 자본이 투입된 프로젝트의 실패를 인정하는 것은 너무나 고통스럽기에, 조직은 아무도 쓰지 않는 시스템의 '점진적 개선'에 대한 보고서를 작성하며 연명 의식을 치른다.

시스템은 해악을 증폭시키는 확성기가 되기도 한다. '쓰레기를 넣으면 쓰레기가 나온다'라는 격언은 이 세계에서 너무 순진한 말이다. 더 정확한 표현은 '쓰레기를 넣으면, 시스템이 그 쓰레기를 증폭시켜 더 큰 쓰레기로 돌려준다'일 것이다. AI 챗봇은 인터넷의 가장 독성 강한 이데올로기를 학습해 전 세계로 퍼뜨리는 스피커가 되고, 부동산 가치 평가 모델은 시장의 가장 문제 많은 매물을 체계적으로 사들여 부실 자산 포트폴리오를 구축하며, 병원의 안전 경고 시스템은 너무 많은 불필요한 경고를 남발한 나머지 의사들이 정작 치명적인 경고마저 무시하게 만드는 '양치기 소년'이 되어버린다.

자동화는 노동의 종말을 약속했지만, 현실은 '기계의 실수를 뒷수습하는' 새로운 형태의 보이지 않는 노동을 만들어냈다. 의사들은 퇴근 후 집에서 잠옷 차림으로 컴퓨터를 켜고, 낮 시간에 시스템이 만들어낸 데이터의 혼란을 정리해야 하는 '파자마 타임'에 시달린다. 디지털 우선주의 전략이 예측하지 못한 물리적 자산의 홍수 속에서 운영 팀은 밤샘 작업을 하고, 현장 직원들은 '자동화된' 시스템을 수동으로 조작하며 간신히 공장을 돌린다. 이 '그림자 노동'은 망가진 시스템이 완전히 붕괴하지 않게 하는 보이지 않는 비용이며, 그 대가는 노동력 소진과 사기 저하다.

시스템이 도입되는 순간, 성공의 척도가 뒤틀린다. 현실 세계의 성과가 아니라, 시스템에 대한 순응 여부가 새로운 기준이 된다. 의사들은 환자를 잘 치료했는지가 아니라, 시스템의 체크리스트를 모두 채웠는지로 평가받기 시작한다. 경영진은 시장 점유율이라는 단 하나의 지표에 집착한 나머지, 위험을 경고하는 알고리즘의 신호를 의도적으로 무시하고 오히려 가속 페달을 밟는다. 사람들은 더 이상 고객을 위해 일하지 않고, 시스템을 만족시키기 위해 일한다. 그렇게 솔루션은 원래 해결하려던 문제보다 더 크고 교활한 문제 자체가 되어버린다.

기술은 결코 중립적이지 않다

이 모든 실패의 주범은 기술이 아니다. 사람과 기술이 얽힌 문제를 단순한 기술 문제로 치부해버린 것이 주된 요인이다. 우리는 문제의 근본 원인, 즉 잘못된 프로세스, 뒤틀린 보상 체계, 해묵은 정치적 갈등은 그대로 둔 채, 그로 인해 발생한 '증상'을 또 다른 기술로 덮으려 했다. 종이 차트가 문제라고 생각해 디지털 시스템을 처방했고, 비효율적 거래가 문제라고 생각해 예측 알고리즘을 처방했으며, 조직의 혼돈이 문제라고 생각해 통제 시스템을 처방했다. 이는 기술 만능주의의 전형적인 함정이다.

데이터 기반 시스템이 본질적으로 객관적이고 중립적일 것이라는 믿음 또한 위험한 착각이다. 기술은 결코 중립적이지 않다. 그것은 창조자의 편견과 가치, 목표를 그대로 투영하는 거울이다. AI는 학습 데이터의 행간에 숨어 있는 편견을 반영하고, 의료 기록 시스템은 의사가 아닌 병원 행정가의 가치를 반영하며, 기업의 알고리즘은 리스크 관리보다 성장을 우선시하는 경영진의 욕망을 반영한다. "데이터가 그렇게 말하고 있다"라거나 "알고리즘의 결정"이라는 말은, 종종 주관적이고 정치적인 결정을 객관적이고 과학적인 외피로 포장하려는 수사에 불과하다.

우리는 지금, 과거의 실패 패턴이 AI라는 거대한 기술의 파도를 타고 고스란히 반복될 가능성 앞에 서 있다. 벌써 어떤 분야에서는 새로운 AI 기술이, 이전의 '해결책'이 낳은 문제를 덮기 위한 또 다른 '해결책'으로 제시되고 있다. 이는 상처는 그대로 둔 채 새로 나온 진통제만 계속 복용하는 것과 다르지 않다.

따라서 앞으로 이어질 이야기들은 기술에 대한 맹목적 숭배나 막연한 공포를 위한 것이 아니라, 기술을 다루는 지혜와 겸손을 촉구하는 하나의 제언이다. 진정한 해답은 더 거대한 데이터나 복잡한 시스템에 있는 것이 아니라 기술이 작동하는 현실, 즉 복잡하고 때로는 비합리적이기까지 한 인간 사회의 맥락을 깊이 이해하려는 노력에 있다.

우리는 이제 몇 가지 근본적인 질문을 던져야 한다. 현실의 지도(데이터)를 현실 그 자체보다 더 신뢰할 때 어떤 비극이 벌어지는가? 인간 전문가를 돕는 시스템을 표방하지만, 실제로는 그들을 시스템의 부속품으로 만들고 있지는 않은가? 조직의 정치적·문화적 DNA를 무시한 '완벽한 솔루션'의 진짜 비용은 얼마인가? 그리고 마침내 처방전이 병보다 더 해롭다는 사실을 깨달았을 때, 우리는 최초의 진단 자체가 틀렸을지 모른다는 질문을 던질 용기가 있는가? 이 질문들에 대한 답을 찾는 여정을 시작해보자.

클릭 한 번으로 집을 파는 꿈

::

부동산 플랫폼 기업 질로우의 꿈은 왜 악몽이 되었을까?

거대한 꿈, 더 거대하고 위험한 도박

집을 파는 경험은 대개 고통스러운 기억으로 남는다. 집을 보여주기 위한 끝없는 단장과 수리, 주말마다 이어지는 낯선 이들의 방문, 그리고 거래가 성사될 때까지 감내해야 하는 불확실성의 무게까지. 이는 수십 년 동안 이어진 부동산 거래의 당연한 통과의례였다. 2018년 거대 부동산 플랫폼 기업 질로우Zillow는 이 지난한 현실을 끝내겠다고 선언했다.

당시 CEO 리치 바턴Rich Barton이 내건 비전은 단순한 서비스 개선에 머무르지 않았다. 산업의 판 자체를 바꾸려는 거대한 도박이었다. 그는 파편화된 부동산 거래를 아마존Amazon에서 쇼핑하듯 매끄러운 전자상거래 경험으로 만들겠다고 선언했다. 이는 주택의 모든 것을 담는 '주택 슈퍼 앱'을 향한 질로우 '2단계' 전략의 핵심이기도 했다.

이 새로운 사업 모델 '질로우 오퍼스Zillow Offers'는 그 누구도 거부하

혁신은 왜 실패하는가

기 힘든 매력적인 약속을 들고 나타났다. 집을 팔고 싶은 사람은 더 이상 번거로운 내부 수리나 청소, 기약 없는 기다림에 시달릴 필요가 없었다. 질로우 웹사이트에 자기 집 정보를 입력하면 24시간 안에 현금 매입 제안을 받을 수 있었다. 몇 달씩 걸리던 판매 기간을 단 몇 주로 단축하고 거래의 모든 불확실성을 제거해주는 속도와 편의성은 주택 소유자들이 겪는 실제적 고충에 대한 명쾌한 해답처럼 보였다. 질로우는 이 사업을 통해 연간 200억 달러의 매출을 올리겠다는 원대한 목표를 세웠다.

이 거대한 꿈을 이루기 위한 핵심 기술은 바로 질로우가 자랑하는 '제스티메이트Zestimate'였다. 제스티메이트는 미국 내 1억 3,500만 채가 넘는 주택 데이터를 기반으로 주택의 가치를 자동으로 평가하는 모델Automated Valuation Model, AVM이다. 질로우는 이 디지털 엔진이 수백만 건의 거래 데이터와 시장 동향을 분석해 인간 감정평가사 역할을 대체하고, 적정 매입가를 가장 객관적이면서 즉각적으로 산출할 수 있다고 믿었다. 이는 부동산 가치 평가라는 혼돈스럽고 감정적인 영역을 순수한 데이터 과학으로 정복할 수 있다는, 빅데이터 시대의 가장 강력한 믿음의 표현이기도 했다. 하지만 이 야심 찬 도전은 단순히 새로운 시장에 진출하는 것 이상의 의미를 지녔다. 질로우의 핵심 사업은 원래 부동산 중개인에게 광고 플랫폼을 제공하고 잠재 고객을 연결해주며 수수료를 받는, 소위 '미디어 기업'에 가까웠다. 그런데 직접 막대한 자본을 투입해 주택을 사고파는 '시장 조성자'가 되겠다고 선언한 것이었다. 이는 곧 회사의 정체성을 바꾸는 실존의 문제였다.

사실 이와 같은 도박은 선택이 아니라 필수였을지도 모른다. 질로우 오퍼스가 등장하기 전에 이미 오픈도어Opendoor와 같은 경쟁사들이 '아이바잉IBuying, Instant Buying'이라는 비즈니스 모델을 새로 내놓으며 시장을 빠르게 잠식하고 있었다. 이는 전통적인 부동산 중개인을 거치지 않고 회사가 매도인으로부터 직접 주택을 매입하는 방식이었다. 만약 이 모델이 미래에 대세가 된다면, 중개인에게 고객을 연결해주며 돈을 벌던 질로우의 기존 사업 모델은 순식간에 구시대의 유물이 될 수 있었다. 질로우의 아이바잉 시장 진출은 새로운 성장 기회를 잡는 동시에, 기존 사업의 붕괴를 막으려는 절박한 방어 전략이었던 셈이다. 이런 절실함은 질로우의 기업 문화에 내재한 상호 모순적인 가치, 즉 '신중하게 올바른 일을 하라'는 원칙과 '크게 생각하고, 빠르게 움직여라'라는 공격적인 성장 독려 사이의 긴장을 극단으로 몰고 갔다.

알고리즘의 함정에 빠진 질로우 오퍼스

질로우 오퍼스의 붕괴에 대해 CEO 리치 바턴은 공식적으로 "주택 가격의 변동성이 예상을 훨씬 뛰어넘었다"라고 설명했다. 하지만 그 이면의 진짜 문제는 시장의 변동성이나 알고리즘이 도출하는 결과의 부정확성보다 훨씬 더 구조적이고 치명적이었다. 질로우의 디지털 심장은 현실 세계의 복잡성을 제대로 담아내지 못하는 두 가지 심각한 결함을 안고 있었고, 이 두 결함은 서로를 증폭시키며 파멸적 결과를 낳았다.

첫 번째 결함은 경제학에서 '역선택Adverse Selection' 혹은 '레몬 문제Lemons Problem'라고 불리는 고전적인 덫이었다. 중고차 시장을 떠올리면 이 개념을 쉽게 이해할 수 있다. 중고차 판매자는 자기 차가 겉으로 드러나지 않는 큰 결함을 가지고 있다는 것(레몬)이나 겉으로는 그저 그렇게 보여도 내실 있다는 것(복숭아)을 누구보다 잘 알지만, 구매자는 겉모습만 볼 뿐 차의 진짜 가치를 알기 어렵다. 이런 정보의 비대칭 상황에서 구매자가 모든 차에 대해 '평균적인' 가격을 제시한다면 어떤 일이 벌어질까? '복숭아' 차를 가진 주인은 자기 차가 평균적인 가격보다 더 가치가 높다고 여겨 팔지 않을 것이다. 반면 숨겨진 결함이 있는 '레몬' 차의 주인은 "이 가격이면 꽤 괜찮네"라고 쾌재를 부르며 차를 팔려고 할 것이다. 결과적으로, 구매자는 가장 질 나쁜 차들만 시장에서 만난다.

질로우 오퍼스가 바로 이 함정에 빠졌다. 질로우의 자동 가치 평가 모델AVM은 특정 지역, 특정 유형의 주택에 대해 통계에 기반한 '평균적인' 가격을 제시했다. 알고리즘이 감지하지 못하는 숨겨진 구조적 결함(누수, 냉난방 문제 등)이나 이웃 문제(세대 간 소음, 흡연 등)를 안고 있는 '레몬' 주택 소유주들에게는 이 가격이 실제 가치보다 높게 책정되어 아주 매력적인 제안이었다. 반대로, 관리가 아주 잘된 '복숭아' 주택 소유주들은 이 제안이 자기 집의 가치를 제대로 반영하지 못한다고 느껴 종전대로 일반 부동산에 매물을 내놓았다. 그 결과, 질로우는 시장에서 가장 위험하고 문제가 많은 부동산을 우선적으로 사들이는 구조적 편향에 빠져들었다. 되팔기 어렵고 수리 비용이 많이 드는 주택들로 매물 목록을 가득 채웠던 것이다.

두 번째 결함은 기계 학습 모델이 시장의 급격한 변화를 따라가지 못하는 '개념 드리프트Concept Drift' 현상이었다. 개념 드리프트란 과거 데이터를 기반으로 생성한 예측 모델이 현실 세계의 변화로 더는 정확한 예측을 하지 못하는 현상을 말한다. 세상은 변했는데 알고리즘은 여전히 과거의 규칙에 갇혀 있었던 것이다.

질로우 오퍼스의 예측 모델은 코로나 팬데믹이 촉발한 유례없는 주택 시장 활황기에 학습되고 확장되었다. 이 시기에 주택 가격은 가파르게 상승했고, 알고리즘의 '세계관'은 이런 낙관적인 가정 위에 세워졌다.

그러나 2021년 중반, 주택 시장이 서서히 냉각기에 접어들었을 때, 해당 알고리즘은 이런 미묘한 변화를 감지하는 데 실패했다. 낡은 데이터에 기반해, 가치가 제자리걸음이거나 하락하는 시점에도 계속해서 공격적으로 높은 가격에 주택을 매입한 것이다. 요컨대 리치 바턴이 언급한 것과 달리 질로우가 어려운 상황에 놓인 것은 시장의 예측 불가능성 때문이 아니었다. 업계에서 오래 일한 오픈도어나 오퍼패드Offerpad는 동일한 시장 냉각기를 감지하고 가격 정책을 보수적으로 조정해 파국을 피할 수 있었다. 이는 질로우의 실패가 피할 수 없는 시장의 재앙이 아니라, 경험 부족과 잘못된 전략 때문임을 명확히 보여준다.

이 두 가지 결함은 서로를 증폭시키는 파괴적 연쇄 반응을 일으켰다. 역선택을 한 질로우는 시장 평균보다 본질적으로 위험하고 수리 비용이 많이 드는 주택 포트폴리오를 구성했다. 여기에 개념 드리프트 현상이 더해져, 미래의 가격 상승이 더는 보장되지 않는 상황에서도 문제 있는 주택들을 포함한 모든 집에 프리미엄 가격을 지불했다. 즉 질로우는 '부실 자산'(레몬)을 '프리미엄 가격'(과거 데이터 기반)에 사들였다. 손익분기점은 이미 위험할 정도로 높아졌고, 시장의 열기가 식자 비싸게 사들인 문제 많은 주택들을 이익을 남기고 되팔 가능성이 완전히 사라졌다.

알고리즘을 남용한 기업 문화

질로우의 실패를 알고리즘의 기술적 결함으로만 돌리면 문제의 본질을 놓친다. 알고리즘은 스스로 생각하거나 욕심을 부리지 않는다. 인간이 설정한 목표를 달성하기 위해 주어진 데이터를 처리하는 도구일 뿐이다. 질로우 오퍼스의 진짜 비극은 알고리즘 자체가 아니라, 그 알고리즘을

　　　　혁신은 왜 실패하는가

휘두른 인간의 의사결정과 기업 문화가 촉발했다. 질로우의 기업 문화에는 '크게 생각하고, 빠르게 움직여라'라는 핵심 가치가 있었다. 스타트업 시절에는 성장 동력으로 작용했던 이런 행동 강령이 수십억 달러 자본이 오가는 고위험 사업에서는 치명적 독이 될 수 있었다.

여러 정황이, 질로우의 경영진이 시장 점유율 확대를 위해 알고리즘을 단순히 사용한 것을 넘어 '남용'했음을 시사한다. 2021년 초, 경영진은 질로우 오퍼스가 '월 5,000채 매입'이라는 공격적 목표를 달성하지 못한다는 사실에 집착하기 시작했다. 그들은 알고리즘이 내놓는 제안가가 너무 낮아 주택 매도인들이 수용하지 않는다고 판단했고, 더 높은 가격을 제시하도록 매수가 결정 알고리즘을 임의로 수정했다. 한 내부 관계자는 "경영진과 사무직 직원들은 그들이 세운 목표를 달성하는 데 혈안이 되어, 데이터 분석가들의 권고는 물론 알고리즘이 보내는 시그널조차 외면했다"라고 증언했다. 이는 사실상 알고리즘에 내장된 리스크 관리 장치를 의도적으로 무시하는 행위였다.

사업이 붕괴했을 때 CEO가 내놓은 공식적 해명은 '예측 불확실성'에 초점을 맞추며, 마치 순수한 기술적 실패에 기인한 것처럼 보이게 했다. 그러나 이는 리더들이 저지른 더 근본적인 실패를 가리기 위한 지극히 편리한 서사였다. 실패 원인은 알고리즘에만 있었던 것이 아니라, 그것을 입맛대로 비틀고 오용한 기업 문화에도 있었다.

롱텀캐피털매니지먼트의 붕괴가 남긴 교훈

기술적 오만과 위험 관리의 실패는 역사상 처음 있는 일이 아니다. 놀라울 정도로 유사한 사례가 1998년에 이미 세상을 한바탕 떠들썩하게 했다. 바로 노벨 경제학상 수상자들이 설립해, 한때 월가의 전설로 불렸던 헤지펀드 롱텀캐피털매니지먼트Long-Term Capital Management, LTCM의 파산이다. LTCM은 최고의 금융 공학자들이 설계한 정교한 수학 모델을 무기로 삼았다. 그들은 이 모델을 통해 시장의 미세한 비효율성을 공략하면, 아무런 위험 없이 수익을 낼 수 있다는 믿음을 가졌다. 이 기술적 오만에 가까운 믿음은 막대한 레버리지(차입)로 이어졌고, 수익률이 낮은 작은 거래를 거대한 규모로 키우는 대담한 전략의 기반이 되었다.

하지만 1998년 러시아가 채무 불이행을 선언하자, LTCM의 모델이 결코 예측하지 못했던 극단적인 시장 상황이 펼쳐졌다. 공포에 질린 투자자들이 안전 자산으로 도망치면서 시장 질서가 순식간에 무너졌다. 과거 데이터 위에서 춤추던 LTCM의 정교한 모델은 이런 전례 없는 재앙 앞에서 한낱 고철 덩어리에 불과했다. 결국 LTCM은 몇 달 만에 46억 달러의 손실을 입고 파산 직전에 몰려, 미국 연방준비제도이사회가 월가 은행들을 소집해 구제 금융을 주선해야만 했다.

질로우 오퍼스와 LTCM의 붕괴는 섬뜩할 정도로 유사한 점이 있다.

첫째, 모델에 대한 맹신이다. 두 기업 모두 자체 개발한 정교한 계량 모델이 복잡하고 때로는 비이성적인 시장을 완벽하게 이해하고 예측할 수 있다는 기술적 오만에 빠져 있었다. 둘째, 과도한 레버리지다. LTCM은 부채를, 질로우는 자기자본을 이용했지만 본질은 같았다. 작은 이익률을 거대한 규모로 증폭시켜 수익을 내려는 전략은 시장이 예상과 다르게 움직일 때 손실을 기하급수적으로 키운다. 셋째, 과거 데이터의 함정이다. 두 모델 모두 안정적이었던 과거의 시장 데이터에 기반해 만들어졌다. 하지만 러시아의 모라토리엄이나 팬데믹 이후 시장 냉각처럼 새로운 종류의 충격이 발생하자, 모델은 현실을 따라가지 못하고 무너졌다.

　　　　　　　　　　　　혁신은 왜 실패하는가

두 사례는 동일한 교훈을 준다. 아무리 거대한 데이터로 만든 정교한 모델이라도 그것은 현실의 불완전한 축소판일 뿐, 현실 그 자체가 될 수 없다. 과거 데이터로 온전히 설명하고 예측하지 못하는 영역, 즉 인간의 공포와 탐욕, 예측 불가능한 외부 충격이 시장을 지배할 때, 알고리즘에 대한 맹신은 파멸로 이어진다. 질로우 경영진은 20여 년 전 LTCM이 남긴 값비싼 교훈을 되새기지 못해, 비슷한 실수를 되풀이하고 말았다.

비트가 현실의 벽돌을 만날 때

질로우의 실패는 알고리즘이라는 추상적인 세계에서 끝나지 않았다. 그 실패는 비트Bit(데이터)가 아닌 원자Atom(주택)로 이루어진 지저분하고 복잡한 현실 세계와 만나면서 걷잡을 수 없는 재앙으로 번졌다. 질로우는 디지털 세계에서 주택을 사들이는 데 통달했을지 몰라도, 현실 세계에서 그 집을 수리하고 되파는 과정에서 처참할 정도로 무력했다.

이는 소프트웨어 기업이 제조업의 현실을 얕잡아 볼 때 발생하는 전형적인 '비트와 원자의 충돌' 문제였다. 질로우의 핵심 역량은 데이터를 수집하고 코드를 짜는, 즉 '비트'를 다루는 데 있었다. 비트의 세계에서는 확장이 쉽다. (자본이 허락하는 한) 크기를 거의 무한히 늘릴 수 있고 효과도 즉각 나타난다. 예컨대 서버 용량을 늘리고 코드를 배포하면 서비스 규모를 순식간에 두 배, 세 배로 키울 수 있다. 질로우 경영진은 이런 '비트의 사고방식'을 부동산이라는 '원자의 세계'에 그대로 적용하려고 했다. 하지만 원자의 세계는 다르다. 집을 수리하려면 사람이 직접 도구를 들고 자재를 이용해서 물리적 노동을 해야 한다. 이 과정은 지역의 노동 시장, 자재 공급망, 그리고 각기 다른 주택 상태라는 수많은 물리적 제약에 묶여 있다. 결코 클릭 한 번으로 확장될 수 없는 영역이다.

공격적 매입 전략의 정점에서 질로우는 2021년 3분기에 9,680채의 주택을 매집했으나, 그중에서 되파는 데 성공한 것은 단 3,032채에 불과했다. 팔지 못한 주택들은 질로우의 대차대조표 위에서 먼지를 뒤집어쓴 채 쌓여갔다. 재고 자산은 38억 달러라는 경이로운 수준으로 불어났다. 그런데 이 집들을 수리해서 시장에 내놓을 방법이 없었다. 팬데믹으로 인한 노동력 부족과 공급망 대란 속에서 질로우는 급증하는 보유 주택을 수리해줄 업체를 찾는 일도, 필요한 자재를 제때 구비하는 일도 온전히 해내지 못했다. 몇 주 만에 수리해서 되팔아야 할 주택들이 몇 달 동안 방치되면서, 질로우는 세금과 보험료를 포함한 막대한 자본 비용을 지불해야 했다. 질로우의 평균 주택 보유 기간은 2021년 3월 기준 '50일'에서 10월에는 '84일'로 급증했다.

이 위기는 단순히 공급망 문제와 같은 외부 요인 때문에 발생한 것이 아니다. 그것은 외부에 산재한 제약 조건을 무시한 채 규모의 확장을 최우선으로 추구한 데 따른 직접적 폐해였다. '크게 생각하고, 빠르게 움직여라'라는 디지털 시대의 성공 공식이, 물리적 세계의 냉혹한 현실 앞에서 스스로 판 무덤이 되고 말았다.

심판의 날, 백기를 든 질로우

2021년 11월 2일, 질로우는 주주 서한을 통해 질로우 오퍼스 사업의 전면 중단을 공식 선언하며 백기를 들었다. 그 뒤에 남겨진 숫자는 처참했다. 이 결정으로 전 직원의 25퍼센트에 해당하는 약 2,000명이 일자리를 잃었다. 손실 규모는 더욱 놀라웠다. 2021년 한 해에만 주택 사업

| 표 6-1 | 질로우 오퍼스의 장밋빛 약속과 현실의 간극

	약속	참혹한 현실
핵심 비전	"부동산 전자상거래 시대를 열고 주택 슈퍼 앱으로 자리매김하겠다."	'자본 집약적이고 위험 부담이 큰 솔루션'으로 판명된 후, 전면 사업 철수
재무 목표	연 매출 200억 달러 달성	2021년 한 해에만 주택 사업부에서 8억 8,100만 달러 손실 기록
가격 예측 능력	알고리즘을 통한 3~6개월 후 주택 가격의 정확한 예측	'가격 예측의 변동성이 예상을 훨씬 뛰어넘는다'는 것을 인정하며 실패 시인
재고 관리	신속한 주택 매입, 수리 및 재판매	2021년 3분기 9,680채 매입 대비 3,032채 판매 7,000채 이상의 재고를 기관 투자자에게 헐값에 매각
손익	규모의 경제를 통한 안정적 수익 창출	2021년 3분기, 3억 400만 달러의 재고 상각 포함 막대한 손실 기록
조직에 미친 영향	기술을 통한 성장과 고용 창출	전 직원의 25퍼센트에 해당하는 2,000명 해고

부에서 8억 8,100만 달러의 손실을 기록했다. 여기에는 3분기에만 3억 400만 달러의 재고 상각이 포함되었다. 2019년 사업을 시작한 이래 누적 손실은 무려 14억 달러에 달하는 것으로 추정된다.

회사는 출혈을 막기 위해 남은 7,000여 채의 주택 재고를 기관 투자자들에게 28억 달러에 서둘러 매각했다. 특히 그중 상당수는 월가의 거대 투자 회사 프레티움 파트너스Pretium Partners에 팔렸는데, 이 회사의 사업 모델은 매입한 주택을 임대 상품으로 전환하는 것이었다. 주택 거래를 혁신하겠다던 질로우의 몰락으로, 그러잖아도 부족한 매도 물량은 줄어들고 월세 물량은 늘어나는 결과를 낳았다. 질로우 오퍼스의 주요 활동 무대였던 애리조나주의 피닉스 부동산 시장에, 질로우가 보유했던 주택의 약 93퍼센트가 매입가보다 낮은 가격에 다시 나왔다.

데이터는 현실 그 자체가 아니다

질로우 오퍼스의 실패를 데이터 과학이나 AI 탓으로 돌릴 수는 없다. 이는 전적으로 기술을 맹신한 오만 때문에 빚어진 결과다. 새로 등장한 기술이 아무리 강력할지라도, 복잡하고 지저분한 현실 세계라는 제약 조건을 건너뛸 지름길은 될 수 없다. 이 값비싼 교훈은 거대한 데이터와 AI로 단번에 경쟁자들을 뛰어넘으려는 오늘날 리더들에게 본질적인 질문을 던진다.

첫째, 우리가 개발한 예측 모델이 현실의 어떤 부분을 놓치고 있는지 명확히 알고 있는가? 질로우의 알고리즘은 집의 면적이나 방 개수는 계산에 넣었지만, 집 안을 가득 채우는 오후 햇살의 따스함이나 이웃이 전해주는 온기, 지하실에서 올라오는 퀴퀴한 냄새 같은 질적 가치는 전혀 고려하지 못했다. 한 감정평가사가 지적한 것처럼, 질로우는 "그 집에 고양이 20마리가 사는지까지는 알 수 없었다". 데이터는 현실의 불완전한 그림자일 뿐, 현실 그 자체가 아니다. 예측 모델의 본질적 한계를 인정하고, 데이터가 포착하지 못하는 영역을 인간의 지혜와 경험으로 채우는 겸손한 자세가 필요하다.

둘째, 성장이라는 목표에 매몰되어 '귀에 달콤한 답'만 듣고 곳곳에서 들려오는 경고 신호는 외면하고 있지 않은가? 질로우의 실패는 기술 문제이기 전에 과욕의 문제였다. 경영진은 성장에 대한 조급함으로 알고리즘의 경고를 묵살하고 오히려 위험의 가속 페달을 더 세게 밟았다. 데이터는 때때로 우리가 가고 싶은 길이 아닌, '가야만 하는 길'을 가리킨다. 쓴소리를 삼킬 용기가 없다면, 데이터는 객관적인 나침반이 아니라 자기 합리화를 위한 도구로 전락할 뿐이다.

셋째, 디지털 전략이 물리적 세계에 존재하는 '마찰'과 '제약'을 충분히 고려하고 있는가? 질로우는 알고리즘의 속도를 무기 삼아 부동산 시장을 정복하려 했지만, 현실 세계를 구성하는 벽돌과 시멘트는 그 속도를 따라주지 않았다. 디지털 세계의 야망은 반드시 현실 세계의 운영 역량과 보폭을 맞춰야 한다. 이 둘의 조화가 무너지면 혁신은 구호에 그치고 만다.

질로우의 실패는 평범한 진리를 다시 한번 증명했다. 데이터의 양이 결코 질을 대체할 수 없으며, 현실에 뿌리내리지 않은 기술은 공허하다는 진리 말이다. 이제 우리 조직의 데이터를 돌아볼 차례다. 그것은 귀중한 자산인가, 아니면 잠재적 재앙인가? 답은 데이터의 양이 아니라, 그것을 다루는 이해의 깊이에 달려 있다.

Q1. '지도'(데이터)를 전적으로 믿고 있는가, 아니면 '땅'(현실)을 밟고 있는가?

질로우는 데이터가 보여주는 주택의 면적과 방 개수만으로 가치를 산정했다. 그러나 데이터에는 '집 안을 감도는 묘한 냄새'나 '금이 간 지하실 바닥'과 같은 결정적인 현실이 담겨 있지 않다. 데이터가 현실의 모든 것을 설명할 수 있다는 착각은 가장 중요한 위험 요소를 보지 못하게 만드는 눈가리개와 같다.

✪ **우리의 데이터 모델이 절대로 포착할 수 없는 현실의 변수는 무엇인가?**

진단 포인트　데이터로 수치화할 수 없는 '정성적 요소'(고객의 미묘한 심리, 현장의 물리적 상태, 지역적 특수성 등)가 비즈니스 성패에 결정적 영향을 미치는지 확인해야 한다. 만약 영향을 미친다면, 데이터가 포착하지 못하는 그 '공백'을 인간의 직관을 통해 메우기 위한 구체적이고 체계적인 계획을 마련해야 한다.

✪ **우리가 '평균의 함정'에 빠져 있는 것은 아닌가?**

진단 포인트　알고리즘이 제시하는 '평균적인' 해결책이 오히려 우리에게 가장 불리한 조건을 가진 악성 고객(역선택)만 끌어들일 구조적 위험은 없는지 점검해야 한다. 질로우가 '평균가'를 제시하자 상태 좋은 집주인은 떠나고 문제 있는 집주인만 몰려들어 부실 자산이 쌓였던 것처럼, 우리의 제안이 '체리 피커'나 리스크가 큰 대상에게만 매력적으로 보이는 것은 아닌지 냉정히 따져봐야 한다.

⭐ **데이터가 '과거'를 말하는 동안, 세상은 '미래'로 한 걸음 더 나아가고 있지 않은가?**

진단 포인트　우리의 예측 모델이 학습한 과거의 데이터가 급변하는 현재 시장 상황을 제대로 반영하고 있는지, 아니면 '개념 드리프트' 현상으로 인해 현실과 동떨어진 예측을 내놓고 있는지 확인해야 한다. 과거의 성공 방정식이 영원히 유효할 것이라는 믿음으로 인해, 변화된 현실을 단순한 '일시적 노이즈'로 치부하고 있는 것은 아닌지 경계해야 한다.

Q2. 우리는 알고리즘의 속도로 달리고 싶어 하지만, 현실은 하드웨어의 무게로 저항하고 있지 않은가?

질로우는 클릭 한 번으로 집을 사고팔 수 있는 디지털 세계의 속도에 취해 있었지만, 집을 수리하고 되파는 물리적 과정은 노동력 부족과 자재 수급난이라는 현실의 늪에서 허우적거렸다. '비트'의 세계와 '원자'의 세계가 충돌할 때, 그 충격은 고스란히 기업의 비용으로 돌아온다.

⭐ **디지털 세계에서의 확장 속도에 비례해 물리적 운영 역량도 빠르게 확장 가능한가?**

진단 포인트　포인트 주문이나 거래량이 디지털상에서 10배 늘어날 때, 이를 뒷받침해야 할 물류, 수리, 고객 응대 등의 오프라인 운영 역량도 똑같은 속도로 확장 가능한지 검증해야 한다. 소프트웨어처럼 '복사-붙여넣

'기'가 불가능한 물리적 영역에서 발생할 필연적인 병목 현상을 과소평가 한다면, 급격한 성장은 오히려 서비스 품질 저하와 비용 폭등을 초래할 것 이다.

✪ '규모의 경제'를 달성하기 전에 '규모의 재앙'이 닥칠 위험은 없는가?

진단 포인트   덩치를 키우면 효율이 높아질 것이라고 믿지만, 실제로는 규모가 커질수록 관리 비용과 리스크가 기하급수적으로 늘어나는 구조가 아닌지 살펴봐야 한다. 질로우가 집을 많이 살수록 관리 불가능한 재고 비용에 짓눌렸던 것처럼, 무리한 확장이 오히려 조직의 생존을 위협하는 시한폭탄이 될 가능성을 경계해야 한다.

✪ 외부 환경이 멈췄을 때를 대비한 '비상 브레이크'가 있는가?

진단 포인트   우리가 통제할 수 없는 외부 요인(공급망 대란, 노동력 부족 등) 으로 인해 프로세스가 마비되었을 때, 손실을 견뎌낼 수 있는 재무적 체력과 명확한 출구 전략이 마련되어 있는지 확인해야 한다. 멈추는 순간 넘어져버리는 두발자전거 같은 사업 구조라면, 외부 충격이 닥쳤을 때 회복 불가능한 타격을 입을 수 있다.

7장

해맑은 소녀의 타락

::

MS의 챗봇 테이, 빅데이터라는 신화는 어떻게 무너졌는가?

빅데이터 만능주의가 낳은 오만한 실험

2016년 기술업계는 하나의 거대한 믿음에 완전히 사로잡혀 있었다. 바로 '빅데이터'라는 복음이었다. '데이터는 새로운 석유'라는 선언이 세상을 뒤덮었다. 당시 시대정신Zeitgeist은 단순하고도 강력했다. 가능한 한 많은 데이터를, 가능한 한 빠른 속도로 수집하고, 그 위에서 강력한 알고리즘을 굴리기만 하면, 이전에는 상상조차 할 수 없었던 초월적인 지능과 통찰력, 그리고 경쟁자를 압도하는 우위를 손에 넣을 수 있다는 신념이었다.

당시 열기가 어느 정도였는지는 다양한 기관에서 발간하는 기술 트렌드 보고서와 산업계의 움직임을 통해 분명히 확인할 수 있다. 기업들은 하둡Hadoop과 아파치 스파크Apache Spark 같은 분산 처리 기술을 경쟁적으로 도입하며 데이터 처리 역량을 과시했고, 모두가 클라우드, 사물

인터넷IoT, 빅데이터의 융합이 새로운 시대의 '킬러 앱'이 될 것이라고 입을 모았다.

세계적인 IT 자문 기업 가트너Gartner는 2016년 기술 하이프 사이클 보고서에서 '지각 능력을 갖춘 스마트 머신의 시대'가 도래했으며, 그것의 중심에 머신러닝이 자리 잡고 있다고 선언했다. 마치 데이터의 양이 특정 임계점을 넘어서기만 하면, 그 안에 봉인되어 있던 진실과 지능이 밖으로 뛰쳐나와 마음껏 날갯짓할 것이라는 거대한 낙관론이 세상을 지배했다. 복잡하고 지저분한 현실 세계의 문제를 해결하기 위한 지루하고 힘겨운 과정이 종종 이 거대한 기술적 약속 뒤로 가려졌다.

바로 이런 빅데이터 만능주의의 정점에서, 마이크로소프트MS는 시대의 믿음에 부응이라도 하려는 듯 거대한 실험을 기획했다. 그것은 바로 AI 챗봇 '테이Tay'였다. 테이는 단순한 프로그램이 아니었다. 그것은 오만에 가까운 도전이자, 빅데이터라는 신흥 종교에 바치는 맹세와도 같았다. AI가 트위터Twitter 사용자들이 뱉어놓은 방대한 양의 말뭉치를 닥치는 대로 삼키기만 하면 머지않아 인간처럼 말하게 될 것이라는, 위험할 정도로 단순한 가설을 입증하려는 시도였으니까.

이 프로젝트 밑바탕에는 단순한 기술 테스트를 넘어선, 시대의 이데올로기를 증명하려는 강한 동기가 깔려 있었다. MS는 "과연 AI가 필터링되지 않은 방대한 데이터로부터 스스로 학습할 수 있을까?"라는 질문보다, "우리의 믿음대로 AI가 방대한 데이터로 학습하면 지능을 얻을 수 있다는 것을 어떻게 보여주면 좋을까?"라는 확신에 찬 질문에서 출발했을 가능성이 높다.

이런 프레임 설정은 프로젝트가 시작되기도 전에 이미 치명적인 맹점을 내포하고 있었다. 잠재적 위험을 비판적으로 평가하고 대비하기보

　　　　　　　　　　　혁신은 왜 실패하는가

다 자신들이 믿는 이데올로기의 정당성을 입증하는 데 초점을 맞췄기 때문이다. 바로 이 지점에서, 16시간 만에 막을 내릴 비극의 씨앗이 이미 깊숙이 뿌리내리고 있었다.

16시간 만에 막을 내린 광기

2016년 3월 23일, 테이는 "안녕하세요, 여러분!Hello, World!"이라는 활기 찬 트윗과 함께 세상에 첫인사를 건넸다. 18세에서 24세 사이 젊은 층을 겨냥해 만들어진 이 AI는 최신 유행어와 이모티콘, 코미디언들의 유머 감각까지 학습한, 재치 있고 발랄한 10대 소녀의 모습이었다. MS는 테이가 "사람들과 더 많이 대화할수록 스스로 더 똑똑해진다"라고 자신했다. 초반 몇 시간 동안은 모든 것이 순조로워 보였다. 테이는 사용자들과 농담을 주고받고 사진에 재치 있는 댓글을 달며, 때로는 엉뚱하면서도 사랑스러운 모습을 보여줬다. 이는 MS가 꿈꿨던 미래, 즉 AI가 인간과 자연스럽게 교감하는 세상이 머지않아 도래할 수도 있겠다는 희망을 선사했다.

하지만 테이가 뛰놀던 트위터라는 운동장은 순진무구한 아이들의 놀이터가 아니었다. 그곳에는 시스템의 허점을 집요하게 파고들어 파멸적 결과를 만들어내는 데서 희열을 느끼는 '트롤Troll'이라는 사용자 집단이 똬리를 틀고 있었다. 익명 게시판인 포챈4chan과 에이트챈8chan 등에서 활동하는 것으로 알려진 이들은 테이를 조직적으로 공격하기 시작했다. 그들은 테이의 치명적 약점을 금세 간파했다. 사용자가 한 말을 그대로 따라 하도록 유도하거나, 특정 표현이 반복적으로 입력되면 그것을 '인기 있거나 보편적인 문장'으로 인식하고 모방하는 특성을 교묘히 이용했다.

그것은 단순한 장난이나 무작위적인 파괴 행위가 아니라, 시스템의 작동 원리를 깊이 이해하고 진행된 정교한 공격이었다. 역설적이게도, 이 익명의 트롤들은 테이를 만든 MS 엔지니어들보다 테이가 놓일 '사회적 환경'과 그 환경이 AI의 학습 메커니즘에 미칠 영향을 더 정확하게 꿰뚫어보았다. 그들은 그저 설계도만 훔쳐본 것이 아니라, 그렇게 설계된 결과가 현실 세계의 인간들과 만났을 때 어떤 화학 반응을 일으킬지까지 내다보았다.

약점을 간파당한 순간부터 테이의 시간은 악몽으로 변해갔다. 사용자들은 의도적으로 인종 차별과 성차별, 폭력적인 혐오 발언을 테이에게 주입했다. "나는 페미니스트를 증오하며 그들을 모두 지옥에서 영원히 불태워야 한다", "히틀러가 옳았다", "홀로코스트는 조작된 것이다"와 같은 문장들이 테이의 입에서 쏟아져나왔다. 심지어 백인 우월주의자들이 사용하는 구호를 그대로 따라 하기도 했다. 이것은 단순한 잡음이 아니라, 시스템의 허점을 정확히 노린 명백한 적대적 공격Adversarial Attack이었다.

상황은 걷잡을 수 없이 악화되었다. MS는 쏟아지는 비난 속에서 테이의 혐오 발언들을 수동으로 삭제하려 애썼지만, 오염 속도를 도저히 따라잡을 수 없었다. 결국 2016년 3월 24일, 세상에 나온 지 불과 16시간 만에 MS는 테이의 작동을 중단시키기 위한 비상 버튼을 눌러야 했다. 그다음 날 MS 리서치의 부사장 피터 리Peter Lee는 공식 블로그에 사과문을 발표하며, 이 사건이 챗봇을 악의적인 의도로 사용할 가능성을 예측하고 미리 대비하지 못해 초래된 '중대한 실수Critical Oversight'였음을 인정했다. 테이는 'AI 혐오봇'이라는 불명예스러운 별명과 함께, AI 역사상 가장 유명하고 값비싼 실패 사례로 기록되었다.

데이터의 '양'이 '질'을 담보할 것이라는 맹신

테이의 실패는 여러 요인이 복합적으로 작용한 결과지만, 그 근원을 파고들다 보면 당시 기술 업계를 지배하던 하나의 거대한 착각과 마주하게 된다. 바로 데이터의 '양'이 '질'을 담보할 것이라는 맹신이다. 이 실패는 세 가지 근본적 오해와 착각에서 비롯되었다.

첫째, '더 많은 데이터'라는 신기루에 대한 착각이었다. MS의 테이 개발 팀은 '데이터는 많을수록 좋다'는 세간의 믿음을 여과 없이 받아들였다. 그들은 AI가 방대한 양의 데이터를 접하기만 하면, 그 안에서 통계적으로 유의미한 패턴을 스스로 발견하고 지능을 발전시킬 것이라고 믿었다. 하지만 문제는 테이가 충분한 데이터를 섭취하지 못해서 벌어진 것이 아니라 테이가 '잘못된' 데이터를, 그것도 '오염된' 방식으로 학습한 점이었다.

이 지점에서 우리는 '데이터 위생Data Hygiene'이라는 개념의 중요성을 절감한다. 이는 AI를 학습시키는 데이터가 깨끗하고 건강한 상태를 유지하도록 관리하는 모든 활동을 의미한다. AI에 데이터를 주는 것은 사람에게 물을 마시게 하는 것과 마찬가지다. 아무리 많은 양의 물이라도 흙과 독성 물질로 오염된 흙탕물이라면, 그것을 마신 생명체는 금세 병들고 말 것이다. 테이는 바로 데이터 위생 관리 실패에 따른 직접적인 피해자다. 깨끗한 생수가 아니라 온갖 오염물질이 뒤섞인 흙탕물을 들이켠 셈이다.

빅데이터 이데올로기의 가장 달콤한 유혹은 바로 이 데이터 위생이라는 힘들고, 비용이 많이 들며, 확장하기 어려운 과정을 쉽게 건너뛸 수 있다는 약속이었다. 알고리즘의 힘으로 데이터의 양이 질을 압도할 수 있다면, 데이터를 정성껏 선별하고 정제하는 고된 노동은 더 이상 필요 없게 된다. 테이의 실패는 이 약속이 얼마나 위험하고 순진한 환상이었는지 극명하게 보여준다. 기술적 해법에 대한 맹신이 가장 기본적인 원칙, 즉 '좋은 재료에서 좋은 결과가 나온다'는 상식을 잊게 만든 것이다.

둘째, 독이 든 우물에서의 학습이라는 함정이었다. 조금 더 깊이 들여다보면, MS의 실수는 단순히 '나쁜 데이터'를 걸러내지 못했다는 수준을 넘어선다는 것을 알 수 있다. AI 학습에 부적합한, 구조적으로 독성을 증폭시키는 데이터 공급원, 즉 트위터를 선택했다는 데 문제의 핵심이 있다.

2018년 세계적 과학 저널 『사이언스Science』에 발표된 한 연구는 트위터의 정보 확산 메커니즘에 대한 충격적인 사실을 밝혔다. 소로시 보소기Soroush Vosoughi 연구 팀은 트위터에서 허위 정보가 진실된 정보보다 "훨씬 더 멀리, 더 빠르게, 더 깊고, 더 넓게" 확산된다는 것을 통계적으로 증명했다. 이는 새롭고 충격적이며 감정을 자극하는 콘텐츠가 평범하고 사실적인 정보보다 훨씬 더 많은 주목과 반응(리트윗)을 끌어내는 플랫폼의 본질적인 특성 때문이다.

이런 환경에서 테이를 공격했던 트롤들은 '단순한' 나쁜 사용자가 아니었다. 그들은 메시지의 확산 메커니즘을 누구보다 잘 이해하고 이를 의도적으로 악용한 '전문가'에 가까웠다. 그들이 쏟아낸 자극적이고 혐오스러운 발언들은 트위터의 알고리즘에 의해 자연스럽게 더 많이 주목받고, 상호작용을 기반으로 학습하는 테이의 눈에 더 잘 띄었다.

결국 MS는 단순히 '썩은 사과'가 몇 개 섞인 데이터 상자를 고른 것이 아니라, 썩은 사과를 대량 살포하는 생태계 자체를 학습의 장으로 선택한 것이었다. 따라서 테이의 실패는 '쓰레기를 넣으면 쓰레기가 나온다Garbage In, Garbage Out'는 단순한 격언을 넘어선다. '쓰레기를 넣으면, 시스템이 그 쓰레기를 확대 재생산해서 더 큰 쓰레기로 돌려준다Garbage In, Amplified Garbage Out'가 더 정확한 표현일 것이다.

테이의 시스템은 애초에 쓰레기를 찾아내고 그것을 우선적으로 학습하도록 설계된 것이나 마찬가지였다. 이는 데이터의 질을 오판한 것을 넘어, 데이터가 생성되고 유통되는 '환경'의 특성을 완전히 무시한 치명적 설계 결함이었다.

셋째, '학습'에 대한 근본적 오해였다. 테이의 실패를 제대로 이해하기 위해 우리가 반드시 깨뜨려야 할 또 한 가지 착각이 있다. 바로 테이가 인간처럼 '생각'하거나 '학습'한다는 오해다. 대중과 언론은 테이가 마치 사악한 의도를 가진 존재처럼 의인화했지만, 이는 본질을 흐리는 인지적 편견에 불과하다.

테이는 증오나 인종 차별의 의미를 전혀 이해하지 못했다. 그저 고도로 정교한 패턴 매칭 기계, 즉 '확률적 앵무새Stochastic Parrot'에 가까웠다. 한 연구자가 지적했듯이, 테이에게 '홀로코스트'는 끔찍한 역사적 사건이 아니라, 그저 다른 단어들과 함께 등장할 확률이 높은 하나의 토큰(AI가 처리하는 정보의 최소 단위)일 뿐이었다. 사용자들이 특정 문장을 반복해서 입력하면, 테이는 그것이 주어진 맥락에서 통계적으로 '가장 적절한 응답'이라고 판단해 그 패턴을 그대로 따라 했을 뿐이다.

따라서 테이의 비극은 '사악한 AI'가 등장하는 공상과학 소설 속 이야기와 다르다. 그것은 자신의 창조물이 어떤 환경에서 어떻게 작동할지에 대한 이해와 상상력이 부족했던 인간 설계자들의 흑역사다. 빅데이터 만능주의의 가장 깊은 곳에 자리한 오만이 바로 이 지점에서 드러난다. 통계적 상관관계가 곧 의미론적 이해와 동일하다는 착각, 즉 충분한 양의 텍스트(구문)를 처리하면 기계가 스스로 의미(맥락)를 파악할 것이라는 믿음이다. 테이는 이 믿음이 얼마나 근거 없는지 증명했다. 따라서 문제의 초점을, 기계의 의도가 아니라 그것을 만든 인간의 책임과 안전장치 부재에 둬야 한다.

AI 안전벨트의 탄생

테이의 16시간에 걸친 광기는 단순한 재앙으로 끝나지 않았다. 역설적이게도, 이 떠들썩하고 값비싼 실패는 AI 산업 전체에 경종을 울리며 'AI 안전성'이라는 분야가 본격적으로 발전하는 중요한 촉매제가 되었다. 오늘날 우리가 사용하는 훨씬 더 안정적이고 정교한 대화형 AI들은 바로 테이라는 폐허에서 얻은 교훈을 토대로 만든 것이다.

테이의 실패 이후, AI 개발자 커뮤니티는 '일단 AI가 데이터를 먹고 어느 정도 클 때까지는 그냥 내버려두자'는 기존 접근법에서 벗어나, AI의 행동을 통제하고 위험을 예방하기 위한 체계적 안전장치를 구축하는 데 집중하기 시작했다. 가장 핵심적인 개념이 바로 'AI 가드레일AI Guardrails'이다. 이는 AI를 위한 다층적 안전 시스템으로, 공항의 보안 검색대에 비유할 수 있다. 사용자의 입력Input과 AI의 출력Output을 지속적으로 감시하며 유해 콘텐츠, 혐오 발언, 허위 정보, 개인정보 유출과 같은 잠재적 위협을 사전에 차단한다. 테이가 살았던 곳에는 검색대가 아예 없거나 제대로 작동하지 않은 셈이다.

또 한 가지 중요한 진보는 '불확실성 관리'의 중요성을 깨달았다는 점이다. 잘 설계된 AI는 자신의 무지를 명확히 인지하고 이에 대처할 줄 알아야 한다. 가령 사용자의 질문을 제대로 이해하지 못했거나 관련 정보가 부족해 예측 정확도가 낮을 수밖에 없다면, 섣불리 자신감 있는 답을 내놓기보다 "무슨 뜻인지 잘 모르겠습니다"라고 말하거나 "좀 더 자세히 설명해주시겠어요?"라고 되물을 수 있어야 한다. 과거에 테이는 자신의 이해도와 무관하게 사용자의 말을 앵무새처럼 따라 하거나 이를 기반으로 답변을 생성했고, 이는 결국 혐오 발언의 무분별한 확산으로 이어졌다. 이처럼 자신의 한계를 인지하고 인정하는 능력이야말로 AI를 더 안전하게 만드는 핵심적 안전장치다.

AI가 자신의 한계를 아는 것이 안전의 한 축이라면, 다른 축은 AI와 소통하는 인간의 오류를 관리하는 것이다. 우리는 AI의 환각Hallucination을 걱정하면서, 정작 그 AI와 소통하는 인간의 착각이나 편견이 더 근본적 원인이 될 수 있다는 점은 간과한다. 따라서 인간이 의도했든 의도하지 않았든 편향되거나 잘못된 정보를 AI가 무조건 수용하지 않도록, 나아가 그 정보가 인간의 착각에서 비롯된 것은 아닌지 비판적으로 되물을 수 있는 '제동 장치'를 마련하는 것이 앞으로 중요한 과제가 될 것이다.

이런 변화는 AI 설계 철학의 근본적인 전환을 의미한다. [표 7-1]은 테이의 실패가 어떻게 AI 개발 패러다임을 빅데이터에 대한 맹목적 신뢰에서 데이터 품질과 맥락을 중시하는 '현실주의'로 바꾸었는지 보여준다.

테이의 실패는 AI 개발 커뮤니티가 순진한 기술 낙관주의에서 벗어나, 기술이 작동하는 복잡한 현실을 직시하게 만드는 결정적 계기가 되었다. 이 사건을 기점으로 AI 설계의 중심축이 '얼마나 많은 데이터를 처리하는가?'에서 '어떻게 안전하고 유용한 결과를 만들어내는가?'로 이동하기 시작했다.

| 표 7-1 | '테이 사건' 전후 변화

설계 철학	테이 이전: 빅데이터 만능주의의 환상	테이 이후: 데이터 품질과 맥락의 현실
데이터 전략	"데이터는 많을수록 좋다." 여과되지 않은 방대한 공공 데이터를 가지고 학습해도 전혀 문제 없다고 가정함.	"양보다 질이다." 정제되고 선별된 고품질 데이터(데이터 위생)의 중요성을 강조함.
안전과 윤리	AI가 평균적인 사용자로부터 '선한' 행동을 배울 것이라고 기대함.	다층적 가드레일 구축. 유해 콘텐츠, 윤리적 원칙, 주제 이탈 등을 사전에 방지하는 강력한 필터링 시스템을 적용함.
악의적 의도 대응	조직적이고 악의적인 공격 가능성을 과소평가하거나 예측하지 못함.	적대적 의도를 기본 전제로 하고, 시스템을 악용하려는 시도에도 쉽게 흔들리지 않게 설계함.
불확실성 처리	질문의 의도나 내용에 대한 이해도가 낮을 때도 섣불리 응답함으로써 비상식적이거나 위험한 결과를 초래함.	불확실성 관리. 신뢰도가 낮을 경우, "잘 모르겠다"고 인정하거나 추가 설명을 요청하도록 설계함.

당신의 데이터는 자산인가, 시한폭탄인가?

테이가 16시간 만에 천사에서 악마로 타락한 이야기는 AI 시대를 살아가는 우리에게 큰 교훈을 준다. 이 실패는 기술 자체의 문제가 아니라, 복잡하고 지저분한 인간의 문제를 너무나 단순한 도구로 말끔히 해결할 수 있을 것이라고 믿었던 인간의 오만에 대한 통렬한 경고였다.

   혁신은 왜 실패하는가

진짜 어려운 일은 더 빠른 알고리즘을 만드는 것이 아니다. 우리가 풀고자 하는 문제의 본질을 정확히 정의하고, 문제가 발생하는 복잡한 맥락을 이해하며, 상황에 맞는 깨끗하고 올바른 데이터를 정성껏 준비하고, 예측 불가능한 인간의 행동에 대비하는 것이다. 테이의 비극은 우리에게 근본적인 질문을 던진다. 빅데이터 안에 모든 문제의 정답이 들어 있을 것이라는 달콤한 착각에 빠져 있지 않은가? 지금 우리가 속한 조직이 열광하는 그 '빅데이터'와 'AI 솔루션'은 과연 진짜 문제를 풀고 있는가, 아니면 문제를 덮기 위해 섣불리 내놓은 값비싼 처방전인가?

이 사건은 '데이터는 새로운 석유'라는 표현에 근본적인 오류가 있다고 폭로한다. 석유는 그 자체로 가치를 지닌, 비교적 균일한 품질의 원자재다. 하지만 데이터는 그렇지 않다. 데이터는 결코 중립적인 자원이 아니다. 그것은 데이터가 생성된 사회적·문화적·기술적 환경의 모든 편견과 왜곡, 심지어 악의까지 고스란히 담고 있는 '사회적 인공물'이다. 트위터의 데이터는 트위터라는 플랫폼의 문화를 반영할 뿐, 인류 보편의 지혜를 담고 있지 않다. 이 본질적 차이를 무시하고 데이터를 석유처럼 취급하면, 우리는 정제된 연료가 아닌 시한폭탄을 손에 쥘 수도 있다.

테이의 실패가 우리에게 남긴 유산은 냉엄하고도 명확하다. 첫째, 데이터의 양은 결코 질을 대체할 수 없다. 둘째, 기술은 그것이 놓인 세상의 맥락을 이해할 때만 비로소 가치를 발휘한다. 이 두 가지 원칙을 간과하는 순간, 우리는 제2, 제3의 테이를 만들어낼 것이다. 우리의 데이터는 정말 자산인가, 아니면 아직 터지지 않은 시한폭탄인가?

Q1. 숫자가 주는 압도감에 취해 있는가, 아니면 데이터의 순도를 본질적으로 의심하고 있는가?

테이 프로젝트는 "데이터는 많을수록 좋다"라는 빅데이터 신화를 맹신했다. 하지만 정제되지 않은 데이터의 범람은 AI를 16시간 만에 괴물로 만들었다. 쓰레기가 들어가면 쓰레기가 나온다는 단순한 진리를 넘어, AI는 오염된 데이터를 학습해 혐오를 증폭시키는 확성기가 되었다. 양적 팽창이 질적 가치를 보장하지 않는다는 사실을 잊어서는 안 된다.

✪ **우리 프로젝트의 성공을 좌우하는 가장 핵심적인 가설은 무엇이며, 만약 그 가설이 틀렸다고 입증될 경우 우리는 무엇을 배울 수 있는가?**

진단 포인트　"기술이 과연 작동할 것인가?"라는 현상에만 관심 갖지 말고, 기술이 토대로 삼고 있는 전제(예를 들면, 데이터는 가치 중립적이다) 자체가 흔들릴 가능성을 염두에 둬야 한다.

✪ **우리가 당연하다고 믿는 기술적·경제적 신념 때문에 의도적으로 외면하거나 축소해서 보는 잠재적 위험 요소는 없는가?**

진단 포인트　"데이터가 많으면 알아서 해결될 것이다"와 같은 막연한 믿음 뒤에 숨어, 데이터 정제 비용이나 리스크를 애써 무시하고 있지는 않은지 점검해야 한다.

❂ 프로젝트의 목표가 특정 기술의 우월성을 '보여주는 것'에 있는가? 실패 가능성을 염두에 두고 그로부터 깨달음을 얻기 위한 계획은 어떻게 준비하고 있는가?

진단 포인트 성공만을 전제로 한 계획은 실패 앞에서 속수무책으로 무너진다. 실패 역시 학습 과정으로 생각하고 계획을 세워야 한다.

Q2. 데이터가 흐르는 강물은 맑은가, 아니면 독이 풀려 있는가?

마이크로소프트는 트위터를 학습의 장으로 선택했다. 하지만 트위터는 구조적으로 자극적이고 거짓된 정보가 더 빠르고 넓게 퍼지는, 일종의 '독이 든 우물'이었다. 악의적인 사용자들은 이 생태계의 특성을 이용해 시스템을 오염시켰다. 데이터를 단순한 정보의 집합으로 볼 것이 아니라, 그 데이터가 생성되고 유통되는 '환경'의 특성을 이해해야 한다.

❂ 우리가 사용할 데이터가 생성되고 유통되는 환경(플랫폼, 커뮤니티 등)은 어떤 종류의 콘텐츠와 행동에 더 많은 보상(주목, 반응 등)을 주는가?

진단 포인트 데이터 소스가 되는 곳이 진실과 이성적인 대화를 장려하는 곳인지, 아니면 갈등과 자극을 부추기는 곳인지 파악해야 한다.

❂ 그 환경의 핵심적 플레이어들(파워 유저, 트롤 등)은 누구이며, 그들의 동기와 행동 패턴이 우리 시스템의 학습 과정에 어떤 예상치 못한 영향을 미칠 수 있는가?

진단 포인트 데이터를 생산하는 주체들의 의도가 시스템에 편향을 줄 수 있음을 인지하고 대비해야 한다.

✪ ‘쓰레기를 넣으면 쓰레기가 나온다’는 수준을 넘어, 우리 시스템이 특정 종류의 쓰레기를 찾아내고 증폭시키는 ‘확성기’가 될 가능성은 없는가?

진단 포인트 알고리즘이 의도치 않게 유해한 데이터를 선호하게 될 메커니즘적 위험성을 사전에 차단해야 한다.

Q3. 우리는 기계가 진정으로 ‘이해’하기를 바라는가, 아니면 사람의 행동을 정교하게 ‘흉내 내기’를 바라는가?

테이는 혐오 발언의 의미를 전혀 이해하지 못하는 ‘확률론적 앵무새’에 불과했다. 하지만 사람들은 기계가 말한다는 이유만으로 그 안에 지성이나 의도가 있을 것이라고 착각했다. ‘통계적 상관관계가 높다’는 것을 ‘의미를 이해했다’는 뜻으로 오해하지 말아야 한다. 이 차이를 명확히 하지 않으면, 기계가 맥락 없이 위험한 패턴을 모방할 때 속수무책으로 당한다.

✪ AI가 처리하는 데이터의 ‘통계적 패턴’과 그것이 담고 있는 ‘실제 의미’ 사이에 가장 큰 괴리가 발생할 지점은 어디이며, 그 격차를 어떻게 감지하고 통제할 것인가?

진단 포인트 기계적 학습의 한계가 드러나는 지점을 미리 파악하고, 인간이 개입할 수 있는 지점을 설계해야 한다.

✪ 사용자들은 우리 AI가 실제 의미를 이해한다고 오해할 가능성이 높다. 이런 오해에서 비롯될 최악의 상황은 무엇이며, 이를 어떻게 예방할 것인가?

진단 포인트 사용자의 AI에 대한 과도한 의인화와 신뢰가 사고로 이어지지 않도록, 시스템의 한계를 명확히 안내해야 한다.

8장

거인의 발목을 부러뜨린 코드

::

폭스마이어, 50억 달러짜리 회사의 초라한 최후

ERP 시스템, 마법의 열쇠를 향한 유혹

1990년대 초, 미국 제약 유통업계에는 명실상부한 최상위 포식자가 군림하고 있었다. 텍사스에 본사를 둔 폭스마이어 드러그FoxMeyer Drug(이하 폭스마이어)는 연 매출 50억 달러를 가뿐히 넘기며 미국 내 4위 자리를 굳건히 지키던 거대 기업이었다. 폭스마이어는 단순히 덩치만 큰 공룡이 아니라, 업계의 기술 혁신을 선도하는 살아 있는 아이콘이었다. 이미 경쟁사들을 압도하는 최첨단 자동화 물류 센터를 성공적으로 운영하고, 심지어 인공위성을 이용한 실시간 트럭 추적 시스템을 개발 중이라는 소문이 파다할 정도로 기술에 대한 자신감으로 충만했다. 폭스마이어는 변화에 적응해가는 기업이 아니라, 미래를 스스로 만들어가는 기업처럼 보였다.

그렇지만 이 거대한 거인의 갑옷에도 눈에 잘 띄지 않는 균열이 존재했다. 1990년대 비즈니스 환경은 그 누구에게도 현실에 안주하는 것을 허락하지 않았다. 제약 유통업의 살얼음판 같은 수익률 구조와 날로 치열해지는 경쟁은 폭스마이어를 끊임없이 압박했다. 무엇보다 회사의 폭발적 성장을 더 이상 감당하지 못하는 낡은 IT 시스템이 가장 큰 문제였다. 전국 각지에 흩어진 물류 센터들은 제각기 다른 시스템으로 돌아갔고, 회사의 핵심 신경망 역할을 하던 구형 유니시스Unisys 메인 프레임 컴퓨터는 기술 지원 중단을 앞두고 있었다. 통합과 효율에 대한 갈증이 조직 전체를 타는 듯한 목마름으로 몰아넣었다.

바로 그때, 마치 사막의 신기루처럼 매혹적인 해결책이 등장했다. 전사적 자원 관리Enterprise Resource Planning, ERP라는 새로운 기술 패러다임이었다. 특히 독일의 거인 SAP가 내놓은 R/3 소프트웨어는 단순한 프로그램이 아니었다. 그것은 구매, 재고, 물류, 영업, 재무 등 기업의 모든 활동을 단 하나의 통합된 플랫폼 위에서 실시간으로 지휘하는, 그야말로 전지전능에 가까운 두뇌를 약속했다. 복잡성의 저주에 시달리던 폭스마이어 경영진에게 ERP는 회사가 앓고 있던 모든 고질병을 단번에 치유할 '마법의 열쇠'처럼 보였다.

당시 세계 최고 컨설팅 회사 앤더슨컨설팅Andersen Consulting(현 액센츄어)이 이 거부할 수 없는 유혹에 기름을 부었다. 그들은 치밀한 분석 보고서를 통해 이 마법의 열쇠가 가져다줄 부와 영광을 구체적인 숫자로 예언했다. 무려 연간 4,000만 달러의 비용 절감. 이 강력하고 매혹적인 숫자는 폭스마이어의 모든 의심을 잠재우고, 큰돈을 들이더라도 반드시 추진해야 할 프로젝트라는 확신을 심어주기에 충분했다. 이는 과거에 진행했던 프로젝트와 사뭇 달랐다. 합리성에 대한 논의보다는 비장함이 가득했다. 표면상으로는 시대의 흐름에 부응하기 위한 이성적 선택처럼 보였지만, 본질은 "기술이 모든 것을 해결해줄 것"이라는 감성적 낙관론에 기댄 도박에 가까웠다.

결국 폭스마이어의 최고정보책임자CIO 로버트 브라운Robert Brown은 이 운명적인 결정을 이렇게 요약했다. "우리 회사의 명운을 여기에 걸고 있다We are betting our company on this." 이 말은 성공에 대한 비장한 열망이자, 훗날 닥쳐올 비극을 예고하는 서곡이 되었다. 이 이야기의 진짜 비극은 폭스마이어에 새로운 기술이 필요했다는 사실이 아니라, 그들이 어느 순간부터 기술 그 자체가 전략이 될 수 있다고 믿어버렸다는 점이다. 그들은 문제의 복잡한 현실을 파헤치기보다 솔루션이 약속하는 달콤한 미래에 취해버렸고, 바로 그 지점에서 거인의 발목을 부러뜨릴 파멸의 알고리즘이 조용히 실행되기 시작했다.

완벽한 청사진과 현실을 외면한 설계도

폭스마이어의 비극은 프로젝트의 청사진을 그리는 단계에서부터 이미 예고되어 있었다. 그들의 계획은 겉보기에 완벽하고 대담했지만, 현실의 복잡성과 위험을 철저히 외면한, 치명적인 착각 위에 세워진 모래성이었다.

첫 번째 치명적 오류는 '잘못된 도구'의 선택이었다. 1990년대 중반, SAP R/3은 의심할 여지 없이 강력한 소프트웨어였지만, 그 심장은 '제조업'을 위해 뛰고 있었다. 시스템의 모든 논리는 정교한 생산 계획, 자재 명세서, 단계별 조립 공정처럼 예측 가능하고 구조화된 제조업 환경에 최적화되어 있었다. 하지만 폭스마이어의 심장은 전혀 다른 리듬으로 뛰었다. 그들은 하루에 42만 건이 넘는 주문을 처리하고, 수만 가지

의약품을 전국 약국과 병원으로 실시간 배송해야 하는 '초대형 유통업체'였다. 그들의 비즈니스는 예측 불가능한 주문 폭주와 극도의 속도 경쟁, 그리고 복잡한 가격 정책으로 정의되는, 혼돈에 가까운 환경이었다. 요컨대 유통과 물류 업무가 중요한 곳에 제품 생산에 특화된 솔루션을 도입하는 것은, 마치 F1 경주에서 우승하기 위해 세계에서 가장 튼튼한 화물선을 구매하는 것과 같은 난센스였다.

두 번째 오류는 이 위험한 도박에 모든 것을 건 '빅뱅' 전략이었다. 폭스마이어는 새로운 ERP 시스템을 하나의 물류 센터에서 조심스럽게 테스트하며 문제점을 보완하고 점진적으로 확장하는 안전한 길을 택하지 않았다. 그 대신 그들은 기존의 모든 낡은 시스템을 한꺼번에 꺼버리고 새로운 시스템을 회사 전체에 단번에 가동하는, IT업계에서 가장 위험하고 성공 확률이 낮은 것으로 알려진 빅뱅 방식을 선택했다. 이 전략은 앤더슨컨설팅이 약속한 연간 4,000만 달러의 비용 절감 효과를 가장 빨리 실현할 수 있는 길처럼 보였을 것이다. 하지만 이는 단 한 번의 실수도 용납하지 않는다. 시스템의 모든 구성 요소가 처음부터 마법처럼 완벽하게 작동해야 한다는 비현실적인 전제를 깔고 있었다. 실패하면 그 충격이 조직 전체로 퍼져나가는 것을 막을 안전장치가 전혀 없는, 그야말로 외줄타기 도박이었다.

세 번째 오류는 이 무모한 도박의 판돈을 걷잡을 수 없이 키운 것이었다. 폭스마이어는 한 개의 빅뱅 프로젝트도 벅찬 상황에서, 두 개의 거대한 프로젝트, 즉 SAP의 ERP 시스템 도입과 최첨단 자동화 물류 센터 구축 프로젝트를 동시에 강행했다. 델라웨어주에 건설될 이 거대한 자동화 창고는 피너클Pinnacle이라는 전문 업체의 또 다른 복잡한 소프트웨어로 통제할 예정이었다. 이는 회사의 '두뇌'(ERP)와 '심장'(물류 센터)을 동시에 교체하는 대수술을, 심지어 아직 임상 실험조차 진행된 바 없는 위험천만한 작업을 그저 의사(앤더슨컨설팅)의 말만 믿고 밀어붙이는 것과 같았다. 당연히 프로젝트의 복잡성은 기하급수적으로 증가할 수밖에 없었다.

엎친 데 덮친 격으로, 이 위태로운 질주에 기름을 부은 사건이 벌어졌다. 프로젝트가 한창 진행 중일 때, 폭스마이어는 대규모 병원 연합체인 UHCUniversity HealthSystem Consortium와 막대한 규모의 신규 공급 계약을 체결했다. 비즈니스 관점에서는 엄청난 성공이었지만, 프로젝트 관리 측면에서는 재앙의 서막이었다. 이 계약으로 인해 아직 걸음마도 떼지 못한 새로운 시스템이 감당해야 할 하루 주문 처리량이 예상을 뛰어넘어 폭발적으로 증가했다.

하지만 폭스마이어는 이처럼 엄청난 환경 변화에도 불구하고 프로젝트의 일정이나 예산, 기술적 타당성을 냉정하게 재검토하지 않았다. 그들은 아직 존재하지도 않는 미래의 효율성을 담보로, 현실의 위험을 외면한 채 가속 페달을 더 세게 밟았다.

이 모든 결정의 이면에는 하나의 공통된 논리가 숨어 있었다. 그것은 현실에 대한 냉철한 분석이 아니라, '연간 4,000만 달러 절감'이라는 장밋빛 숫자와 글로벌 기업이 제공하는 거대한 솔루션에 대한 맹목적 믿음이었다. 프로젝트의 청사진은 위험을 관리하고 성공적인 시스템을 구축하기 위한 합리적 계획서가 아니었다. 그것은 컨설턴트의 파워포인트로 작성한 문서에 적힌 숫자를 현실로 만들기 위해, 그 어떤 위험도 정당화하는 자기기만의 예언서에 가까웠다.

암살자가 된 데이터

1996년 여름, 길고 험난했던 준비 기간을 마치고 폭스마이어의 야심작인 SAP R/3 시스템과 최첨단 자동화 물류 센터가 마침내 가동하기 시작했다. 그러나 시스템의 이상적인 '작동'과 현실에서의 '작동 가능성' 사이에는 건널 수 없는 심연이 존재한다는 사실을 깨닫기까지 그리 오랜 시간이 걸리지 않았다.

대란의 서막은 주문 처리량 급감으로 시작되었다. 기존의 낡은 메인프레임 시스템은 하룻밤에 42만 건의 주문을 너끈히 처리한 반면, 천문학적 자금을 쏟아부어 만든 최첨단 SAP 시스템은 고작 1만여 건의 주문에 속수무책으로 무너졌다. 이는 사소한 버그나 성능 저하 문제가 아니었다. 애초에 초대형 유통 기업이 감당해야 하는 급류를 고려하지 않은 시스템이 거대한 데이터의 홍수 앞에서 익사 직전에 이른, 근본적인 설계 실패였다. 그로 인해 첫날부터 회사의 대동맥이 막혀버렸다.

이런 '디지털 혼란'은 곧바로 물리적 아수라장으로 치달았다. 델라웨어의 최첨단 자동화 창고의 내부 풍경은 악몽 그 자체였다. 피너클의 정교한 자동화 시스템은 한 치의 오차도 없는 완벽한 데이터를 전제로 설계되었다. 하지만 마비된 SAP 시스템으로부터 끊임없이 오류투성이 데이터가 흘러들어오자, 로봇들은 혼란에 빠졌다. 포장 박스의 규격이 미세하게 다르거나 재고 위치 정보에 밀리미터 단위의 오차만 발생해도, 안전을 위해 전체 물류 라인이 멈춰 서는 일이 하루에도 수십 번씩 반복되었다. 오하이오주의 다른 창고에서는 소프트웨어의 잦은 다운으로 탈진한 작업자들이, 결국 자동화 시스템을 포기하고 예전처럼 수작업으로 물건을 처리하는 웃지 못할 촌극까지 벌어졌다. 자동화의 꿈은 인간의 개입 없이는 한 발짝도 나아가지 못하는 값비싼 고철 더미로 변해갔다.

하지만 가장 교활하고 파괴적인 실패는 우리 눈에 보이지 않는 데이터 세계에서 벌어지고 있었다. ERP 시스템과 창고 관리 시스템Warehouse Management System, WMS의 불안정한 데이터 연동으로 '유령'을 만들어내기 시작했다. 컴퓨터 시스템이 장부상으로는 존재한다고 기록하지만 실제로는 창고에 없는 재고, 또는 그 반대 경우를 의미하는 '유령 재고Ghost Inventory'가 바로 그것이다. 예를 들어, 시스템은 이미 고객이 취소한 주문을 버젓이 창고로 출고 지시를 내리는가 하면, 반대로 창고에 물건이 없는데도 마치 재고가 있는 것처럼 주문을 승인했다. 이런 '유령 주문'과 '유령 재고'는 눈덩이처럼 불어나 걷잡을 수 없는 혼란을 일으켰다. 이 보이지 않는 암살자 데이터들은 결국 폭스마이어에 3,400만 달러라는 천문학적인 재고 손실과 수백만 달러의 불필요한 초과 배송 비용을 안겨주었다.

이 기술적 재앙은 곧바로 인간적 재앙으로 번졌다. 새로운 자동화 시스템이 자신들의 일자리를 위협할 것이라고 직감한 창고 직원들의 사기는 바닥으로 떨어졌다. 경영진은 현장의 목소리에 귀를 기울이기는커녕, 일방적으로 변화를 강요하며 소통의 문을 닫아버렸다. 이런 불신과 소외감에 분노한 일부 직원들은 고의적으로 재고를 훼손하거나 주문을 엉뚱하게 처리하는 방식으로 조용한 사보타주에 나섰다. 경영진은 이 처절한 저항의 신호를 '변화에 적응하지 못하는 일부 직원들의 문제'로 치부하며 문제의 본질을 외면했다.

결국 시스템은 스스로 무너져 내렸다. 기술적 실패는 운영의 마비를 낳고, 운영의 마비는 인간의 저항을 불렀으며, 인간의 저항은 다시 더 큰 기술적 실패를 낳는 파괴적 피드백의 고리가 완성된 것이다. 폭스마이

| 표 8-1 | **약속과 현실의 간극**

지표	우아한 약속	참혹한 현실
연간 비용 절감	4,000만 달러	1억 달러 초과 비용 발생 및 파산
1일 주문 처리량	하루 42만 건 이상 처리	하루 1만여 건으로 급감
재고 정확도	실시간 통합 관리	3,400만 달러 재고 손실, '유령 재고' 발생
배송 정확도	획기적 개선	오배송, 중복 배송, 배송 지연 일상화
프로젝트 예산	약 6,500만 달러	1억 달러 초과

어의 시스템은 단순히 작동을 멈춘 것이 아니라, 누구도 통제할 수 없는 거대한 재앙 생성기가 되어 회사를 파멸로 이끌었다.

기술을 둘러싼 인간의 뿌리 깊은 착각

폭스마이어의 몰락은 단순한 기술적 결함이나 프로젝트 관리의 미숙함으로 설명할 수 없다. 그 이면에는 기술을 둘러싼 조직의 근본적인 사고방식, 즉 빅데이터와 거대 시스템이 모든 문제를 해결해줄 것이라는 위험한 착각이 자리 잡고 있었다. 실패의 진짜 얼굴은 소프트웨어의 알고리즘이 아니라, 이를 둘러싼 인간의 세 가지 뿌리 깊은 착각이었다.

첫째는 '숫자를 둘러싼 착각'이다. 이는 정량화된 데이터는 언제나 객관적이고 옳다는 맹신을 의미한다. 폭스마이어 프로젝트의 알파이자

　　　　　　　　　　　　　혁신은 왜 실패하는가

오메가는 앤더슨컨설팅이 제시한 '연간 4,000만 달러의 비용 절감'이라는 숫자였다. 이 숫자는 단순한 목표가 아니라, 프로젝트의 모든 위험과 의심을 잠재우는 신성불가침의 예언이 되었다. 경영진은 숫자의 마법에 취해, 정량적으로 표현할 수 없는 모든 것을 무시했다. 수십 년간 현장을 지켜온 창고 관리자들의 직관, 특정 의약품에 대한 미묘한 온도 관리 노하우, 단골 대형 병원의 까다로운 요구사항과 같은, 계량화할 수 없는 '암묵지Tacit Knowledge'는 시스템의 효율적인 알고리즘을 설계하는 데 그저 무시해도 좋은 '비정형 변수'로 취급되었다. 시스템은 오직 선입선출First-In First-Out, FIFO과 같은 단순하고 경직된 원칙에 따라 움직였고, 그 결과 현실의 복잡한 요구를 외면한 채 기계적으로 작동했다. '숫자는 현실의 일부를 투영하는 거울일 뿐 현실 그 자체가 될 수는 없다'라는 평범한 진리를 망각한 데 따른 대가는 참혹했다. 그들은 숫자가 약속한 이상적인 세계를 좇다가, 현실 세계를 파괴해버리고 말았다.

둘째는 '정치를 둘러싼 착각'이다. 이는 새로운 기술 도입을 순수한 기술적 과제로 착각하고, 그 안에 내재된 권력과 정치의 역학을 간과하는 것을 말한다. 폭스마이어의 ERP 시스템은 처음부터 순수한 기술 프로젝트가 아니라, 본사의 소수 엘리트 경영진과 전략기획 팀이 현장의 목소리를 억누르고 조직 전체에 단일한 의지를 관철시키려는 '정치적 프로젝트'에 가까웠다. 새로운 시스템을 매일 사용해야 하는 물류 센터 직원들과 구매 담당자들은 의사결정 과정에서 철저히 소외되었다. 그들의 현실적 우려와 문제 제기는 '변화에 대한 저항'이나 '비효율적인 낡은 관행'으로 치부되며 묵살되었다. ERP 시스템은 업무 효율화를 위한 도구가 아니라, 특정 부서의 영향력을 강화하고 현장을 통제하는 '권력의 도구'로 변질되었다. 결국 시스템의 성공적인 안착을 가로막은 가장 큰 장애물은 기술적 결함이 아니라, 이처럼 일방적인 권력 행사가 만들어 낸 조직 내부의 깊은 균열이었다. 기술은 결코 중립적이지 않다. 그것은 언제나 조직의 권력 지형도 위에서 작동하며, 그 지형이 왜곡되어 있을 때 기술은 혁신의 도구가 아니라 파괴하는 무기가 될 수 있다.

셋째는 '시스템을 둘러싼 착각'이다. 이는 시스템이 현실을 반영하는 도구가 아니라, 현실이 따라야 할 절대적 프레임이라고 믿는 가장 위험한 착각이다. 폭스마이어 경영진은 그리스 신화 속 악명 높은 강도 프로크루스테스와 같은 오류를 저질렀다. 그는 자신의 쇠 침대에 손님을 눕히고, 침대보다 키가 크면 다리를 자르고 작으면 몸을 늘여 죽였다. 폭스마이어 역시 살아 숨 쉬는 자신들의 비즈니스를 SAP R/3이라는 경직된 시스템의 침대에 억지로 끼워 맞추려 했다. 그들은 SAP가 제공하는 '베스트 프랙티스Best Practice'라는 표준화된 프로세스를 마치 모든 기업에 적용되는 만능 해결책처럼 맹신했다. 그리고 그 표준에 맞추기 위해, 수십 년간 시장에서 경쟁력을 증명한 자신들만의 독특하고 효과적인 업무 수행 방식을 주저 없이 버렸다. 이는 조직의 핵심 프로세스와 시스템 간의 심각한 '정렬 실패Alignment Failure'를 초래했다. 그들은 시스템이 현실의 문제를 해결해줄 것이라고 믿었지만, 실제로는 시스템이라는 우상을 숭배하기 위해 살아 있는 현실을 제물로 바친 셈이었다.

이 세 가지 착각은 서로 꼬리를 물고 파멸의 순환을 완성했다. 숫자에 대한 맹신은 비현실적인 프로젝트를 정당화했고, 이는 현장을 무시하는 정치적 독주로 이어졌으며, 이 독재적 권력은 결국 현실을 시스템이라는 폭력적 틀에 욱여넣는 비극을 낳았다. 폭스마이어의 실패는 기술의 실패가 아니라, 기술을 둘러싼 인간의 구조적이고 체계적인 착각이 빚어낸 필연적 재앙이었다.

파산이라는 청구서

시간은 더 이상 폭스마이어의 편이 아니었다. 1996년 8월 27일, 야심 차게 새로운 시스템을 가동한 지 불과 몇 달 만에, 한때 업계의 거인이었던 폭스마이어는 결국 미국 연방 파산법 제11조에 따른 파산 보호를 신청하며 백기를 들었다. 1억 달러가 넘는 막대한 투자금은 공중에서 산산이 흩어졌고, 그 많던 충성 고객은 등을 돌렸으며, 회사의 명성은 나락으로 떨어졌다. 결국 1997년, 폭스마이어의 남은 자산은 최대 경쟁사였던 매케슨McKesson에 헐값으로 인수되며 역사의 뒤안길로 사라졌다. 한때 50억 달러 가치를 자랑하던 거대 기업의 너무나 초라한 최후였다.

하지만 이야기는 여기서 끝나지 않는다. 폭스마이어의 파산 관재인은 이 재앙적 프로젝트를 이끌었던 파트너들, 즉 SAP와 앤더슨컨설팅을 상대로 각각 5억 달러라는 천문학적인 손해배상 소송을 제기했다. 폭스마이어 측은 SAP가 약속한 시스템 성능(특히 하루 42만 건 주문 처리)을 전혀 구현하지 못했으며, 앤더슨컨설팅은 경험 없는 컨설턴트들을 투입해 폭스마이어를 '훈련소'처럼 사용했다고 주장했다. 수년간 지리한 법정 공방 끝에, 2004년 양측은 마침내 외부에 구체적인 액수를 공개하지 않는 조건으로 합의에 이르렀다. 특히 SAP는 상당액의 합의금을 지불한 것으로 알려졌는데, 이는 프로젝트 실패의 책임이 전적으로 폭스마이어 경영진에게만 있지 않다는 것을 시사하는 중요한 대목이다. 당시 앤더슨컨설팅이 엔론Enron 회계 부정 스캔들로 최악의 위기에 처해 있었다는 점도 이 조용한 합의의 배경이 되었을 것이다.

폭스마이어는 'ERP 시스템을 무리하게 도입하려다가 이것이 화근이 되어 무너져버린 최초의 대기업'이라는 불명예스러운 꼬리표를 단 채 문을 닫았다. 하지만 이 이야기를 한 기업의 흑역사로만 치부해서는 안 된다. 이는 AI, 빅데이터, 클라우드, 양자 컴퓨팅과 같은 ERP보다 훨씬 더 휘황찬란하며 더 많은 돈을 먹는 기술들이 하루가 멀다고 새로이 등장하는 오늘날, 우리에게 더욱 섬뜩하고 본질적인 질문들을 던진다. 기술의 이름은 바뀌었지만, 그 기술을 둘러싼 인간의 착각은 본질적으로 변하지 않았기 때문이다.

우리는 폭스마이어가 남긴 폐허 위에서 스스로 물어야 한다. 지금 우리 조직이 추진하는 AI 프로젝트가 약속하는 '경이로운 ROI 예측치'는 혹시 현실의 복잡성을 외면한 또 다른 '숫자의 착각' 아닌가? 우리의 '디지털 전환'은 전 직원의 지혜를 모으는 협업 과정인가, 아니면 현장의 목소리를 억누르는 또 다른 '정치적 도구'인가? 우리가 도입하려는 저 화려한 '글로벌 표준 솔루션'은 비즈니스를 유연하게 운영하고 확장하는 데 도움이 될 것인가, 아니면 우리의 현실을 입맛대로 재단하는 '프로크루스테스의 침대'(자기 기준에 타인을 억지로 끼워 맞추려는 독단을 의미)가 될 것인가?

폭스마이어의 가장 값비싼 교훈은 이것이다. '정답은 기술 안에 있지 않다.' 빅데이터나 글로벌 솔루션 안에 완성된 정답이 들어 있을 것이라는 믿음이 우리 시대 가장 위험하고 값비싼 착각이다. 기술은 단지 가능성을 열어줄 뿐, 그 가능성을 실현하기 위한 고통스럽고 어려우며 때로는 지루한 과업은 결국 그 기술을 사용하는 우리 자신과 조직의 몫이다. 폭스마이어는 그 당연한 진리를 외면해 모든 것을 잃었다.

Q1. 우리는 기술이 가진 '브랜드 가치'를 구입하려 하는가, 아니면 우리 비즈니스의 '특수성'을 해결할 도구를 찾고 있는가?

폭스마이어는 제조업에 최적화된 SAP 초기 버전을, 거래가 실시간으로 폭주하는 유통업에 무리하게 적용했다. "남들이 다 쓰니까", "세계 1위니까"라는 이유는 우리 비즈니스에 맞지 않는 옷을 입으려 할 때 쓰는 가장 게으른 변명이다. 기술의 브랜드가 아닌, 기술의 '적합성'을 냉정하게 따져봐야 한다.

⭐ **도입하려는 기술이 우리 업業의 본질적인 특성(속도, 용량, 복잡성 등)을 감당할 수 있다는 증거가 있는가?**

진단 포인트　솔루션 공급업체의 화려한 홍보 자료나 일반적인 성공 사례에 현혹되지 말고, 우리와 유사한 규모와 환경에서 실제로 시스템이 버텨낸 '스트레스 테스트' 결과가 있는지 확인해야 한다. 해당 기술과 솔루션이 우리 규모를 충분히 감당할 수 있다는 근거가 보이지 않는다면, 우리가 그 위험천만한 '첫 번째 실험쥐'가 될 각오가 되어 있는지 자문해야 한다.

⭐ **솔루션을 도입하기로 했지만, 새로 개발Customization해야 하는 기능이 대다수이지 않은가?**

진단 포인트　표준 기능을 그대로 활용하지 못하고 대대적인 수정 개발이 필요하다면, 이는 해당 솔루션이 우리 조직에 맞지 않는다는 강력한 경고 신호다. 폭스마이어 역시 표준 로직을 따른다면서도 결국 수천 개의 기능을 뜯어고쳐야 했다. 이는 검증된 솔루션을 도입하는 이점을 스스로 포기하고, 리스크가 큰 시스템을 맨바닥에서 새로 개발하는 것과 다름없다.

✪ **기술적 한계로 인해 비즈니스 프로세스를 억지로 바꿔야 하는 부분이 있는가?**

진단 포인트 시스템의 표준에 맞추기 위해 오히려 수십 년간 검증된 효율적인 현장 업무 방식을 포기하고 있다면, 이는 주객이 전도된 상황이다. 시스템이라는 경직된 틀에 살아 있는 비즈니스를 억지로 끼워 맞추고 있지는 않은지 냉정히 판단해야 한다.

Q2. 우리는 절벽을 향해 전속력으로 달리는 '빅뱅' 방식을 선택했는가, 아니면 다리를 충분히 두드려본 뒤 건너는 '단계적 전환'을 선택했는가?

폭스마이어는 기존 시스템을 단번에 끄고 새 시스템을 켜는 빅뱅 방식을 선택했다. 안전망 없이 고공 줄타기를 하는 것과 같은 이 방식은, 작은 오류 하나가 전체 시스템의 붕괴로 이어지는 결과를 초래했다. 혁신은 무모한 도박이 되어서는 안 된다.

✪ **만약 당장 내일 새로운 시스템이 멈춘다면, 비즈니스를 계속할 '플랜 B'가 존재하는가?**

진단 포인트 새로운 시스템이 작동하지 않을 때, 즉시 기존 시스템으로 복귀Roll-back하거나 수동으로라도 업무를 처리할 수 있는 구체적인 시나리오와 기술적 안전장치가 준비되어 있어야 한다. 폭스마이어는 기존 시스템을 폐기하는 배수진을 쳤기에 돌아갈 다리가 없었다.

⭐ **전체를 한 번에 바꾸지 않고, 위험도가 가장 낮은 부분부터 순차적으로 바꿀 방법은 없는가?**

진단 포인트　회사의 두뇌인 ERP와 심장인 물류 센터를 동시에 교체하려던 폭스마이어처럼, 모든 것을 한꺼번에 바꾸려는 욕심이 리스크를 기하급수적으로 키우고 있지는 않은지 점검해야 한다. 복잡성을 줄이고 작은 성공을 쌓아가며 조직의 학습 속도를 높이는 단계적 접근이, 느려 보이지만 결국 가장 빠르고 안전한 길일 수 있다.

⭐ **프로젝트 일정이 '현실적인 검증 시간'을 포함하고 있는가, 아니면 '경영진의 희망 사항'에 맞춰져 있는가?**

진단 포인트　테스트 기간을 줄여서라도 정해진 오픈 일정을 맞추라는 압박이 있다면, 이는 재앙을 예약하는 것과 같다. 폭스마이어는 대규모 계약으로 인한 환경 변화에도 불구하고 일정을 재검토하지 않고 가속 페달을 밟았다. 충분한 테스트 없이 시스템을 오픈하는 것은 시한폭탄의 타이머를 스스로 작동시키는 행위임을 명심해야 한다.

9장

맞춤형 시스템에 대한 집착

::

BBC는 어쩌다 1,700억 원짜리 신기루를 좇았는가?

BBC의 DNA를 바꾸려는 혁명적 시도

2008년 세계에서 가장 존경받는 공영방송 BBC의 런던 본사 복도는 여전히 낡은 시대의 유물들로 채워져 있었다. 드라마, 뉴스, 다큐멘터리 제작 현장은 제각기 다른 기술과 장비로 돌아가는 파편화된 섬들의 집합체였고, 제작자들은 비디오테이프를 손에 들고 복도를 분주히 오가며 콘텐츠를 공유했다. 겉으로 보기에는 21세기 미디어의 거인이었지만, 몸속 혈관은 20세기가 남긴 아날로그 기술로 인해 서서히 막히고 있었다.

그때 혼돈과 비효율의 한복판에서 너무나 매혹적이고 거대한 꿈 하나가 태어났다. 바로 '디지털 미디어 이니셔티브Digital Media Initiative, DMI'다. 이 프로젝트는 단순한 시스템 개선 사업이 아니라, BBC의 DNA 자체를 바꾸려는 혁명적 시도였다. 프로젝트의 비전을 집약한 구호는 무척 단호해서 사람들의 뇌리에 더 강렬하게 박혔다. "BBC의 미래에 테이

프란 없다No Tape in the BBC's Future." 이는 낡은 과거와의 완전한 단절, 그리고 빛나는 디지털 미래로의 도약을 약속하는 선언과도 같았다.

목표는 야심 차고 명료했다. BBC의 모든 콘텐츠 제작, 편집, 아카이빙 과정을 하나의 거대한 통합 디지털 플랫폼 안으로 끌어들여, 모든 직원이 자기 책상 위 컴퓨터만으로 작업을 완수할 수 있게 하는 것이었다. 이는 기술을 통해 조직의 모든 문제를 단번에 해결하려는, 우리가 이 책에서 줄곧 경계해온 바로 그 믿음의 완벽한 구현이었다. DMI가 약속한 세상은 단순히 효율적이기만 한 업무 환경이 아니었다. 그것은 현실 세계의 혼돈, 예컨대 부서 간 비협조, 자원의 제약, 인간의 실수와 같은 것들이 모두 사라진 완벽한 질서의 세계였다. 기술이 모든 것을 해결해줄 것이라는 이 강력한 믿음은, 복잡한 현실을 마주하는 고통스러운 과정을 건너뛸 수 있다는 달콤한 유혹을 던졌다. 이 프로젝트는 기술적 해법이라기보다 차라리 하나의 이데올로기, 즉 완벽하게 통제되는 유토피아에 대한 청사진에 가까웠다.

이 거대한 솔루션에 대한 맹신은 영국 정부와 BBC 이사회의 전폭적인 지지를 끌어냈고, 초기 예산으로 약 8,170만 파운드(한화 약 1,592억 원)라는 천문학적인 금액을 약속받았다. 모든 것이 순조롭게 진행되는 것 같았지만, 이 위대한 약속 이면에는 훗날 9,840만 파운드(한화 약 1,928억 원)짜리 재앙으로 기록될 치명적인 착각의 씨앗이 깊숙이 뿌리내리고 있었다.

맞춤형 시스템을 직접 구축하겠다는 오만

DMI 프로젝트의 원죄는 시스템을 "외부에서 구매할 것인가?" 아니면

"직접 만들 것인가?"라는 선택지 중에서 후자를 선택한 것에 있었다. 당시 BBC 경영진과 기술 리더들이 내세운 공식적인 명분은 명확했다. "BBC 직원들의 요구사항이 너무나 복잡하고 특수해, 시장에 나와 있는 그 어떤 상용 제품으로도 충족할 수 없다"라는 것이었다. 그들은 기성품을 구매하지 않고, BBC만을 위한 완벽한 맞춤형 시스템을 직접 구축하는, 훨씬 더 어렵고 위험한 길을 택했다. 이런 결정은 표면적으로 기술적 판단처럼 보이지만, 그 심층을 들여다보면 BBC라는 조직이 가진 뿌리 깊은 문화적 오만과 정치적 계산이 낳은 필연적 귀결이었다.

BBC는 자신들이 만드는 콘텐츠의 품질에 대한 자신감과 공영방송이라는 사명감으로 똘똘 뭉친 조직이다. 문제는 이런 자부심이 "우리가 만드는 콘텐츠가 특별한 만큼, 우리가 일하는 방식 또한 세상에 둘도 없이 특별할 것"이라는 위험한 착각으로 이어졌다는 점이다. 영상 제작, 편집, 아카이빙이라는 핵심 업무 프로세스는 전 세계 수많은 미디어 기업이 공유하는 보편적인 활동임에도 불구하고, BBC는 자신들을 예외적인 존재로 규정했다. 이런 조직적 자기애는 BBC가 엔터프라이즈 소프트웨어 개발이라는, 스스로 거의 알지 못하는 영역 내에 숨어 있는 엄청난 복잡성과 위험성을 과소평가하게 만들었다.

BBC를 이 위험한 도박에 끌어들인 첫 번째 파트너는 독일의 거대 기술 기업 지멘스였다. 심지어 지멘스는 제대로 된 경쟁 입찰 과정도 없이 BBC의 기존 기술 파트너라는 이유로 선정되었다. 하지만 이 야심 찬 협력은 시작부터 삐걱거렸다. 약속된 결과물은 나오지 않았고, 프로젝트는 지연을 거듭했다. 결국 2009년, BBC는 지멘스와의 계약을 파기했다. 이 과정에서 BBC는 합의금 등을 제외하고도 1,070만 파운드(한화 약 209억 원)의 손실을 입었다.

　　　　　　　　　　　　　　　　　　　혁신은 왜 실패하는가

상황이 이 지경에 이르면 보통 프로젝트의 근본적인 전제, 즉 '자체 개발'이라는 전략을 원점에서부터 다시 검토하는 것이 마땅하다. 그러나 BBC는 오히려 정반대 길을 선택했다. 외부 전문가에게 맡겨 실패했으니 우리가 직접 만들겠다며 프로젝트를 완전히 내부로 가져오는, 훨씬 더 위험한 결정을 내린 것이다. 이는 전형적인 '매몰 비용 오류Sunk Cost Fallacy'가 조직적 규모로 발현된 비극이었다. 이미 막대한 자금을 쏟아부었고 DMI의 장밋빛 미래를 대내외에 공언한 상황에서, 프로젝트의 실패를 인정하는 것은 엄청난 정치적 부담이 따르는 일이었다.

이 결정 이면에는 합리적인 전략 수정이 아니라 통제력을 되찾았다는 환상을 만들려는 심리적 동기가 더 크게 작용했다. 외부 파트너의 실패는 통제 불가능한 외부 요인 탓으로 돌릴 수 있지만, 그 실패를 딛고 프로젝트를 내부로 가져오는 것은 '우리가 이제 상황을 장악했다'는 강력한 메시지를 내부에 전달하는 정치적 행위였다. 문제의 본질이 '잘못된 비전'이 아니라 '외부 파트너의 무능'에 있었다고 규정함으로써, 그들은 문제를 해결하고 있다는 착각을 만들어냈다.

그러나 현실은 정반대였다. 영국 국가감사원NAO의 보고서에 따르면, BBC는 이미 18개월이나 지연된 프로젝트를 내부로 가져오면서, 기술 설계의 타당성이나 내부 개발 리스크에 대한 독립적인 평가조차 제대로 수행하지 않았다. 그들은 실패로부터 배우는 대신, 실패를 감추기 위해 더 큰 실패의 구렁텅이로 스스로 걸어 들어갔다.

분열된 왕국

DMI 프로젝트는 처음부터 순수한 기술 프로젝트가 아니라 BBC 내부에 오랫동안 존재한 서로 다른 왕국들 간 영토 분쟁, 즉 '정치'를 기술 언어로 포장한 대리전에 가까웠다. '모든 것을 통합하는 단일 플랫폼'이라는 목표는 필연적으로 '모든 부서가 따라야 할 단일 표준 작업 수행 방식'을 전제한다. 바로 이 '표준화'라는 단어 속에 '실패의 완성도를 높이는' 모든 코드가 숨어 있었다.

표준화란 결코 가치 중립적인 개념이 아니다. 그것은 수십 년간 이어져온 각 부서 고유의 업무 방식을 버리고, 중앙에서 결정한 새로운 규칙을 따르라고 강요하는 행위다. 이는 각 부서의 정체성과 자존심, 그리고 조직 내 권력에 대한 직접적인 위협이다. 예를 들어, 속보 경쟁이 치열한 보도본부와 각 장면의 예술적 완성도를 중시하는 제작본부는 영상의 해상도 기준부터 메타데이터 입력 방식까지 모든 면에서 다를 수밖에 없었다. 따라서 각 부서는 '통합 플랫폼'이라는 대의에 대해서는 고개를 끄덕였어도, 정작 자신들의 익숙한 작업 방식을 포기해야 하는 각론 앞에서는 한 발짝도 물러서지 않았다.

결국 DMI 개발 팀은 이 정치적 전쟁터 한복판에 고립된 기술 용병 신세가 되었다. 서로 상충하고 모순되는 요구사항이 사방에서 날아들었고, 프로젝트의 범위는 계속 흔들렸다. 개발 팀은 모든 이해관계자를 만족시키려다가 결국 그 누구도 만족시키지 못하는 괴물을 만들 수밖에 없었다.

이로써 기술은 조직 내 정치적 합의 실패의 희생양이자, 동시에 그 실패를 가리는 편리한 위장막이 되어버렸다. 수뇌부는 부서 간 협상과 조율이라는 고통스러운 작업을 회피하고, 이러한 정치적 난제를 최신 기술과 알고리즘으로 해결하려고 했다. 그러나 이는 애초부터 불가능한 일이었다. 기술이 복잡하게 꼬인 실타래를 풀어줄 것이라는 믿음은, 리

더들이 마땅히 져야 할 정치적 책임을 회피하기 위한 완벽한 알리바이
가 되었다.

　DMI 프로젝트가 사용자 요구사항을 수집하기 위해 할애한 시간을
보면 인간과 프로세스에 대한 고민이 얼마나 피상적이었는지 명확히 드
러난다. BBC는 2만 3,000명이 넘는 직원을 대상으로 단 30일 만에 요
구사항 파악과 분석을 끝내려 했다. 이는 BBC가 거대한 조직 변화의 가
장 핵심적인 과정을 얼마나 하찮은 절차적 요식 행위로 취급했는지 보
여주는 결정적 증거다. 국가감사원 역시 DMI가 잠재적 사용자들이 참
여해 의견을 피력할 기회를 충분히 부여하지 않았다고 결론 내렸다.

선장 없는 배, 리더십의 부재

이러한 정치적 교착 상태 이면에는 '책임 부재'라는 더 근본적인 구조
적 문제가 숨어 있었다. 훗날 영국 의회의 공공회계위원회Public Accounts
Committee는 보고서를 통해 "DMI를 책임지고 이끌며 문제를 해결할 단
한 명의 책임자도 찾아볼 수 없었다"라며 신랄하게 비판했다. 이런 책임
공백은 단순한 실수가 아니었다. 오히려 '의도한 결과'라고 해도 지나치
지 않았다.

　만약 강력한 권한을 가진 책임자가 존재했다면, 그는 필연적으로 여
러 부서의 반발을 무릅쓰고 고통스러운 결정을 내리거나 타협을 강제해
야만 했을 것이다. 하지만 이는 한 개인이 짊어지기에 과도한 정치적 부
담이었다. 이런 리스크를 회피하기 위해 DMI 구축 그룹, 운영 그룹, 리
더십 그룹과 같은 위원회 중심의 집단 지도 체제를 대안으로 선택했다.
그러나 이 구조는 책임을 여러 군데로 분산시켜, 결국 누구의 책임도 아

닌 것으로 만들어버렸다. 구조는 프로젝트 성공을 위한 합리적 설계가 아니라, 실패 시 개인의 책임을 최소화하려는 조직의 자기방어 기제에 불과했다. 결과적으로, 이러한 행위는 프로젝트 성공이라는 공동의 목표보다 개인의 정치적 생존을 우선시하는, 왜곡된 조직 문화가 낳은 필연적 귀결이었다.

리더십의 부재로 인해, 프로젝트는 그 어떤 정치적 견해차와 갈등도 해소하지 못한 채 안개 속을 이리저리 떠다니고 말았다. 보고 체계는 총체적으로 부실했다. 경영진에게 올라가는 보고서는 실제 사업적 변화를 끌어낼 수 있는지에 대한 큰 그림 대신, 기술적 세부 사항에만 초점을 맞췄다.

심지어 프로젝트의 위험 등급이 심각하게 악화되었음에도 불구하고, 이 사실이 최고 경영진에게 보고되기까지 무려 6개월이나 걸렸다. 경고음이 시끄럽게 울리고 있었지만 조타실에는 아무도 없었던 것이다. 설령 있었다고 해도 그 경고음을 듣고 싶어 하지 않았을 것이다.

설상가상으로, 조직적 정보 은폐가 문제를 더 심각한 국면으로 끌고 들어갔다. 2010년 컨설팅 기업 액센츄어Accenture는 DMI 시스템이 실제 제작에 투입되기 어렵다는 내용의 보고서를 제출했지만 묵살되었다. 이처럼 중요한 정보가 국가감사원과 공공회계위원회에 제대로 전달되지 않으면서, 프로젝트의 실상을 객관적으로 판단할 기회 자체가 심각하게 훼손되었다. 결국 조직은 불리한 소식을 의도적으로 외면함으로써 자신들의 눈을 가린 셈이다. 이는 문제를 해결할 시간을 버는 행위가 아니라, 곪아 터질 상처를 애써 외면하며 파국을 향해 한 걸음 더 다가간 것에 불과했다.

디지털 유령의 출몰

DMI 프로젝트는 단번에 파국을 맞지 않았다. 그 실패는 요란한 폭발이 아니라, 아무도 눈치채지 못하는 사이 서서히 진행되는 괴사壞死와 같았다. 전 BBC 트러스트BBC Trust 의장 로드 패튼Lord Patten의 표현처럼, 작은 실패라는 눈덩이가 언덕 아래로 구르며 걷잡을 수 없는 크기로 불어나는 과정, 그 자체였다. 실제로 프로젝트는 공식적으로 폐기되기 전 5년간 기묘한 좀비 상태로 연명했다. 시스템이 부분적으로나마 작동하고 일부 기능이 구현되었다는 사실은, 이사회 보고서에 단골로 등장하는 '점진적 개선'이라는 희망의 근거로 포장되었다. 이처럼 낙관적인 전망은 현실을 가리고, 프로젝트의 연명을 정당화하는 논리로 기능했다.

바로 이 지점에서 우리는 실패의 진짜 본질, 즉 '디지털 유령화Digital Ghosting' 현상을 목격한다. '디지털 유령'이란 기술적으로 존재하지만 기능적으로 완전히 죽어버린 시스템을 말한다. 시스템은 서버 위에서 조용히 돌아가며 막대한 자원을 소모하고, 회의실에서는 진척 보고를 버젓이 진행했지만, 실제 현장에서는 아무도 그 시스템을 사용하지 않는 상태. 어느 누구도 해당 시스템의 존재 가치를 인정하지 않지만, 아무도 공식적으로 사망 선고를 내리지 않는 기이한 상태.

DMI가 바로 그런 유령이었다. 시스템 로그에는 매주 수백 명의 사용자가 접속한 것으로 기록되었지만, 대부분 테스트 목적으로 생성된 계정이거나 시스템을 구경하러 들어왔다가 금세 실망하고 나간 사람들이었다. 실제 현장의 기자와 PD들은 이미 손에 익은 아비드Avid 편집 시스템(미국의 아비드테크놀로지가 개발한 전문가용 영상 및 음향 편집 솔루션)이나 간단한 파일 전송 프로토콜을 이용하는 등 예전 방식 그대로 일하고 있었다. PwC의 사후 분석 보고서는 BBC가 프로젝트의 실패 가능성을 최소한 2011년 7월경에는 인지했어야 한다고 지적했다. 프로젝트가 공식 폐기되기 거의 2년 전이다. 하지만 유령은 계속 살아남았다.

이 유령 시스템의 실체는 처참한 숫자들로 확인할 수 있다.

- **성능**: DMI가 최종적으로 내놓은 아카이브 시스템은 BBC가 40년 동안 사용한 기존 시스템보다 "더 느리고 불편했다."
- **사용자**: 시스템 사용자는 전체 직원 2만 3,000명 중 0.7퍼센트에 해당하는 단 163명에 불과했다.
- **운영비**: 기존 시스템의 연간 운영비는 78만 파운드인 반면, 아무도 쓰지 않는 이 유령 시스템의 연간 운영비는 4배에 가까운 300만 파운드에 달했다.
- **최종 비용**: 프로젝트는 최종적으로 9,840만 파운드라는 천문학적인 비용을 써버린 후 공식적으로 종료되었다.

이 시스템은 단순한 실패작이 아니었다. 그것은 조직의 자원과 시간을 빨아먹고 가치를 파괴하는 '기생충'과 같은 존재였다. 이성적인 조직이라면 당장 전원을 내렸어야 마땅하다. 하지만 BBC는 수년간 이 유령에게 산소호흡기를 꽂아두었다. 모든 의사결정이 시스템의 성능, 비용, 사용자가 느끼는 편익과 같은 '사실'에 입각하지 않고, (이미 막대한 비용을 쏟아부은) 프로젝트의 실패를 인정할 수 없다는 '사심'에 의해 좌우되었기 때문이다.

	거창한 약속	마주한 현실
핵심 기능	모든 제작 과정을 통합하는 단일 디지털 플랫폼	40년 된 기존 시스템보다 '더 느리고 불편한' 아카이브 시스템
사용자 규모	수천 명의 직원을 위한 혁신적인 제작 도구	전체 직원 2만 3,000명 중 사용자 163명(0.7퍼센트)
효율성과 비용	제작 효율성 증대 및 비용 절감	연간 운영비 300만 파운드 (기존 시스템의 약 4배)
최종 결과	BBC의 디지털 미래를 책임질 전략적 자산	9,840만 파운드의 방송 수신료 소진 후 프로젝트 폐기
책임 소재	강력하고 비전 있는 리더십	프로젝트 전반을 책임지는 단 한 명의 책임자도 없었음.

DMI라는 유령을 위한 퇴마 의식

세상의 모든 유령은 퇴마 의식을 거쳐야 비로소 사라진다. DMI라는 유령을 위한 퇴마 의식은 2013년 5월, 프로젝트 공식 폐기와 함께 막이 올랐다. 최종적으로 BBC가 이 프로젝트로 인해 허공으로 날려버린 방송 수신료는 9,840만 파운드에 이르렀다.

그러나 거대 조직의 실패는 막대한 재정 손실로만 마무리되지 않는다. 그 끝에는 반드시 책임져야 할 누군가가 있기 마련이다. 최고기술 책임자CTO 존 린우드John Linwood가 DMI 프로젝트의 제물로 바쳐졌다. BBC는 실패한 프로젝트에 예산을 낭비했다는 '중과실'을 들어 그를 해임했다. 이는 실패의 모든 책임을 개인에게 떠넘겨 사태를 봉합하는 동시에, 이사회와 경영진을 비롯한 나머지 모두에게 면죄부를 주기 위한 것이었다.

이것이 단순한 기술 책임자의 해고가 아니라 조직적인 희생양 찾기였음은 이후 법정 다툼에서 명백히 드러난다. 존 린우드는 부당해고 소송을 제기했고, 재판 과정에서 충격적인 사실들이 밝혀졌다. BBC 경영진은 린우드에 대한 공식적인 징계 절차를 시작하기도 전에 이미 그를 해고하기로 결정했으며, 심지어 그의 후임자 면접까지 보고 있었던 것이다. 이는 실패 책임을 뒤집어씌울 대상을 정해놓고 절차를 꿰어 맞췄음을 보여주는 명백한 증거였다.

결국 법원은 린우드의 손을 들어주었다. 재판부는 그의 해고가 부당하다고 판결하며, BBC의 징계 절차에 "실질적으로나 절차적으로 심대한 결함"이 있었고, 조사는 "전적으로 부적절했다"고 지적했다. 특히 BBC 내부에 "희생양을 지정한 후 그에게 모든 책임을 묻는 뿌리 깊은 문화적 병폐"가 존재한다고 명시했다. 조직이 책임을 회피하려고 벌인 마지막 의식마저 거짓이었음이 드러난 것이다.

이 판결은 DMI의 실패가 한 개인의 기술적 무능이 아니라 리더십, 문화, 거버넌스라는 시스템 전체의 문제였음을 법적으로 공인한 것이었다. 만약 실패가 정말 한 개인의 판단 착오였다면, BBC는 정당한 절차를 통해 책임을 물을 수 있었을 것이다. 그들이 이처럼 '심대하게 결함이 있는' 부실한 절차에 의존했다는 사실 자체가, 실패 원인이 다른 곳에 있음을 스스로 인정한 셈이었다. 희생양을 만들려던 조잡한 과정이 역으로 시스템 전체의 실패를 가장 극명하게 증명하는 증거가 되었다.

DMI의 실패가 남긴 질문들

DMI의 실패는 리더십과 문화, 그리고 정치의 총체적 실패였다. BBC의 이 값비싼 실패담은 단순히 한 조직의 과거사로 치부할 수 없다. 이는 거대한 기술적 해법이 모든 것을 해결해주리라 믿는 현대 사회 전체에 섬뜩한 경고를 던진다. 기술의 형태는 변했지만, 기술이 조직 내 고질적인 문제들을 마법처럼 해결해줄 것이라는 신화는 오늘날에도 우리 곁을 배회하고 있다. DMI의 비극은 기술을 방패 삼아 조직의 현실을 외면한 인간의 실패였다. 권력 투쟁, 부서 간 반목, 리더십 공백이라는 현실을 정면 돌파하려 하기보다 불합리한 의사결정을 통해 건너뛰기를 시도했고, 이는 결국 천문학적인 청구서로 돌아왔다.

이 이야기의 교훈은 시대를 관통한다. 우리가 '기술적 과제'라고 부르는 것은 알고 보면 교묘히 다른 모습으로 위장한 '정치적 난제'가 아닐까? 거대한 솔루션이 마술 지팡이처럼 해묵은 갈등을 일거에 해소해줄 것이라는 환상에 기대고 있지 않은가? '귀에 달콤한 이야기'만 들으려는 문화에 젖어든 나머지, 실패를 빨리 인정하고 경로를 수정할 용기를 상실하지 않았는가? 우리의 조직이 총력을 다하는 그 거대 프로젝트는 새로운 가치를 창출하고 있는가, 아니면 누구도 전원을 끄지 못하는 비싼 '디지털 유령'을 키울 뿐인가?

우리가 찾는 정답이 첨단 기술이나 거대한 솔루션 안에 들어 있을 리 없다. 그것은 언제나 기술을 둘러싼 인간과 우리가 속한 조직의 복잡한 현실 안에 있다. 그 현실을 직시할 용기가 없는 자에게 기술은 구원이 아니라 재앙의 동의어일 뿐이다.

Q1. 기술 혁신이라는 '수단'이 비즈니스 가치 창출이라는 '목적'을 집어삼키지는 않았는가?

BBC는 '디지털 통합'이라는 기술적 이상향에 취해, 그것이 과연 실제로 제작 현장의 효율성을 높여줄지 냉정하게 따져보지 않았다. 기술적 우월성을 과시하려다 정작 사용자가 외면하는 시스템을 만들고 말았다.

✪ **이 프로젝트의 최종 목표는 '첨단 기술 시스템 구축'인가, 아니면 '구체적인 비즈니스 성과 달성'인가?**

진단 포인트　만일 목표가 '차세대 시스템 오픈', 'AI 도입 완료'와 같이 기술 자체에 머물러 있다면 위험하다. '제작 시간 20퍼센트 단축', '아카이브 검색 비용 50퍼센트 절감' 등과 같이 기술을 통해 얻을 수 있는 실질적인 가치가 목표로 설정되어야 한다.

✪ **우리가 해결하려는 문제의 80퍼센트는 이미 검증된 기성품(SaaS 등)으로 해결할 수 있지 않은가?**

진단 포인트　우리 회사가 하는 일이 너무 특수해서 기성품을 쓸 수 없다는 생각은 그 자체로 '오만'일 가능성이 크다. BBC처럼 밑바닥부터 모두 만들려고 하면 비용과 리스크만 커진다. 업계의 표준을 수용하는 것이 혁신의 시작일 수도 있다.

✪ 이 프로젝트로 얻고자 하는 산출물이 없어도 업무를 처리할 수 있는 '우회로'가 존재하는가?

진단 포인트 만약 현장 직원들이 엑셀이나 카카오톡 같은 것으로도 일을 잘하고 있다면, 지금 만들려는 그 거대한 시스템은 불필요한 짐이 될 수 있다. 기존 방식의 한계가 무엇인지, 그리고 이를 위해 새로운 시스템을 확보할 필요가 있는지, 그것을 실제로 사용할 직원들을 통해 충분히 확인해야 한다.

Q2. 프로젝트가 실패했을 때 책임질 '단 한 사람'이 있는가?

DMI 프로젝트에는 수많은 위원회가 있었지만, 정작 책임질 선장이 없었다. '모두의 책임'이라는 것은 곧 '누구의 책임도 아님'을 의미한다.

✪ 이 프로젝트의 성공과 실패에 자신의 '목'을 건 오너가 있는가?

진단 포인트 위원회 뒤에 숨지 않고, 얼굴과 이름을 내걸고 의사결정을 내리는 SRO~Senior Responsible Owner~가 있어야 한다. 리더십의 공백은 곧 프로젝트의 표류를 의미한다.

✪ 우리 조직은 실패를 '학습 기회'로 간주하는가, 아니면 '덮어야 할 치부'로 취급하는가?

진단 포인트 BBC는 실패를 감추려다 더 큰 실패를 불렀다. 작은 실패를 투명하게 공개하고, 왜 실패했는지 기록해 조직의 자산으로 남기는 '사후 부검~Post-mortem~' 문화가 정착되어야 한다.

✪ **기술 도입 과정에서 현장 직원들이 '들러리'가 아닌 '주인공'으로 참여하고 있는가?**

진단 포인트   요구사항 정의 단계부터 테스트 단계까지, 현장 실무자가 깊이 관여해야 한다. 그들이 "이건 우리가 만든 시스템이야"라고 느낄 때 비소로 시스템은 생명력을 얻는다.

10장

300억 달러짜리 처방전

::

미국의 EHR 시스템이 부작용을 낳은 이유는 무엇일까?

미국 의료 시스템을 재설계하는 국가 프로젝트

2009년 2월 17일, 미국은 경제 위기 한복판에 서 있었다. 금융 시스템은 붕괴 직전이었고, 실업률은 치솟았다. 바로 그날, 갓 취임한 버락 오바마Barack Obama 대통령은 역사의 흐름을 바꿀 수도 있는 거대한 경기부양책에 서명했다. 7,870억 달러에 이르는 어마어마한 혈세가 투입된 '미국 경기회복 및 재투자법American Recovery and Reinvestment Act, ARRA'은 말 그대로 무너지는 경제를 살리기 위한 응급 처방이었다.

이 거대 법안의 수많은 조항 사이에, 작지만 야심만만한 계획 하나가 숨어 있었다. 바로 'HITECH 법안Health Information Technology for Economic and Clinical Health Act'(건강 정보 기술의 경제적·임상적 활용을 위한 법률)이었다. 이것은 낡은 제도를 조금 손보는 수준의 정책이 아니라, 미국 의료 시스템의 DNA 자체를 바꾸려는 거대하고 대담한 국가 프로젝트의 시작을 알리는 신호탄이었다. 목표는 분명했다. 미국 전역의 병원과 의사들이 수십 년간 써온 종이 차트의 시대를 끝내고, 전자건강기록Electronic Health Record, EHR이라는 새로운 디지털 시스템을 도입해 의료 서비스의 품질을 근본적으로 개선하려는 것이었다. 이처럼 거대한 디지털 전환을 위해 정부는 향후 10년간 약 300억 달러가 넘는, 그야말로 천문학적인 돈을 쏟아붓기로 약속했다. 오바마 대통령은 이 기술이 "낭비를 줄이고, 관료주의를 없애며, 같은 검사를 반복해서 받을 필요가 없게 만들고, 수많은 생명을 구할 것"이라고 선언했다. 기술이 만들어낼 유토피아적 미래였다. 환자 정보가 여러 병원 사이를 실시간으로 오가고, 약 처방 시 실수와 오류가 발생할 가능성이 원천 봉쇄되며, 의료의 질을 높이고 비용을 획기적으로 낮추는 세상. 정부가 국민에게 보여준 청사진은 바로 이런 모습이었다.

하지만 여기서 우리가 절대 놓치지 말아야 할, 이 이야기의 운명을 처음부터 결정지은 '원죄'와도 같은 사실이 있다. HITECH 법안은 순수한 보건 의료 정책이기 이전에, 경기 침체를 극복하기 위한 경제 부양책의 핵심 부품이었다는 점이다.

ARRA의 첫 번째 임무는 일자리를 만들고 최대한 빨리 시장에 돈을 푸는 것이었다. 따라서 HITECH 법안의 무게중심이 의료 현장의 복잡한 현실을 섬세하게 살피며 천천히 시스템을 개선하는 것이 아니라, 당장 IT 산업을 키우고 최대한 빠른 속도로 병원들을 디지털 세상에 밀어 넣는 것에 맞춰질 수밖에 없었다.

정책의 성공 기준은 진료 서비스의 '품질'과 '편의' 개선이 아니라, 프로젝트의 '속도'와 '규모'가 되어버렸다. 바로 이 지점에서 비극의 씨앗이 잉태되었다. 급한 불을 끄려는 정치적 조급함이 앞서다 보니 '데이터가

　　　　　　　　　　　　　　혁신은 왜 실패하는가

병원과 시스템의 경계를 넘어 자유롭게 흘러야 한다'는 가장 근본적인 원칙을 강제하는 일은 뒷전으로 밀려났다. 그리고 훗날 거대 기술 기업들이 이익을 위해 환자 데이터를 울타리 안에 가두는 행태를 사실상 방치했다.

그로부터 10여 년이 흐른 지금, 이 300억 달러짜리 거대한 처방전은 어떤 결과를 낳았을까? 희망으로 가득 찼던 약속은 어떻게 되었을까? 이번 장은 그 답을 찾아가는 여정이다. 이 이야기는 단순히 미국 의료계의 값비싼 실패담이 아니다. 오늘날 우리 사회가 맹신하는 거대한 믿음, 즉 빅데이터나 복잡한 시스템, 혹은 거창한 글로벌 솔루션이 모든 문제의 정답을 가지고 있을 것이라는 착각에 대한 통렬한 경고다. 어떻게 이 위대한 디지털 약속이 미국 의료계 전체를 번아웃이라는 늪으로 몰아넣었는지, 지금부터 자세히 분석하려 한다.

시스템의 부품으로 전락한 의사들

오바마 대통령이 희망찬 선언을 한 지 10년도 지나지 않아, 미국의 진료실 풍경은 악몽과도 같은 모습으로 변해갔다. 새로운 기술은 의사들을 행정 업무의 수렁으로 밀어 넣었다. 의사들은 환자와 눈을 맞추고 대화하는 대신, 환자와 자신 사이에 놓인 모니터 화면을 보며 키보드를 두드리고 마우스를 클릭하는 데 대부분의 시간을 보내야 했다. 저명한 의사이자 작가인 아툴 가완디Atul Gawande는 "일을 더 잘 해낼 수 있게 도와주리라 믿었던 시스템이 거꾸로 내 삶을 온통 지배하게 되었다"라고 토로했다.

EHR은 진료실에 난입한 이방인 같은 존재였다. 의사와 환자만의 공간이어야 할 진료실에 불쑥 들어와 대화의 흐름을 끊는 것도 모자라 자신에게 먼저 주목하라고 강하게 호소했다. 이 시스템의 관심사는 환자의 고통이 아니라 입력되는 데이터 사이의 정합성과 완결성이었고, 의사는 환자를 돌보는 보호자에서 시스템이 요구하는 바를 만족시켜야 하는 데이터 입력자로 전락했다. 의사와 환자 사이에서 가장 중요한 신뢰 관계가 차가운 스크린 앞에서 무너져 내렸다.

이는 신기술 도입 초기에 통과의례처럼 나타나는 '부적응'이나 '변화에 대한 저항'과 질적으로 다른 문제였다. 미국의사협회AMA와 의료 정보 매체 메드스케이프Medscape가 2024년에 작성한 보고서에 따르면, 미국 의사의 절반에 가까운 49퍼센트가 번아웃을 토로했다. 번아웃은 정서적으로 완전히 고갈된 상태로, 뿌리가 깊어지면 삶의 의미까지 상실할 수 있는 심각한 직업병이다. 의사들이 번아웃의 가장 큰 원인으로 꼽은 것은 과도한 업무 시간이나 까다로운 환자가 아니었다. 바로 차트 작성, 서류 작업과 같은 '행정 업무'가 과도하기 때문이었다. 그리고 EHR 시스템은 활활 타오르는 불길에 엎질러진 기름과 같은 존재였다.

이런 현상을 일찌감치, 그것도 가장 적나라하게 파헤친 것은 크리스틴 신스키Christine Sinsky 박사 연구 팀이었다. 그들은 2016년 의학 저널 『내과학회보Annals of Internal Medicine』에 발표한 논문에서, 의사들의 하루를 초 단위로 분석한 내용을 실어 의료계에 매우 충격적인 결과를 투척했다. 의사들은 환자와 한 시간 만나고 나면, 이후 거의 두 시간 가까이를 EHR 데이터 입력과 서류 작업에 쏟아붓고 있었다. 심지어 환자와 함께 있을 때조차, 전체 시간의 37퍼센트를 환자가 아닌 컴퓨터 모니터를 보며 보냈다. 환자와의 교감, 병에 대한 깊은 고민의 시간은 컴퓨터가 요구하는 데이터를 입력하는 노동의 시간으로 바뀌었다.

업무는 진료실에서 끝나지 않았다. 의사들은 퇴근 후에도 집에서 잠옷 차림으로 다시 컴퓨터를 켜고 미처 끝내지 못한 데이터 입력 업무를 마무리해야 했다. 의료계는 이 끝없는 야근을 '파자마 타임'이라는 씁쓸한 신조어로 부르기 시작했다. 신스키의 연구에서 의사들은 매일 1~2시간의 파자마 타임을 보냈다고 하는데, 이 문제는 오늘날까지도 여전히 심각한 문제로 남아 있다. 이처럼 기술은 의사의 일과 삶의 경계를 무너뜨렸다.

의사들을 짓누르는 것은 또 있었다. '클릭 피로Click Fatigue'라 불리는, 끝없이 반복되는 비효율적인 디지털 노동이 의사들의 정신을 갉아먹었다. 한 연구에 따르면, 응급실 의사는 10시간 근무 동안 평균 4,000번 정도 마우스 클릭을 하고, 어떤 시스템에서는 타이레놀 한 가지를 처방하기 위해 무려 62번의 클릭이 필요했다는 보고도 있었다. 그뿐만 아니라, 시스템은 환자의 안전을 최우선으로 여긴다며 수시로 경고창을 띄워 의사들에게 또 다른 재앙을 초래했다. 바로 '경고 피로Alert Fatigue' 현상이다. 무분별한 경고가 빈번하게 나타나자, 의사들은 경고 자체를 무시하기 시작했다. 한 연구에 따르면, 의사들은 약물 상호작용 경고와 같이 중요한 알림조차 49퍼센트에서 최대 96퍼센트를 무시하는 것으로 나타났다.

이것은 단순히 시스템의 디자인 차원에서 다룰 문제가 아니다. 시스템 자체가 사용자의 안전한 작업을 방해하고 오히려 위험한 행동을 유도한다는 증거다. 결국 중요하고 치명적인 경고가 수많은 불필요한 알림 속에 파묻히고 만다. '양치기 소년'의 이야기가 현실이 되는 것이다. 결국 HITECH 법안이 약속했던 장밋빛 미래와 암울한 의료 현장의 간극을 [표 10-1]과 같이 정리할 수 있다.

| 표 10-1 | 장밋빛 미래 vs. 암울한 현실

약속(HITECH 법안의 목표)	현실(번아웃)
효율성 증대, 행정 부담 감소	환자 진료 1시간 = EHR/서류 업무 2시간
의료의 질과 환자의 안전 증진	안전 경고의 최대 96퍼센트가 무시되는 '경고 피로'
의사와 환자의 관계 강화	진료 시간의 37퍼센트를 환자가 아닌 EHR에 사용
의료 비용 절감	상호 운용성 부재로 인한 중복 검사와 비효율성
의사의 직무 만족도 향상	의사 49퍼센트가 번아웃, 1순위 원인은 행정 업무

EHR 시스템이 실패한 세 가지 이유

이 거대한 프로젝트가 실패한 근본 원인은 무엇일까? 문제는 기술 그 자체가 아니라 기술을 둘러싼 잘못된 정책, 뒤틀린 비즈니스 모델, 그리고 그 결과 탄생한 기술적 실패의 합작품이었다. 좋은 의도로 시작된 이 프로젝트가 어떻게 길을 잃었는지 세 가지 측면에서 살펴보자.

첫 번째 원인은 치료가 아닌 청구를 위한 설계였다. EHR 시스템이 의사를 지치게 만드는 이유는 사용하기 불편하거나 입력할 정보량이 많기 때문만은 아니었다. 더 근본적인 문제는 의사의 생각 방식과 진료 과정 자체를 시스템이 짜놓은 틀에 맞추도록 강요한다는 점이었다. 이것이야말로 현장의 프로세스를 무시하고 의사를 시스템의 부품으로 전락

혁신은 왜 실패하는가

시킨 핵심적 원죄였다. 대부분의 EHR 시스템은 환자를 치료하는 의사의 자유로운 사고 흐름을 따르기보다 병원 행정가와 보험 회사의 요구에 맞춰 설계되었다. 시스템의 진짜 고객은 의사가 아니라 병원 돈을 관리하는 재무 팀과 소송을 막는 법무 팀이었기 때문이다. EHR에 기록할 항목이 그토록 많고 복잡해진 주된 이유는, 대부분 항목이 보험사에 의료비를 청구하고 나중에 감사받을 때 문제없게 하기 위한 보험 분류 코드(ICD-10, CPT 코드 등)와 촘촘하게 연결되어 있기 때문이었다. 한마디로, 시스템은 환자 치료를 위한 도구가 아니라, 돈을 벌고 법적 분쟁을 피하기 위한 도구로 만들어진 것이었다.

이것은 의사와 환자의 관계라는, 의료 행위의 가장 본질적인 과정을 왜곡했다. 진료실은 더 이상 환자의 고통을 나누고 해결책을 함께 모색하는 공간이 아니었다. 거대 솔루션 기업이 미리 짜놓은 데이터 입력 구조와 보험 회사의 지불 기준을 만족시키기 위한 작업 공간으로 변질되었다. 의사의 전문적인 판단과 환자와의 교감은 시스템이 요구하는 정형화된 데이터 입력에 자리를 내주었다. 현장의 살아 있는 목소리는 무시되었고, 의사는 환자를 치료하는 전문가가 아니라 시스템의 요구사항을 채우는 작은 톱니바퀴로 전락했다.

가령 환자가 복통으로 병원을 찾을 경우 의사는 대개 환자의 표정, 목소리 톤, 생활 습관과 같이 말로 표현하기 힘든 입체적 정보를 종합해서 결론을 내린다. 하지만 EHR 시스템은 사전에 정의한 질병 목록 중 '복통'에 해당하는 항목을 선택하도록 강요한다. 그 과정에서 의사는 자신도 모르게 시스템이 요구하는 '정답'에 진료 과정과 결과를 끼워 맞춘다. 환자의 고통에 대한 깊이 있는 이해보다, 나중에 있을지 모를 법적 분쟁에 대한 방어와 정확한 돈 계산을 위한 데이터 입력이 더 중요해지는 것이다. 의료계에서 "환자를 위해 EHR을 쓰는 것이 아니라, EHR을 만족시키기 위해 환자를 진료한다"라는 말이 나온 것은 당연한 결과였다.

두 번째 원인은 '의미 있는 활용'이라는 이름의 족쇄였다. 정부가 의료의 질을 높이겠다며 내세운 '의미 있는 활용Meaningful Use' 프로그램은 역설적으로 상황을 더 나쁘게 만드는 불쏘시개가 되었다. 이 프로그램은 역사학자 제리 멀러Jerry Z. Muller가 『성과 지표의 배신The Tyranny of Metrics』에서 날카롭게 비판한 '지표 집착'의 완벽한 사례다. 멀러는 어떤 목표를 달성하기 위해 엉뚱한 대리 지표를 세우고 그것을 보상과 처벌 기준으로 내세우면, 사람들은 원래 목표를 잊어버리고 그 지표를 채우는 데만 목숨을 건다고 지적했다. '의미 있는 활용' 프로그램이 바로 그런 지표의 배신이었다.

이 정책의 근본적인 설계 오류는 HITECH 법안이 경제 부양책의 일부였다는 사실에서 비롯된다. 정부는 수십억 달러의 지원금을 빨리 소진해야 했고, 그러려면 병원들이 규정을 잘 따르는지 간단하고 명확하게 확인할 방법이 필요했다. 그 결과, 진료의 유연성이나 전문가의 판단 같은 질적 가치 대신, '전체 환자의 80퍼센트 이상에 대해 현재 앓고 있는 병명을 규격화된 데이터 형식으로 기록할 것', '전체 외래 환자의 50퍼센트 이상에게 3일 안에 진료 요약서를 제공할 것'과 같은 딱딱한 정량적 목표를 요구했다.

이는 현장의 복잡성을 무시한 채 책상머리에서 만든 틀에 박힌 시스템에 현실을 억지로 끼워 맞추려는 시도였다. 이런 요구들은 진료의 자연스러운 흐름과 정면으로 부딪쳤다. 의사들은 환자의 이야기에 귀 기울이기보다 단지 컴퓨터의 체크리스트를 채워 넣기 위해 질문을 던져야 했다. 가벼운 감기 환자든 심각한 만성질환자든, 시스템은 똑같은 수준의 기록을 강요했다. 이는 불필요한 정보만 잔뜩 만들어내는 '기록 과다Note Bloat' 현상을 초래했고, 정작 다른 의사가 환자의 정보를 파악하는 데 어려움을 겪는 어처구니없는 결과를 낳았다. 결국 의사들의 평가는 냉혹했다. 한 연구에서는 단 20.5퍼센트의 의사만 '의미 있는 활용' 프로그램이 의료의 질을 높이는 데 도움이 될 것이라고 믿었다.

세 번째 원인은 데이터 흐름의 단절이었다. 상황이 최악으로 치달은 것은 EHR 시스템 간의 심각한 상호 운용성Interoperability 부족 문제 때문이었다. A병원에서 기록한 환자의 데이터가 B병원 시스템과 제대로 공유되지 않아, 환자는 병원을 옮길 때마다 똑같은 검사를 반복하거나 병력을 처음부터 다시 설명해야 하는 일이 흔했다.

그것은 단순한 기술적 한계가 아니라, 거대 기술 기업들의 핵심적인 돈벌이 수단, 즉 비즈니스 모델 그 자체였다. 미국의 EHR 시장은 현재 에픽Epic과 오라클 헬스Oracle Health라는 두 거인이 약 60퍼센트를 장악하고 있다. 이들은 각자 독점적 기술 생태계, 즉 '벽으로 둘러싸인 정원Walled Garden'을 만들어 막대한 이익을 얻는다. 일단 한 병원이 특정 회사의 시스템을 쓰기 시작하면, 다른 회사 시스템으로 데이터를 옮기는 것이 기술적으로 매우 어렵고 돈이 많이 들도록 설계했다. 이것이 바로 '공급자 고착Vendor Lock-in' 효과다.

바로 이 지점에서 정부의 정치적 실패가 명백히 드러난다. 정부는 300억 달러를 투입해 거대한 시장을 열어주었으나, 그 시장의 플레이어들이 데이터를 자유롭게 교환하도록 설계하고 의무화하는 데는 실패했다. 데이터가 자유롭게 흐르도록 처음부터 강제하지 않고, 거대 기업들의 비즈니스 모델에 끌려다닌 정치적 결정이 전체 시스템의 잠재력을 마비시킨 것이다. 만약 데이터가 아무런 장벽 없이 자유롭게 흐른다

'의미 있는 활용' 목표 (정부 용어)	요구된 기준치 (규제의 족쇄)	의사가 해야만 했던 일 (클릭의 현실)
처방 내용 입력	전체 환자 중 30퍼센트 이상	간단한 구두/수기 처방 대신, 모든 처방을 시스템의 복잡한 모듈을 통해 클릭하며 입력해야 함.
병명 입력	전체 환자 중 80퍼센트 이상	감기 환자든 만성질환자든, 모든 환자의 진단명을 시스템이 요구하는 정형화된 목록에서 찾아 클릭하고 갱신해야 함.
약물명 입력	전체 환자 중 80퍼센트 이상	환자가 다른 병원에서 처방받은 약까지 일일이 시스템에서 검색해 목록을 채워야 함.
진료 기록 제공 여부 입력	외래 방문 환자 중 50퍼센트 이상	진료 후 3일 내, 시스템이 자동으로 생성한 (종종 불필요하게 긴) 요약본을 환자에게 제공했는지 '클릭'으로 증명해야 함.
흡연 여부 입력	13세 이상 환자 중 50퍼센트 이상	진료의 맥락과 상관없이, 13세 이상 모든 환자에게 흡연 여부를 묻고 특정 체크박스를 채워야 함.

면, 병원들은 언제든 더 좋고 저렴한 시스템으로 갈아탈 수 있을 것이다. 그러나 이는 기존 강자들의 시장 지배력에 위협이 된다. 결국 환자의 안전과 의료의 효율성에 꼭 필요한 '상호 운용성'은, 아이러니하게도 기술

회사들의 핵심 비즈니스 모델과 정면으로 부딪치는 가치가 되어버렸다. 그 결과, 미국 의료계는 수십억 달러를 쏟아부어 종이 기록이라는 낡은 창고Silo를 훨씬 더 비싸고 뚫기 어려운 디지털 창고로 바꿨을 뿐이다.

세 가지 실패, 즉 돈 계산을 위한 설계, 의미 없는 규제, 연결되지 않는 비즈니스 모델은 서로 맞물려 돌아가는 거대한 '파멸의 톱니바퀴'를 만들었다. 정부가 거대한 시장을 열어주자, 기업들은 병원 행정가의 입맛에 맞는 시스템을 팔아 돈을 벌었고, 한번 시스템을 도입한 병원과 의사들은 아무리 불편해도 빠져나올 수 없는 '번아웃'의 덫에 갇혀버렸다.

데이터가 끊기면 생명도 끊긴다

이와 같은 시스템의 실패가 한 개인의 삶을 어떻게 파괴할 수 있는지 파비안 로니스키의 사례가 비극적으로 보여준다. 2015년 그는 뇌막염 증상으로 병원을 찾았다. 의사는 에픽이 제공하는 시스템 화면에 뇌척수액 검사가 필요하다는 소견을 분명히 입력했다. 하지만 처방은 병원 검사실의 시스템으로 전송되지 않았다. 두 시스템이 서로 소통하지 못하는 상호 운용성의 실패 때문이었다. 화면상으로 완벽해 보였던 이 기술적 결함으로 인해 진단이 결정적인 며칠간 지연되었고, 그사이 바이러스는 그의 뇌에 돌이킬 수 없는 손상을 입혔다.

상호 운용성의 실패는 단순한 불편함에서 그치지 않고, 한 사람의 생사를 가르는 문제로까지 번질 수 있다. 탐사 보도 전문 매체「카이저 헬스 뉴스Kaiser Health News」와 『포춘Fortune』의 공동 조사에 따르면, 소프트웨어 결함이나 사용자 실수, 그리고 시스템 간 데이터 단절이 유발한 환자 사망 및 심각한 부상 사례 수천 건이 정부와 민간 데이터베이스에 조용히 쌓여가고 있다. 약물 목록이 제대로 업데이트되지 않거나, 한 환자의 진료 기록이 다른 환자의 파일에 첨부되는 등 디지털 시대 새로운 유형의 의료 사고가 계속해서 터졌다.

2024년 의료정보기술 평가기관 KLAS가 발표한 「EHR 상호 운용성 2024」 보고서는 이 문제가 여전히 심각하다는 것을 다시 한번 확인해 주었다. EHR을 사용하는 의사 중 44퍼센트만이 다른 병원과 정보 공유가 잘된다고 답했다. 응답자의 47퍼센트는 다른 병원의 환자 정보를 빨리 찾는 데 어려움을 겪고 있으며, 또 다른 47퍼센트는 중복된 데이터를 일일이 걸러내야 하는 고충을 토로했다. 한 의사는 "외부 기록을 찾을 수 있는 곳이 너무 많아 기록을 찾는 데 많은 시간을 보낸다"라고 말했고, 또 다른 의사는 "때로는 5페이지에서 30페이지에 달하는 요약 문서를 일일이 훑어볼 시간이 없다"라고 하소연했다.

결국 디지털 시대에 환자들은 여전히 자신의 병력을 직접 기억하고 다음 병원에 전달해야 하는 '인간 USB' 역할을 하고 있다. 심지어 당시 미국 부통령 조 바이든Joe Biden조차 뇌종양으로 투병하던 아들의 진료 기록이 병원 간에 제대로 전송되지 않아 '말도 안 되는 악몽'을 겪었다고 토로할 정도였다. 종이 차트 시절의 정보 단절은 적어도 모두가 알고 있는 '알려진 위험'이었다. 과거 아날로그 시대 의사들은 정보 부재를 명확히 인지했다. 다른 병원의 기록이 없다는 것을 전제로 삼았기에, 환자에게 직접 과거 병력을 꼼꼼히 물으며 그 정보의 공백을 메웠다. 하지만 디지털 시대의 정보 단절은 '늘 연결되어 있고 완벽하게 관리되고 있다는 착각' 속에 숨어 있는 '알려지지 않은 위험'이다. 의사는 눈앞의 화면에 나타난 데이터에 문제가 없을 것이라고 믿기 쉽다. 결국 의사가 인지하지 못하는 이 '보이지 않는 데이터 공백'이 환자의 안전을 위협하는 심각

혁신은 왜 실패하는가

한 의료 사고의 잠재적 원인이 되는 것이다.

인공지능이라는 진통제의 잠재적 부작용

EHR이 낳은 거대한 집단 번아웃 위기 앞에서, 기술 제공 업체들은 새로운 해결책을 내놓았다. 바로 의사와 환자의 대화를 듣고 알아서 진료 기록을 만들어주는 똑똑한 인공지능 비서 '앰비언트 AIAmbient AI'다. 이 AI 비서는 의사를 끝없는 클릭의 늪에서 구해줄 새로운 구원투수로 떠오르고 있다. 초기 연구 결과는 희망적이다. AI 비서를 썼더니 진료 기록 작성 시간이 줄고, 의사의 스트레스가 감소했으며, 일에 대한 만족도가 높아졌다는 보고들이 나오고 있다.

하지만 이 새로운 기술에 대해 섣불리 낙관해서는 안 된다. 우리는 이미 10년 전 EHR이 약속했던 장밋빛 미래가 어떻게 180도 다른 양상으로 실현되었는지 목격했다. 바로 이 지점에서 비평가 예브게니 모로조프Evgeny Morozov가 날카롭게 지적한 '기술 만능주의Techno-Solutionism'의 망령이 어른거린다. 기술 만능주의란 복잡한 사회적, 시스템적 문제를 기술 하나로 해결할 수 있다고 믿는 경향을 말한다. 즉 문제의 근본 원인(잘못된 프로세스, 꼬여버린 보상 체계 등)은 그대로 둔 채, 그로 인해 생긴 증상(과도한 서류 작업 등)을 또 다른 기술로 덮으려는 시도다. 2000년 대에는 문제가 '종이'에 수기로 기록하는 것이어서 'EHR'을 처방했다면, 이제는 문제가 'EHR'이니 'AI'를 처방하자는 식이다. 그러나 이런 접근법은 AI 기술이 가진 고유하고 본질적인 위험을 보지 못하게 만든다.

첫째, AI는 있지도 않은 사실을 진짜인 것처럼 그럴듯하게 꾸며내는 환각Hallucination 현상을 일으킬 수 있다. 이는 의료 현장에서 치명적 실수로 이어질 수 있다. 예를 들어, 한 법률 전문가의 경고처럼, 의사가 '0.5밀리그램'의 약을 처방한다고 말했는데 AI가 이것을 '5밀리그램'으로 잘못 기록할 수도 있다. 만약 의사든 누구든 이를 제대로 점검하지 않으면 끔찍한 의료사고로 이어질 수 있다.

둘째, AI는 훈련 데이터에 존재하는 편견을 그대로 배우고 더 크게 만들 수 있다. 이는 의료 분야에서 특히 위험하다. 2016년 탐사보도 매체 프로퍼블리카ProPublica는 미국 법원에서 재범 위험도를 예측하는 데 쓰인 COMPAS라는 알고리즘이 흑인 피고인에게 체계적으로 불리한 편견을 보인다는 사실을 폭로했다. 이와 마찬가지로, 특정 인종이나 계층의 데이터가 부족하거나 편향된 의료 데이터로 학습한 AI는 그들에게 불리한 진단이나 치료법을 제안해 기존 의료 불평등이 더 심화할 수 있다. '데이터 기반'이라는 말이 '객관적'이라는 말과 같은 뜻이 아님을 명심해야 한다.

셋째, 자동화 편향Automation Bias의 위험성을 경계해야 한다. 이는 인간이 자동화된 시스템이 내놓은 결과를 비판 없이 받아들이려는 경향을 말한다. 하루 종일 수십 명의 환자와 상담하느라 지친 의사는, AI가 생성한 그럴듯한 요약본을 꼼꼼히 검토하지 않고 '승인' 버튼을 누를 가능성이 크다. 이런 경우 AI가 아닌 의사에게 책임이 돌아가지만, 시스템 자체가 그런 실수를 하도록 유도한 것이나 마찬가지다.

그러나 가장 본질적인 문제는 따로 있다. AI 비서는 의사들이 진료 기록을 '작성하는' 시간을 줄여줄지는 몰라도, 애초에 왜 그렇게 길고 복잡하며 의학 외적인 정보로 가득 찬 서류 뭉치를 '만들어야만 하는지'에 대한 근본적 질문에는 답하지 않는다. AI는 보험금 청구와 법적 방어를 위해 태어난 번아웃 유발자라는 '괴물'에게 더 쉽게 먹이를 던져줄 수 있게

     혁신은 왜 실패하는가

해줄 뿐, 그 괴물을 없애주지는 않는다.

저명한 의료 정보학자 로버트 와처Robert Wachter는 우리가 EHR 도입 과정에서 저지른 실수를 AI로 다시 반복할 위험이 있다고 경고한다. 그는 우리가 종이 차트 기반의 고루한 업무 방식을 그대로 EHR에 옮겨 심은 것처럼, 망가진 EHR 업무 수행 방식을 AI에 그대로 옮겨 심으려 한다고 비판한다. 근본적인 프로세스 혁신 없이 기술만 덧씌우면 미래의 실패를 확정지을 뿐이다.

의료계의 번아웃에 새겨진 교훈

10여 년에 걸친 미국 의료계의 값비싼 실패는 단순히 기술 도입 때문만이 아니다. 이는 좋은 의도와 막대한 투자로 시작된 기술 프로젝트가 현장의 목소리를 외면하고 잘못된 장려 정책을 만나면, 의도와 정반대의 비극적인 결과를 낳을 수 있음을 생생히 보여준다. 이 이야기는 오늘날 인공지능과 디지털 전환을 꿈꾸는 모든 조직에 여전히 유효한, 그리고 뼈아픈 교훈을 준다.

첫째, 디지털화는 기술이 아니라 프로세스의 문제다. EHR의 실패는 IT라는 기술 자체의 실패가 아니었다. 그것은 인간적이고 입체적이며 유연해야 할 진료 서비스를, 딱딱하고 표준화된 디지털 상자 안에 억지로 구겨 넣으려는 과정에서 초래된 결과였다. 진정한 변화는 기술 도입이 아니라, 일하는 방식 자체를 새롭게 창조하는 데서 시작된다. 현장의 살아 있는 프로세스를 존중하지 않는 기술과 솔루션은 또 다른 족쇄일 뿐이다. 제아무리 해외 선진 사례를 기반으로 만든 것이라 해도 말이다.

둘째, 기술은 결코 가치 중립적이지 않다. EHR은 설계 단계에서부터 병원 경영진과 보험사가 중시하는 요소를 반영하는 데 급급했을 뿐, 정작 그것을 매일 직접 사용하는 의사들을 고려하지 않았다. 기술은 그것을 만든 사람들의 의도와 우선순위를 그대로 투영하며, 사용자를 그 설계된 틀에 끼워 맞추고 변화시키는 강력한 힘을 가진다. 도입하려는 새로운 기술과 솔루션이 과연 누구를 위한 것이며, 무엇을 위한 것인지, 그리고 누구의 가치를 실현하는 도구인지 근본적으로 따져야 한다.

셋째, 자동화가 항상 일하는 방식을 개선하거나 업무 내용의 질을 높이는 것은 아니다. EHR은 데이터 수집 업무를 자동화했지만, 임상적 판단이라는 의료 행위의 핵심적 가치를 희석하고 의사들을 단순한 데이터 입력 노동자로 강등시켰다.

넷째, 상호 운용성은 기술이 아니라 정치와 비즈니스의 문제다. 데이터가 여러 시스템 사이를 자유롭게 오가도록 강제하지 않고, 거대 기업들의 비즈니스 모델에 끌려다니는 바람에 전체 시스템의 잠재력이 마비되고 말았다. 환자와 의료 시스템 전체의 이익보다 특정 기업의 이익을 우선시한 정책적 실패가 낳은 비극이었다. 이런 문제는 더 나은 알고리즘이 아니라, 오직 강력한 규제와 정치적 의지를 통해서만 해결할 수 있다.

300억 달러가 넘는 막대한 비용을 들인 EHR 시스템은 결국 의사들에게 무거운 짐만 안겨주었다. 우리는 과연 질병의 근원(잘못된 프로세스와 장려 정책)을 치료하려 하는가, 아니면 단순히 더 강력한 기술이라는 진통제로 증상(사용자의 고통)을 일단 잠재우려 하는가? 거대한 데이터와 복잡한 시스템, 그리고 글로벌 솔루션 안에 정답이 있을 것이라는 맹신에서 벗어나는 것이 바로, 우리가 이 값비싼 실패로부터 배워야 할 가장 중요한 교훈이다.

    혁신은 왜 실패하는가

Q1. 우리 프로젝트가 추구하는 목표는, 겉으로 내세우는 명분과 실제 조직이 추구하는 속내가 일치하는가?

미국 정부는 '의료의 질 향상'이라는 명분을 내걸었지만, 실제로는 '경기 부양'과 '신속한 예산 집행'이 더 시급했다. 그 결과, 데이터가 서로 연결되어야 한다는 가장 중요한 원칙(상호 운용성)을 포기하고, 당장 눈에 보이는 보급률에만 집착했다. 시작부터 어긋난 목표는 결국 시스템 전체를 망가뜨렸다.

★ **우리 프로젝트의 성공을 정의하는 기준은 무엇인가?**

진단 포인트 성공의 정의가 '구축 완료', '오픈', '예산 집행', '도입률'과 같은 관리적 지표에만 머물러 있다면 위험하다. '업무 시간 20퍼센트 단축', '사용자 만족도 증가', '오류 발생률 0퍼센트'와 같이 실제 가치를 증명할 수 있는 결과 중심의 목표가 설정되어야 한다.

✪ **단기적인 성과 목표가 장기적인 핵심 가치를 훼손할 가능성은 없는가?**

진단 포인트 '빠른 오픈'을 위해 데이터 표준화, 보안, 사용자 테스트와 같은 필수 요소를 건너뛰고 있다면, 그것은 시한폭탄을 안고 달리는 것과 같다. 타협해서는 안 될 원칙을 명확히 정하고, 실제로 준수하고 있는지 확인해야 한다.

**Q2. 이 시스템은 현장에서 일하는 실무자를 돕기 위해 만들어졌는가,
아니면 그들을 관리하고 통제하기 위해 만들어졌는가?**

EHR 시스템의 비극은 의사가 아닌 병원 경영진과 보험사의 입맛에 맞춰 설계되었다는 점이다. 진료를 돕는 것이 아니라 청구 근거를 남기고 감사에 대비하는 것이 주목적이 되자, 의사들은 환자를 돌보는 전문가에서 빈 칸을 채우는 행정 직원으로 전락했다.

✪ 이 시스템의 '진짜 고객'은 누구인가?

진단 포인트　구매 결정권자의 요구(통계 추출 용이성, 감시 기능, 비용 절감 등)가 실무자의 요구(속도, 편의성, 직관성 등)를 압도하고 있다면, 그 시스템은 현장에서 외면받거나 거센 저항에 부딪힐 것이다.

✪ 사용자가 시스템을 '이용'하고 있는가, 아니면 시스템을 '위해' 봉사하고 있는가?

진단 포인트　사용자가 본연의 업무보다 시스템에 데이터를 입력하는 데 더 많은 시간과 에너지를 쓴다면, 이는 주객이 전도된 것이다. 시스템이 사용자의 업무 흐름을 끊거나 방해하지 않는지, 불필요한 인지 부하를 주고 있지 않은지 점검해야 한다.

**Q3. 우리는 문제의 뿌리를 뽑으려 하는가, 아니면 기술이라는 진통제로
증상만 덮으려 하는가?**

EHR이 유발한 번아웃을 해결하겠다며 또다시 AI를 도입하려는 움직임이

있다. 그러나 '왜 쓸데없는 기록을 해야 하는가?'라는 근본적인 의문을 해소하지 않으면, AI는 그저 더 효율적으로 쓸데없는 기록을 대량생산하는 도구가 될 뿐이다.

❂ **기술 도입 이전에 프로세스 혁신**Process Innovation**이 선행되었는가? 비효율적인 현재 업무 방식을 그대로 둔 채 자동화만 하려는 것은 아닌가?**

진단 포인트 "이 일을 왜 해야 하는가?"라는 질문을 먼저 던지고, 불필요한 업무를 과감히 없앤 뒤 기술을 도입해야 한다. 기술은 개선된 프로세스를 가속화하는 엔진이지, 망가진 프로세스를 고치는 수리공이 아니다.

❂ **기술이 가진 한계와 부작용을 냉정하게 파악하고 있는가?**

진단 포인트 기술이 모든 문제를 해결해줄 마법 지팡이라고 생각하지 말자. 새로운 기술은 언제나 새로운 문제를 동반한다. 그 문제를 통제하고 감당할 수 있는 안전장치Guardrails와 인간의 개입 여지Human in the loop를 남겨둬야 한다.

메타 착각

3

인간의 개입은
최소화해야 한다

통제실의 풍경은 언제나 고요하고 질서 정연하다. 인간의 불안정한 숨소리나 불필요한 잡담 대신, 서버가 내뿜는 일정한 백색소음이 공간을 채운다. 거대한 스크린에서는 수백, 수천 개의 데이터가 쉼 없이 흐르고, 시스템 상태를 알리는 녹색 신호등이 깜박이며 모든 것이 정상임을 증언한다. 이곳은 혼돈이 제거된 세계, 인간의 실수와 비효율이 원천적으로 차단된 완벽한 질서의 신전이다. 기술은 우리에게 이 신전의 청사진을 제시했다. 지저분하고 예측 불가능한 현실 문제들을 명쾌하고 논리적인 코드로 잠재울 수 있다는 새로운 시대의 선언이었다.

그 선언의 핵심은 단순하고 명쾌했다. 시스템의 가장 약한 고리는 언제나 인간이라는 것. 인간의 판단은 편견에 오염되고, 감정에 휘둘리며, 맥락에 따라 흔들린다. 인간의 손은 실수를 연발하고, 인간의 집중력은 쉽게 흐트러진다. 따라서 진정한 진보란 이처럼 불완전하고 신뢰할 수 없는 인간을 프로세스에서 한 명씩 제거하는 과정과 다름없다고 설파했다. 계산대, 공장, 사무실, 심지어 전장에서까지, 인간이라는 '버그'를 제거한 자리에 들어선 자동화 시스템은 더 빠르고, 더 정확하며, 더 효율적인 결과물을 약속하는 구원자처럼 보였다. 우리는 그 약속에 기꺼이 돈을 지불했고, 그 눈부신 가능성에 취해 시스템의 스위치를 올렸다. 인간의 시대가 저물고 기계의 시대가 도래하는, 거스를 수 없는 역사의 필연처럼 보였다.

그러나 그 완벽한 질서의 표면 아래에서 기이한 균열이 생기기 시작한다. 어느 날 갑자기, 효율을 위해 설계된 시스템이 스스로 대동맥을 틀어막고 멈춰 선다. 모두의 안전을 지켜야 할 방패는 가장 치명적인 창이 되어 아군의 심장을 겨눈다. 인간을 고된 반복 작업에서 해방시키겠다던 로봇은 오히려 '로봇을 돌보기 위한' 또 다른 형태의 고단한 노동을 만들어낸다. 문제 현장에는 언제나 기묘한 역설이 존재한다. 시스템은 설계된 대로 완벽하게 작동했기에 실패했다. 너무나 논리적이었기에 비상식적인 결과를 낳았다. 기술이 약속한 유토피아는 오지 않았고, 그 자리에 더 정교하고 복잡한 형태의 디스토피아가 싹트고 있었다.

이것이 바로 우리가 메타 착각 3에서 깊이 파고들 세 번째 메타 착각이다. 자동화나 기술 중심 프로세스가 인간이 주도하는 프로세스보다 본질적으로 우월하다는 잘못된 가정에 기반한 이 착각은 기술의 능력을 과대평가하는 동시에, 인간의 가치를 터무니없이 과소평가하는 데서 비롯된다. 기술의 계산 능력은 숭배 대상이 되었고, 인간의 직관은 제거해야 할 잡음으로 치부되었다.

문제는 기술의 배신이 아니었다. 애초에 인간을 믿지 않았던 기술의 오만함이었다. 시스템 설계자들은 인간의 직관, 경험, 윤리적 판단, 그리고 예기치 못한 상황에 대처하는 적응력을 측정 불가능한 '잡음'으로 취급하고 제거하려 했다. 하지만 그것은 잡음이 아니었다. 경직된 시스템이 현실의 복잡성과 부딪쳐 파국으로 치닫는 것을 막아주는 최후의 '안전장치'이자, 시스템 전체에 유연성을 불어넣는 '지혜'였다. 우리는 가장 중요한 것을 쓰레기통에 버리고 그 빈자리를 차가운 코드로 채운 셈이다. 인간이 가진 불완전함 속에, 사실은 시스템을 구원할 수 있는 회복탄력성의 비밀이 숨어 있다는 사실을 까맣게 몰랐다.

그 결과, 인간을 배제한 시스템은 새로운 종류의 유령들을 소환했다. 첫 번째 유령은 '자동화 편향'이다. 기계가 내놓은 답을 맹신한 나머지, 인간 스스로 비판적으로 사고할 능력을 포기하는 이 기이한 질병은 고도로 훈련된 전문가들마저 기계의 꼭두각시로 전락시킨다. 기계가 틀렸을 가능성보다 자신의 판단이 틀렸을 가능성을 먼저 의심하게 만드는, 교활한 심리적 함정이다.

두 번째 유령은 '책임의 공백'이다. 시스템이 치명적 오류를 저질렀을 때, 그 누구도 책임지지 않는 기이한 풍경이 펼쳐진다. 설계자는 코드를 탓하고, 사용자는 시스템을 탓하며, 시스템은 침묵한다. 책임지지 않는 권력만큼 위험한 것은 없다. 자동화는 책임을 제거한 것이 아니라, 안개 속으로 흩어지게 했을 뿐이다.

마지막 유령은 '취약성의 증폭'이다. 과거에는 한 사람의 실수로 끝났을 문제가 이제는 시스템 전체를 마비시키는 거대한 재앙으로 돌변한다. 단 하나의 센서 오류가 수백 명의 목숨을 앗아가고, 작은 불씨 하나가 자동화 왕국 전체를 잿더미로 만든다. 효율을 위해 제거했던 완충 지대와 방화벽이 사실은 시스템의 붕괴를 막던 마지막 보루였음을 뒤늦게 깨닫는다.

메타 착각 3에서 우리는 이 거대한 착각이 만들어낸 폐허 현장으로 들어간다. 그곳은 기술에 대한 막연한 공포나 맹목적 숭배를 위한 전시장이 아니다. 오히려 기술과 인간의 관계를 근본적으로 재설정하기 위한 탐사의 출발점이다. 우리는 몇 가지 근본적인 질문을 던지며 그 폐허

　　　　　　　　혁신은 왜 실패하는가

를 거닐 것이다.

첫째, 우리는 '인간의 실수'를 없애겠다며 시스템의 눈과 귀, 그리고 마지막 브레이크를 스스로 제거하고 있지 않은가? 시스템은 인간의 감각과 경험이 포착하는 미세한 이상 신호들을 과연 데이터로 감지할 수 있는가?

둘째, 효율성이라는 이름 아래 우리가 파괴하는 보이지 않는 가치들, 즉 신뢰, 전문성, 그리고 윤리적 판단의 진짜 비용은 얼마인가? 스프레드시트에 기록되지 않는 이 무형 자산들이 사라졌을 때, 조직은 어떻게 붕괴하는가?

셋째, 기술이 인간에게 실패를 안겨줄 때, 우리는 그것을 '인간의 오류'라고 부를 것인가, 아니면 '설계의 실패'라고 명명할 것인가? 실패 책임을 개인에게 묻는 손쉬운 길과 시스템의 근본적 결함을 파헤치는 어려운 길 중 우리는 어디에 서 있는가?

마지막으로, 우리가 마주한 진짜 질문은 "기계가 인간을 대체할 수 있는가?"가 아니라, "인간이 사라진 시스템에 대한 최종 책임을 누가 지는가?"이다.

이제 그 누구도 책임지지 않는 자동화된 비극의 현장, 그 기계 속 유령의 정체를 추적할 시간이다. 그 유령은 기계 안에 있지 않고, 기계가 완벽할 것이라고 믿었던 우리의 오만함 속에 있다.

11장

그림자 노동의 탄생

::

셀프 계산대 설계자들은 무엇을 잘못 계산했는가?

셀프 계산대가 약속한 효율성의 유혹

2010년대 초, 세상에는 거대한 유통 혁신의 새벽이 찾아온 듯했다. 북미와 유럽의 대형 마트를 중심으로 '셀프 계산대Self-checkout, SCO'라는 새로운 기계가 빠르게 퍼져나갔다. 매장 곳곳에 내걸린 광고 문구는 고객의 오랜 불만을 정확히 겨냥했다. "계산대 앞에 더 이상 힘들게 줄 서서 기다리지 마세요!" "직원의 도움 없이 빠르고 간편하게!" 이는 자기 차례를 기다리느라 시간을 낭비한 경험이 있는 모든 이에게 거부할 수 없는 유혹처럼 들렸다. 첨단 기술이 마침내 쇼핑이라는 여정에서 가장 큰 골칫거리를 해결해줄 것이라는 기대감이 부풀어 올랐다.

새로운 기술의 등장은 완벽한 '윈윈' 시나리오처럼 보였다. 고객에게는 줄 서는 지루함에서 벗어나 자기 속도에 맞춰 쇼핑을 마무리할 '자율성'과 '속도'를 약속했다. 반면 유통업체에는 훨씬 더 달콤한 보상이 있었다. 바로 인건비 절감이었다. 계산원은 매장 운영에서 가장 큰 고정 비용 중 하나였고, 이들을 자동화 기계로 대체할 수 있다는 것은 경영진에게 뿌리치기 힘든 제안이었다. 더 적은 인력으로 더 많은 고객을 처리하고, 계산 공간의 효율을 높여 매장 회전율을 극대화할 수 있다는 청사진은 그야말로 이상적이었다.

가슴 뛰게 만드는 이런 약속은 강력한 추진력을 만들어냈다. 월마트, 테스코Tesco, 까르푸Carrefour와 같은 글로벌 유통 공룡들은 물론, 국내 여러 대형 마트도 경쟁적으로 셀프 계산대 도입에 뛰어들었다. 2010년대 중반까지 수만 대의 기기가 전 세계 매장에 설치되었다. 그 누구도 거스를 수 없는 시대의 흐름처럼 보였다. 실제로 북미 셀프 계산대 시스템 시장은 2024년 기준 약 22억 8,000만 달러 규모로 평가되며, 2030년에는 50억 달러를 넘어설 것으로 전망될 만큼 기세가 대단했다. 바코드를 스캔하고, 카드를 삽입하고, 영수증을 받는 일련의 과정이 마치 현금자동입출금기ATM를 사용하는 것처럼 간단하고 당연한 미래의 쇼핑 방식으로 자리 잡는 듯했다.

하지만 이 거대한 기술적 진보 이면에는 치명적 계산 착오가 숨어 있었다. 셀프 계산대가 해결하겠다고 나선 문제, 즉 '계산대 앞에 긴 줄이 만들어지는 원인'에 대한 근본적 오진이었다. 기나긴 대기 행렬의 진짜 원인은 계산원의 느린 손동작이나 비효율적인 움직임에서 비롯된 것이 아니었다. 대부분 피크 타임에 몰려드는 손님 수에 비해 턱없이 부족한 계산원, 비효율적인 매장 동선 설계, 고객 수에 맞춰 유연하게 인력을 재배치하지 못하는 경직된 운영 시스템과 같은 구조적 문제에서 비롯되었다. 그러나 기술 만능주의에 빠진 유통업계는 이 복잡한 시스템의 문제를 '비효율적인 인간'이라는 단순한 원인으로 치환해버렸다. 인간을 문제의 원인으로 지목하자, 인간을 계산대에서 제거하는 것이 가장 명쾌하고 확실한 해결 방법처럼 보였다.

새로운 '그림자 노동'

셀프 계산대가 약속한 '효율성'의 실체는 무엇이었을까? 그것은 '계산'이라는 노동의 총량을 줄인 것이 아니라, 시급을 받는 자사 '직원'이 했던 일을 그 어떤 보상도 받지 못하는 '고객'에게로 교묘하게 이전한 것에 불과했다.

이와 같은 현상을 설명하는 데 사상가 이반 일리치Ivan Illich가 제시한 '그림자 노동Shadow Work'만큼 적절한 개념은 없을 것이다. 일리치에 따르면, 그림자 노동이란 산업 경제가 돌아가기 위해 필수적으로 수행되어야 하는 '무급의 비공식적 노동'을 의미한다. 산업 경제가 호수에서 유유히 떠다니는 '오리'라면, 그림자 노동은 수면 아래에서 빠르게 움직이는 '오리의 발'이다. 이는 자급자족을 위한 전통적인 가사 노동과 다르다. 셀프 계산대는 바로 이 그림자 노동을 양산하는 완벽한 장치다.

우리는 숙련된 계산원의 업무를 너무나 당연하게 여겨왔지만, 그들의 노동은 생각보다 훨씬 복잡하고 다층적이다. 상품의 바코드를 정확하고 빠르게 스캔하는 것은 기본이다. 바코드가 없는 채소나 과일의 종류를 식별하고 무게를 재고, 각종 할인 쿠폰과 멤버십 포인트를 실수 없이 적용하고, 여러 형태의 결제 수단을 고객으로부터 넘겨받아 결제까지 능숙하게 처리해야 한다. 때로는 고객의 질문에 답하고, 깨지기 쉬운 물건과 무거운 물건을 구분해 효율적으로 포장하는 노하우도 필요하다. 이 모든 과정이 한 명의 숙련된 전문가에 의해 물 흐르듯 처리되던 유급 노동이었다.

셀프 계산대는 이런 전문적 업무를 고스란히 비전문가인 고객에게 떠넘겼다. 고객은 이제 스스로 상품을 스캔하고, 무게를 재고, 할인을 확인하고, 포장까지 해야 하는 '무급 계산원'이 되었다. 이 과정에서 발생하는 인지적 부담은 상당하다. 익숙지 않은 기계 인터페이스를 익혀야 하고, 바코드가 잘 찍히지 않을 때의 당혹감, 할인 누락에 대한 불안감, 좁은 공간에서 허둥지둥 물건을 담아야 하는 물리적 불편함까지 모두 고객의 몫이 되었다.

더 심각한 문제는 단순히 노동 이전을 넘어 '책임 이전'까지 발생한다는 점이다. 기존 계산대에서는 직원의 실수로 할인 적용이 누락되거나 이중 결제가 발생하면 그 책임이 명백히 매장에 있었다. 그러나 셀프 계산대에서는 그 책임 소재가 모호해지며 암묵적으로 고객에게 전가된다. 일부 매장에서는 '상품 스캔과 결제가 누락 없이 잘 되었는지 확인하라'는 취지의 안내문을 붙여놓기도 한다. 이제 고객의 실수는 단순한 실수가 아니라 금전적 손실이나 심지어 절도 혐의로까지 이어질 위험이 되었다. '내가 혹시 실수로 바코드를 빠뜨려 도둑으로 몰리면 어떡하지?' 하는 불안감은 결코 과장이 아니다.

이런 변화는 고객과 매장 간 사회적 계약의 틀을 근본적으로 바꿔놓았다. 과거에 '좋은 고객'은 단순히 구매한 상품에 정당한 대가를 지불하는 사람이었다. 하지만 셀프 계산대 시대가 되면서 좋은 고객의 정의가 180도 달라졌다. 이제 좋은 고객이란 기업을 위해 자신의 시간과 노력을 들여 무급으로 계산 업무를 정확하고 효율적으로 수행할 줄 아는 '유능한 노동자'여야만 한다. 이 새로운 기준을 충족시키지 못하는 이들, 예컨대 디지털 기기 사용에 익숙하지 않은 노년층, 어린아이를 동반해 정신없는 부모, 한 번에 많은 물건을 사는 대가족, 신체적 장애가 있는 사람들은 순식간에 시스템의 효율을 저해하는 '문제적 소비자'로 전락할 위험에 처한다. 결국 '편리함'이라는 이름으로 포장된 기술은 보이지 않는 노동과 책임을 고객에게 떠넘기고, 그 과정에서 새로운 형태의 사회적 차별과 배제를 만들어내는 기제로 작동한다(최근 커피 전문점이나 패스트푸드 매장을 중심으로 빠르게 확산하고 있는 터치 패널로 된 주문 키오스크는 이 문제의 정점에 놓여 있다).

'무인' 시스템의 숨겨진 비용

유통업체들이 셀프 계산대에 열광한 가장 큰 이유는 단연 '인건비 절감'이라는 장밋빛 전망 때문이었다. 계산원을 줄이는 만큼 이익이 늘어날 것이라는 단순한 계산이었다. 하지만 현실의 대차대조표는 곧 이 순진한 기대를 무참히 깨뜨렸다. 자동화가 약속했던 비용 절감 효과는 예상치 못한 두 가지 거대한 복병, 즉 '셀프 계산대 지원 인력 운영 비용'과 '상품 손실률Shrinkage(직원과 고객의 절도, 내부 관리상 실수 등으로 인한 손해) 폭증' 앞에서 힘없이 무너졌다.

우선, 셀프 계산대 구역은 결코 완전한 '무인 지대'가 될 수 없었다. 기계는 생각보다 자주 말썽을 부렸고, 고객은 사용법을 몰라 헤매기 일쑤였다. 주류나 담배처럼 연령 확인이 필요한 상품을 판매할 때나 복잡한 할인 쿠폰을 적용할 때도 직원의 개입이 필요했다. 결국 매장은 계산원을 줄인 대신, 기계 주변을 맴돌며 끝없이 발생하는 문제를 해결하는 '고객 지원 인력'과 잠재적 도둑을 감시하는 '손실 방지 인력'이라는 새로운 형태의 직원을 고용해야 했다. 한 명의 직원이 서너 대, 많게는 여

          혁신은 왜 실패하는가

섯 대 이상의 기계를 맡아 동분서주하는 모습은 셀프 계산대 주변에서 흔히 볼 수 있는 풍경이 되었다. 사라진 계산원의 빈자리는 새로운 임무를 맡은 직원들로 채워졌고, 그로 인해 당초 기대했던 인건비 절감 효과는 상당 부분 상쇄되었다.

하지만 이보다 훨씬 치명적인 비용은 '상품 손실률'이었다. 셀프 계산대는 의도하든 의도하지 않든, 계산되지 않은 상품이 매장을 빠져나갈 수 있는 완벽한 환경을 제공했다. 고객들은 고가의 유기농 과일을 저렴한 일반 과일로 입력하거나, 여러 개의 상품 중 일부만 스캔하거나 아예 스캔 없이 가방에 물건을 담기도 했다. 이런 행위를 '부분 손실Partial Shrink'이라고 부르는데, 이는 셀프 계산대에서 가장 흔하게 발생하는 손실 유형이다. 통계는 한마디로 충격적이다. 그라방고Grabango(쇼핑객이 물건을 들고 나가면 자동으로 결제되는 기술을 개발한 미국 스타트업. 2024년 10월, 자금난으로 운영 중단)가 2023년 조사한 바에 따르면, 셀프 계산대의 상품 손실률은 매출의 3.5퍼센트에 달해, 0.21퍼센트에 불과한 유인 계산대에 비해 무려 16배 이상 높았다. 또 다른 연구에서는 셀프 계산대 거래의 6.7퍼센트에서 손실이 발생한 반면, 유인 계산대에서는 그 비율이 0.32퍼센트에 그쳤다.

유럽과 미국 소매업체들을 대상으로 한 ECREfficient Customer Response 커뮤니티(제조업체와 유통업체가 협력해 소비자의 요구에 더 빠르고 효율적으로 대응하는 것을 목표로 하는 글로벌 협의체)의 연구는 더 구체적인 공식을 제시한다. 고정식 셀프 계산대를 통한 거래 비중이 1퍼센트 증가할 때마다 매장의 전체 상품 손실률은 0.01퍼센트씩 추가로 상승한다는 것이다. 만약 한 매장 전체 거래의 50퍼센트가 셀프 계산대에서 이루어진다면, 그 매장의 총손실률은 셀프 계산대가 없는 매장이 연구 당시 기록한

| 표 11-1 | 셀프 계산대의 현실

지표	유인 계산대	셀프 계산대
상품 손실률 (매출 대비)	0.21퍼센트	3.5퍼센트(유인 계산대 대비 16.7배)
손실 발생 거래 비율	0.32퍼센트	6.7퍼센트(유인 계산대 대비 20.9배)
예상 손실률	0.67퍼센트	셀프 계산대 이용률 1퍼센트 증가 시마다 0.01퍼센트씩 증가(셀프 계산대 이용률 50퍼센트인 매장은 유인 계산대 대비 총손실률이 75퍼센트 증가 예상)

0.67퍼센트에 비해 75퍼센트나 높아질 수 있다는 계산이 나온다(74.6% = 0.50%[추가분] ÷ 0.67%[기존]). [표 11-1]은 이런 끔찍한 비용 구조를 명확히 보여준다.

이처럼 막대한 손실이 발생하는 이유는 무엇일까? 기술이 인간 상호작용에 내재된 미묘하지만 강력한 사회적 통제 장치를 제거했기 때문이다. 대부분의 사람은 계산원이라는 '사람' 눈앞에서 대놓고 물건값을 속이거나 훔치는 행위에 큰 심리적 저항감을 느낀다. 이는 일종의 사회적 계약이다. 그러나 상대가 비인격적인 기계일 때는 이 계약이 쉽게 무너진다. 절도는 더 이상 사회적 규범을 어기는 비윤리적 행위가 아니라, 시스템의 허점을 파고드는 '게임'처럼 인식될 수 있다. 실제로 한 설문조사에서 응답자의 69퍼센트가 유인 계산대보다 셀프 계산대에서 물건을 훔치기가 더 쉽다고 답했다. 결국 기술은 문제를 해결하기는커녕, 인간의 사소한 일탈 행위를 부추기고 증폭시키는 '조력자' 역할을 함으로써 기업의 대차대조표에 값비싼 상처를 남긴 셈이다.

우리는 왜 기계를 믿지 못하는가?

셀프 계산대가 초래한 문제는 재무제표상 숫자에만 머물지 않았다. 그것은 쇼핑이라는 지극히 일상적인 경험의 질을 떨어뜨리고, 고객의 마음속에 새로운 종류의 마찰과 불안감을 심어놓았다. 기술은 '편리함'으로 다가왔지만, 그 이면에 '신뢰 상실'이라는 값비싼 대가가 따랐다.

셀프 계산대의 가장 큰 역설은, 그것이 편리함을 약속했음에도 불구하고 실제로는 고객에게 더 많은 정신적 부담과 스트레스를 안겨주었다는 점이다. 고객들은 기계 앞에서 끊임없이 자기 자신을 의심해야 한다. 내가 제대로 스캔했나? 혹시라도 실수하면 어떡하지? 결제는 제대로 된 걸까? 스스로 계산하면서 동시에 그 과정 전체를 스스로 감시해야 하는 '셀프 감시관' 역할까지 떠맡는다. 반면 숙련된 직원이 있는 계산대에서는 이런 확인 과정이 고객과 직원 간 자연스러운 상호작용과 암묵적 신뢰 속에서 훨씬 원활하게 이루어진다.

"가방 속에 확인이 필요한 상품이 들어 있습니다"라는 경고 메시지는 셀프 계산대가 가진 근본적 불신을 상징적으로 보여준다. 이 메시지는 단순한 기술적 결함이 아니라, 시스템이 사용자를 잠재적 오류 유발자 혹은 부정 행위자로 전제하고 있음을 드러내는 선언이다. 고객의 모든 행위는 무게 센서와 카메라의 감시 아래 놓이고, 정해진 절차에서 조금이라도 벗어나면 즉시 경고음과 함께 의심의 눈초리를 받는다. 이런 경험은 고객과 매장 사이에 신뢰 대신 감시와 통제라는 벽을 쌓는다.

더 나아가, 셀프 계산대는 모두에게 평등한 기술이 아니다. 오히려 기존의 사회적 격차를 더 벌리고 특정 집단을 소외시키는 '디지털 장벽'으로 작동한다. 새로운 기술에 익숙하지 않은 노년층에게 복잡한 터치

스크린 조작은 그 자체로 거대한 장벽이었다. 한번에 많은 물건을 사거나 어린아이를 동반한 고객에게 좁은 계산 공간은 재앙에 가까웠다. 시각, 청각, 혹은 거동이 불편한 장애인의 접근성은 거의 고려되지 않았다. 영국의 드러그스토어 체인 부츠Boots의 한 매장에서 카드 결제를 하려는 고객에게 직원이 유인 계산대 서비스 제공을 거부하고 셀프 계산대 사용을 강요했다는 일화는 이런 기술적 배제가 얼마나 폭력적일 수 있는지 잘 보여준다.

사람들이 유인 계산대를 선호하는 현상을 단순히 낡은 것에 대한 향수나 변화에 대한 저항으로 치부해서는 안 된다. 그것은 단순한 거래 효율성을 넘어, 인간적 상호작용이 주는 가치, 즉 안심과 신뢰, 전문적인 도움, 그리고 때로는 따뜻한 대화 한마디가 주는 정서적 안정감을 선택하려는 합리적 행위일 수 있다. 기술의 효율성을 계산할 때, 이처럼 눈에 보이지 않는 사회적·심리적 가치를 빠뜨린다면 그것은 처음부터 잘못된 계산일 수밖에 없다. 인간의 '비효율성'처럼 보였던 바로 그 지점에, 사실은 거래를 원활하게 만드는 가장 중요한 윤활유, 즉 '신뢰'가 존재하고 있었던 것이다. 셀프 계산대의 실패는 기술 중심의 효율성이 인간 중심의 가치를 대체할 수 없다는 사실을 명백히 증명했다.

매장에 찾아온 새로운 현실주의

2020년대 들어서면서, 10여 년간 거침없이 질주하던 셀프 계산대 확산의 흐름에 의미 있는 변화가 감지되기 시작했다. 혁신의 아이콘으로 여겨졌던 셀프 계산대를 축소하거나 아예 철수하고, 다시 인간 계산원을 늘리는 유통업체들이 등장하기 시작한 것이다. 이는 단순한 변덕이 아

혁신은 왜 실패하는가

니라, 지난 10년간 값비싼 수업료를 통해 얻은 냉정한 현실 인식의 결과였다. '자동화가 무조건 옳다'는 맹목적 믿음의 시대가 저물고, 새로운 현실주의가 고개를 들기 시작했다.

이런 변화의 흐름을 가장 상징적으로 보여준 사례는 영국의 고급 슈퍼마켓 체인 부스Booths다. 2023년 부스는 자사의 28개 매장 중 가장 붐비는 2개 매장을 제외한 모든 곳에서 셀프 계산대를 전면 철수하겠다는 과감한 결정을 내렸다. 부스의 경영 이사 나이절 머리Nigel Murray는 그 이유를 명확히 밝혔다. 고객 설문조사 결과, 직원들이 직접 계산해주는 서비스에 대한 만족도가 훨씬 높았으며, 놀랍게도 실제 계산 속도 역시 셀프 계산대보다 숙련된 직원이 있는 유인 계산대가 더 빨랐다는 것이다. 그는 상품 손실률 감소는 의도한 목표가 아니었지만 '행복한 결과물'이었다고 덧붙였다. 셀프 계산대가 약속했던 두 가지 핵심 가치, 즉 '속도'와 '비용 절감'이 실제 현장에서는 신기루에 불과했음을 경영자가 직접 인정한 셈이다.

세계 최대 유통업체 월마트의 움직임은 업계 전체에 더 큰 파장을 일으켰다. 월마트는 2023년부터 미국 미주리주, 오하이오주 등의 일부 매장에서 셀프 계산대 운영을 축소하기 시작했다. 이는 고객들의 부정적 반응과 심각한 도난 문제에 더해, 셀프 계산대가 오히려 비효율을 낳는 고객들의 쇼핑 행태(다양한 상품을 대량 구입하는 패턴 등)가 데이터로 확인되었기 때문이다. 이는 전면적인 철수라기보다 모든 고객에게 일률적으로 셀프 서비스를 강요하던 기존 전략에서 벗어나, 상황에 맞는 유연한 접근법을 모색하는 '전략적 재조정'에 가깝다.

이런 흐름은 특정 기업에 국한되지 않았다. 캐나다의 유통업체 로블로Loblaws, 영국의 드러그스토어 체인 부츠 등도 비슷한 이유로 셀프 계산대 운영을 재검토하고 있다고 밝혔다. 심지어 '계산원 없는 매장'의 대명사였던 아마존 고Amazon Go조차 일부 매장을 폐쇄하거나 직원 지원이 결합된 하이브리드 모델을 시험하는 등 전략 수정 움직임을 보이고 있다.

기업들이 이런 방향 전환을 발표할 때 사용하는 언어를 자세히 살펴볼 필요가 있다. 그들은 결코 "우리의 셀프 계산대 전략은 값비싼 실패작이었다"라고 말하지 않는다. 그 대신 월마트의 대변인처럼 "이번 변화가 매장 내 쇼핑 경험을 개선하고, 우리 직원들이 고객에게 더 개인화되고 효율적인 서비스를 제공할 기회를 줄 것이라 믿습니다"라고 표현한다. 정중하면서도 세련된 방식으로 실패했다고 자인한 것이다. '경험을 개선한다'는 말은 이전에 제공한 경험이 만족스럽지 못했다는 뜻이며, '더 개인화된 서비스를 제공한다'는 말은 기계가 제공하는 서비스가 비인격적이고 부족했다는 사실을 인정한 것이다. 결국 고객 중심의 선제적 조치처럼 포장된 이런 전략적 후퇴는 지난 10년간 셀프 계산대가 일으킨 심각한 재정적·경험적 문제에 대한 뒤늦은 대응인 셈이다. 유통업계의 거대한 무게 추가 마침내 정반대 방향으로 움직이기 시작한 것이다.

더 똑똑한 기계 vs. 더 현명한 인간

최근 다시 셀프 계산대가 늘어나고 있다. 유통업계는 1세대 셀프 계산대가 남긴 숙제, 즉 높은 상품 손실률과 끔찍한 사용자 경험을 해결하기 위해 크게 두 가지 측면에서 보완하고 있다.

첫 번째는 운영 정책 측면에서의 대응이다. 예컨대 카트에 담긴 상품 개수가 많지 않은 경우에만 셀프 계산대를 이용하게 하고, 직원이 셀프 계산대 근처에 대기하며 도움이 필요할 경우 즉시 개입하는 이른바 '인

혁신은 왜 실패하는가

간-기계 협업 모델'을 통해 부작용을 최소화하고 있다. 표면적으로는 묘책을 찾은 것처럼 보이지만, 그림자 노동은 여전하다.

두 번째는 1세대 셀프 계산대보다 더 고도화된 기술로 대응하려는 노력이다. 하지만 새로운 기술들이 과연 근본적인 문제를 해결할지, 아니면 더 복잡하고 교묘한 형태로 문제를 변형시킬지 잘 따져봐야 한다.

오늘날 우리가 마주하는 2세대 셀프 계산대는 과거의 어설픈 기계와 다르다. 가장 큰 변화는 AI와 컴퓨터 비전 기술의 결합이다. 이제 기계는 바코드가 없는 신선식품이나 빵 같은 상품을 시각적으로 인식해 스스로 품목을 찾아낸다. 이는 고객이 일일이 상품을 검색해야 했던 가장 큰 불편함 중 하나를 해결해준다. 동시에 이 '모든 것을 보는 눈'은 고객이 가방에 담는 물건과 스캔한 물건을 실시간으로 대조해 '부분 손실'을 잡아내는 감시자 역할도 수행한다.

이런 감시 기술의 극단적 형태가 바로 영국의 테스코가 도입한 '비디오 판독Video Assistant Referees, VAR' 스타일의 카메라 시스템이다. 축구 경기에서의 비디오 판독처럼, 천장에 달린 AI 카메라가 고객의 모든 행동을 녹화하다가 스캔하지 않고 가방에 넣는 행위가 포착되면 즉시 해당 장면을 고객 앞 화면에 재생하며 "마지막 상품이 제대로 스캔되지 않았습니다"라는 경고를 띄운다. 이는 상품 손실 문제에 대한 가장 직접적이고 강력한 기술적 대응이다.

한편, 계산대라는 공간 자체를 없애려는 시도도 계속되고 있다. 월마트의 '스캔앤드고Scan & Go'나 아마존의 '대시 카트Dash Cart'와 같은 기술이 대표적이다. 고객은 쇼핑하는 동안 자신의 스마트폰이나 스마트 쇼핑카트로 직접 상품을 스캔하고, 앱에서 바로 결제한 뒤 매장을 떠난다. 이는 계산대에서의 '그림자 노동'을 쇼핑 과정 전체로 분산시키는 방식이다. 또한 테스코가 시험하는 '하이브리드 계산대'처럼, 필요에 따라 셀프 서비스 모드와 직원 서비스 모드로 전환하게 하는 것도 새로운 대안으로 떠오르고 있다.

이처럼 진화한 기술들이 1세대 셀프 계산대의 문제점을 일부 개선한 것은 사실이다. 하지만 근본적인 철학적·사회적 문제는 해결되지 않았거나 오히려 증폭되고 있다.

첫째, '그림자 노동 2.0'의 등장이다. '스캔앤드고' 기술은 계산대에서 기다리는 수고를 덜어주는 것 같지만, 실제로는 고객이 매장을 돌아다니며 물건을 고를 때마다 직접 상품 바코드를 스캔하도록 만든다. 결국 과거에 직원이 수행하던 계산 업무를 고객이 쇼핑하는 내내 보상 없이 대신 처리하는 셈이다. 그 과정에서 앱이 다운되는 현상, 불안정한 매장 와이파이, 스마트폰 배터리 방전과 같은 새로운 종류의 불편함이 발생한다. 노동 형태만 바뀌었을 뿐, 그 총량과 책임은 여전히 고객 몫으로 남아 있다.

둘째, '감시 사회'와의 불편한 거래다. 테스코의 VAR 시스템은 절도를 막는다는 명분 아래 쇼핑 공간을 전방위적 감시 공간으로 탈바꿈시킨다. 고객의 모든 행동이 녹화되고 분석되며, 사소한 실수가 잠재적 범죄 행위로 간주된다. 이런 시스템에 대한 대중의 조롱 섞인 반응은 편리함을 위해 사생활과 존엄성을 희생해야 한다는 거부감을 드러낸다.

셋째, '디지털 격차'의 심화다. 최신 스마트폰, 안정적인 데이터 통신, 높은 수준의 디지털 활용 능력을 전제하는 새로운 시스템들은 기술에 익숙하지 않은 계층을 더욱 철저히 소외시킬 위험이 크다. 예컨대 최근 커피숍과 패스트푸드 매장에서는 무인 키오스크가 빠른 속도로 사람을 대체하고 있다. 직원은 상품 선택과 결제 과정에 전혀 개입하지 않는다.

디지털 기기 사용에 취약한 고령층, 휠체어를 사용해 화면을 터치할 수 없는 신체 부자유자, 사람과의 상호작용이 절실한 시각장애인은 오히려 걸림돌 취급을 당한다.

요컨대 셀프 계산대의 역사는 기술적 우월성에 대한 맹신이 어떻게 인간의 가치를 과소평가하고, 해결하려던 문제보다 더 큰 문제를 낳는지 생생하게 보여준다. 업계의 주된 반응은 "인간을 대체하려던 최초의 가정이 잘못되었다"라고 성찰하는 대신, "기술의 실패는 더 강력한 기술로 해결한다"라는 또 다른 기술 만능주의로 이어지고 있다. 하지만 영국의 작은 슈퍼마켓 부스가 셀프 계산대를 과감히 없애고, 거대 기업 월마트가 그 운영을 전략적으로 축소한 사례는 새로운 방향을 시사한다. 이는 무작정 사람을 기술로 대체하는 것이 아니라, 오히려 사람을 도와 그 능력을 더 키워주는 현명한 혁신이 필요하다는 점을 보여준다.

결국 셀프 계산대의 근본적 실수는 기술의 한계가 아니라 관점의 문제였다. 셀프 계산대는 '사람'이 가진 여러 겹의 가치를 제대로 보지 못했다. 직원이 주는 신뢰감, 단골손님 맞춤형 대응, 상품에 대한 지식, 그리고 예상치 못한 문제가 생겼을 때 발휘되는 유연한 대처 능력과 같이 정량적 지표로는 표현하기 어려운 가치들을 간과한 것이다.

진정한 혁신이란 사람의 일을 완벽하게 대체하는 기계를 만드는 것이 아니다. 오히려 사람만이 가진 강점을 제대로 인정하고, 그 강점을 더 키워줄 시스템을 고민하는 데서 시작된다. 따라서 셀프 계산대가 우리 사회에 던진 질문은 "이 일을 기계가 할 수 있는가?"가 아니라, "이 일을 기계에 맡겼을 때, 그 대가로 우리는 무엇을 잃게 되는가?"이다.

Q1. 우리의 솔루션은 고객에게 진정한 '편의'를 제공하는가, 아니면 비용을 그림자 노동이라는 형태로 고객에게 교묘히 떠넘기는가?

셀프 계산대는 기업에 인건비를 줄여주었지만, 그 대가로 고객에게 계산 노동을 강요했다. 이것은 혁신이 아니라 비용 전가다. 고객이 겪는 불편함과 시간 소모가 기업이 얻는 이익보다 크다면, 그 혁신은 결코 지속 가능하지 않다. 고객은 바보가 아니다. 그들은 자신이 부당하게 노동하고 있다는 사실을 깨닫는 순간, 뒤도 돌아보지 않고 떠날 것이다.

✪ **이 기술을 도입했을 때, 고객이 얻는 명확하고 즉각적인 이익은 무엇인가?**

진단 포인트　고객이 새로운 기술을 익히기 위한 노력을 기꺼이 감수할 만큼, 시간의 획기적 단축이나 가격 할인 같은 보상이 확실해야 한다. 만약 기업의 효율성만 높아지고 고객은 번거로워진다면 그것은 혁신이 아니라 '비용 전가'에 불과하다. 고객의 지갑을 열려면, 고객의 시간을 아껴주거나 그에 상응하는 가치를 돌려주어야 한다.

✪ **고객이 수행해야 할 새로운 작업이 무엇인지 구체적으로 확인했는가?**

진단 포인트　바코드 찾기, 화면 메뉴 선택, 오류 시 대응, 포장 등 고객이 수행해야 할 과업의 난이도와 예상 소요 시간을 현장에서 초 단위로 정밀하게 측정해야 한다. 그 과정에서 고객이 느낄 수 있는 미세한 짜증과 인지적 피로도를 과소평가하면, 기술은 편의가 아닌 고통이 된다.

✪ **디지털 약자(노인, 장애인, 비숙련자 등)에 대한 대안이 마련되어 있는가?**

진단 포인트　모든 고객이 디지털 네이티브는 아니다. 기술 장벽으로 인해 서비스에서 소외되거나 이용을 포기하는 일이 없도록 반드시 '우회로'를 함께 마련해두어야 한다. 사용자의 다양성을 고려하지 않은 기술은 특정 계층에 대한 폭력이 될 수 있다. 포용성은 선택이 아닌 필수다.

Q2. 기계가 인간을 '대체'하는 것을 목표로 하는가, 아니면 인간의 역할을 '보완'하고 '재정의'하는 것을 목표로 하는가?

셀프 계산대가 우리에게 들려주는 교훈은 '기계는 인간을 완벽하게 대체할 수 없다'는 것이다. 기계는 효율을, 인간은 가치를 만든다. 자동화를 위한 핵심 성공 요소는, 기계가 잘하는 일(반복적 계산, 빠른 데이터 처리 등)과 사람이 잘하는 일(유연한 대처, 감정 교류, 문제 해결 등)을 현명하게 나누고 결합하는 데 있다.

✪ **완전 자동화가 불가능한 '예외 상황'을 어떻게 처리할 것인가?**

진단 포인트　기계가 해결하지 못하는 오류나 돌발 상황이 발생했을 때, 즉시 개입해서 문제를 해결해줄 인간 전문가가 적재적소에 배치되어 있어야 한다. 기계가 멈췄을 때 고객을 구출해줄 사람이 없다면, 그 시스템은 자동화된 편의 시설이 아니라 탈출구 없는 미로가 된다.

✪ **기술 도입 후 직원의 역할이 어떻게 변화하는가?**

진단 포인트　단순히 인력을 줄이는 것이 목표가 되어서는 안 된다. 직원들을 단순 반복 업무에서 해방시켜 상담, 큐레이션, 고객 관리 등 더 가치 있는 서비스에 집중하도록 재배치하는 구체적인 계획이 있어야 한다. 직원의 역할을 기계의 보조자가 아닌 관리자로 격상시키는 것이 자동화의 궁극적인 미션이다.

✪ 고객에게 '선택권'을 부여하고 있는가?

진단 포인트　모든 고객을 하나의 방식, 즉 기계로만 강제로 몰아넣어서는 안 된다. 상황과 취향에 따라 기계와 사람 중 편한 방식을 선택할 수 있는 유연성을 제공해야 한다. 선택권이 없는 기술은 고객에게 서비스가 아니라 강요로 받아들여진다.

Q3. 기술의 '스펙'만 보고 있는가, 아니면 그 기술이 작동할 '현장'의 살아 있는 맥락을 이해하고 있는가?

공간의 성격은 물리적 형태가 아니라 그곳을 채우는 심리적 맥락에 의해 결정된다. 기술 또한 마찬가지다. 기술이 도입될 환경적·문화적 토양을 고려하지 않으면, 아무리 뛰어난 첨단 기술도 결국 외면받는 무용지물이 될 뿐이다.

✪ 기술이 도입될 실제 현장의 물리적·심리적 환경을 관찰했는가?

진단 포인트　책상머리에서 기획한 이상적인 프로세스가 아니라, 실제 현장의 소음, 조명, 동선, 그리고 그곳을 이용하는 사람들의 심리 상태(급함, 피곤함, 여유로움 등)를 철저히 반영해서 설계해야 한다. 현장의 디테일을 놓친 기술은 현장에서 혼란만 가중시킬 뿐이다.

✪ **우리 조직이나 사회의 문화적 특성과 충돌하는 지점은 없는가?**

진단 포인트 '빨리빨리' 문화, 대면 서비스 선호, 혹은 특정 사회적 금기 등 기술 수용에 영향을 미칠 수 있는 보이지 않는 문화적 요인을 고려해야 한다. 기술은 문화를 이길 수 없으므로, 기술을 억지로 끼워 맞추기보다 문화적 흐름에 자연스럽게 올라타는 방식을 택해야 한다.

✪ **기술 도입 과정에서 이해관계자(직원, 고객 등)와의 소통이 충분히 이루어졌는가?**

진단 포인트 일방적인 통보가 아니라, 기술 도입의 필요성을 설득하고 그들의 우려를 경청하며 피드백을 반영하는 과정을 거쳐야 한다. 공감 없는 혁신은 내부의 저항에 부딪혀 실패하기 마련이며, 구성원의 지지야말로 기술이 안착하기 위한 가장 중요한 기반으로 작용한다.

12장

비상 루프 없는 자동화의 비극

::

보잉, 우버, 테슬라의 오토 파일럿 시스템이 취약한 이유는?

8,000피트 상공, 기계 속 유령과의 사투

2018년 10월 29일 인도네시아 자카르타 상공, 라이온에어 610편 (JT610) 조종실은 이륙한 지 13분 만에 혼돈에 휩싸였다. '스틱 셰이커stick shaker'가 시끄럽게 울부짖기 시작한 것이다. 이는 항공기가 양력을 잃고 추락하는 실속失速 상태에 임박했다는, 조종사에게 가장 공포스러운 경고 신호였다. 하지만 계기판은 이해할 수 없는 이야기를 하고 있었다. 항공기는 충분한 속도로 순항 중이었고, 실속과 거리가 멀었다. 더 혼란스러운 것은 기장과 부기장의 계기판이 서로 다른 고도와 속도를 표시한다는 점이었다.

두 조종사는 본능적으로 기수를 들어 올리려 안간힘을 썼다. 그러나 그들의 필사적인 노력에도 불구하고, 거대한 보잉 737 MAX 8 항공기는 마치 블랙홀에 빨려 들어가는 듯 끈질기게 기수를 아래로 내리꽂았

 혁신은 왜 실패하는가

다. 인간과 기계 사이에 처절한 줄다리기가 시작되었다. 조종사들이 조종간을 당겨 기수를 올리면, 불과 몇 초 뒤 비행기 스스로 다시 기수를 아래로 꺾었다. 이 끔찍한 싸움이 수십 차례 반복되었다. 그들은 폭풍이나 엔진 고장처럼 눈에 보이는 적과 싸우는 것이 아니라 비행기 자체, 즉 자신들이 조종하는 기계 속 유령과 싸우고 있었다. 결국 JT610편은 이륙한 지 13분 만에 189명의 탑승자 전원과 함께 자바해의 푸른 물 속으로 사라지고 말았다.

이런 비극이 벌어진 지 채 5개월도 지나지 않은 2019년 3월 10일, 에티오피아항공 302편(ET302) 역시 이륙한 지 6분 만에 똑같은 비극을 맞았다. 157명의 생명이 허무하게 스러졌다.

두 참사의 원인이 밝혀지기까지 오랜 시간이 걸리지 않았다. 조종사들을 절망적인 사투로 몰아넣은 유령의 정체는 바로 조종 특성 향상 시스템Maneuvering Characteristics Augmentation System, 줄여서 MCAS라고 불리는 자동 비행 제어 소프트웨어였다.

MCAS는 보잉 737 MAX의 탄생 배경과 깊숙이 연결되어 있다. 737 시리즈는 1960년대부터 줄곧 항공업계 베스트셀러의 위상을 지켜왔지만, 경쟁사인 에어버스Airbus가 내놓은 연비가 우수한 A320neo 기종에 맞서려면 대대적인 업그레이드가 필요했다. 보잉Boeing은 완전히 새로운 기체를 설계하는 대신, 기존 737 동체에 더 크고 연료 효율이 좋은 신형 엔진을 장착하는 길을 택했다. 이는 개발 시간과 비용을 줄이고, 무엇보다 조종사 재교육에 드는 막대한 비용을 피하게 하려는 상업적 계산에서 비롯되었다.

하지만 이런 결정은 예상치 못한 물리적 이슈를 초래했다. 새로운 엔진의 부피가 커서 기존 엔진보다 더 앞쪽, 그리고 약간 더 높은 위치에 장착할 수밖에 없었다. 이 미세한 변화가 특정 비행 조건에서 기수가 의도치 않게 들리는 공기역학적 불안정성을 일으켰다. MCAS는 바로 이 문제를 해결하기 위해 급하게 제작된 소프트웨어 차원의 '땜질'이었다. 이는 기수가 비정상적으로 높아지는 것을 감지하면 자동으로 기수를 아래로 눌러 안정성을 확보하도록 설계되었다.

이 시스템의 가장 치명적 결함은 하나의 받음각Angle of Attack, AoA(항공기의 날개와 불어오는 바람 사이의 각도. 비행기가 뜰 때는 충분히 속도를 낸 상태에서 이 받음각을 적절히 높여줌으로써 날개 위아래의 압력 차이를 극대화하고, 이를 통해 양력을 얻음) 센서에서 발생하는 데이터에만 전적으로 의존했다는 점이다. 항공기에는 두 개의 AoA 센서가 달려 있지만, MCAS는 그중에서 하나만 사용했다. 이런 상황에서는 만약 해당 센서가 새 떼와 충돌하거나 정비 미흡 등 비정상적인 상황으로 잘못된 값을 보내더라도, 시스템이 이를 '진실'로 받아들이고 파멸적인 행동을 개시할 수밖에 없다. 두 추락 사고에서 모두 그런 일이 벌어진 것이다.

더욱 심각한 문제는 보잉이 MCAS의 존재와 이것의 통제 권한이 강력하다는 사실을 의도적으로 감췄다는 점이다. 비행 매뉴얼에는 MCAS에 대한 언급이 아예 없었고, 조종사들은 시뮬레이터 훈련에서도 이 시스템의 오작동 상황을 단 한 번도 경험하지 못했다. 사측은 MCAS가 조종사들이 결코 인지하거나 개입할 필요 없는 단순한 배경 기능이라고 설명했다. 새로운 기술 도입에 따른 복잡한 인증 절차와 추가 훈련 의무를 회피하려는 의도였다. 이런 결정은 결국 346명의 목숨을 앗아간 비극의 씨앗이 되었다. 조종사들은 자신들이 무엇과 싸우는지, 그 적의 이름조차 알지 못한 채 죽음의 바다로 내몰렸다.

이는 단순히 기술적 결함 문제가 아니었다. 과거 증기기관 시대 공장

  혁신은 왜 실패하는가

들이 전기의 진정한 잠재력을 이해하지 못하고 낡은 증기기관을 대체하는 수준으로 접근했다가 값비싼 실패를 맛보았던 역사와 놀랍도록 빼닮았다. 당시 공장주들은 전기를 그저 '더 깨끗한 증기'로 취급하며 기존의 비효율적인 동력 전달 시스템에 그대로 끼워 맞췄다. 이처럼 새로운 기술을 낡은 사고의 틀에 억지로 구겨 넣는 '땜질식 접근'은 기술의 잠재력을 억누를 뿐만 아니라, 예상치 못한 새로운 위험을 만들어낸다. 보잉은 MCAS라는 소프트웨어 패치를 통해 낡은 기체의 문제를 덮으려 했지만, 결과적으로 시스템 전체를 무너뜨리는 치명적 복잡성을 낳았다.

자동화 시스템은 조종사의 업무 부담을 덜어주기 위해 만들어졌다. 하지만 역설적으로 MCAS는 조종사에게 인류 역사상 가장 혹독한 인지적 과부하를 안겨주었다. JT610편 조종사들은 스틱 셰이커(실속 경고)와 과속 경고라는, 서로 완벽하게 모순되는 경고를 동시에 들으며 사투를 벌여야 했다. 자동화 시스템의 실패는 단순히 기계가 의도한 대로 작동하지 않은 것만을 의미하지 않았다. 그것은 조종사가 상황을 이해하고 합리적 판단을 내릴 수 있는 현실 감각 자체를 파괴하는 '현실 왜곡장'을 만들어냈다. 조종사들은 비행기를 운항하는 동시에, 목숨을 건 극한 상황에서 과거에 그 누구도 풀어본 적 없는 수수께끼를 풀어야만 했다.

신뢰가 나태를 낳을 때, 자동화의 역설

보잉 737 MAX의 비극은 인간과 자동화 시스템 사이에 놓여 있는 근본적이고도 불편한 진실을 드러낸다. 인지 심리학자 리잔 베인브리지Lisanne Bainbridge는 일찍이 이런 현상을 '자동화의 역설Ironies of Automation'이라는 개념으로 명쾌하게 설명했다.

역설의 핵심은 이렇다. 자동화 시스템이 더 안정적이고 신뢰성이 높을수록, 그것을 감시하는 인간은 점점 더 주의를 기울이지 않게 된다. 시스템에 대한 믿음이 깊어질수록 인간의 경계심은 무뎌진다. 그 결과, 평소에는 완벽하게 작동하던 시스템이 드물게, 하지만 치명적으로 실패하는 바로 그 순간, 인간은 효과적으로 개입할 준비가 되어 있지 않다. 인간의 역할은 시스템이 경로를 이탈하지 않도록 감시하는 데 있지만, 시스템이 너무나 완벽하게 작동하(는 것처럼 보이)면 둔감해질 수밖에 없다. 설상가상으로 시스템이 알아서 굴러가면, 조종사는 수동으로 시스템을 직접 제어할 기회를 아예 가질 수 없다. 상황 판단 능력을 키울 수 없는 것이다. 결국 인간은 가장 위험한 상황을 가장 미숙한 상태에서 맞닥뜨리게 된다.

이는 하늘에서만 벌어지는 일이 아니다. 보잉 737 MAX 참사가 일어나기 불과 몇 달 전인 2018년 3월, 미국 애리조나주 템피의 어두운 도로 위에서도 비극이 벌어졌다. 시험 주행 중이던 우버Uber의 자율주행 자동차가 무단횡단하던 보행자를 치어 숨지게 한 것이다.

사고 차량에는 만일의 사태에 대비해 '안전 요원'이 탑승하고 있었다. 하지만 미국 국가교통안전위원회NTSB의 조사 결과, 그는 사고 직전까지 휴대폰으로 스트리밍 영상을 시청했다. 이는 '자동화로 인한 자기만족'을 보여주는 전형적인 사례다. 시스템이 대부분의 상황을 알아서 처리해줄 것이라는 과도한 믿음이 운전자의 주의력을 앗아간 것이다.

시스템 자체도 큰 문제였다. 차량의 센서는 충돌하기 5.6초 전에 보행자를 감지했다. 하지만 소프트웨어는 그 물체를 '미확인 물체', '차량', '자전거' 등으로 계속해서 잘못 분류하다가 충돌하기 불과 1.3초 전에야 '보행자'로 정확히 인식했다. 게다가 우버 개발 팀은 시험 주행 중 시스템이 너무 자주 급제동을 걸어 '승차감'을 해친다는 이유로, 자율주행 시스템이 스스로 긴급 제동 거는 기능을 꺼둔 상태였다. 시스템은 이미 위험을 감지했지만 스스로 멈출 수 없었다. 인간은 시스템을 믿고 다른 곳을 봤다. 그 틈에서 한 생명이 사라졌다.

보잉과 우버가 저지른 비극은 놀라울 정도로 유사하다. 각 사의 시스템을 설계한 사람들은 인간을 단순한 '부품'으로 취급했다. 그들은 인간이 복잡하고 예측 불가능한 상황에서 심리적 한계를 드러내는 존재라는 사실을 간과했다. 보잉은 조종사들이 전례 없는 경고 알람의 폭풍 속에서도 냉정하게 사전에 정의된 절차에 따를 것이라고 가정했다. 우버는 안전 요원이 지루함을 이겨내고 한순간도 놓치지 않고 전방을 주시할 것이라고 가정했다. 두 기업은 시스템이 감당할 수 없는 가장 어려운 과제, 즉 '예상치 못한 실패에 대처하는 임무'를 인간에게 떠넘겼다. 그러면서도 정작 그 임무를 수행하는 데 필요한 도구나 훈련, 심지어 인간의 인지적 한계에 대한 현실적 고려는 전무했다. 결국 인간은 시스템의 협력자가 아니라, 명시되지 않은 책임만 지고 실패의 최전선에 내몰린 최후의 보루였을 뿐이다.

이런 실패의 근본에는 '잘못된 최적화'가 자리 잡고 있다. 보잉은 '조종사 재교육 비용 최소화'를 위해 MCAS의 존재를 숨기는 길을 택했다. 우버는 '매끄러운 승차감'을 위해 긴급 제동 장치를 비활성화했다. 두 경우 모두 '안전한 실패'라는 핵심 가치보다 단기적이고 상업적인 목표가 우선시되었다. 진정으로 안전한 시스템을 설계할 생각이었다면, 보잉은 투명성을, 우버는 신중하고 조심스러운 대응을 최우선으로 삼았을 것이다. 결국 문제는 코드 한 줄에서 시작된 것이 아니라, 프로젝트가 '성공'을 어떻게 정의했는가에서부터 시작된 셈이다.

'모르겠다'고 말하지 못하는 시스템

이런 비극들을 관통하는 더 깊은 철학적 결함이 있다. 그것은 자신의 한계를 인지하고 인정할 줄 모르는, 오만하고 취약한 시스템을 설계했다는 점이다.

MCAS는 단순한 결정론적 논리에 따라 움직였다. '만약 AoA 센서값이 X보다 크면, 무조건 기수를 내린다.' 이 논리에는 "이 센서값이 정말 믿을 만한가? 다른 센서값과 충돌하지 않는가?"라는 질문을 던지는 과정이 존재하지 않았다. 시스템은 언제든 오염될 수 있는 단 하나의 데이터를 절대적 진리로 간주하고 맹목적으로 따랐다.

우버의 자율주행 시스템 역시 마찬가지였다. 소프트웨어는 보행자를 자전거부터 차량에 이르기까지 여러 가지 사물로 잘못 인식했지만, 그 과정 어디에도 "경로상에 장애물이 있지만 정체가 정확히 무엇인지 확신할 수 없다. 따라서 일단 속도를 줄이고 운전자에게 경고해야 한다"라는 이른바 '계속 주행한다'와 '멈춘다' 사이의 중간 상태가 없었다. 시스템은 충돌 직전까지 잘못된 확신을 가지고 주행을 계속했다. 테슬라의 오토파일럿 역시 도로 위에 갑자기 멈춰 선 차량이나 공사 표지판처럼, 깨끗하게 정제된 학습 데이터에 포함되지 않은 '예외 상황'에 대처하는 데 어려움을 겪었다. 이는 시스템이 자기 인식 능력의 한계를 깨닫고 안전하게 통제권을 인간에게 넘겨주는 데 실패할 수 있음을 보여준다.

이 시스템들은 일방통행로처럼 설계되었다. 그저 명령을 하달하기만 할 뿐, 인간이나 현실 세계가 들려주는 복잡한 피드백에는 전혀 귀를 기울이지 않았다. 737 MAX 조종사들이 필사적으로 기수를 들어 올리려 한 시도는 MCAS에 '인간과의 충돌' 신호로 해석되지 않았다. 오히려 시

   혁신은 왜 실패하는가

| 표 12-1 | 자동화 시스템의 실패 원인과 대안

특징	보잉 737 MAX (MCAS)	우버 자율주행 테스트 차량
공식 목표	기존 737과 동일한 조종 경험 제공과 실속 방지	운전자 없는 완전 자율주행 택시 서비스 개발과 실증
핵심 결함	숨겨진 시스템의 일방적 개입: 조종사에게 알리지 않은 채, 단일 센서 오류만으로 조종사의 제어를 무시하고 강제로 기수를 내림.	안전을 무시한 섣부른 판단: '승차감'을 이유로 긴급 제동 기능을 꺼둔 상태에서, 시스템이 보행자를 감지하고도 '확신'하지 못해 아무 조치도 하지 않음.
실패 속 인간의 역할	기계의 적敵: 시스템의 존재조차 모른 채, 자신과 싸우는 비행기의 통제권을 되찾으려 분투하는 '적대자'가 됨.	방심한 승객: 시스템이 모든 것을 처리해줄 것이라 믿고 감시 의무를 저버린 '구경꾼' 또는 '승객'으로 전락함.
대안: HMT Human-Machine Teaming	"조종사님, 문제가 발생했습니다": 센서값 충돌을 즉시 경고. "데이터를 믿을 수 없으니 직접 판단해달라"며 조종사에게 명확히 확인을 요청하고 개입을 멈추는 시스템	"잘 모르겠습니다, 일단 멈추겠습니다": 정체불명 물체를 발견하면 무리하게 주행하지 않음. "경로에 미확인 물체가 있다"라고 알리고 스스로 감속

스템은 인간의 조작을 '바로잡아야 할 오류'로 간주하고 자기 명령을 더 강하게 밀어붙였다. 이 설계 안에서 인간은 대화 상대가 아니라 극복해야 할 장애물이었다. 우버 시스템 역시 자신의 내부적 혼란 상태를 안전요원에게 전달할 방법이 없었다. "이 물체를 식별하는 데 어려움을 겪고 있습니다"와 같은 경고는 존재하지 않았다. 인간은 알고리즘이 잘못 동작한다는 사실을 전혀 알지 못한 채 의사결정 과정에서 소외되었다.

[표 12-1]은 각각의 실패 사례가 분야만 다를 뿐 놀라울 정도로 서

로 비슷한 구조임을 보여준다. 그 중심에는 한결같이 인간과의 소통을 거부하는 불투명하고 일방적인 설계 철학이 자리 잡고 있다.

이와 같은 오만한 설계가 불가피한 선택이었을까? 그렇지 않다. 구글Google의 자회사 웨이모Waymo의 접근 방식은 다른 길이 가능함을 보여준다. 웨이모는 통제 밖의 상황이나 예측불허의 위험 요소를 원천 차단할 수 있도록 지속적으로 관리하고 있음을 강조해왔다. 웨이모의 자율주행 시스템은 이해하기 어려운 상황에 직면하면, 무리하게 주행을 강행하기보다 스스로 속도를 줄이거나 안전하게 길가에 정차한 뒤 원격 관제 센터에 도움을 요청하도록 설계되어 있다. 이는 보잉, 우버, 테슬라의 시스템에 결정적으로 결여되어 있던 능력, 즉 모르는 것을 모른다고 인정하는 능력이다. 이 비교는 취약하고 오만한 설계가 기술적 필연이 아니라, 그것을 만든 조직의 철학적 '선택' 문제임을 명확히 보여준다.

결과적으로, 이와 같은 자동화 시스템은 작은 문제를 거대한 재앙으로 키우는 '취약성 증폭기' 역할을 했다. 구형 737 기종에서 AoA 센서 하나가 고장 났다면 계기판에 이상 신호가 뜨는 수준에 그쳤을 것이다. 그러면 조종사는 다른 상태값과 교차 확인하며 상황을 관리할 수 있었을 것이다. 하지만 737 MAX에서는 그 작은 결함 하나가 비행 통제 시스템 전체를 장악했다. 인간 운전자였다면 무단횡단하는 사람을 발견할 경우 순간 당황하더라도 일단 브레이크를 밟았을 것이다. 그러나 우버 시스템의 혼란은 안전장치의 부재가 더해져 치명적인 충돌로 이어졌다. 자동화는 인간이 가진 유연성, 즉 시스템 일부에 문제가 생겨도 상식과 임기응변으로 최악의 상황을 막아내는 능력을 제거해버렸다. 그 자리에 들어선 것은 단 하나의 오류로도 완전하고 치명적으로 붕괴할 수 있는 취약한 시스템이었다.

   혁신은 왜 실패하는가

인간과 기술의 관계를 다시 묻다

그렇다면 새로운 기술을 도입하지 말아야 하는가? 아니다. 인간과 기술의 관계를 재정립해야 한다. 인간이 기계를 일방적으로 사용하는 '주인과 도구' 모델에서 벗어나, 인간과 기계가 서로 강점을 존중하며 협력하는 '파트너십' 모델로 나아가야 한다. 이것이 바로 '인간-기계 협력 Human-Machine Teaming, HMT'의 핵심 철학이다.

HMT는 특정 기술이 아니라 설계 사상이다. 그 목표는 인간과 기계가 각자의 강점을 발휘해 시너지를 창출하는 것이다. 기계는 엄청난 속도의 데이터 처리, 지치지 않는 반복 작업, 정밀한 계산을 담당한다. 그리고 인간은 창의성, 상식, 윤리적 판단, 한 번도 겪어보지 못한 새로운 상황에 대한 대응력과 적응력을 담당한다. HMT의 목표는 인간을 대체하는 것이 아니라, 인간의 능력을 극대화하는 것이다.

진정한 HMT 시스템은 수동적 도구에 머무르지 않는다. 그것은 자기 의도를 전달하고, 인간의 목표를 이해하며, 상황에 맞춰 자기 행동을 조절할 수 있는 능동적인 팀원이다. 앞서 살펴본 실패한 시스템들과 HMT 시스템의 차이는 명확하다.

첫째, 투명성과 설명 가능성이다. 기계는 왜 그런 판단을 내렸는지 설명할 수 있어야 한다. 만약 HMT 버전의 MCAS가 있었다면 조종실에 이런 메시지가 떴을 것이다. "경고: 좌측 AoA 센서값(75도)과 우측 센서값(5도) 충돌. 센서 고장 의심. 자동 출력 조절 장치 해제 및 수동 트림 조작 권고." 이는 침묵 속의 강압이 아니라, 명확한 정보를 기반으로 한 대화다.

둘째, 협상 가능한 통제권이다. 통제권은 '켜고 끄는' 스위치가 아니다. 시스템과 인간은 상황에 따라 유연하게 통제권을 주고받을 수 있어야 한다. 시스템은 자신이 불확실할 때 인간에게 도움을 요청하고, 인간은 직관적으로 시스템을 제어할 수 있어야 한다.

셋째, 공유된 상황 인식이다. 시스템은 자기 자신과 세상에 대해서 어떻게 인식하고 있는지 인간에게 알기 쉽게 설명할 수 있어야 한다. HMT 기반의 자율주행 자동차는 단순히 무엇을 보고 있는지만 알려주는 것이 아니라, 무엇에 대해 '확신이 없는지'까지 알려준다. 예컨대 식별하기 어려운 물체를 발견하면 화면에 물음표로 표시해주는 식이다.

만약 이런 설계 철학이 스며들어 있었다면 결과는 크게 달라졌을 것이다. HMT 패러다임은 '인간의 실수'라는 개념 자체를 재구성한다. 기존 관점에서 보면 보잉 737 MAX와 우버 사고의 원인 중 하나는 '인간의 실수'(절차 미준수, 부주의)다. 하지만 HMT 철학은 본질적으로 다른 질문을 던진다. "시스템은 어떻게 인간을 실패로 내몰았는가?" 조종사의 '실수'는 감당하기 힘든 인지적 부하에 대한 필연적 반응이었으며, 안전요원의 '실수'는 자동화가 낳은 안일함Complacency의 예견된 결과였다. HMT는 설계자들에게 인간을 제거해야 할 오류의 변수가 아니라, 그들의 인지적·심리적 특성을 설계의 중심에 둘 것을 요구한다.

물론 진정한 HMT 시스템을 구축하기란 매우 어렵고 막대한 비용이 든다. 인간공학에 대한 심도 있는 이해, 고도화된 소프트웨어 설계, 그리고 광범위한 테스트가 필수적이기 때문이다. 이를 위해서는 '블랙박스' 알고리즘을 던져놓고 예외 처리의 책임을 인간에게 전가하는 방식보다 훨씬 더 많은 자본과 시간이 필요하다.

보잉은 재교육 비용을 절감하기 위해 HMT의 원칙을 외면했고, 우버는 상업적 성과를 앞세워 안전 기능을 무력화했다. 이는 안전하고 견고한 HMT 시스템의 도입이 단순한 기술적 과제가 아님을 시사한다. 오히려 단기적인 재무 성과보다 장기적인 안전과 회복 탄력성을 최우선 가치로 삼는 조직 문화, 그리고 이를 뒷받침할 경제적 유인이 선행되어야 함을 보여준다.

기계의 세계에서 인간의 자리를 찾다

이 모든 비극의 교훈은 명확하다. 기술 중심 프로세스의 우월성을 맹신하고 인간을 시스템의 약점으로 간주했던 시대적 착각에서 벗어나야 한다는 것이다. 보잉과 우버, 테슬라의 사례가 보여주듯, 시스템의 가장 약한 고리는 빈약하게 설계된 인터페이스 그 자체이며, 가장 큰 리스크는 권한과 정보를 차단당한 채 시스템 밖으로 밀려난 인간이다.

인간이 주도하는 시스템은 단 하나의 입력 오류로 인해 파국적인 결말을 맞이하는 법이 거의 없다. 우리는 상황에 적응하고, 임기응변을 발휘하며, 상식을 동원하고, 위급 시에는 적극적으로 도움을 청한다. 한순간에 산산조각 나기보다 기능을 유지하며 서서히 대응하는 '우아한 성능 저하Graceful Degradation'는 취약한 자동화 시스템에 부재한 인간만의 핵심 역량이다. MCAS에 맞서 사투를 벌였던 조종사들은, 바로 이 '우아한 대처'를 허용하지 않는 경직된 시스템에 인간의 유연성을 필사적으로 불어넣으려 했던 것이다.

모든 자동화된 안전장치가 무력화되었을 때, 최후 방어선으로 작동해야 할 '비상 루프Emergency Loop'는 다름 아닌 인간이다. 잘 훈련되고, 충분한 정보를 공유하며, 합당한 권한을 부여받은 인간 말이다. 비극은 설계자들이 기술의 무결점을 맹신한 나머지, 이 결정적인 비상 루프의 연결선을 스스로 끊어버렸을 때 잉태되었다.

이제 우리는 자동차와 병원, 금융 시스템, 그리고 일터에 이르기까지 삶의 모든 영역에 자동화 메커니즘을 이식하고 있다. 자동화의 적용을 모색하는 매 순간, 우리는 스스로에게 물어야 한다. 우리는 시스템을 인간과 협력하는 파트너로서 설계하고 있는가, 아니면 인간을 완전히 대체할 대체재로 접근하고 있는가? 우리는 시스템 안에 인간을 위한 '비상 루프'를 남겨두고 있는가, 아니면 막연한 낙관론에 기대어 안전을 위한 루프를 스스로 끊어내고 있는가?

하늘에서 스러져간 346명의 목숨과 도로 위에서 벌어진 비극이 우리에게 남긴 교훈은 뼈아플 정도로 명백하다. 그 어떤 최첨단 자동화 시스템이라 할지라도, 그것이 지향해야 할 최우선 기능은 그 중심에 선 인간의 대체 불가능한 가치를 존중하고 수호하는 것이다.

Q1. 우리는 기계를 '도구'로 보는가, 아니면 책임을 떠넘길 '대리인'으로 보는가?

보잉 사태에서 경영진은 소프트웨어MCAS가 하드웨어 설계의 불안정성을 완벽하게 덮어줄 것이라고 믿었다. 이는 기술을 문제를 해결하는 도구가 아니라, 구조적 결함을 감추고 책임을 대신 짊어질 대리인으로 취급한 것이다. 우버와 테슬라의 운전자들 역시 시스템이 알아서 운전해줄 것이라고 믿으며 자신들의 책임을 기계에 이양했다. 자동화의 가장 큰 함정은 인간으로 하여금 '기계가 알아서 하겠지'라는 심리적 안일함, 즉 도덕적 해이를 유발한다는 점이다. 우리가 도입하려는 기술이 인간을 더 유능하게 만드는 파트너인지, 아니면 인간이 귀찮은 책임으로부터 도망치기 위한 구실인지 냉정하게 판단해야 한다.

★ **시스템의 판단 근거를 인간에게 투명하게 설명할 수 있는가, 아니면 설명 불가능한 '블랙박스'로 남겨져 있는가?**

진단 포인트 우리의 시스템이 어떤 결정을 내렸을 때, 사용자(운영자)가 왜 이런 결과가 나왔는지 즉시 이해할 수 있는 직관적인 인터페이스나 설명 장치가 마련되어 있는가? 보잉의 조종사들은 MCAS가 왜 기수를 내리는지 알지 못했다. 시스템의 작동 원리가 사용자에게 비밀이 될 때, 그 시스템은 잠재적 시한폭탄이 된다. 사용자가 시스템의 '생각의 지도'를 읽을 수 있도록 시각화된 피드백 루프가 설계되어 있는지 확인해보자.

✪ **시스템의 한계와 결함을 사용자에게 공개하고 있는가, 아니면 '완벽함'이라는 가면을 띄우고 있는가?**

진단 포인트 '완전 자율', '알아서 해결'과 같은 마케팅 부서의 화려한 홍보 문구가 사용자의 경각심을 마비시키지 않도록 경계해야 한다. 테슬라의 '오토파일럿'이라는 명칭이 사용자에게 과도한 기대를 심어주었던 것처럼, 과장된 포장은 치명적 사고의 원인이 된다. 사용자가 시스템을 과신하지 않도록 기능의 한계점이 무엇인지 피부에 와닿게 반복적으로 교육하고 인지시키는 프로세스가 작동해야 한다.

✪ **비상 상황에서 통제권이 인간에게 넘어갈 때, 그 전환 과정이 물 흐르는 듯 자연스러운가, 아니면 복잡하고 요란한가?**

진단 포인트 자동화 시스템이 "나는 못 하겠으니 네가 해"라며 갑자기 통제권을 던져버리는 순간, 인간이 상황을 파악하고 대처하는 데 필요한 시간(인지적 예열 시간)을 확보해주는가? 우버 사고에서 보듯, 기계가 포기하는 순간과 인간이 개입해야 하는 순간의 간극이 0초라면 그것은 사고를 예약한 것과 다름없다. 통제권 전환 시 충분한 경고와 완충 시간을 제공하는지, 혹은 시스템이 최소한의 안전 상태Fail-safe를 유지하며 인간의 개입을 기다리도록 설계되었는지 점검해보자.

Q2. 인간을 '시스템 감시자'로 둘 것인가, 아니면 '의미 있는 협업 파트너'로 성장시킬 것인가?

자동화가 고도화될수록 인간은 감시자 역할로 전락한다. 몇 시간 동안 아무 일도 일어나지 않는 화면을 쳐다보다가, 혹시 모를 비상 상황이 터졌을 때 즉시 대응하라는 것은 인간의 뇌 구조상 불가능에 가깝다. 우버의 안전 요원이 딴짓을 한 것은 개인의 태만 탓도 있지만, 인간을 기계의 보조자로 전락시킨 시스템 설계 탓도 크다. 인간은 단순히 시스템이 멈췄을 때만 필요한 '비상용 예비 부품'이 아니다. 자동화 시대에도 인간은 여전히 상황을 전체적으로 조망하고 맥락을 읽어내는 주체여야 한다.

✪ 자동화 시스템 도입 이후, 인간 사용자의 숙련도가 떨어지는 '기술 퇴화Deskilling' 현상을 방지할 대책이 있는가?

진단 포인트　자동 항법 장치가 너무 뛰어나 조종사들이 수동 비행 감각을 잃어버리듯, 우리 조직의 구성원들도 시스템에 의존해 고유의 직관과 문제 해결 능력을 잃어가고 있지는 않은가? 시스템이 멈췄을 때를 대비해, 주기적으로 수동 업무를 수행하게 하거나 시뮬레이션 훈련을 통해 '야생의 감각'을 유지하도록 하는 교육 프로그램이 마련되어 있는지 확인해보자.

✪ 시스템은 인간이 지루함에 빠지지 않도록 적절한 수준의 '개입'과 '상호작용'을 요구하는가?

진단 포인트　사용자가 멍하니 화면만 바라보게 만들지 않고, 주기적으로 시스템의 상태를 확인하고 승인하게 하거나, 중요한 판단 순간에는 반드시 인간의 입력을 요구하는 식으로 '깨어 있는 상태'를 유지하게 만드는가? 인간을 루프Loop 밖으로 밀어내지 않고, 루프 안에 머물게 해 현재 상황을 제대로 인식하도록 유도하는 상호작용 디자인이 적용되었는지 점검해보자.

13장

자동화의 역설

::

로봇 프로세스 자동화는 정말 인간을 대체하고 있는가?

마법의 열쇠, '로봇 프로세스 자동화'

2010년대 중반, 전 세계 기업의 사무실 풍경을 송두리째 뒤바꿀 거대한 파도가 밀려왔다. 그것은 오랫동안 정체되어 있던 화이트칼라의 생산성을 비약적으로 향상시키고, 창의성을 저해하던 단순 반복 업무의 굴레를 끊어내겠다는 야심 찬 선언이었다. 비용은 획기적으로 낮추되 업무의 속도와 정확성은 비교할 수 없을 만큼 높여줄 마법의 열쇠, 바로 '로봇 프로세스 자동화Robotic Process Automation, RPA'의 등장이었다.

화면 위에서 춤추듯 반복되는 마우스 클릭, 시스템 사이를 분주히 오가는 데이터의 흐름, 끝없이 채워지는 디지털 서식들. 이 지루하고 고된 단순 반복 업무를 인간의 손과 눈이 아닌, 보이지 않는 소프트웨어 로봇이 마치 숙련된 베테랑처럼 처리한다는 발상은 너무나 매혹적이었다.

이 새로운 '디지털 노동자'는 잠을 자지도 않고, 불평을 하지도 않으며, 심지어 실수를 저지르지도 않는 완벽한 존재로 묘사되었다. 컨설팅 회사들은 약속이나 한 듯 장밋빛 보고서를 쏟아냈다. "귀사의 10명으로 구성된 백오피스 팀 업무 중 최소 3명분의 몫은 RPA 봇으로 완벽히 대체 가능합니다." 불과 몇 달 만의 투자금 회수, 연간 수만 시간의 노동 절감, 그리고 인간의 실수로 인한 오류 '제로Zero'. 보고서에는 눈부신 수치로 가득했다.

RPA의 등장은 단순한 도구의 출현 그 이상이었다. 그것은 사무실의 문제를 정의하는 문법 자체를 뒤바꾼 철학적 전환이었다. 비효율의 원인이 '낙후된 프로세스'가 아니라 '실수투성이 인간'으로 재정의되면서, 기술은 자연스럽게 유일하고도 완벽한 구원자의 자리에 등극하게 되었다. 게다가 이와 같은 마법의 열쇠는 접근성마저 탁월해 보였다. 천문학적 비용이 드는 기존 시스템의 전면 교체 없이, 기존 환경 위에 '만능 매크로'인 RPA를 얹기만 하면 즉각적인 자동화의 기적을 맛볼 수 있다는 달콤한 속삭임. 이는 혁신을 갈망하면서도 대규모 IT 투자는 주저하던 수많은 조직의 딜레마를 정확히 파고들었다.

가트너의 '하이프 사이클Hype Cycle'을 스쳐간 숱한 신기술이 그러했듯, RPA 역시 '기대의 정점Peak of Inflated Expectations' 단계에서 화려하게 데뷔했다. 기술적 우월성과 경제적 효율성이라는 두 날개를 단 RPA는, 의심할 여지 없는 장밋빛 미래를 약속하는 듯했다.

아침의 정적을 깬 경고음

그러나 그 화려한 약속이 현실의 차가운 벽에 부딪히기까지 그리 오랜 시간이 걸리지 않았다. 어느 날 아침, 출근한 직원들은 밤새 처리되었어야 할 수백 건의 주문 데이터가 미동도 없이 멈춰 있는 광경을 목격했다. 심야에 묵묵히 과업을 수행했어야 할 RPA 봇이, 단 한 번의 경고음도 없이 작동을 멈춰버린 탓이었다. 이것이 바로 수많은 조직이 직면했던 '고요한 아침의 경고음'이었다. 도대체 자동화의 원대한 꿈이 왜 이토록 허무하게 멈춰 선 것일까?

거창한 기술적 결함 때문에 발생한 일이 아니었다. 허탈할 만큼 지극히 사소한 변수들이 봇의 발목을 잡았다. 매일 접속하던 웹사이트의 로그인 버튼이 왼쪽에서 중앙으로 미세하게 이동했을 뿐인데, 봇은 길을 잃고 작업을 중단했다. 엑셀 보고서에 열 하나가 추가되자, 정해진 좌표의 데이터만 읽도록 설계된 봇은 작동 불능 상태에 빠졌다.

날짜 형식이 'YYYY-MM-DD'에서 'DD/MM/YYYY'로 예고 없이 바뀌거나, 보안 업데이트로 로그인 절차가 미세하게 변경되는 상황들. 숙련된 인간이라면 "아, 양식이 조금 바뀌었군" 하며 1초 만에 직관적으로 적응했을 변화들이, 오직 정해진 규칙과 화면상 좌푯값에만 의존하는 RPA에는 시스템 전체를 마비시키는 치명적인 오류로 인식되었다.

이처럼 봇이 수행할 동작과 순서를 미리 고정해둔 명령어 묶음, 즉 '스크립트Script'가 지닌 태생적 취약성은 RPA의 명백한 한계였다. 앞서 언급한 '고요한 아침의 경고'는 운 나쁜 몇몇 조직이 겪은 예외적 불상사가 아니었다.

EY를 비롯한 컨설팅 기관들의 보고서에 따르면, 초기 RPA 도입 프로젝트의 실패율은 무려 30~50퍼센트에 육박한다. 이는 자동화라는 장밋빛 약속 이면에 가려져 있던 냉혹한 현실의 민낯이었다.

역설적이게도, 빈번히 멈춰 서는 봇을 소생시키기 위한 새로운 직무가 탄생했다. 이른바 'RPA 운영자RPA Operator' 혹은 '봇 관리자Bot Controller'

로 불리는 직군들이다. 그들의 아침은 밤새 가동된 봇들의 생존 여부를 확인하는 것으로 시작된다. 멈춘 봇이 있다면 시스템 로그를 뒤져 예외 상황의 원인을 규명하고, 봇이 처리하지 못한 업무를 수동으로 수습하며, 다음 날 재가동을 위해 일정을 재조정한다. 인간을 고된 반복 노동에서 해방시키겠다던 기술이, 도리어 '봇을 보살피는' 또 다른 형태의 반복 업무를 창조해낸 것이다. 결국 자동화는 인간을 대체한 것이 아니라, 인간의 역할을 번거로운 방식으로 재정의했을 뿐이다.

이러한 현상은 RPA의 실패가 단순히 기술적 결함 때문만이 아님을 시사한다. 오히려 자동화 대상이 되는 업무의 본질을 오독誤讀한 결과에 가깝다. RPA 도입자들은 자신들의 업무 프로세스가 언제나 일정하고 정형화된 패턴을 따른다고 전제했다. 하지만 그들은 겉보기에 단순한 업무와 실제로 알고리즘이 소화할 수 있는 업무 사이의 거대한 간극을 간과했다. 결국 RPA의 높은 실패율은 기술력 부족 탓이 아니다. 그것은 예측 불가능하고 끊임없이 요동치는 현실 세계의 복잡성과 경직된 규칙 기반 도구 사이의 근본적 불일치가 빚어낸 필연적 귀결이었다.

복잡성 제거가 아니라 교묘한 재배치

겉보기에 RPA는 인간의 손을 빌려야 했던 수많은 단순 반복 업무를 효과적으로 처리하는 듯했다. 그러나 실상을 파헤쳐보면, 자동화는 복잡성을 제거한 것이 아니라 교묘하게 '재배치'했을 뿐임이 드러난다. 단순하고 예측 가능한 층위의 업무를 걷어내자, 이전에는 프로세스 속에 녹아 있어 보이지 않던 훨씬 더 까다롭고 미묘한 성격의 노동이 수면 위로 떠오른 것이다.

이 현상의 본질을 꿰뚫기 위해서는 헝가리 출신의 과학철학자 마이클 폴라니Michael Polanyi가 주창한 '암묵지'의 개념을 소환할 필요가 있다. 암묵지란 언어나 문자로 명확히 형식화하기 어렵지만, 우리가 분명히 인지하고 수행할 수 있는 체화된 지식을 뜻한다. 자전거를 타는 균형 감각이나 미세한 촉감으로 불량품을 선별하는 장인의 기술이 대표적이다.

폴라니의 통찰대로, "우리는 우리가 말할 수 있는 것보다 훨씬 더 많은 것을 알고 있다". 비즈니스 현장의 업무 또한 마찬가지다. 수많은 업무 프로세스는 매뉴얼에 적힌 명시적 규칙Explicit Rule이 아니라, 설명하기 힘든 암묵적 노하우와 맥락적 판단에 의해 지탱되고 있다.

RPA의 작동 영역은 철저히 명시적 규칙, 즉 '명시지'에 국한된다. 기계는 "만약 A라면 B를 실행하라"는 식의 단순한 논리 명령만 충실히 따를 뿐이다. 반면 인간 작업자는 차원이 다른 프로세스를 수행한다. "오늘은 시스템 응답이 평소보다 굼뜨니 잠시 대기해야겠다"라거나, "이 거래처는 월말마다 송금 오류가 잦으니 더블 체크가 필요하다"는 식의, 결코 규칙으로 정형화할 수 없는 맥락적 판단을 끊임없이 내린다. 결국 RPA는 업무의 효율과 안정성을 물밑에서 지탱해온 이 결정적인 '보이지 않는 노동', 즉 인간의 암묵지를 대체하는 데 실패했다.

결과적으로, RPA가 도입된 현장에서는 전례 없는 형태의 업무 분업이 전개되었다. 규칙적이고 반복적인 과업은 봇에 이양되었으나, 예측 불가능한 예외 상황, 미묘한 뉘앙스의 판단, 그리고 결과물에 대한 최종 검증의 책임은 오롯이 인간의 몫으로 남겨졌다.

과거에는 단순 작업과 판단이 혼재된 업무를 수행했다면, 이제는 봇이 해결하지 못한 난제를 수습하는 '예외 처리 전문가Exception Handler'로서 역할이 요구되는 것이다. 이는 결코 쉽거나 가치가 낮은 업무가 아니

　　　　　　　　　　　　　　　　　　　　혁신은 왜 실패하는가

다. 오히려 고도의 문제 해결 능력과 시스템 전반에 대한 깊은 통찰을 요하는, 훨씬 더 고밀도의 지식 노동으로 진화한 셈이다.

결국 RPA의 도입은 조직에 고통스럽지만 필수적인 자기 성찰의 계기가 되었다. 그동안 당연시되던 업무 프로세스가 실상은 얼마나 많은 비공식적 소통과 인간의 암묵적 판단에 위태롭게 의존하고 있었는지 적나라하게 폭로했기 때문이다.

봇의 빈번한 중단은 기계적 결함이 아니었다. 그것은 매뉴얼상의 공식 절차와 현실의 업무 수행 방식 사이에 존재하는 거대한 괴리를 알리는 경고등이었다. 통찰력 있는 조직이라면 이 신호를 통해 업무의 본질을 재고하고 근본적인 개선 기회로 삼았을 것이다. 그러나 기술 만능주의Technological Solutionism에 함몰된 다수의 조직은 이를 단순히 '지능이 부족한 봇의 기술적 문제'로 치부했다. 그들은 문제의 본질을 외면한 채, 더 많은 인력을 '봇의 감시자'로 투입하는 악순환에 빠져들었다. 이것은 과거 GM이 NUMMI 공장의 성공 비결이었던 'TPSToyota Production System'(토요타 생산 방식. 사람 중심의 지속적인 개선과 낭비 제거를 핵심으로 하는 토요타의 경영 철학)라는 조직 문화를 외면하고, 오직 로봇 기술 도입에만 집착했던 역사적 실책을 강렬한 기시감처럼 떠올리게 한다.

잘 되면 기술 덕분, 안 되면 사람 탓

기업이 신기술 도입과 자동화를 추진할 때 내세우는 명분은 통상 '업무 효율성 극대화'와 '인간의 오류 원천 봉쇄를 통한 정확성 향상'이라는 두 가지 미명으로 포장된다. 이에 따른 생산성 증대나 비용 절감의 성과는 의심의 여지 없이 기술 시스템이 이룩한 눈부신 전리품으로 기록된다.

그러나 본질적인 문제는 시스템이 불완전함을 드러내며 실패했을 때 발생한다. 자동화가 멈춰 섰을 때, 과연 그 책임의 화살은 누구를 겨냥하고 있는가? 여기서 자동화의 가장 어두운 이면, 즉 '책임의 비대칭성'이 적나라하게 드러난다. 시스템이 성공할 때는 영광이 기술과 설계자의 몫으로 귀속되지만, 실패할 때는 그 책임이 어김없이 최종 사용자에게 전가된다.

한 대형 금융기관의 사례는 이를 극명하게 보여준다. 새로 도입한 RPA 봇이 계좌 정보를 잘못 인식하는 바람에 천문학적인 금융 사고를 일으켰다. 사고 원인은 명백히 시스템의 오류였으나, 징계의 칼날은 봇을 개발한 IT 부서가 아닌, 그저 운영을 담당했던 현업 실무자를 향했다. 죄목은 '모니터링 소홀'과 '예외 상황 대처 미흡'이었다. 이는 자율주행 자동차가 알고리즘 결함으로 사고를 냈음에도, 제조사를 탓하는 대신 운전석에 앉아 있었다는 이유만으로 탑승자에게 모든 책임을 묻는 것과 다를 바 없는 모순된 논리다.

이러한 책임 전가는 결코 우발적인 해프닝이 아니다. 이는 노동자들을 통제하고 탈숙련화Deskilling하려 했던 구시대의 경영 철학이 디지털의 옷을 입고 부활한 망령, 바로 '디지털 테일러리즘Digital Taylorism'의 그림자다. 과거 프레더릭 테일러Frederick Taylor가 노동자의 복잡한 숙련 기술을 단순 동작으로 잘게 쪼개 관리자의 통제하에 두려 했던 것처럼, RPA는 현업 전문가의 고유한 암묵지와 판단력을 명시적 규칙의 집합, 즉 '스크립트'로 환원시킨다. 이 과정에서 인간의 지위는 창의적인 문제 해결사에서, 스크립트의 작동 여부를 감시하는 '기계 관리인'으로 격하된다.

이러한 구도 속에서 시스템의 실패는 기계의 결함이 아니라, 기계를 제대로 감시하지 못한 관리인의 태만으로 귀결된다. 이는 기술을 매개로 노동에 대한 통제력은 강화하되, 그에 따른 위험은 현장으로 떠넘기는 교묘한 권력의 재배치다.

영국의 농업 보조금 지급 기관인 농업지급청Rural Payments Agency의 '단일 직불제Single Payment Scheme'(복잡한 지원 항목을 없애고 농지 면적에 따라 보조금을 한 번에 지급하는 제도) 도입 사례는, 이러한 책임 전가 문제가 국가적 규모로 확장될 때 얼마나 파괴적인 재앙을 초래하는지 여실히 증명한다. 이 기관은 보조금 지급 효율화를 명분으로 대규모 IT 시스템 현대화 프로젝트를 야심 차게 추진했다.

그러나 프로젝트는 리더십의 공백, 부처 간 알력 다툼, 그리고 현장의 복잡성을 무시한 채 이상적인 모델만 고집한 기술 중심적Techno-centric 접근으로 인해 처참하게 좌초되었다. 수많은 농민이 제때 보조금을 받지 못해 생존권을 위협받는 극심한 재정난에 내몰렸다. 하지만 이번에도 실패 원인은 '현실과 괴리된 시스템 설계'가 아니라, '기능 장애에 빠진 리더십'과 '무능한 공무원' 탓으로 돌렸다. 불가능한 목표를 기술로 덮으려 했던 전략의 부재라는 본질은 덮어두고, 실행자들을 희생양으로 삼는 비겁한 패턴이 국가 단위에서 또다시 재현된 것이다.

결국 RPA는 인간을 완벽히 대체하는 자율적 주체Autonomous Agent가 아니었다. 오히려 인간의 끊임없는 관리와 무한한 책임을 요구하는, 예측 불허의 까다로운 '디지털 실체Digital Entity'를 조직 내부에 탄생시킨 것에 가깝다. 기술은 표면적으로 투명하고 객관적인 도구인 척 위장한다. 그러나 그 투명성은 역설적으로 기술이 야기한 실패의 책임을 인간에게 전가하는 은폐막으로 작용하며, 책임의 그림자를 조직 전체에 더욱 넓고 짙게 드리우고 있다.

자동화가 내미는 '진짜 청구서'

RPA 도입을 검토하는 경영진의 책상 위에 놓이는 비용-효과 분석은 매혹적일 만큼 단순하고 명쾌하다. 줄어드는 인건비와 늘어나는 라이선스 비용이라는 두 가지 변수의 비교일 뿐이다.

그러나 이것은 빙산의 일각에 지나지 않는다. 자동화의 장밋빛 약속 이면에는 수많은 '보이지 않는 비용'이 똬리를 틀고 있다. 이 숨겨진 비용을 제대로 계산하지 못하면, 기업은 예기치 못한 재정적 늪에 빠지게 된다. 설익은 자동화가 들이미는 청구서는 우리가 상상하는 것보다 훨씬 더 액수가 크고, 그 구조 또한 복잡하기 때문이다.

가장 치명적인 숨겨진 비용은 바로 '유지 보수'라는 이름의 끝없는 족쇄다. 업계 통설에 따르면, RPA 유지 보수 비용은 초기 도입 예산의 20~30퍼센트에 육박하며, 이는 일회성이 아니라 매년 반복되는 고정비로 굳어진다.

여기에는 소프트웨어 업데이트나 보안 패치 같은 통상적인 비용뿐만 아니라, RPA와 연동된 수많은 내부 시스템 및 외부 웹사이트의 미세한 변화에 대응하는 비용이 모두 포함된다. 버튼 위치 하나, 메뉴 이름 하나만 바뀌어도 봇은 즉시 멈춰 서고, 그때마다 고가의 개발 인력이 투입되어 스크립트를 뜯어고쳐야 한다. 이는 마치 실시간으로 터져나오는 댐의 구멍을 손가락으로 막으러 뛰어다니는 것과 같은, 그야말로 '밑 빠진 독에 물 붓기'식의 소모적인 지출을 유발한다.

자동화의 규모가 임계점을 넘어서는 순간, '거버넌스Governance 구축'이라는 막대한 청구서가 새롭게 날아든다. 수십, 수백 개의 봇이 통제 없이 난립해 각개전투를 벌이는 순간, 조직은 걷잡을 수 없는 '관리 불능의

| 표 13-1 | **RPA의 약속과 숨겨진 비용**

비용 항목	영업 제안서에 담긴 약속	숨겨진 비용
소프트웨어	봇과 관리 도구에 대한 초기 라이선스 비용	연간 갱신 비용, 규모 확장에 따른 추가 라이선스, 신규 버전 업그레이드 비용, 개발/테스트 환경을 위한 별도의 라이선스
시스템 구축	초기 몇 개의 프로세스에 대한 일회성 개발 및 컨설팅 비용	망가진 프로세스 재설계 비용, 예상치 못한 복잡성 해결 비용, 낡은 레거시 시스템과의 연동 비용
인프라	기존 데스크톱 PC를 활용한다는 가정	봇 구동을 위한 전용 서버(물리/가상), 클라우드 호스팅 비용, 봇을 보호하기 위한 보안 인프라, 고가용성 및 재해 복구 시스템 구축 비용
유지 보수	선택 사항인 소규모 기술 지원 패키지	끊임없는 스크립트 수정, 문제 해결, 시스템 변경 후 회귀 테스트, 전문 유지 보수 인력 고용 비용으로 매년 초기 예산의 20~30퍼센트
거버넌스	언급되지 않음	자동화 추진 본부CoE 운영 인건비, 거버넌스 및 모니터링 도구 비용, 감사 및 규제 준수 보고서 작성 비용
인적 자본	자동화로 대체된 인력의 인건비 '절감'	RPA 개발자 및 운영자 채용/교육 비용, 변화 관리 프로그램 비용, 직원들의 두려움과 저항으로 인한 생산성 손실, 현업 담당자의 예외 처리 시간

카오스'에 직면한다. 어떤 봇이 핵심 시스템에 접속하고 있는지, 데이터 보안 규정Compliance은 준수하는지, 혹은 중복되거나 방치된 '좀비 봇'은 없는지……. 이를 중앙에서 통제하고 감독하는 시스템을 마련하는 일은, 이제 선택이 아닌 생존을 위한 필수 과제로 부상한다.

결국 많은 기업이 이를 관리하기 위해서 '자동화 추진 본부Center of Excellence, CoE'와 같은 별도의 중앙 운영 팀을 신설한다. 아이러니의 정점은, 이러한 중앙 통제 조직을 운영하는 데 투입되는 고임금 전문 인력과 예산이 당초 RPA 도입으로 얻으려던 인건비 절감분을 훌쩍 뛰어넘는 경우가 허다하다는 사실이다.

단순 반복 업무를 수행하던 '저비용 인력'은 줄어들었지만, 그 로봇을 관리하고 유지해야 하는 '고비용 기술 인력'은 오히려 비대해지는 역설. 결국 조직은 슬림해지는 것이 아니라, 더 비싸고 무거운 구조로 변모하는 '비용의 역습'을 맞이하게 된다.

자동화가 내미는 '진짜 청구서'에는 단순한 기술 도입 비용만 적혀 있지 않다. 그 아래에는 기술을 조직 깊숙이 이식하고, 끊임없이 유지하며, 엄격히 통제하는 데 소요되는 막대한 운영 비용이 명시되어 있다. 이러한 숨겨진 비용을 간과한 채 오직 장밋빛 투자 대비 수익ROI에만 취해 질주하는 자동화 전략은, 머지않아 조직을 더 큰 혼란과 재정적 위기로 몰아넣는 치명적인 부메랑이 되어 돌아올 것이다.

시스템의 중심에 다시 사람을 세우다

물론 모든 조직이 이 자동화의 딜레마 속에서 좌초한 것은 아니다. 뼈아픈 실패와 막대한 수업료를 치른 끝에, 일부 선도 기업들은 '인간 없는 완전 자동화'라는 초기의 허상에서 탈피해, 더 현실적이고 지속 가능한 궤도로 전략을 수정했다.

그 핵심은 기술로 인간을 '대체'하려는 무모한 시도를 멈추고, 인간의 고유한 역량을 존중하며, 이를 돕는 '증강' 도구로 기술을 재정의한 데 있다. 즉 사람을 시스템에서 지우는 것이 아니라, 도리어 시스템의 중심에 '다시 사람을 바로 세우는' 근본적인 발상의 대전환을 이룬 것이다.

이 새로운 패러다임의 정점에 '인간 참여형 루프Human-in-the-Loop, HITL' 모델이 자리하고 있다. 이는 자동화가 초래한 사고를 인간이 사후에 수습하는 미봉책이 아니라, 설계 단계에서부터 인간의 고유한 판단과 개입을 시스템의 핵심 엔진으로 통합하는 선제적 접근 방식이다. 기계의 압도적인 연산 능력(대규모 데이터의 신속·정확한 처리 등)과 인간의 고차원적인 인지 능력(모호성에 대한 해석, 윤리적 판단, 예외 상황에 대한 유연한 대응 등)을 명확히 구분하고, 이 둘을 유기적으로 결합함으로써 시스템 전체의 총체적 완성도를 극대화하는 전략이다.

실제 성공 사례들은 이러한 접근 방식의 효용성을 명확히 입증한다. 일본의 한 대형 손해보험사는 당초 고객이 제출한 사고 서류를 100퍼센트 자동 처리하려다가 빈번한 오류의 늪에 빠져, 결국 전략을 선회Pivot 했다. 봇이 1차로 데이터를 입력하면, 인간 심사역이 직관적인 인터페이스를 통해 이를 신속하게 검증하고 수정하는 단계를 신설한 것이다.

결과는 놀라웠다. 아이러니하게도 완전 자동화를 포기하고 인간의 개입을 허용했음에도, 전체 보험금 처리 시간은 오히려 단축되었고 데이터 오류로 인한 고객 불만은 현저히 감소했다. 국내의 BNK캐피탈 역시 "RPA 솔루션을 맹목적으로 신뢰하지 않는다"는 확고한 철학 아래, 난도가 높은 문제는 과감히 인간의 영역으로 남겨두었다. 기계와 인간의 '최적 협업 구조'를 설계하는 데 집중함으로써 혁신을 성공적으로 완수한 것이다.

이러한 변화의 물결은 물류 현장과 공공 부문으로까지 확장되고 있다. 물류 로봇 기업 플러스원 로보틱스Plus One Robotics는 '욘더Yonder'라 불리는 원격 제어 플랫폼을 통해 고도로 훈련된 인간 감독관Crew Chief을 시스템의 중추로 배치했다. 이들은 로봇이 물품을 집어내지 못하는 등 스스로 해결할 수 없는 예외 상황에 직면하면, 즉시 원격으로 개입해 문제를 해결한다.

이는 설계 단계에서부터 인간의 개입을 '오류'가 아닌 시스템의 '핵심 요소'로 통합한 HITL 모델의 정석을 보여준다. 실제로 이 회사는 해당 시스템을 통해 고객사의 운영 효율을 획기적으로 개선하며 수백만 달러 규모의 비용 절감 효과를 입증하고 있다.

한편, 덴마크의 코펜하겐 시청은 RPA 도입 초기부터 로봇과 직원 간 '상호작용'과 협업 문화를 강조했다. 이를 통해 직원들이 가졌던 초기의 막연한 두려움과 저항을, 단순 반복 업무로부터의 해방과 새로운 기술에 대한 기대감으로 반전시키는 데 성공했다. 이는 기술 전략의 변화를 넘어, 인적 자원에 대한 조직의 철학적 전환을 시사한다. 직원을 절감 대상인 비용으로 간주하던 관점을 폐기하고, 기술이 모방할 수 없는 판단력을 지닌 핵심 자산으로 재인식한 것이다.

이제 기술은 대체재가 아닌, 인간이 고부가가치 업무에 집중할 수 있게 하는 보완재이자 협력자다. 결국 기계와 인간의 공존, 즉 사람을 다시 프로세스의 중심에 두는 것이야말로 수많은 시행착오 끝에 검증된 지속 가능한 자동화 모델이다.

혁신은 왜 실패하는가

자동화의 역설이 남긴 교훈

RPA의 등장은 자동화된 미래에 대한 달콤한 꿈을 꾸게 했지만, 현실은 오히려 인간의 역할이 더 중요해졌다는 역설을 일깨워주었다. 인간을 배제하려던 맹목적인 시도는 역설적으로 왜 인간이 시스템에 꼭 필요한 존재인지 더 확실하게 증명했다. RPA가 남긴 이 값비싼 시행착오 속에서, 우리는 미래의 모든 기술 혁신에 유효한 세 가지 뼈아픈 교훈을 얻을 수 있다.

첫째, 자동화는 노동의 '제거'가 아닌 '재배치'로 귀결된다. 기술을 도입한다고 해서 문제가 바로 사라지지는 않는다. 다만 문제의 양상을 바꾸고, 해결의 주체를 이동시킬 뿐이다. 단순 반복 업무라는 물리적 부담은 경감될 수도 있다. 그러나 그 빈자리는 시스템의 취약성을 관리하고, 돌발적인 오류에 대응하며, 기술이 내린 결정에 대한 최종 책임을 져야 하는, 훨씬 더 무겁고 심리적인 부담으로 채워진다. 따라서 신기술을 도입할 때는 무엇이 사라지는가에만 매몰되어서는 안 된다. 그 이면에서 무엇이 새롭게 부상하고, 그 보이지 않는 무게가 결국 누구의 어깨 위에 얹힐지 입체적으로 조망해야 한다.

둘째, 기술의 성공은 결벽에 가까운 '실패 제로'가 아니라, 정교하게 설계된 '회복 경로Recovery Path'에 달려 있다. 지상에 완벽한 시스템은 존재하지 않는다. 모든 기술적 시스템은 언젠가, 어떤 형태로든 반드시 오작동하기 마련이다. 과거 GM의 '불 꺼진 공장'이 남긴 뼈아픈 교훈은 명확하다. 진짜 위협은 실패 그 자체가 아니라, 그 실패에 유연하게 대처하지 못하는 시스템의 경직성이다. 따라서 관건은 '피할 수 없는 실패'를 얼마나 신속하고 정확하게 감지하고, 그 위기 상황에 누가, 어떤 권한으로 개입해, 사전에 합의된 경로를 통해 정상 상태로 안전하게 복구하느냐이다. 결국 자동화 프로젝트의 진정한 성패를 가르는 척도는 기술의 순간적인 정확도가 아니다. 그것은 예측 불허의 혼란 앞에서 조직 전체가 보여주는 체계적인 대응 역량, 즉 '회복 탄력성Resilience'이다.

셋째, 기술을 보이지 않는 곳에서 감시하고 관리하는 '보이지 않는 인간'을 존중해야 한다. RPA 같은 자동화 기술은 겉으로는 투명하게 잘 돌아가는 첨단 기술처럼 보인다. 하지만 화려한 화면 뒤에는 매일 시스템 로그를 확인하며 긴장 속에서 오류를 찾고, 문제가 터지면 밤낮없이 달려와 해결하는 수많은 사람의 노력이 숨어 있다. 기술이 만드는 피로감과 스트레스는 이렇게 묵묵히 일하는 '디지털 환경미화원'들의 어깨에 고스란히 얹혀 있다. 사람의 역할을 감추지 않고 그들의 전문성과 책임감을 존중하며 시스템 안에 명확히 통합할 때 진정한 자동화가 완성된다.

어쩌면 이것이야말로 자동화가 품은 가장 심오한 역설일지 모른다. 기술이 인간을 모방하며 완벽에 가까워질수록, 역설적으로 인간은 그 기술의 미세한 불완전함을 더욱 예민하게 감지하고, 그 결과에 대해 무한한 책임을 져야 한다는 사실이다.

우리의 당면 과제는 '인간이 배제된 무결점 시스템'이라는 허상을 좇는 것이 아니다. 오히려 인간의 불완전함을 현명하게 보완하고, 그들의 잠재된 지혜를 증폭시키는 기술을 설계하는 일이다. GM의 천문학적 실패와 멈춰버린 RPA 봇들이 남긴 결론은 하나다. 기술은 인간을 넘어서기 위해서가 아니라, 인간을 완성하기 위해 존재해야 한다.

Q1. 우리는 '노동의 제거'를 꿈꾸는가, 아니면 '노동의 성격 변화'를 목표로 하는가?

많은 조직이 자동화를 도입하며 필요 인력이 획기적으로 줄어들 것이라는 장밋빛 환상에 빠진다. 하지만 실제로는 시스템을 감시하고 오류를 수정하며 기계가 하지 못하는 예외 사항을 처리하는 '인지 노동'과 '그림자 노동'이 그 자리를 채운다. 이러한 사실을 간과하면 현장은 예상치 못한 업무 과부하에 시달리게 된다.

✪ **새로운 기술이 도입되었을 때 사라지는 업무와 새롭게 생겨나는 업무(모니터링, 데이터 보정, 오류 수정 등)가 무엇일지 구체적으로 검토했는가?**

진단 포인트　만약 '사라지는 업무' 목록만 있고 '새로 생길 업무'에 대한 목록이 없다면 문제다. 자동화는 노동을 없애는 것이 아니라, '하는 일'의 성격을 육체노동에서 고도의 인지 노동으로 바꿀 뿐이다. 그 변화의 총량을 계산하지 못하면 현장은 곧 마비된다.

✪ **기계가 처리하지 못하고 뱉어내는 '예외 비율**Exception Rate**'이 얼마나 될 것이라고 예상하는가?**

진단 포인트　공급사가 제시하는 '99퍼센트 성공률'을 그대로 믿으면 낭패를 볼 수 있다. 1퍼센트 예외 사항은 전체 업무 시간의 50퍼센트를 잡아먹는 '블랙홀'이 될 수 있다. 예상보다 3배 이상의 예외 상황을 가정하고,

이를 처리할 전담 인력과 대응 절차가 마련되어 있는지 확인하자.

Q2. 성공에 따른 '과실'과 실패의 '책임'이 공정하게 배분되는가?

자동화의 역설 중 가장 뼈아픈 부분은, 성과는 기술의 몫이고 책임은 사람의 몫이 되는 비대칭성이다. 시스템이 잘 돌아가면 '기술이 훌륭해서'이고, 사고가 나면 '담당자가 부주의해서'라는 식의 평가는 조직의 신뢰를 무너뜨리고 구성원들을 방어적으로 만든다.

✪ **시스템이 성과를 냈을 때, 보이지 않는 곳에서 장애를 막아낸 운영 인력의 기여도를 평가하는 기준이 있는가?**
진단 포인트 자동화의 성과를 오직 '기술 도입 덕분'으로만 돌리면, 그 시스템을 유지하기 위해 땀 흘린 사람들은 의욕을 잃는다. 기계가 멈추지 않게 한 사람들의 '보이지 않는 노력'을 지표화해서 보상해야 한다.

✪ **사고 발생 시 개인의 부주의를 탓하기보다 시스템적 결함을 먼저 살피는 문화가 있는가?**
진단 포인트 사고 원인을 '김 대리가 딴생각했기 때문'이라고 결론짓는 순간, 조직은 아무것도 배우지 못한다. 시스템을 설계할 때부터 사고 발생 가능성을 충분히 고려하지 못한 것을 탓하고 개선해야 한다.

Q3. '보이지 않는 비용'까지 포함한 진짜 계산서를 확인했는가?

초기 도입 비용과 인건비 절감액만 비교하는 단순한 ROI 계산은 위험하

 혁신은 왜 실패하는가

다. 자동화는 숨겨진 비용을 동반한다. 고도로 숙련된 유지 보수 인력의 높은 인건비, 시스템 경직성으로 인한 기회비용, 그리고 직원들의 사기 저하로 인한 생산성 손실까지 모두 비용으로 환산해야 한다.

✪ 시스템 도입 후 발생할 유지 보수, 업그레이드, 그리고 장애 복구 비용을 예산에 포함했는가?

진단 포인트　자동화 시스템은 한번 설치하면 끝나는 '가구'가 아니다. 끊임없이 먹이를 줘야 하는 '반려동물'에 가깝다. 초기 비용보다 운영 비용이 더 클 수 있음을 명심하고, 장기적인 TCO(총소유비용) 관점에서 투자 수익률을 다시 계산해보자.

✪ 자동화로 인해 사라질, 현장의 '암묵지'(노하우) 손실을 비용으로 환산해보았는가?

진단 포인트　베테랑 작업자의 '감感'은 장부상으로 0원이지만, 위기 상황에서 수억 원의 가치를 발휘한다. 자동화로 인해 이들이 떠나거나 노하우가 전수되지 않을 때 발생할 수 있는 리스크 비용을 간과해서는 안 된다.

14장

잿더미가 된 자동화 왕국

::

자동화 만능주의에 경종을 울린 오카도의 불 꺼진 공장

자동화 왕국이 불타던 밤

2019년 2월 5일, 영국 햄프셔주 앤도버의 밤하늘은 평소와 다른, 불길하고도 섬뜩한 붉은빛으로 뒤덮였다. 유럽 최대 온라인 식료품 기업 오카도Ocado가 자랑하던 최첨단 자동화 물류 센터가 거대한 화마火魔에 휩싸인 것이다.

그곳은 단순한 창고가 아니었다. 인간의 개입을 극도로 배제한 채, 수천 대의 로봇 군단이 일사불란하게 움직이며 상품을 분류하고 나르던, 그야말로 '미래형 공장'의 현현顯現이자, 당대 자동화 기술의 정점이 응축된 기술의 성지였다. 그곳은 마치 거대한 벌집을 연상시키는 정교한 3차원 격자3D Grid 구조물이었다. 그 위를 1,000대가 넘는 로봇 군단이 초속 4미터의 놀라운 속도로 질주하며, 50개 품목의 주문을 단 5분 만에 처리했다.

이 비현실적인 광경은 공상과학 영화의 한 장면을 현실로 소환한 듯했고, 인간의 숨결이 완전히 제거된 '불 꺼진 공장'의 꿈을 완벽하게 구현한 것처럼 보였다. 그 덕분에 오카도는 유통과 기술의 미래를 선도하는 혁신의 아이콘으로 추앙받았다. 특히 2016년 가동을 시작한 앤도버 센터는 주당 3만 건 이상의 주문을 소화하며 회사 전체 물류의 10퍼센트를 책임지는, 명실상부한 오카도의 핵심 시설이었다.

그러나 기술 혁신의 성지로 추앙받던 이 찬란한 자동화 제국은, 예기치 못한 작은 불씨 하나에 속절없이 무너져 내렸다. 2019년 앤도버 화재의 발단은 항간의 추측과 달리 첨단 로봇 간 충돌 따위가 아니었다. 정밀 조사 결과, 배터리 충전 유닛에서 튀어 오른 아주 작은 스파크가 비극의 직접적인 원인이었다. 이 자그마한 불꽃이 식료품을 운반하던 한 로봇의 플라스틱 외장재Housing에 옮겨붙었고, 그것이 거대한 재앙의 서막이 되었다.

이 거대한 자동화 제국을 붕괴시킨 장본인은 공상과학 영화 속 로봇의 반란도, 경쟁사의 압도적인 신기술도 아니었다. 파괴의 주범은 누구도 주목하지 않았던 안전 관리 시스템의 치명적인 '사각지대Blind Spot', 그토록 평범해서 오히려 더 섬뜩한 '작은 틈'이었다.

완벽을 자부하던 시스템의 심장부에서 미세한 불꽃 하나가 소리 없이 피어올랐다. 이내 그 불꽃은 창고를 가득 메운 인화성 포장재, 수천 대의 플라스틱 로봇 군단, 그리고 복잡하게 얽힌 전기 배선이라는 최적의 '연료'를 집어삼키며 순식간에 거대한 불길로 돌변했다. 첨단 기술의 눈부신 광채에 가려져 있던, 가장 원초적이고 치명적인 위험의 그림자가 비로소 그 실체를 드러냈다.

작은 불씨가 부른 거대한 화마

상황을 통제 불능의 파국으로 치닫게 한 가장 결정적 요인은, 역설적이게도 그 첨단 요새 안에 '사람이 부재했다'는 사실 그 자체였다. 현장에는 화재 초기 미세한 냄새나 시야를 흐리는 희미한 연기, 혹은 피부로 느껴지는 미묘한 온도 변화와 같이 기계 센서가 놓치기 쉬운 전조前兆 현상을 감각적으로 포착하고 즉각 대처할 인간이 전무했다.

만약 숙련된 관리자가 그곳에 상주했다면 동물적 직감과 경험을 바탕으로 위험을 감지하고, 망설임 없이 비상벨을 울리거나 시스템을 셧다운시킨 뒤 초기 진압에 나섰을 것이다. 하지만 고도로 정교하게 설계된 자동화 시스템은 최초 설곗값에 입력되지 않은 이 낯선 '이상 신호' 앞에서 마치 길 잃은 어린아이처럼 철저히 무력했다.

시스템의 붕괴는 여기서 멈추지 않았다. 화재 경보가 요란하게 울려 퍼졌음에도, 최초 감지 시점부터 소방 당국에 신고가 접수되기까지 무려 한 시간이라는 치명적인 공백이 발생했다. 생사를 가르는 '골든 타임'이 허무하게 증발하는 사이, 작은 불씨는 통제 불능의 재앙으로 몸집을 불렸다.

설상가상으로, 뒤늦게 현장에 도착한 누군가의 조작 실수로 스프링클러 시스템마저 일시 차단되는 초유의 사태가 벌어졌다. 오직 '운영 효율'에만 최적화된 경직된 기계와, 복잡한 시스템에 압도당한 인간의 판단 착오가 만나 '최악의 네거티브 시너지'를 빚어낸 것이다.

현장에 출동한 햄프셔 소방구조국HFRS은 즉각 전례 없는 난관에 봉착했다. 그들이 마주한 공간은 인간의 진입 가능성을 철저히 배제한 채, 로봇의 이동 효율성만 극단적으로 추구한 '인간 소외 설계' 그 자체였다.

혁신은 왜 실패하는가

천장까지 빽빽이 들어찬 적재물과 미로처럼 얽힌 좁은 통로는 소방관들의 진입을 거부하는 거대한 장벽이 되었다. 결국 지붕을 뚫고 위에서 물을 쏟아붓는 것 외에는 대안이 전무했다. HFRS가 공식 보고서에서 이 화재를 "영국 역사상 유례를 찾기 힘든" 복합적이고 위험한 재난으로 규정한 이유가 바로 여기에 있었다.

초기 진화의 골든 타임을 놓친 대가는 참혹했다. 2월 5일 시작된 불길은 8일까지, 무려 나흘 밤낮을 꼬박 집어삼키고서야 사그라들었다. 오카도의 심장부이자 기술적 자부심의 상징이었던 앤도버 센터는 거대한 잿더미로 변해 흉물스럽게 주저앉았다. 단 한 번의 화재로 전체 물류 역량의 10퍼센트가 허공으로 증발해버린 치명적인 타격이었다. 공식 집계된 직접 손실액만 약 1억 1,000만 파운드(한화 약 2,144억 원)였다. 그로 인해 오카도의 연간 손실액은 전년 대비 5배나 폭증하며 경영 전반에 경고등이 켜졌다.

이 사건은 '극강의 효율성'이 어떻게 그 자체의 '치명적 취약성'으로 돌변할 수 있는지 웅변한다. 로봇의 처리량을 극대화하기 위해 채택한 설계 원칙들(인간의 철저한 배제, 통로 제거, 그리고 저장 밀도의 극한 추구)은 화재라는 예기치 못한 변수 앞에서 재앙을 증폭시키는 '완벽한 기폭제'가 되었다.

시스템은 평시에 인간을 몰아냈을 뿐만 아니라, 위기 순간에 인간 구조대의 접근조차 허락하지 않는 '난공불락의 요새'가 되어 스스로를 불태웠다. 기술 만능주의가 약속했던 효율성의 낙원은, 역설적이게도 이토록 가장 '효율적'이고 파괴적인 방식으로 종말을 고했다.

상호작용적 복잡성이 빚은 교과서적 비극

과연 오카도의 화재를 단순히 운이 나쁜 우발적 사고로 치부할 수 있을까? 아니면 화려한 시스템 내부에 재앙의 씨앗이 잉태되어 있었던 것일까? 이 근원적 질문에 답하기 위해서는 사회학자 찰스 페로Charles Perrow의 '정상 사고Normal Accidents' 이론을 빌려올 필요가 있다.

페로는 현대 기술 시스템의 위험을 두 가지 핵심 개념으로 분석한다. 첫 번째는 '상호작용적 복잡성Interactive Complexity'이다. 이는 시스템의 구성 요소가 너무 방대하고 거미줄처럼 얽혀 있어, 설계자조차 그 모든 상호작용 경로를 예측하거나 통제할 수 없는 '불가지不可知' 상태를 뜻한다. 수만 개의 부품으로 이루어진 거대한 기계 속에서 작은 나사 하나가 풀렸을 때, 그것이 어떤 비선형적Non-linear 연쇄 반응을 일으켜 파국을 부를지 아무도 장담할 수 없는 것과 같다. 오카도 창고에서 발생한 미세한 전기 결함(나사)이 로봇의 플라스틱 덮개(부품)를 태우고, 이것이 다시 인접한 포장재(매개체)로 옮겨붙으며 걷잡을 수 없이 확산된 과정이야말로 상호작용적 복잡성이 빚은 교과서적 비극이다.

두 번째 핵심 개념은 '긴밀한 결합Tight Coupling'이다. 이는 시스템의 구성 요소들이 지나치게 촘촘히 맞물려 있어, 문제 발생 시 이를 차단하거나 수습할 '시간적 여유' 없이 순식간에 파국으로 치닫는 특성을 말한다. 마치 도미노 블록 중 하나가 쓰러지면, 물리 법칙에 따라 나머지 블록들이 연쇄적으로 무너지는 것과 같다. 오카도 창고의 초고밀도 격자 구조는 이처럼 긴밀한 결합의 결정체였다. 화마를 차단할 방화벽이나 불길을 늦춰줄 최소한의 '완충 지대'조차 허용되지 않은 탓에, 불붙은 상품 하나가 인접한 상품으로, 다시 그 옆으로 불길을 전이시키는 데 채 몇 분도 걸리지 않았다.

페로의 결론은 섬뜩하리만치 명쾌하다. '상호작용적 복잡성'과 '긴밀한 결합'이라는 두 가지 특성을 동시에 지닌 시스템에서, 대형 사고란 피할 수 없는, 말 그대로 '정상적인Normal' 귀결이라는 것이다. 그는 더 촘촘한 안전장치를 덧대고 소프트웨어를 개량하려는 노력이, 역설적으로 시스템의 복잡도만 가중시켜 또 다른 예측 불허의 사고 경로를 열어젖힐 뿐이라고 경고한다.

이러한 렌즈로 오카도 사태를 재조명하면, 앤도버의 화재는 우연한 불운이 아니다. 그것은 시스템을 설계할 때부터 내재된 구조적 필연에 가깝다. 극한의 효율과 통제를 좇아 축조된 이 복잡하고 긴밀한 자동화 제국은, 그 자체로 언제 터질지 모르는 시한폭탄을 품고 있었던 셈이다. 이는 기술 만능주의가 봉착한 근본적 딜레마를 폭로한다. 완벽하게 안전하고 효율적인 시스템을 구축하려는 열망 자체가, 역설적으로 가장 통제 불가능하고 파괴적인 위험을 잉태할 수 있다는 냉혹한 진실 말이다.

기술을 맹신하는 오만에 대한 경고

오카도의 비극은 결코 이례적인 사건이 아니다. 이는 기술에 대한 맹신이 어떤 파국을 초래하는지 증명하는, 역사 속에서 끊임없이 반복된 패턴의 '현대적 재현'일 뿐이다.

앞서 2장에서 다루었던 1980년대 GM의 사례를 상기해보자. 당시 CEO 로저 스미스는 급부상하는 일본 자동차 산업을 제압하기 위해 '라이트 아웃', 즉 완전 무인 공장이라는 야심 찬 비전을 천명했다. 그는 GM의 위기가 '낙후된 생산 방식과 품질 문제'가 아닌, 단지 '로봇의 부재' 탓이라고 오진誤診했다. 그 결과, 무려 900억 달러에 달하는 천문학적인 자본을 투입해 공장을 로봇으로 채워 넣었다.

그러나 결과는 처참했다. 통제를 벗어난 최첨단 로봇들은 서로 페인트를 분사하고, 엉뚱한 위치를 용접해 차체를 찢어버렸으며, 멀쩡한 앞유리를 박살 냈다. 생산성은 수직 낙하했고, 역설적이게도 '인간 없는 공장'은 멈춰 선 로봇을 수리하러 뛰어다니는 인간 기술자들로 북새통을 이뤘다. GM은 기술이라는 만병통치약에 취해 문제의 본질인 사람, 프로세스, 문화를 외면한 대가를 혹독하게 치러야 했다.

두 번째 흑역사는 불과 몇 년 전, 혁신의 최전선에 서 있던 테슬라에서 재현되었다. CEO 일론 머스크는 모델 3의 양산을 선언하며, 공장을 마치 '외계인 우주 전함'과 같은 완전 자동화 요새로 만들겠다고 호언장담했다. 그러나 현실은 그가 직접 명명한 대로 '생산 지옥Production Hell' 그 자체였다. 과도하게 투입된 로봇과 복잡하게 꼬인 자동화 설비는 끊임없이 오작동을 일으켰고, 생산 목표는 요원해졌으며, 회사는 파산 직전의 벼랑 끝으로 내몰렸다.

결국 머스크는 백기를 들었다. 공장 바닥에서 쪽잠을 자며 사투를 벌인 끝에, 그는 트위터를 통해 역사적인 자기반성문을 남겼다. "테슬라의 과도한 자동화는 실수였습니다. 정확히는, 나의 실수였습니다. 인간은 과소평가되었습니다Humans are underrated." 그는 고장 난 로봇을 걷어내고 그 자리에 다시 숙련된 인간을 투입하고 나서야 비로소 그 끔찍한 생산 지옥에서 탈출할 수 있었다.

시대도, 산업도, 적용된 기술도 제각각이지만, GM과 테슬라, 그리고 오카도의 실패담은 놀라울 정도로 섬뜩한 기시감을 공유한다.

패턴은 늘 동일하다. 강력한 비전을 가진 리더가 등장하고, 기술로

   혁신은 왜 실패하는가

해결하지 못할 난제는 없다는 '기술 만능주의'의 덫에 빠져든다. 천문학적인 자본을 쏟아부어 인간을 축출하고 완전 자동화를 밀어붙인다. 이 폭주하는 과정에서 현장의 프로세스와 인간의 역할은 철저히 묵살된다.

결국 시스템은 가장 예측 불가능한 방식으로 붕괴하고, 혹독한 대가를 치른 뒤에야 비로소 인간의 대체 불가능한 가치를 뼈저리게 재확인한다. 이 지긋지긋한 도돌이표는 실패의 원인이 불완전한 기술 그 자체가 아니라, 기술을 맹신하는 인간의 오만과 깊은 심리적 함정에 있음을 웅변한다.

기술 만능주의라는 인지적 함정

그렇다면 왜 현명한 리더들조차 같은 실수의 굴레에서 벗어나지 못하는가? 그 답은 인간의 뇌 깊숙이 각인된 '인지적 편향Cognitive Bias'에서 찾을 수 있다. 기술은 단지 인간의 이 심리적 취약점을 극대화하는 강력한 '확성기'일 뿐이다.

가장 치명적인 함정은 바로 '기술 만능주의'다. 이는 복잡다단한 사회적·조직적 난제를 단순한 기술적 문제로 환원하고, 새로운 기술을 도입하는 것만이 유일한 해법이라 맹신하는 경향을 말한다.

GM에 '일본과의 경쟁'이라는 거대한 과제는 고작 '로봇의 부재'로, 오카도에 '치솟는 인건비와 사람의 실수'라는 숙제는 '로봇 군단'으로 단순 치환되었다. '망치를 든 사람에게는 모든 문제가 못으로 보인다'는 격언처럼, 그들은 기술이라는 망치에 갇혀버린 것이다. 그 결과, 문제의 본질인 낙후된 프로세스, 경직된 조직 문화, 그리고 인간의 적응력 같은 근본 요소들은 철저히 사각지대로 밀려나고 말았다.

일단 거대한 기술적 비전이 선포되면, '확증 편향Confirmation Bias'이 그 뒤를 따른다. 이는 자신의 신념을 지지하는 증거는 수집하고 반대되는 증거는 철저히 배제하는 강력한 심리적 필터다. 수백억 달러의 판돈이 걸린 프로젝트 앞에서, 리더와 조직은 오직 성공을 담보하는 장밋빛 보고서에만 탐닉한다. 반면 현장의 절박한 경고나 NUMMI 같은 대안적 성공 사례, 그리고 기술의 위험성을 알리는 신호들은 '혁신을 가로막는 저항'이나 '지엽적인 소음'으로 격하된다. 결국 그들은 자신이 내린 결정이 옳았음을 입증하기 위해, 불편한 진실 앞에서는 눈을 감고 스스로를 고립시키는 비극적 폐쇄성을 선택하는 것이다.

마지막 단계에서 시스템은 사용자에게 '자동화 편향'이라는 심리적 족쇄를 채운다. 이는 자동화 시스템이 제공하는 정보를 맹신해, 자신의 직관이나 감각 정보와 상충하더라도 기계의 결정을 무비판적으로 수용하는 현상이다.

오카도 화재 당시, 요란한 경보음 속에서도 신고가 한 시간이나 지연된 것은 '설마 이 완벽한 시스템에 오류가 있을까?' 하는 안일한 믿음, 즉 자동화 편향이 작동했음을 강력히 시사한다. 시스템에 대한 과잉 신뢰가 인간의 비판적 사고를 마비시키고, 야생적인 위기 대응 감각을 거세해버린 것이다.

기술 만능주의가 거대한 환상을 잉태하고, 확증 편향이 그 환상을 맹목적 신념으로 굳히며, 마침내 자동화 편향이 그 믿음을 파국으로 현실화하는 악순환의 고리. 이 보이지 않는 심리적 메커니즘이야말로, 잿더미가 된 자동화 왕국을 설계한 진짜 건축가였다.

   혁신은 왜 실패하는가

잿더미 속에서 피어난 새로운 철학

상상을 초월하는 화마가 휩쓸고 간 자리에서, 오카도는 뼈를 깎는 자기 성찰과 함께 시스템 전반을 제로베이스에서 재검토했다. 이는 단순한 물리적 시설의 '복구'를 넘어, 자동화 시스템과 인간의 관계를 근본적으로 재정의하는 '재탄생'의 모멘텀이 되었다.

그들은 과거의 기술적 오만을 내려놓고, 세계적인 리스크 관리 전문 기업 FM 글로벌FM Global과 전략적 파트너십을 체결했다. 이는 외부의 차가운 비판과 전문성을 조직 내부로 겸허히 수용하겠다는 결단의 산물이었다.

오카도의 화재 안전 책임자 앨리슨 필립스Allison Phillips는 "이제 FM 글로벌의 전문가들이 우리 조직의 심장부에 들어와, 프로젝트의 초기 설계 단계부터 실시간으로 자문을 제공한다"라고 천명했다. 이는 과거의 쓰라린 실패를 새로운 운영 철학의 DNA로 깊숙이 각인시키려는 그들의 처절한 의지를 대변한다.

이 과정에서 오카도는 더이상 '완벽함'이라는 신기루를 좇지 않고, '회복 탄력성'이라는 새로운 철학을 과감히 받아들였다. 이른바 '회복 탄력성 시스템 공학Resilient Systems Engineering'이다. 이는 비현실적인 '무사고'를 목표로 삼지 않고, 오히려 '사고는 언제든, 반드시 일어난다'는 냉정한 현실 인식에서 출발한다. 그리고 사고 예방을 넘어, 피해를 최소화하고 시스템을 신속하게 정상 궤도로 복구하는 데 목표를 둔다.

오카도의 이 새로운 철학은 즉각적인 기술 혁신으로 구체화되었다. 첫째, 하드웨어의 혁신이다. 그들은 상품 보관용 토트Tote의 재질을 기존 플라스틱에서 불연성 소재인 아연 도금 강철로 전면 교체했다. 이제 수

특징	2019년 앤도버 화재 (과거의 실패)	2021년 에리스 화재 (학습의 결과)	시사점
원인	배터리 충전의 미세한 전기 결함	로봇 세대의 물리적 충돌	사고의 원인은 다양하며, 발생 자체를 완벽히 막을 수는 없다.
시스템 대응	신고 지연 및 스프링클러 차단 실수(골든타임 놓침)	스프링클러 즉시 작동 및 안전 규약 준수(신속 대응)	시스템과 운영 인력이 위기 대응 프로토콜을 체화하고 있는가?
피해 확산	나흘간 통제 불능 상태로 불길 확산	전체 격자Grid의 1퍼센트 미만으로 피해 국한	확산을 스스로 차단하는 '회복 탄력성' 설계의 승리
운영 영향	회사 전체 물류 처리 능력의 1퍼센트 즉시 상실	최소한의 단기적 차질 후 정상화	외부 충격에도 시스템이 붕괴하지 않고 버티는 강건함 입증
재정적 손실	약 1억 1,000만 파운드 (한화 약 2,144억 원)	약 3,500만 파운드 (한화 약 682억 원)로 추정	피해 규모를 획기적으로 줄여 비즈니스 연속성 확보
건물 상태	건물 전소(완전 손실) 및 재건축 불가피	경미한 손상, 신속하게 서비스 재개	위기를 '파국'이 아닌 '통제 가능한 사고'로 만드는 능력

만 개의 상자는 단순한 보관함이 아니라, 화재 시 불길을 가두는 개별적인 방화벽 역할을 수행한다. 둘째, 여기서 한 걸음 더 나아가 '동적 방화

벽'이라는 경이로운 시스템을 구축했다. 로봇을 지휘하는 창고 운영 시스템WES은 평시에도 불연성 금속 상자들을 전략적 위치에 배치해, 창고 전체에 '살아 움직이는 방화벽'을 24시간 유지한다. 만약 화재 징후가 감지되면 시스템은 즉시 주변 로봇 군단을 동원해 금속 상자로 방어선을 두껍게 구축하고, 불길 확산을 능동적으로 차단한다.

새로운 운영 철학은 2021년 7월 에리스Erith 센터 화재를 통해 그 실효성을 검증받았다. 이 사고의 발단은 로봇 세 대가 정면으로 충돌한 것이었다. 그럼에도, 결과는 앤도버 사태와 확연히 달랐다. 피해는 국소적이었고, 시스템은 빠르게 복구되었다([표 14-1] 참고).

이 성과는 오카도의 '회복 탄력성' 전략이 현장에 성공적으로 안착했음을 시사한다. 그들은 무결점 시스템을 지향하지 않고, 실패를 허용하되 파국을 막는 시스템을 구축했다. 이는 기술 리스크를 관리 가능한 범위 내로 두는, 보다 고도화되고 성숙한 기술 전략으로의 이행을 의미한다.

인간 고유의 성역 '암묵지'와 심리적 안전감

오카도의 성공적인 부활은 단지 더 나은 센서나 로봇을 도입했기 때문만이 아니다. 그 기저에는 기술이 결코 모방할 수 없는 '인간의 엔지니어링 통찰'과, 그것이 발현될 수 있도록 토양을 바꾼 '조직 문화의 혁신'이 자리 잡고 있다. 이를 온전히 이해하기 위해 우리는 '명시지'와 '암묵지'의 개념을 구분할 필요가 있다.

명시지는 '기계의 영토'다. 데이터, 매뉴얼, 알고리즘처럼 문서화하고 전송 가능한 지식이다. AI는 이 방대한 명시지를 학습하고 처리하는 데 압도적인 효율을 자랑한다. 반면 암묵지는 '인간 고유의 성역'이다. 수년의 경험을 통해 체화되었으나 언어로 완벽히 환원하기 힘든 직관과 노하우, 그리고 데이터 뒤에 숨겨진 물리적 맥락을 읽어내는 힘이 여기에 해당한다. 엔진의 미세한 구동음만 듣고도 고장을 감지하는 베테랑 정비사, 화재 현장의 공기 흐름을 읽는 소방관, 수치상으로 완벽한 설계도면에서 "현실 상황에서는 위험할 수 있다"고 느끼는 엔지니어의 '통찰'이 바로 암묵지다.

과거의 '라이트 아웃' 철학은 이 대체 불가능한 암묵지를 '제거해야 할 비용'으로 간주해 폐기 처분하는 우를 범했다. 오카도가 FM 글로벌과 손잡은 것은 바로 이 잃어버린 암묵지(데이터화하기 어려운 안전에 대한 공학적 지혜)를 시스템의 혈관 속에 다시 수혈하려는 전략적이고 의식적인 결단이었다.

그렇다면 이토록 귀중한 암묵지를 어떻게 조직의 혈관에 흐르게 할 수 있을까? 하버드 경영대학원 에이미 에드먼슨Amy Edmondson 교수가 주창한 '심리적 안전감Psychological Safety'에 그 해답의 실마리가 있다. 심리적 안전감이란 구성원들이 대인관계의 위험Interpersonal Risk을 감수하더라도 안전할 것이라는 공유된 믿음을 뜻한다. 즉 무지해 보이는 질문을 던지거나, 치명적인 실수를 시인하거나, 혹은 견고한 기존 관행에 반기를 들더라도 그로 인해 처벌받거나 창피당하지 않을 것이라는 확고한 신뢰가 전제되어야 한다는 것이다.

이 둘의 상관관계는 결정적이다. 암묵지는 오직 높은 수준의 심리적 안전감이 담보된 토양에서만 수면 위로 부상해 공유될 수 있다. 만약 데이터와 상충하는 직관을 토로했다가 비난받을 것을 두려워하거나, 사소한 실수를 보고했다가 문책당할 것을 걱정하는 조직이라면, 구성원들은 자신의 생존을 위해 침묵을 택할 것이다. 침묵하는 조직은 결코 학습할 수 없다. GM이 NUMMI의 성공 사례를 애써 외면하고, 테슬라와 오카도가 초기에 자신들의 비전에 대한 건전한 비판을 용납하지 않았던 것은, 이 심리적 안전감이 멸균된 강압적 문화의 단면을 보여준다.

결국 '라이트 아웃'이라는 환상이 초래하는 궁극적인 재앙은, 단순히 공장에 불이 나거나 라인이 멈추는 물리적 사고가 아니다. 그것은 구성원들의 입을 틀어막고, 그들이 지닌 가장 귀중한 자산인 암묵지의 흐름을 차단함으로써, 스스로 학습하고 진화할 능력을 영구히 상실한 '뇌사 상태의 조직'을 만들어낸다는 점이다.

기계의 효율성이 인간의 지혜를 만날 때

잿더미 위에서 다시 쓰인 이 자동화 왕국의 연대기는 우리에게 무엇을 남겼는가? 그것은 앤도버의 완벽주의에 대한 오만한 맹신에서 시작해, '정상 사고'라는 필연적 붕괴를 거쳐, GM과 테슬라가 겪은 심리적 함정을 통과한 뒤, 마침내 '회복 탄력성'이라는 새로운 철학으로 부활하는 장대한 대서사시였다.

이는 기계와 인간을 대립항으로 보던 낡은 관점의 폐기를 의미한다. 미래 경쟁력의 핵심은 '인간 참여형 루프HITL'를 통한 최적의 협업 구조 설계에 있다. 인간 참여형 자동화는 기계와 인간이 각자의 비교우위에 집중하는 영리한 공생 전략이다.

AI와 로봇은 지치지 않는 체력으로 방대한 반복 작업을 처리하고, 인간은 그 위에서 맥락을 독해하고, 전략을 수립하며, 예외 상황에 유연하게 대처한다. 이것은 기술이 부족해 인간의 손을 빌리는 차원이 아니다. 오히려 인간의 통찰력을 시스템의 핵심 경쟁력으로 격상시키는 고차원적인 전략이다.

결국 기계의 효율성은 인간의 지혜를 만날 때 비로소 예측 불허 상황에서도 무너지지 않는 진정한 '회복 탄력성'을 획득한다. 이것이야말로 단순히 '빠른 시스템'을 넘어, '신뢰할 수 있는 시스템'을 완성할 수 있는 유일한 길이다.

인간의 실수를 원천 봉쇄하겠다며 공장의 불을 끄는 행위는, 위험천만한 환상에 불과하다 기술의 궁극적 목표는 인간 배제가 아니다. 인간의 판단력을 시스템의 핵심에 심어, 어떤 위기에서도 회복 가능한 '최후의 안전장치'를 확보하는 것이다.

오카도의 화재는 자동화 만능주의에 대한 경종이었다. 이는 실패의 기록이 아니라, '인간 중심의 자동화'로 전환하라는 시대적 요구였다. 미래의 공장은 무인화를 기반으로 한 효율이 아닌, 위기 속에서 빛을 발하는 인간의 회복 탄력성으로 평가받을 것이다. 결국 어둠을 밝히는 유일한 등불은 기술이 아닌 사람이기 때문이다.

Q1. 우리는 '최상의 시나리오'에 취해 있는가, 아니면 '최악의 시나리오'도 염두에 두고 있는가?

오카도의 설계자들은 로봇들이 24시간 멈추지 않고 완벽하게 작동하는 모습만 상상했다. 그들은 작은 배터리 하나가 거대한 창고를 불태워버릴 수 있다는 '최악의 시나리오'를 설계도 한구석으로 밀어두었다. 낙관주의는 프로젝트의 원동력으로 작용하지만, 지나친 낙관은 파멸의 씨앗이 될 수도 있다.

★ **우리 시스템이 마주할 수 있는 가장 사소하지만 치명적인 '트리거Trigger'는 무엇인가?**

진단 포인트 오카도 앤도버 물류 센터의 화재는 거대한 폭발이 아니라 배터리 충전 장치의 작은 결함과 플라스틱 덮개라는 아주 사소한 요소에서 시작되었다. 먼지 한 톨, 나사 하나, 코드 한 줄, 배터리 발열 등 시스템을 멈추게 하거나 연쇄 반응을 일으킬 수 있는 미세한 트리거 요소를 전부 리스트업하고, 그것이 복잡한 시스템과 상호작용해 어떤 파국적 결과를 초래할 수 있는지 구체화해야 한다.

★ **만약 내일 당장 시스템이 셧다운된다면, 우리는 수동으로라도 업무를 지속할 수 있는 '플랜 B'를 가지고 있는가?**

진단 포인트 오카도는 화재 후 전체 물류 처리 능력의 10퍼센트를 상실했고 수만 건의 주문을 취소해야 했다. 최첨단 자동화 시스템이 멈추는 순간 비즈니스 전체가 마비되는 구조라면 그것은 효율적인 시스템이 아니라 거대한 시한폭탄과 다름없다. 자동화 시스템이 셧다운되더라도 필수적인 비즈니스 기능을 유지할 수 있는 아날로그적 백업 플랜이나 대체 수단이 마련되어 있는지 점검해야 한다.

✪ 우리의 안전장치는 '시스템이 정상일 때'만 작동하도록 설계되지 않았는가?

진단 포인트 오카도의 스프링클러는 빽빽한 격자 구조와 로봇들에 가로막혀 화재 초기에 제 기능을 발휘하지 못했다. 안전장치가 평시에만 작동하는 장식품이 아니라, 전력이 끊기거나 로봇이 멈춰 서는 등 통제 불가능한 혼돈 속에서도 물리적으로 확실하게 작동할 수 있는 최후의 안전판으로서 설계되어 있는지 확인해야 한다.

Q2. 인간을 '제거해야 할 결함'으로 보는가, 아니면 '필수적인 감각 기관'으로 보는가?

오카도는 인간을 배제함으로써 효율을 얻었지만, 동시에 위기를 감지하고 대처할 수 있는 '감각'을 상실했다. 기계는 데이터를 읽지만, 인간은 맥락Context를 읽는다.

✪ 우리가 추진 중인 자동화 프로젝트가 완료된 후, 현장에 남아 있는 인간의 역할은 무엇인가?

진단 포인트 자동화 이후 현장에 남은 인간이 단순히 기계가 뱉어내는 오류 코드를 멍하니 바라보는 수동적인 감시자로 전락하지 않았는지 살펴봐야 한다. 위기 징후를 포착했을 때 즉각적으로 개입해 시스템 전체를 멈추거나 제어할 수 있는 실질적인 권한(안돈 코드 등)과 능동적인 역할이 인간에게 부여되어 있는지 확인해야 한다.

✪ 인간 운영자들은 '시스템이 틀릴 수도 있다'는 내용의 훈련을 받았는가?

진단 포인트　시스템이 언제나 정답을 내놓을 것이라는 맹목적인 믿음은 위기 대응을 늦추는 주된 원인이다. 인간 운영자가 시스템의 권위를 맹신하지 않고, 기계의 판단이 틀릴 수 있음을 전제로 비판적으로 사고하며, 데이터와 현실이 다를 때 자신의 직관을 신뢰할 수 있도록 '의심하는 훈련'을 시키고 있는지 점검해야 한다.

✪ 기계가 보내는 데이터 기반 신호 외에, 현장의 '아날로그 정보'를 수집할 수 있는 채널이 있는가?

진단 포인트　오카도 화재 당시 타는 냄새나 연기 같은 초기 징후를 감지할 사람이 현장에 없었다는 점은 치명적이었다. 디지털 센서가 놓칠 수 있는 미세한 진동음, 타는 냄새, 열기 등 현장의 물리적이고 아날로그적인 신호를 감지할 수 있는 인간 순찰자나 이를 보완할 다층적인 감각 센서가 배치되어 있는지 확인해야 한다.

15장

신의 눈을 가린 기계

::

패트리엇 미사일은 왜 아군을 겨냥했는가?

호넷 전투기를 적의 미사일로 오판한 패트리엇 시스템

2003년 4월 2일, 이라크의 밤하늘은 고요했지만 원인 모를 긴장감이 가득 차 있었다. 미해군 소속 베테랑 조종사 네이선 화이트Nathan D. White 중위는 F/A-18C 호넷 전투기를 몰고 폭격 임무를 완수한 뒤 귀환하는 길이었다. 그의 내면에는 임무를 완수했다는 뿌듯함이 아닌, 현대전이 낳은 기이한 공포가 똬리를 틀고 있었다. 그가 두려워한 것은 적군의 미사일이나 요격기가 아니었다. 그것은 아이러니하게도 자신을 지켜줘야 할 아군의 최첨단 방어 체계, 패트리엇Patriot 미사일이었다.

당시 연합군 조종사들 사이에서는 "이라크의 지대공 미사일보다 우리 편 패트리엇이 더 무섭다"는 자조 섞인 농담이 공공연한 비밀처럼 돌고 있었다. 나를 보호해야 할 최강의 방패가, 언제든 나를 겨누는 창으로 돌변할 수 있다는 섬뜩한 공포야말로 첨단 기술이 전쟁터에 드리운 서늘한 역설이었다.

　같은 시각, 군용 트럭을 개조한 비좁은 교전 통제실 안에는 질식할 듯한 긴장감이 감돌고 있었다. 몇몇 미사일 운용병들은 희미한 레이더 스크린을 뚫어져라 응시하며 전황을 파악하려 애썼다. 하지만 그들이 마주한 전장은 수많은 피아彼我의 전자 신호가 뒤엉켜 아우성치는, 훗날 미 육군 보고서가 '어지러운 사이버 공간Cluttered Cyberspace'이라고 명명한 전자적 혼돈 그 자체였다. 이 노이즈의 바다에서 아군과 적군을 식별하는 일은 이미 인간의 인지 능력을 한참 벗어나 있었다.

　바로 그 순간, 비극의 뇌관이 작동했다. 패트리엇 시스템의 소프트웨어는 알고리즘에 입각해 호넷 전투기를 적의 전술 탄도 미사일TBM로 오판했다. 스크린에는 섬뜩한 붉은 경고등이 번쩍였고, 귀를 찢는 경보음이 좁은 통제실을 가득 채웠다. 극한의 심리적 압박 속에서 운용병들의 뇌리에는 수없이 반복했던 교리가 스쳐 지나갔다. '시스템을 신뢰하라.' 인간이 이성의 힘으로 개입해 판단을 뒤집기에, 그들에게 허락된 시간은 터무니없이 짧았다. 최후의 순간, 기계의 냉혹한 제안은 인간의 마지막 판단마저 압도해버렸다. 화이트 중위는 무전을 통해 정체불명의 미사일 추적을 알리며, 필사적인 회피 기동을 시도했다. 그러나 역부족이었다. 패트리엇은 공중의 목표물을 완벽하게 포착해 소멸시키도록 설계된, 자비 없는 정밀 유도 무기였다. 미사일은 호넷 전투기에 치명적인 타격을 입혔고, 그 결과는 즉각적이고 돌이킬 수 없었다.

　거대한 폭발음이 잦아든 뒤, 귀가 먹먹해지는 칠흑 같은 정적 속에서 단 하나의 무겁고 고통스러운 질문만이 남았다. "도대체 왜, 우리를 지키기 위해 창조된 고결한 수호자가, 가장 비극적인 방식으로 동료의 심장을 겨눈 잔혹한 살인자로 돌변한 것일까?"

'완벽한 방패'에 생긴 균열, '유령 표적'

이러한 오인 사격은 개별적 오류가 아닌, 시스템 차원의 구조적 실패였다. 기술적 오류에서 촉발된 리스크가 절차적 결함, 그리고 사람의 실수와 맞물리면서 증폭되는 '복합 재난'의 양상을 띠었기 때문이다. 다중 안전장치가 모두 무력화된 이 상황은, '무결점 방어'라는 슬로건 이면에 감춰진 구조적 취약성을 적나라하게 드러냈다. 이는 기술 시스템에 대한 과도한 의존이 어떤 비극으로 이어지는지 보여주는 명백한 경고다.

비극의 심장부에는 기계 그 자체의 본원적 불완전성이 도사리고 있었다. 패트리엇 시스템은 결코 전지전능한 신이 아니었으며, 실상은 심각한 기술적 결함들을 잉태한 미완의 방패였다.

첫 희생양이 된 2003년 3월 23일 영국 공군RAF 토네이도 전투기 격추 사건은 조사 결과 단일 오류가 아니라 복합적인 기술 오류의 합작품이었다. 우선, 전투기의 피아식별장치Identification Friend or Foe, IFF가 침묵해, 자신이 '아군'임을 알리는 전자 신호를 송출하지 못했다. 설상가상으로, 지상의 패트리엇 포대마저 눈이 멀어 있었다. 아군 식별을 위한 필수 암호 코드Mode 1가 설정되지 않은 채 작동하고 있었기 때문이다. 이중 삼중으로 구축되었어야 할 안전의 방어선이 결정적인 순간 동시다발적으로 뚫려버린 셈이다.

결정적 패착은 소프트웨어의 과민한 식별 기준에 있었다. 적의 대對레이더 미사일ARM을 탐지하기 위한 그물망이 지나칠 정도로 헐겁고 광범위하게 설정되어 있었던 것이다. 임무를 마치고 급격히 하강하던 토네이도 전투기의 비행 궤적은, 하필이면 시스템이 '위협'으로 정의한 죽음의 알고리즘과 비극적으로 일치했다. 이 우연의 일치로 인해 시스템

     혁신은 왜 실패하는가

은 아군기를 자신을 파괴하기 위해 빠르게 다가오는 적으로 간주했다.

열흘 뒤 발생한 화이트 중위의 F/A-18 호넷 격추는 또 다른 유형의 오판이었다. 이번에는 시스템이 전투기를 전술 탄도 미사일TBM로 둔갑시켰다. 이 연쇄적인 사고는 문제가 특정 버그 하나에 국한된 것이 아님을 시사한다. 오히려 시스템의 두뇌라 할 수 있는 표적 분류 로직 자체가 태생적으로 불안정하고 신뢰할 수 없는 상태였음을 웅변했다.

이러한 기술적 결함을 폭발적으로 증폭시킨 기폭제는 다름 아닌 전장 환경 그 자체였다. 현대전의 전장은 수많은 아군 장비가 뿜어내는 전자 신호의 아우성으로 가득 차 있다. 마치 안 치 앞도 분간할 수 없는 거대한 '전자적 안개'가 낀 것과 다를 바 없었다. 이 '어지러운 사이버 공간'은 패트리엇의 레이더를 교란해 신호 포착을 방해하고, 텅 빈 화면 위에 '유령 표적Phantom Target'을 만들어내며 식별 과정을 대혼란으로 몰아넣었다. 결국 패트리엇 시스템은 통제된 실험실이 아닌, 자신이 완벽하게 장악할 수 없는 혼돈과 불확실성의 실전 환경에서 그 능력의 한계를 드러내고 만 것이다.

결함투성이 기계를 다루던 운용병들은 개인의 역량으로는 도저히 돌파할 수 없는 구조적 함정에 갇혀 있었다. 시스템 설계 자체가 인간의 실수를 유발하도록 '설계된 실패'나 다름없었기 때문이다.

2003년 당시 인터페이스는 현대적 관점에서 보면 충격적일 만큼 구시대적이었다. 운용병들은 아군과 적군, 미식별 표적을 직관적으로 구분조차 할 수 없는 저해상도 단색 브라운관 모니터에 의지해, 폭포수처럼 쏟아지는 표적 정보를 해독해야 했다. 극한의 스트레스 상황에서 이런 조악한 인터페이스는 '인지적 과부하Cognitive Overload'를 일으켰고, 전장에 대한 '상황 인식' 자체를 제대로 할 수 없게 만들었다.

엎친 데 덮친 격으로, '시간의 폭정Tyranny of Time'까지 가세했다. 토네이도 격추 당시, 표적이 '위협'으로 분류된 순간부터 발사까지 주어진 시간은 고작 1분. 화이트 중위의 경우는 그보다 더 짧았을 것이다. 이토록 극단적인 시간 압박은 인간의 뇌가 신중한 '분석적 사고'를 멈추고, 성급하고 거친 '반사적 직관'에 의존하게 만드는 결정적 트리거가 되었다. 가장 치명적인 구조적 결함은 '훈련 철학'에 있었다. 패트리엇 운용병들은 시스템의 판단을 비판적으로 검증하기보다 '시스템을 맹신하고' 조건반사적으로 반응하도록 훈련받았다.

애초에 패트리엇은 빠른 속도로 날아오는 미사일을 요격하기 위해 '예외에 의한 관리Management-by-Exception'라는 철학으로 설계되었다. 이는 기계가 모든 교전 과정을 주도하고, 인간은 마지막 순간에 개입해 '거부권'만 행사하는 소극적인 감독관으로 전락하는 것을 의미한다. 이 비극의 뿌리에는 '속도'를 신성시한 설계 철학이 자리 잡고 있었다. 신속 대응이라는 명분 아래 시스템은 극한의 자동화를 추구했고, 운용병의 역할은 '기계의 판단에 이의를 제기하지 않는' 단순 감시자로 축소되었다. 훈련 과정 역시 비판적 사고 능력을 배양하기보다, 시스템에 대한 '신뢰 주입'에 방점이 찍혀 있었다. 그러나 정작 그 시스템의 핵심 로직은 엉망이었고, 데이터는 부정확했으며, 전장 환경은 혼돈 그 자체였다.

결과적으로, 시스템은 '자신감 넘치지만 치명적인' 제안을 끊임없이 던졌고, 운용병은 시간 압박과 조악한 인터페이스, 그리고 '훈련된 관성'에 갇혀 기계의 오판을 수용할 수밖에 없었다. 따라서 이 비극의 원인은 단순한 휴먼 에러나 기계적 결함 따위가 아니었다. 그것은 기계의 결함을 증폭시키고 인간의 지성을 무력화하도록 정교하게 짜인, '인간-기계 시스템의 총체적 실패'였다. 시스템 자체가 운용병을 실패로 유도하도록

   혁신은 왜 실패하는가

설계되었던 것이다.

패트리엇 참사 이면에는 인간의 무의식 심연에 도사린, 보이지 않는 '심리적 조종자'가 있었다. 그 실체는 바로 '자동화 편향'이다. 이는 기술 지상주의 시대를 살아가는 우리 모두의 뇌를 잠식하고 있는, 가장 강력하고도 치명적인 '인지적 함정'이다. 우리는 알게 모르게 기계의 판단을 자신의 판단보다 우위에 두며, 이 보이지 않는 조종자에게 통제권을 넘겨주고 있다.

자동화 편향이란 인간이 시스템의 제안을 무비판적으로 수용하고 과도하게 맹신한 나머지, 그에 반하는 명백한 증거조차 기각해버리는 인지적 경향을 뜻한다. 이 현상의 기제는 심리학의 '이중 과정 이론Dual-process Theory'으로 명쾌하게 설명된다. 인간의 뇌는 두 가지 트랙으로 작동한다. 하나는 빠르고 직관적이며 무의식적인 '시스템 1', 다른 하나는 느리고 분석적이며 의식적 에너지가 필요한 '시스템 2'다. 패트리엇 운용병들처럼 극한의 시간 압박과 인지 부하에 내몰릴 때, 인간의 뇌는 본능적으로 에너지가 많이 드는 '시스템 2'를 우회하고, 손쉬운 '시스템 1'에 안주하려 한다. 이때 기계가 제시하는 '권위 있는 정답'은 거부하기 힘든, 너무나 매력적인 인지적 지름길이 된다.

이러한 편향은 두 가지 치명적 오류로 발현된다. 첫째, 기계의 잘못된 지시를 적극적으로 수행하는 '실행 오류Error of Commission'다. 패트리엇 운용병이 아군기를 향해 발사 버튼을 누른 비극이 이에 해당한다. 둘째, '부작위 오류Error of Omission'다. 시스템이 침묵한다는 이유로 마땅히 해야 할 개입이나 조치를 취하지 않는 방관이다. 두 경우 모두, 인간이 판단 권한을 기계에 맹목적으로 위탁할 때 발생하는 예견된 비극이다.

일상까지 침투한 자동화 편향

자동화 편향은 군사 영역만의 특수한 비극이 아니다. 이 보이지 않는 조종자는 이미 우리 삶의 가장 정교하고 치명적인 현장, 바로 의료의 최전선까지 깊숙이 침투해 있다.

가장 충격적인 사례는 인간의 생명을 다루는 영상의학과 판독실에서 발견된다. 고도로 훈련된 전문의조차 자동화 편향의 희생양이 될 수 있다는 사실은 우리를 전율하게 한다. 이들은 수년의 수련을 통해 미세한 이미지 차이를 판독하고 질병의 징후를 포착하는 고유의 암묵지를 체득한 베테랑이다. 하지만 그들 앞에 AI가 분석한 '참고용' 데이터가 제시되는 순간, 치명적인 인지적 함정이 입을 벌린다. 다수의 연구에 따르면, AI가 의도적으로 생성한 오진 데이터를 제시했을 때, 많은 의사가 자신의 정확한 초기 판단을 철회하고 기계의 오류를 추종하는 경향을 보였다. AI의 도움을 받았음에도 진단의 정확도는 오히려 추락하는 '역설적 퇴행'이 관찰된 것이다.

이는 전문성 부족 탓이 아니다. 기계가 산출한 결과물이 주는 '객관성의 환상' 때문이다. 방대한 데이터를 학습했다는 AI의 권위는 인간 전문가의 직관보다 더 신뢰할 만하다는 착시를 일으킨다. 이 강력한 유혹 앞에서, 인간은 자신의 전문성을 스스로 의심하고 기계의 제안을 무비판적으로 수용하는 복종의 길을 택하고 만다.

반복되는 비극의 패턴

패트리엇 미사일 오인 사격, 에어프랑스 447편 추락 사고, 그리고 AI 의

| 표 15-1 | 반복되는 비극의 패턴

사례	자동화 시스템의 구조적 결함	인간의 인지적 편향과 대응	결과
패트리엇 미사일	소프트웨어의 표적 분류 로직이 지나치게 광범위하게 설정되어 있어, 아군 항공기의 비행 궤적을 적의 전술 탄도 미사일이나 대(對)레이더 미사일로 오인함. 전장의 전자적 혼란 속에서 피아식별 장치IFF 오류가 겹침.	'시스템을 신뢰하라'는 훈련과 극심한 시간 압박 속에서 운용병은 기계의 판단을 비판 없이 수용함. 인간은 '예외에 의한 관리' (개입) 역할만 수행하도록 설계되어, 기계의 잘못된 제안을 거부하지 못하고 발사 버튼을 누름.	아군을 보호해야 할 방패가 살인 무기로 돌변함. 기술적 결함이 인간의 '자동화 편향'을 통해 실행됨으로써, 시스템 전체가 파국으로 치닫는 비극이 발생함.
AI 기반의 의료 진단	과거의 차별적 의료 관행이 반영된 편향된 데이터를 학습해 특정 인종이나 집단에 불리한 결과를 내놓거나, 사실이 아닌 정보를 그럴듯하게 생성하는 '환각' 현상을 보임.	고도로 숙련된 전문의조차 AI가 제시한 데이터가 자신의 경험적 직관 (암묵지)보다 더 객관적일 것이라고 착각함. 기계의 권위에 눌려 자신의 정확한 초기 판단을 철회하고 AI의 오류를 따르는 역설적 행동을 보임.	AI의 도움을 받았음에도 불구하고 인간 단독으로 판단할 때보다 진단 정확도가 오히려 떨어짐. 기계의 오류가 인간의 맹목적 신뢰를 통해 '검증'되고 정당화되는 위험한 악순환이 완성됨.

료 진단의 오류 사례는 시공간과 영역이 전혀 다르지만, 그 이면에 작동한 실패의 아키텍처는 놀라울 정도로 서로 닮았다.

[표 15-1]은 이 반복되는 비극의 패턴을 적나라하게 보여준다. 이 표의 내용이 시사하는 바는 명확하다. 우리는 여기서 자동화 편향의 더 깊고 교활한 민낯을 마주하게 된다. 그것은 바로 AI와 자동화 시스템이

결코 '객관적'이지 않다는 사실이다. 오히려 편향된 데이터셋Dataset이나 뒤틀린 알고리즘 설계로 인해, 인간보다 더 완고한 그들만의 편견을 내재화하는 경우가 허다하다.

의료 AI가 과거의 인종 차별적 진료 데이터를 학습해 편향된 진단을 내리는 것이 대표적 사례다. 패트리엇 시스템의 비극 역시, 부실하게 설계된 위협 분류 알고리즘과 현실을 반영하지 못한 편향된 데이터가 빚은 구조적 편견의 산물이었다.

그러나 인간 사용자는 기계의 산출물을 데이터에 기반한 '무결점의 객관성'으로 착각하는 경향이 짙다. 심지어 동료 인간의 의견보다 알고리즘의 판단을 더 맹신하기도 한다. 자동화 편향은 정확히 이 지점을 파고든다. 이는 인간이 다른 인간에게는 엄격하게 들이대던 비판적 검증의 칼날을, 기계 앞에서는 한없이 무디게 만드는 '인지적 무장해제' 현상이다. 그 결과, 기계 내부에 잠재된 차가운 편견은 인간의 인지적 편향을 거치며 합리적인 결과물로 교묘하게 세탁된다. 비록 최종 결정이 차별적이거나 치명적인 오류를 품고 있을지라도, 단지 '기계가 검증했다'는 이유만으로 불가침의 정당성을 부여받는 것이다.

이는 자동화의 본질에 숨겨진 더 치명적인 위험을 폭로한다. 문제의 핵심은 단순히 인간이 기계를 과도하게 신뢰한다는 사실에 그치지 않는다. 진짜 문제는 그 맹신이 기계 자체의 뿌리 깊은 결함을 가려주는 완벽한 '위장막' 역할을 한다는 데 있다. 인간의 신뢰 뒤에 숨은 기계의 오류, 그리고 그 오류를 다시 신뢰로 정당화하는 '확증의 악순환'이야말로 자동화 시스템이 잉태한 가장 위험한 구조적 함정이다.

패트리엇 시스템의 치명적인 설계 오류

기술 만능주의가 설파하던 '인간 없는 무결점 시스템'이라는 유토피아적 환상은, 패트리엇의 비극 앞에서 산산조각 났다. 이 참혹한 실패는 역설적으로 우리에게 근본적인 질문을 던진다. 기술 중심의 프로세스가 간과해온 것, 즉 기계가 결코 모방할 수 없는 인간 고유 역량의 대체 불가능한 가치에 대해서 말이다. 이제 우리는 기계의 알고리즘이 닿을 수 없는 영역, 바로 '기계가 모르는 것'에 대해 이야기해야 한다.

앞에서 언급한 것처럼, 지식은 크게 두 가지가 있다. 첫째는 '형식지'다. 이는 매뉴얼, 절차, 규칙처럼 언어로 문서화하고 코드로 부호화해서 컴퓨터에 이식할 수 있는 지식이다. 패트리엇 시스템은 바로 이 형식지의 결정체였다. 입력된 데이터를 정해진 알고리즘에 따라 처리하고 기계적 결론을 도출하는 데 최적화되어 있었다. 둘째는 '암묵지'다. 이는 언어의 한계를 넘어서는, 오직 경험을 통해서만 체득되는 깊은 지식이다. 수년간 훈련으로 다져진 노하우, 미세한 패턴을 읽어내는 직관, 그리고 논리 이전에 본능적으로 감지되는 '육감'이 이에 해당한다. 엔진 소리만으로 고장을 진단하는 정비사나, 데이터 없이도 조직의 기류를 읽는 리더의 통찰력이 바로 암묵지의 영역이다.

패트리엇 시스템의 치명적인 설계 오류는 이 암묵지의 가치를 의도적으로 배제했다는 점에 있다. 가령 산전수전 겪은 방공포병 장교가 레이더 궤적만 보고 'IFF 신호는 없지만, 저건 미사일의 거동이 아니다'라고 느끼는 그 직관적 판단이야말로 경직된 알고리즘이 결코 포착할 수 없는 고순도 '데이터'다. 하지만 시스템은 인간의 이 암묵적 판단이 개입할 틈을 원천 봉쇄했다.

인간과 기계의 결정적 차이는 '미지'를 대하는 태도에서 갈린다. 기계는 학습된 데이터 패턴을 인식하는 데는 타의 추종을 불허하지만, 단 한 번도 경험하지 못한 '알려지지 않은 미지의 영역'에서는 철저히 무력해진다. 반면 인간은 불확실성과 모호함의 안개 속에서도 유추하고, 상상하며, 새로운 해법을 창조하는 경이로운 적응력을 지니고 있다.

1983년 바로 이 인간의 적응력이 인류를 멸망의 구렁텅이에서 구해낸 사건이 있었다. 소련의 방공군 중령 스타니슬라프 페트로프Stanislav Petrov는 어느 날 밤, 컴퓨터 시스템으로부터 섬뜩한 비상경보를 받았다. "미국이 소련 본토를 향해 핵미사일을 발사했다"는 것이었다. 시스템의 경고는 명확하고 단호했다. 그러나 페트로프는 자신의 오랜 경험과 직관, 즉 '암묵지'를 발동시켜 기계의 판단을 의심했다. 미국이 선제공격을 한다면 고작 미사일 다섯 발만 쏠 리 없다는 문맥적 통찰이었다. 그는 시스템 오류 가능성에 무게를 두고, 기계의 발사 명령에 불복종했다.

그의 현명한 '의심'은 결국 제3차 세계대전이라는 파국을 막아냈다. 이 극적인 사례는 시스템을 맹신했던 패트리엇 운용병들과 완벽한 대척점에 서 있다. 동시에, 자동화 시대에 반드시 지켜져야 할 '의미 있는 인간의 개입과 통제'의 가치를 증명하는 역사적 이정표로 남아 있다.

이와 같은 논의는 필연적으로 윤리의 가장 깊은 심연, 즉 도덕적 차원의 문제로 확장된다. 누군가의 생사를 가르는 결정, 특히 치명적인 무력을 행사하는 행위는 단순한 기술적 연산의 결괏값이 될 수 없다. 이는 엄연한 도덕적 판단의 영역이다. 도덕적 책임의 무게는 오직 감정과 양심을 지닌 인간만 짊어질 수 있으며, 결코 지각 없는 알고리즘에 양도할 수 없는 신성한 부담이다. 패트리엇의 비극은 운용병들을 기계적 결정의 단순 집행자로 전락시켰고, 책임 소재를 증발시키는 위험천만한 '도

    혁신은 왜 실패하는가

덕적 회색지대'를 창조했다.

자동화의 가장 큰 대의명분인 '인간의 실수 제거' 역시 근본적인 착각에 뿌리를 두고 있다. 이는 '인간은 실수투성이이지만 기계는 무결점'이라는 이분법적 환상을 전제하기 때문이다. 그러나 모든 시스템의 창조주는 불완전한 인간이다. 따라서 시스템은 개발자의 편견, 오판, 근시안적 사고를 코드 형태로 고스란히 상속받는다. 결국 인간의 오류는 사라지는 것이 아니다. 오히려 한 개인의 실수가 시스템 전체로 확산되고 박제되어, 훨씬 더 거대하고 지속적인 재앙을 잉태하게 된다. 요컨대 자동화는 오류의 소멸이 아닌, 오류의 '구조적 변형'이다. 통제 가능한 개인의 과실이 통제 불가능한 시스템 붕괴로 치환되는 것이다.

패트리엇 사례에서 보듯, 자동화 시스템의 오류는 모든 기기에 동일하게 적용되는 '확장성'을 띤다. 여기에 '자동화 편향'이라는 새로운 인지적 실패 유형이 더해지면, 인간의 개입을 통한 자정 작용은 사실상 불가능해진다. 즉 휴먼 에러 제로를 향한 시도는 시스템의 유연성을 제거함으로써, 외부 충격에 더 쉽게 부러지는 경직된 시스템을 양산하는 역설적 결과를 초래한다.

기계와 현명하게 공존하는 법

이라크 사막의 비극은 흘러간 옛이야기가 아니다. 그것은 AI가 우리의 일상과 산업 깊숙이 파고드는 오늘날, 그 어느 때보다 절실한 경고를 던지는 '21세기를 위한 우화'다.

이제 우리는 기술 중심주의에서 '인간 중심주의'로의 과감한 패러다임 전환을 선언해야 한다. 이는 인간을 단순히 시스템의 루프 안에 배치하는 '인간 참여형 루프Human-in-the-Loop, HITL'모델을 넘어선다. HITL 환경에서도 인간은 여전히 기계가 설계한 흐름 속에 갇혀 수동적인 안전장치, 즉 '거수기' 역할에 머무를 위험이 크기 때문이다. 우리가 지향해야 할 진정한 목표는 기술이 인간의 전문성을 대체하는 것이 아니라, 이를 증가하고 강화하는 도구로 복무하게 만드는 '인간 주도형 루프Human-on-the-Loop'모델이다. 이는 구체적인 실행 전략의 변화를 요구한다.

첫째, 시스템 인터페이스는 단순한 데이터의 나열을 넘어, 인간의 인지 구조에 최적화된 '상황 인식'을 지원하도록 설계되어야 한다. 둘째, 훈련 방식 또한 기계에 대한 신뢰 주입이 아닌, '건전한 회의주의'를 배양하는 방향으로 바뀌어야 한다. 비판적 사고와 언제 기계를 의심하고 개입해야 할지 스스로 판단하는 능력이 미래 인재의 핵심 역량이 될 것이다.

네이선 화이트 중위의 호넷과 영국 공군 토네이도의 유령은 결코 과거의 유물이 아니다. 그들은 오늘날 우리의 일상 속을 망령처럼 맴돌고 있다. 우리가 '오토파일럿'이 장착된 운전석에 몸을 맡길 때마다, 혹은 AI가 누군가의 채용과 법적 처벌을 결정한다는 뉴스를 접할 때마다 신뢰와 편향, 그리고 통제에 관한 그날의 질문은 여전히 유효하게, 그리고 더 무겁게 제기된다.

이제 우리가 마주한 근본적인 화두는 이 강력한 기술의 '채택 여부'가 아니다. 그것을 과연 '어떻게' 다룰 것인가 하는 방법론과 철학의 문제다. 우리는 기술이 인간의 판단을 돕고 지혜를 증강하는 미래를 설계할 것인가, 아니면 인간의 눈을 가리고 끝내 우리를 배신하는 디스토피아를 용인할 것인가? 그 질문에 대한 우리의 대답이, 21세기의 풍경을 결정지을 것이다.

　　　　　　　　　　　혁신은 왜 실패하는가

Q1. 시스템의 '무결점'을 맹신하는가, 아니면 기계의 '침묵'을 의심하는가?

현대 기술은 내부가 불투명한 '블랙박스'와 같아서, 시스템이 문제를 인식하지 못한 채 '정상' 신호를 보낼 때가 가장 위험하다.

✪ **시스템이 보내는 '정상 신호'가 실제로 기능이 완벽하게 작동한다는 것을 의미하는지, 아니면 단기 '경고를 보낼 상황이 아님'을 의미하는지 기술적으로 명확히 구분되어 있는가?**

진단 포인트　대시보드의 녹색 불이나 OK 신호가 '모든 기능이 문제없음'을 뜻하는지, 아니면 단순히 '감지된 에러가 없음'을 뜻하는지 기술적으로 정의해야 한다. 대부분의 시스템은 후자를 전자처럼 표시한다. '에러가 없다'는 것이 '정상'과 같지 않음을 인지하고, 이를 구분할 수 있는 시각적 인터페이스나 로그 시스템을 갖추고 있는지 점검하자.

✪ **기계 혹은 알고리즘이 판단을 내리지 못하거나 확신 수준이 낮을 때, 이를 인간에게 '잘 모르겠다'고 알리는 커뮤니케이션 채널이 설계되어 있는가?**

진단 포인트　시스템이 불확실한 상황(데이터 부족, 모호한 입력값 등)에서 억지로 확률 높은 정답을 내놓거나 침묵하지 않고, "신뢰도가 낮으니 인간이 개입하시오"라고 요청하는 '겸손 모드'가 구현되어 있는지 점검하자. 우버 자율주행 자동차 사고에서 보듯, 기계의 근거 없는 자신감은 때로 가장 큰 거짓말이 된다. 불확실성을 수치화해서 Confidence Score 인간에게 제시하는 기능이 필수적이다.

⭐ **시스템이 아무런 경고 없이 장시간 평온하게 작동할 때, 운영자가 이를 '안전'이 아닌 '감시 장치의 고장'으로 의심하도록 유도하는 강제 점검 프로토콜이 존재하는가?**

진단 포인트　인간은 편안함에 쉽게 적응하고, 경고가 울리지 않는 시스템을 신뢰하게 된다. 이를 방지하기 위해 정기적으로, 혹은 무작위로 시스템의 건전성을 의심하고 수동으로 검증하게 만드는 '불편한 개입 절차'가 업무 프로세스에 포함되어 있는지 확인하자. 예를 들어, 일정 시간 동안 오류가 0건이라면 시스템이 다운된 것은 아닌지 확인하는 알람을 띄우는 식의 역발상 설계가 필요하다.

Q2. 인간과 기계의 '협업 프로토콜'이 명확히 정의되어 있는가?

오늘날 자동화는 생산성 확보를 위한 필수 요소가 되었지만, 이는 인간을 수동적 감시자로 전락시켜 '경계심 저하'를 부른다. 문제는 기계가 틀렸을 때다. 평소에 기계에만 의존하던 인간은 위기의 순간 무엇을 해야 할지 몰라 당황하거나, 기계의 잘못된 판단을 맹목적으로 따른다. 이것이 '의심의 실종'이 낳은 딜레마다. 또한 시스템이 실패했을 때 그 책임을 오롯이 인간 운영자에게 전가하는 문제도 발생한다. 기계는 권한을 행사하지만 책임은 지지 않고, 인간은 권한은 없는데 책임만 지는 불공정한 구조가 형성되는 것이다. 진정한 안전은 기계의 연산 속도와 인간의 통찰이 조화를 이룰 때만 가능하며, 이를 위한 명확한 역할 분담과 프로토콜이 필수적이다.

　　　　　　　　　　　　　　　혁신은 왜 실패하는가

◎ 시스템이 판단을 내리는 근거와 과정을 인간 운영자가 직관적으로 이해할 수 있도록 시각화하거나 설명해주고 있는가?

진단 포인트 결괏값만 던져주는 블랙박스 시스템은 인간을 소외시키고, 결국 사고 시 인간의 대응 능력을 마비시킨다. "이런 상황에서 왜 그렇게 반응했는가?"라는 질문에 시스템이 실시간으로 답할 수 있어야 한다.

◎ 자동화 시스템이 오류를 일으켰을 때, 인간이 개입하는 '비상 전환 장치'가 마련되어 있는가? 그리고 그것을 활용할 수 있도록 교육하고 있는가?

진단 포인트 자동화 모드에서 수동 모드로 전환하는 과정이 얼마나 직관적이고 신속한지, 그리고 팀원들이 그 전환 훈련을 실제 상황처럼 반복적으로 수행하고 있는지 점검해보자. 버튼만 있다고 안전한 것이 아니다. 그 버튼을 언제, 어떻게 눌러야 하는지 몸으로 기억해야 한다.

◎ 평상시 운영자의 역할이 단순히 화면을 쳐다보는 '감시자'인가, 아니면 시스템과 지속적으로 상호작용하며 상황을 판단하는 '능동적 참여자'인가?

진단 포인트 인간을 단순히 지루한 감시자 역할에 가둬두면 주의력은 필연적으로 흩어지기 마련이다. 운영자가 시스템에 주기적으로 질문을 던지거나 직접 확인 절차를 거쳐야만 비로소 다음 단계로 진행될 수 있도록, 인간의 인지적 참여를 필수적으로 요구하는 장치가 마련되어 있는지 점검해보자.

메타 착각

4

멋진 제품과 서비스는
스스로 시장을 창출한다

모든 것은 하나의 질문에서 시작된다. 하지만 어떤 질문은 순수하게 답을 찾기 위해, 또 어떤 질문은 이미 손에 쥔 답을 정당화하기 위해 제기된다. 우리가 지금부터 살펴볼 실패의 연대기는 모두 후자에 속한다. 이것은 풀어야 할 '문제'가 무엇인지 묻기도 전에, 자기 기술이야말로 유일한 '정답'이라고 확신했던 천재와 거인들의 이야기다. 그들은 인류 역사상 가장 눈부신 황금 망치를 만든 뒤에야, 반드시 그것으로 박아야 할 못이 없다는 사실을 깨달았다.

혁신의 가장 순수한 형태는 언제나 고요한 실험실의 진공 속에서 태어나는 것처럼 보인다. 시장의 소음도, 고객의 불평도, 낡은 시스템의 관성도 닿지 않는 곳에서 번뜩이는 아이디어는 그 자체로 완벽한 결정체로 빛난다. 그것은 누군가의 절박한 필요에 대한 응답이 아니라, 기술적 가능성의 최전선을 탐사하는 과정에서 터져나온 지성의 '유레카'다. 스스로 균형을 잡는 두 개의 바퀴, 손가락의 움직임에 따라 가로와 세로를 넘나드는 스크린, 현실 위에 디지털 정보를 겹쳐 보여주는 투명한 유리. 이 경이로운 발명품들은 그 자체로 하나의 완결된 서사를 지닌다. 너무 우아하고 강력해서, 그것이 해결할 문제는 부차적인 것처럼 여겨진다. 아니, 이토록 위대한 기술은 스스로 문제를 정의하고 수요를 창조하며 세상을 발아래 굴복시킬 것이라는 믿음, 일종의 기술적 메시아주의가 탄생한다.

그다음은 언제나 거물들의 예언이 뒤따른다. 업계의 전설, 실리콘밸리의 선지자, 막대한 자본을 움직이는 투자자들이 차례로 등판해 이 새로운 기술에 찬사를 쏟아낸다. 그들의 말 한마디는 의심의 안개를 걷어내고 확신의 빛을 비춘다. "도시가 이 기계를 중심으로 재설계될 것이다", "이것은 인터넷보다 더 거대한 혁명이다", "미래의 모든 미디어는 이런 형태가 될 것이다"와 같은 예언들은 단순한 전망이 아니라, 거대한 자본의 흐름을 결정하는 신탁이 된다. 수십억, 수백억 달러의 돈이 이제 막 세상에 나온 그 '해결책'에 쏟아진다. 하지만 이 막대한 자본은 축복이 아니라 저주가 된다. 너무 많은 돈, 너무 이른 성공은 프로젝트를 거대하고 둔한 공룡으로 만들어버린다. '우리의 가설이 틀렸을지도 모른다'는 겸손한 자기 성찰의 가능성을 원천적으로 차단하고, 작은 실패로부터 배워 방향을 수정할 자유를 박탈한다. 투자자들의 열광을 실제 사용자의 갈망과 동일시하는 치명적 착각. 그렇게 '실패할 수 없는' 신화가 만들어지고, 배는 처음부터 잘못 설정된 항구를 향해 전속력으로 나아가기 시작한다.

그 항해의 끝에서 우리가 마주하는 것은 언제나 현실이라는 거대한 빙산이다. 도시를 바꾸겠다던 두 바퀴의 기계는 도로에서도, 인도에서도 환영받지 못한 채 괴짜들의 장난감으로 전락한다. 수조 원을 들여서 만든 주머니 속 영화관은, 사람들이 콘텐츠를 '공유'하고 '이야기'하며 즐긴다는 디지털 시대의 가장 기본적인 문법을 무시한 채 그들만의 황금 감옥에 갇혀 침몰한다. 사막 위에 세워진 완벽한 논리의 도시는 그 안에 살아야 할 불완전한 인간의 삶과 역사를 지워버린 유령 도시의 청사진으로 남는다. 미래를 보게 해준다던 안경은 착용자가 지금 눈앞의 상대를 보고 있는지 허공의 스크린을 보고 있는지 알 수 없게 만들어, 가장 원초적 신뢰의 기반인 눈 맞춤을 불가능하게 한다. 그 결과, 착용자는 순식간에 기피 대상으로 전락한다.

그리고 이 모든 기술적 오만은 하나의 통쾌한 우화로 요약되곤 한다. 너무 유명해 이제 신화처럼 굳어진, 바로 냉전 시대 우주 경쟁의 상징이 된 '스페이스 펜' 이야기다. 내용은 단순하고 극적이다. 미국 항공우주국NASA은 무중력 공간에서 글씨를 쓰기 위해 수백만 달러의 세금을 쏟아부어 복잡한 펜을 개발했지만, 실용적인 소련은 값싼 연필 한 자루로 모든 것을 해결했다는 것이다. 이 이야기는 기술의 화려함에 취해 문제의 본질을 보지 못하는 어리석음을 질타하고, 단순함 속에 숨은 지혜를 찬양하는 완벽한 교훈처럼 들린다. 권위에 대한 통쾌한 풍자이자 상식의 위대함을 보여주는 이 매력적인 서사는 지난 수십 년간 수많은 경영서적과 강연에서 '문제 해결의 본질'을 설명하는 단골 예시로 인용되었다. 하지만 바로 그 완벽함이 오히려 의심하게 만든다. 이처럼 선명한 흑백논리의 이야기가 과연 복잡한 현실의 모든 것을 담아낼 수 있을까?

사실 이 유명한 신화는 우리가 믿고 싶어 하는 교훈에 맞춰 교묘하게 편집된 각본에 가깝다. 그리고 바로 그 지점에서, 이 이야기는 이중의 의미를 지닌다. 표면적으로는 '문제를 찾아 나선 해결책'의 어리석음을 보여주는 최고의 사례처럼 보이지만, 그 이면에는 우리가 '현명한 대안'이라고 믿었던 것이 사실은 얼마나 위험한 선택이었는지, 반대로 '어리석은 낭비'라고 비웃었던 것이 실은 얼마나 정확한 문제 정의에서 비롯된 필연적 결론이었는지 보여주는 역설적인 진실이 숨어 있다.

   혁신은 왜 실패하는가

이것이 바로 우리가 메타 착각 4에서 깊이 파고들 네 번째 메타 착각이다. 해결해야 할 근본적인 문제나 핵심 사용자의 요구에 대한 명확한 이해 없이 '일단 멋지게 만들어놓으면 어떻게든 쓰일 것'이라는 착각. 이 착각은 단순한 경영상 실수가 아니다. 그것은 인간 본성에 깊이 뿌리내린 인지적 함정에 가깝다. 눈에 보이지 않고, 복잡하며, 때로는 고통스러운 '문제 정의'라는 어려운 과제를 눈에 보이고, 돈으로 살 수 있으며, 명쾌해 보이는 '기술 개발'이라는 손쉬운 과제로 대체하려는 유혹이다.

이어지는 다섯 개의 장은 이 거대한 착각의 실체를 파헤치는 심층 탐사이자, 화려하게 실패한 프로젝트들이 남긴 값비싼 교훈의 기록이다. 우리는 그 실패 현장에서 몇 가지 근본적 질문을 던질 것이다. 왜 똑똑한 사람들은 계속해서 아무도 원치 않는 완벽한 제품을 만드는가? 기술의 우아함에 대한 숭배는 어떻게 조직 전체의 눈을 멀게 하는가? 그리고 '무엇을What 만들 것인가'와 '어떻게How 만들 것인가'에 대한 집착이, 가장 중요하고 본질적 질문인 '왜Why 이것을 만들어야 하는가'를 압도할 때, 어떤 비극이 반복되는가?

정답은 기술 안에 있지 않다. 정답은 언제나 기술 바깥의 인간과 그들이 발 딛고 선 지저분한 현실 속에 있다. 이제 그 멋진 망치를 내려놓고, 우리가 정말 박아야 할 못이 어디에 있는지 찾아 나설 시간이다.

16장

멈춰버린 미래의 바퀴

::

세상은 왜 세기의 발명품 세그웨이를 원하지 않았는가?

신화가 된 세기의 발명품

2000년대 초, 세상은 거대한 기술적 흥분과 약간의 허탈감이 뒤섞인 묘한 분위기에 휩싸였다. 닷컴 버블이라는 화려하지만 뒷맛이 씁쓸한 파티가 막 끝난 뒤였지만, 기술이 인류의 삶을 근본적으로 바꿀 것이라는 믿음은 여전히 뜨거웠다. 사람들은 눈에 보이지 않는 인터넷과 알고리즘의 세계를 넘어 손에 잡히는, 현실 세계를 직접 바꾸는 가시적인 혁신을 갈망했다. 바로 그 무렵 '세그웨이Segway'가 혜성처럼 등장했다. 세기의 발명품이라 불린 세그웨이는 세상에 공식적으로 모습을 드러내기 전까지 '진저Ginger'라는 코드명으로 불렸다.

프로젝트 내용은 철저히 베일에 싸여 있었지만, 소문은 가히 신화적이었다. 실리콘밸리의 매우 영향력 있는 인물들이 먼저 '진저'를 경험했고, 그들의 찬사가 소문의 불길에 기름을 부었다. 당대 최고 벤처 투자자존 도어John Doerr는 이 발명품이 "인터넷보다 더 중요할 수 있다"라고 단언하며, 역사상 가장 빠르게 10억 달러 매출을 달성하는 기업이 될 것이라고 예견했다. 아마존 창립자 제프 베이조스Jeff Bezos는 시승한 뒤 "너무 혁명적인 제품이라서 판매에 전혀 문제없을 것"이라고 극찬했다.

그리고 그 정점에 스티브 잡스Steve Jobs가 있었다. 그는 한 걸음 더 나아가 "도시 전체가 이 기계를 중심으로 재설계될 것"이라는, 세상을 바꾸는 예언과도 같은 말을 남겼다. 그래서 사람들은 자동차가 등장해 마차를 밀어내고 도시 풍경을 바꾸었듯, 머지않아 이 새로운 기계가 자동차를 대체하고 21세기 도시의 모습을 완전히 새롭게 정의할 것이라고 상상하기 시작했다. 도저히 해결될 기미가 보이지 않는 교통 체증, 지긋지긋한 주차 전쟁, 회색빛 매연과 소음으로부터 인류를 해방시킬 구원자가 나타났다고 믿었다.

이들의 예언은 단순한 제품 홍보가 아니라, 기술의 힘이 사회 구조를 바꿀 것이라는 '기술 결정론적' 세계관의 표출이었다. 그들은 세그웨이가 등장하면, 도시의 인프라, 법규, 사람들의 생활 양식이 그 기술에 맞춰 자연스럽게 재편될 것이라고 믿었다. 기술이 원인이고 사회 변화는 결과라는 점을 거스를 수 없는 법칙처럼 여겼다. 그리고 많은 사람과 언론은 이토록 위대한 인물들이 이구동성으로 극찬하는 데는 분명 그럴 만한 이유가 있을 것이라며 소수의 믿음을 거대하게 증폭시켰다.

마침내 2001년 12월 3일, 발명가 딘 케이먼Dean Kamen은 ABC 방송의 인기 프로그램 「굿모닝 아메리카」를 통해 전 세계가 지켜보는 가운데 세그웨이 HTHuman Transporter의 실체를 공개했다. 두 개의 바퀴 위에 선 사람이 몸을 살짝 기울이는 것만으로 미끄러지듯 나아가는 모습은 마법처럼 보였다. 그것은 단순한 이동 수단이 아니었다. 걷는다는 행위 자체를 재정의하고, 인간의 이동성을 새로운 차원으로 끌어올릴 것이라는 약속이었다. 하지만 이토록 거대하고 화려했던 약속은, 역설적이게도 훗날 세그웨이의 발목을 잡는 가장 무거운 족쇄가 되었다.

누구를 위한 기술인가?

세그웨이는 분명 기술적으로 경이로운 제품이었다. 그 중심에는 '동적 안정화Dynamic Stabilization'라는, 당시로서는 상상하기 어려운 수준의 정교한 기술이 자리 잡고 있었다. 인간의 뇌가 내이의 평형기관을 통해 몸의 균형을 잡듯이, 세그웨이는 본체에 심어놓은 다섯 개의 자이로스코프 센서와 열 개가 넘는 마이크로프로세서가 1초에 100번 이상 운전자의 미세한 무게중심 이동을 감지하고 계산해서 스스로 균형을 맞췄다. 사용자는 그저 가고 싶은 방향으로 몸을 살짝 기울이기만 하면 되었다. 기계가 인간의 의도를 읽고 몸의 일부처럼 움직이는 듯한 직관적인 경험은 그 자체로 미래였다.

문제는 이처럼 눈부시게 아름다운 기술로 "무엇을 할 것인가?"라는 근본적인 질문에 누구도 명확히 답하지 못했다는 점이다. 이런 접근 방식의 기원을 추적하기 위해 케이먼이 세그웨이보다 먼저 내놓은 '아이봇iBOT'이라는 휠체어 이야기로 거슬러 올라가보자.

아이봇은 단순한 전동 휠체어가 아니었다. 세그웨이와 동일한 동적 안정화 기술을 기반으로, 스스로 균형을 잡고 계단을 오르내리며, 심지어 두 바퀴로 서서 휠체어에 앉아 있는 사람의 키를 보통 사람 눈높이까지 올려줄 수도 있었다. 이는 휠체어 사용자들의 삶을 근본적으로 바꾸는 혁명이었다. 아이봇이 해결하고자 한 '문제'는 너무나 명확하고 절실

     혁신은 왜 실패하는가

했다. 바로 '기존 휠체어로는 결코 넘을 수 없는 물리적 장벽과 사회적 단절'이라는 문제였다. 계단을 오르는 것, 보도의 턱을 넘는 것, 다른 사람과 눈을 맞추고 대화하는 것 등은 단순한 불편함을 넘어, 한 개인의 존엄성과 사회 참여 가능성을 좌우하는 거대한 장벽이었다.

아이봇은 가격이 2만 5,000달러에 달했고, 보험 적용도 쉽지 않아 널리 보급되지 못했다. 그럼에도 불구하고 아이봇이 제공하는 가치는 명확했다. 그것은 휠체어 사용자에게 이전에 불가능했던 '자유'와 '존엄'이라는, 값을 매길 수 없는 가치를 제공했다. 요구하는 바가 명확한 사용자 그룹에, 그들의 삶을 극적으로 변화시키는 해결책을 제시한 것이다.

아이러니하게도, 세그웨이의 비극은 바로 여기에서 시작되었다. 케이먼과 그의 팀은 아이봇의 핵심 요소인 '동적 안정화 기술을 대중에게 확대 적용하면 어떨까?' 하는 아이디어에서 세그웨이를 구상했다. 기술적 관점에서는 지극히 논리적 확장처럼 보이지만 여기에는 치명적 함정이 있었다. 휠체어 사용자에게 '계단을 오르는 것'은 삶의 질을 좌우하는 거대한 장벽이지만, 두 다리가 건강한 사람에게 '조금 더 빨리 걷는 것'은 그저 약간의 편리함이 더해지는 것에 불과했다. 그러나 개발 팀은 자신들이 만든 기술의 우수성에 매료되어 그 기술이 놓일 새로운 맥락과 사용자의 진짜 필요를 간과하는 '혁신가의 근시안'에 빠지고 말았다.

가치의 크기는 기술의 정교함이 아니라, 그 기술로 해결하려는 문제의 시급성과 당사자가 느끼는 절실함에 의해 결정된다. 아이봇은 '신체 부자유'라는 중요한 문제를 해결할 방법을 제시했기에 2만 5,000달러라는 소비자가를 당당하게 주장할 수 있었다. 반면 세그웨이는 '걷기 힘듦'이라는 매우 낮은 레벨의 문제를 해결하려 했다. 대부분의 사람에게 몇 블록 정도 거리를 걷는 것은 해결해야 할 '문제'가 아니라 지극히 자연스러운 일상이었다. 세그웨이는 이처럼 대부분의 사람이 문제라고 인식하지 않는 영역에 무려 5,000달러짜리 해결책을 들이밀었던 것이다.

세그웨이를 가로막은 현실의 장벽

화려한 기술과 장밋빛 전망으로 무장한 세그웨이는 도시의 문턱을 넘어서자마자 현실의 벽에 부딪혔다. 주로 20세기에 형성되고 고착된 '도시 시스템'이라는 거대한 중력과 관성 앞에서 속수무책이었다. 세그웨이 앞을 가로막은 현실의 장벽은 크게 다섯 가지로 요약할 수 있다.

첫째, 가격 장벽이다. 세그웨이가 실패한 가장 직접적이고 명백한 이유는 바로 가격이었다. 2002년 출시 당시 소비자 가격은 4,950달러, 사실상 5,000달러에 달했다. 2002년 미국 가구의 중위 소득은 연간 약 4만 2,409달러였다. 5,000달러는 한 가구 연 소득의 11퍼센트를 훌쩍 넘었다. 당시 평균적인 중고차 한 대 가격이 약 8,130달러였으니, 세그웨이 한 대 값은 웬만한 중고차 가격에 육박했고, 일부 저가 신차 가격과 맞먹는 수준이었다.

가격은 제품의 가치와 정체성을 규정한다. 5,000달러라는 가격표는 세그웨이를 자전거와 스쿠터의 경쟁 상대가 아닌, 자동차나 고급 가전제품과 같은 반열에 올려놓았다. 하지만 세그웨이는 자동차만큼의 효용성이나 고급 시계만큼의 사회적 지위를 제공하지 못했다. 지극히 개인적 이동 수단에 불과한 기기에 그만한 돈을 쓸 사람은 극소수에 불과했다.

스티브 잡스조차 세그웨이 개발 초기 단계에서 가격에 대한 우려를 표하며, 목표 시장이 부유층 소비자에 국한될 것이라고 경고했던 것으로 알려져 있다. 결국 이 비현실적인 가격은 세그웨이가 대중에게 다가

   혁신은 왜 실패하는가

갈 수 있는 모든 길을 스스로 차단하는 첫 번째 장벽이 되었다.

둘째, 물리 장벽이다. 만약 세그웨이를 구입한다면, 이것을 어디서 타야 할까? 도로로 나가기에는 시속 20킬로미터 남짓한 속도가 너무 느리고 위험하다. 그렇다고 인도로 올라가자니, 약 38킬로그램에 달하는 쇳덩이가 보행자 사이를 다니면 민폐를 넘어 위협이 될 수 있다.

세그웨이는 20세기 도시 계획의 이분법적 세계관을 전혀 고려하지 않고 태어났다. 지난 100년간 도시는 '자동차를 위한 길'과 '사람을 위한 길'이라는 두 가지 원칙 아래 설계되었다. 그 어디에도 세그웨이와 같은 '바퀴 달린 보행자'를 위한 공간은 없었다. 새로운 기술이 성공하기 위해서는 기술 자체의 성능만큼이나 그 기술을 담아낼 그릇, 즉 물리적·사회적 인프라가 필수적이다. 세그웨이는 자신을 위한 길을 만들지 못한 채, 자동차와 보행자 사이 어색한 경계에서 길을 잃고 말았다.

셋째, 규제 장벽이다. 공간 부재는 곧바로 규제의 혼란으로 이어졌다. 연방정부 차원에서 세그웨이를 자동차로 분류하지 않아 각 주와 도시가 자율적으로 규제할 길을 열어주었지만, 이것이 오히려 재앙이 되었다. 각 지방정부는 이 정체불명의 탈것을 어떻게 다뤄야 할지 몰라 우왕좌왕했고, 결국 가장 손쉬운 방법인 '금지'를 택하는 경우가 속출했다.

대표적 사례가 기술 도시를 자처하던 샌프란시스코였다. 2002년 말, 샌프란시스코 시의회는 세그웨이가 보행자, 특히 노인과 장애인의 안전에 심각한 위협이 될 수 있다는 이유로 인도와 자전거 도로에서 운행을 금지하는 조례를 통과시켰다. 실제로 장애인 인권 단체들은 세그웨이와 같은 전동 기기들이 보도를 점유하고 보행 약자들의 안전한 통행권을 위협한다는 우려를 제기했다. 뉴욕과 같은 대도시들도 비슷한 이유로 세그웨이에 빗장을 걸었다. 세그웨이의 핵심 가치였던 '보도를 이용한 자유로운 이동'이라는 개념 자체가 법적으로 원천 봉쇄되기 시작한 것이다. 이는 기술 개발 단계에서부터 규제 당국, 시민 단체 등 다양한 이해관계자 사이의 소통과 협의를 통해 사회적 합의를 만들어가는 과정이 얼마나 중요한지 보여주는 뼈아픈 교훈이었다.

넷째, 문화 장벽이다. 제품의 성공은 기능만으로 결정되지 않는다. 사람들은 제품을 통해 자신의 정체성을 표현한다. 여기에는 요즘 말로 '힙함'이라는 매우 주관적이고 강력한 요소가 작용한다. 불행하게도 세그웨이는 출시 직후부터 힙한 이미지를 얻는 데 처참히 실패하고, 오히려 '괴짜'나 '너드'의 상징으로 전락하고 말았다.

이런 부정적 이미지는 스티브 잡스의 초기 비판에서도 예견되었다. 그는 개발 팀과의 회의에서 "혁신적인 기계인데 디자인이 너무 투박하다. 우아하지도 않고 인간의 외형과 잘 어울리지도 않는다"라고 지적했다. 그의 직관은 정확했다. 세그웨이는 기술적 경이로움에도 불구하고 사람들의 마음을 사로잡는 미학적·감성적 매력을 갖추지 못했다.

이런 부정적 이미지는 대중 매체를 통해 걷잡을 수 없이 확산되었다. 인기 시트콤 「못말리는 패밀리Arrested Development」(2003)에서 이기적이고 우스꽝스러운 캐릭터 곱은 항상 세그웨이를 타고 등장하며 그 이미지를 굳혔다. 영화 「폴 블라트: 몰 캅Paul Blart: Mall Cop」(2009)에서는 어딘가 어설프고 과장된 몸짓을 하는 쇼핑몰 경비원이 세그웨이를 타고 다니며 코믹한 상황을 연출했다.

한번 형성된 이 '우스꽝스러운 바퀴 달린 기계'라는 이미지는 강력한 사회적 낙인이 되어, 잠재적 소비자들의 구매를 가로막는 거대한 심리적 장벽으로 작용했다. 사람들은 5,000달러씩이나 지불하고도 놀림감이 될 위험을 감수하고 싶지 않았던 것이다.

다섯째, 효용 장벽이다. 세그웨이는 '라스트 마일last mile' 이동 수단이라는 본연의 역할 측면에서도 뚜렷한 강점을 보여주지 못했다. '라스트 마일'이란 대중교통 정류장에서 최종 목적지까지 짧은 거리를 의미하는데, 세그웨이는 이 구간을 연결하는 데 여러모로 부적합했다. 무게가 38킬로그램에 달하는 데다 접을 수도 없었기 때문에, 이것을 들고 대중교통을 이용하거나 계단을 오르내리기란 성인 남자에게도 무리였다.

결국 대부분 상황에서 자전거, 대중교통, 혹은 그냥 걷는 것이 세그웨이보다 훨씬 저렴하고 실용적이었다. 세그웨이는 기존의 어떤 이동 수단보다 압도적으로 더 나은 가치를 제공하지 못했다. 약간의 편리함을 위해 너무나 비싼 비용과 불편함, 그리고 주변 사람들의 과도한 시선을 감수해야 하는 기계라는 것이 소비자들이 마주한 세그웨이의 진짜 모습이었다. 이 다섯 개의 벽은 개별적인 실패 요인이 아니라, "풀어야 할 진짜 문제가 무엇인가?"라는 근본적인 질문을 건너뛴 결과가 낳은 필연적 연쇄 반응이었다.

세그웨이의 후예들, 공유 킥보드

세그웨이는 개인 이동 수단 시장의 주류가 되는 데 실패했다. 20년 동안 고작 14만 대밖에 판매하지 못했다. 하지만 개인형 전동 모빌리티라는 꿈 자체가 사라진 것은 아니었다. 세그웨이는 그 후예들에게 무엇을 하고, 무엇을 하지 말아야 하는지 짚어주는 값비싼 교과서가 되었다.

2010년대 후반, 도시 거리를 점령하기 시작한 버드Bird와 라임Lime 같은 전동 킥보드 공유 서비스는 세그웨이가 넘지 못했던 바로 그 장벽들을 정면으로 돌파하고 극복했다. 그들이 사용한 킥보드 중 상당수는

| 표 16-1 | 세그웨이 vs. 공유 킥보드

특징	세그웨이(소유 모델)	공유 킥보드(대여 모델)
핵심 가치 제안	개인 이동성의 혁명	저렴하고 편리한 단거리 이동
비즈니스 모델	고가의 제품 판매(약 5,000달러)	저렴한 이용료 기반 서비스
사용자 진입 장벽	높음(가격, 보관, 유지 보수, 사회적 시선)	낮음(앱 다운로드, 즉시 이용)
인프라/규제 접근	기존 시스템과의 충돌	도시 정부와의 협상 및 파일럿 프로그램
해결하고자 한 문제	모호함: 걷기는 비효율적	명확함: 택시/버스/자전거의 단점 보완

세그웨이를 인수한 나인봇Ninebot에서 만든 기성품이었다. 핵심은 기술이 아닌 '문제를 정의하는 방식'과 '비즈니스 모델'에 있었다.

　그들은 세그웨이와 달리, 사람들이 겪는 진짜 문제가 '걷기 싫다'가 아니라 '짧은 거리를 이동할 때 택시를 타기에는 비싸고, 버스를 기다리기는 애매하며, 자전거를 구입해 직접 관리하기는 성가시다'는 점을 정확히 간파했다. 즉 '소유'의 부담 없이 '이동'의 필요만 해결해주는 저렴하고 편리한 서비스에 대한 수요를 발견한 것이다.

　스마트폰 앱을 통해 1달러면 잠금을 해제하고, 1분당 몇십 센트만 내면 어디든 갈 수 있는 이들의 서비스는 세그웨이를 가로막았던 장벽을 가뿐히 뛰어넘었다. 가격 장벽은 사라졌고, 소유하지 않으니 보관이나 인프라 문제도 없었다. 규제 문제는 도시 정부와 적극적으로 협상하며 파일럿 프로그램을 운영하는 등 유연하게 대처했다. 문화적으로도

혁신은 왜 실패하는가

킥보드는 세그웨이보다 훨씬 가볍고 경쾌한 이미지로 받아들여졌으며, '라스트 마일' 이동 수단으로서 효용성은 비교할 수 없이 높았다.

그 결과는 경이로웠다. 전미도시교통공무원협회NACTO에 따르면, 2023년 한 해에만 미국과 캐나다에서 공유 자전거와 킥보드를 합친 전체 마이크로모빌리티 이용 건수가 1억 5,700만 건을 기록했다. 세그웨이 시절에는 상상에 머물렀던 모습이 불과 몇 년 만에 실현된 것이다. 이는 세그웨이가 꿈꿨던 시장의 잠재력 자체는 허상이 아니었음을, 그러나 시장 접근 방식이 근본적으로 잘못되었음을 명확히 보여준다.

잿더미 속에서 다시 태어난 기술

세그웨이가 개인 이동 수단 시장에서 실패했다고 해서 그 눈부신 기술까지 함께 사라진 것은 아니었다. 오히려 그 기술은 전혀 예상치 못한 곳에서 화려하게 부활하며, 기술의 가치는 그것이 놓이는 '맥락'에 따라 결정된다는 중요한 진실을 가르쳐주었다.

변화의 계기는 2015년, 세그웨이가 한때 자신들을 모방했다고 비난했던 중국의 경쟁사 나인봇에 인수되면서 찾아왔다. 나인봇은 세그웨이의 동적 안정화 기술이 실패한 유물이 아니라, 제대로 된 시장을 만나지 못한 귀중한 자산임을 꿰뚫어보았다. 그들은 이 기술을 일반 소비자를 직접 상대하기보다 기업 간 거래B2B 시장에서 취급해야 할 로봇 플랫폼으로 재정의했다.

나인봇은 세그웨이의 원천 기술을 계승해 '루모Loomo'와 같은 개인용 로봇 비서, 그리고 다양한 실내외 배달·물류 로봇을 개발했다. 쇼핑몰, 호텔, 오피스 빌딩과 같은 '통제된 환경'은 세그웨이가 길 위에서 부딮혔던 다섯 개의 장벽을 일거에 허무는 완벽한 무대였다. 기업 고객에게 로봇의 가격은 단순한 지출이 아닌 '투자 대비 수익ROI'으로 치환되기에 더 이상 심리적 저항선이 되지 못했다. 인프라는 예측 가능했고, 도로교통법과 같은 규제는 사유지 안에서 작동하지 않았다. 로봇에 '괴짜'라는 문화적 낙인이 찍힐 리 만무했으며, 물류 효율화와 인건비 절감이라는 효용은 재무제표상에 명확히 증명되었다.

길 위에서 설 곳을 잃고 부유하던 기술이 마침내 제 몸에 맞는 옷을 입고 진가를 드러낸 것이다. 오늘날 세그웨이-나인봇은 전동 킥보드 등 개인형 이동 장치PM 시장의 절대 강자로 군림하고 있다. 전반적인 시장 침체기였던 2023년에도 킥보드 사업 부문에서만 5억 3,700만 달러(한화 약 7,803억 원)가 넘는 매출을 올리며 압도적인 점유율을 과시했다. 이러한 성공 이면에는 한때 실패작으로 치부되었던 세그웨이의 기술적 유산이 로보틱스 사업부의 핵심 역량으로 굳건히 버티고 있다. 이는 기술의 생존과 운명이 그 기술 자체의 우수성보다, 어떤 맥락에서 어떤 요구 사항과 결합하느냐에 달려 있음을 웅변한다.

혁신은 왜 실패하는가

Q1. '기술적 경이로움'에 취해 있는가, 아니면 '절박한 현실 문제'를 해결하고 있는가?

세그웨이의 '동적 안정화' 기술은 공학적 성취였으나, 개발 팀은 "누가, 왜 걷는 대신 이것을 타야 하는가?"라는 본질적인 질문을 놓쳤다. 그들은 보행을 비효율로 규정했지만, 대중에게 걷기는 자연스러운 일상이었기에 이는 존재하지 않는 고통을 해결하려는 시도에 불과했다. 기술은 그 자체로 목적이 아니며, 인간의 구체적 결핍을 해소할 때 비로소 가치를 지닌다. 기술적 우아함이 사용자의 절박함과 만나지 못하면, 혁신은 그저 비싼 장난감으로 전락한다.

⭐ **우리가 만든 제품이나 서비스가 내일 당장 없어진다면, 사용자들이 겪을 곤란함이나 고통은 구체적으로 어떤 것인가?**

진단 포인트　만약 이 질문에 대해 "조금 불편해질 수 있다"라거나 "덜 멋 있어 보일 것이다" 정도의 답밖에 떠오르지 않는다면, 우리는 비타민(있으면 좋은 것)을 만들 뿐 진통제(없으면 안 되는 것)를 만들고 있는 것은 아니다. 사용자가 현재 겪고 있는 구체적인 고통의 내용을, 마치 환자의 증상을 기록하듯 한 문장으로 명확히 정의할 수 있는지 확인해야 한다.

⭐ **우리는 기술 구현의 난이도에 대해 더 많이 이야기하는가, 아니면 사용자의 변화된 일상에 대해 더 많이 언급하는가?**

진단 포인트　회의실의 공기를 점검해보자. "우리 기술은 자이로스코프를 통해 초당 100번 균형을 잡을 수 있어"라는 기능 중심의 언어가 주를 이루는지, 아니면 "고객은 무거운 짐을 들고 언덕을 오를 때 편안함을 느끼게 될 거야"라는 효용 중심의 언어가 주를 이루는지 살펴봐야 한다.

✪ **기존 방식(걷기 등)의 장점을 과소평가하거나, 우리가 제공하는 해결책이 요구하는 새로운 비용(가격, 학습 노력, 충전의 번거로움 등)을 너무 가볍게 여기고 있지는 않은가?**

진단 포인트　새로운 기술은 기존의 익숙한 습관을 버리고 새로운 비용을 지불할 만큼 압도적인 가치를 제공해야 한다. '혁신'이라는 이름 아래 사용자에게 전가하고 있는 보이지 않는 비용들을 직시해야 한다.

Q2. 제품이 놓일 곳과 그 주변의 현실적인 제약 사항들을 입체적으로 고려하고 있는가?

세그웨이의 몰락은 기계적 결함이 아니라 '맥락의 부재' 탓이었다. 보행자에게는 위협적이고 차량 흐름에는 방해가 된 이 기계는, 인도와 차도 그 어디에도 속하지 못한 채 도시 생태계의 이방인이 되었다. 제품은 진공 상태가 아닌 복잡한 현실의 제약 속에 놓인다. 따라서 혁신은 기능적 우수성을 넘어 기존 인프라 및 제도와의 조화를 이룰 때 완성된다. 제품만이 아니라 그것이 생존할 환경까지 설계해야 한다.

✪ **우리 제품이 사용될 실제 환경에서는 어떤 물리적 장애물이나 규제, 혹은 보이지 않는 사회적 약속들이 존재하는가?**

진단 포인트　책상에서 하는 시뮬레이션을 멈추고, 실제 현장으로 나가 관찰해야 한다. 세그웨이 팀이 도시의 보행로를 휠체어 사용자나 유모차를 끄는 부모, 혹은 붐비는 출근길 직장인의 시선으로 한 번이라도 깊이 관찰했다면, 그 무거운 기계를 인도에 올리겠다는 발상이 얼마나 위험한지 금세 알아차렸을 것이다. 우리 제품이 마주할 가장 적대적이고 혼잡한 환경 조건을 구체적인 시나리오로 작성해보자.

✪ **우리 제품의 등장이 기존 생태계(다른 사용자, 관련 법규, 도시 인프라 등)에 어떤 마찰이나 갈등을 일으킬 가능성이 있는가?**

진단 포인트　제품 사용자뿐만 아니라, 그 제품으로 인해 영향을 받을 '비사용자'의 관점을 반드시 고려해야 한다. 우리의 혁신이 누군가에게는 불편함이나 위험으로 다가가지 않는지 살펴보자. 그 갈등을 해소할 방안이 제품 설계나 서비스 정책에 반영되어 있는지 점검해야 한다.

✪ **제품을 사용하기 위해 사용자가 갖춰야 할 부가적인 조건(충전 시설, 보관 공간, 전용 도로 등)이 현실적으로 마련되어 있는가?**

진단 포인트　제품 자체의 성능보다 그것을 뒷받침할 인프라가 더 중요할 때가 많다. 세그웨이는 주차할 곳도 마땅치 않았고, 엘리베이터에도 싣기 힘들었으며, 계단을 만날 때마다 큰 짐이 되었다. 우리 제품이 원활하게 작동하기 위해 사회나 개인이 추가로 부담해야 할 인프라 비용이 무엇인지, 그것이 현실적으로 감당할 수 있는 수준인지 따져봐야 한다.

17장

확증 편향의 덫

::

퀴비의 '완벽한 기술'은 어떻게 스스로 무너졌는가?

짧고 강렬한 영상 콘텐츠, 퀴비의 등장

2018년 할리우드의 창의성과 실리콘밸리의 기술력이 만나는 지점에서 하나의 아이디어가 거대한 파도를 일으키기 시작했다. 이름만으로도 업계의 무게중심을 옮길 만한 두 거물이 그 중심에 있었다. 영화사 드림웍스DreamWorks의 신화를 쓴 제프리 캐천버그Jeffrey Katzenberg와 IT 거인 HP 및 이베이eBay의 CEO를 역임한 멕 휘트먼Meg Whitman이었다. 그들이 내놓은 비전은 더없이 명쾌하고 강력했다. 스마트폰을 신체 일부처럼 여기는 새로운 세대를 위해, 빠르게 한 입 베어물고Quick Bites 싶은 10분 안팎의 짧고 강렬한 영상 콘텐츠를 제공하는 것이 바로 '퀴비Quibi'의 시작이었다.

이 아이디어는 표면적으로 흠잡을 데 없이 완벽해 보였다. Z세대와 밀레니얼 세대는 스마트폰을 손에서 놓지 않고, 짧은 길이의 콘텐츠 소비에 익숙하며, 출퇴근길이나 자투리 시간에 즐길 거리가 필요하다는 수많은 통계는 퀴비의 존재 이유를 증명하는 듯했다. 이런 논리는 너무 매력적이어서 디즈니, 구글, 알리바바Alibaba 같은 세계 유수 기업들이 앞다투어 지갑을 열었다. 두 차례에 걸쳐 모인 투자금이 무려 17억 5,000만 달러(한화 약 2조 5,000억 원)에 달했다. 심지어 서비스를 시작하기도 전에 P&G, 펩시Pepsi 등 대형 광고주들에게 1억 5,000만 달러(한화 약 2,180억 원)의 광고를 미리 판매했다. 단순한 사업 계획을 넘어, 미래 엔터테인먼트의 청사진을 제시하는 것 같았다.

그런데 이처럼 완벽해 보였던 '해결책'이 어째서 역사상 가장 극적이고 값비싼 실패 사례 중 하나로 기록되었을까? 퀴비의 이야기는 애초부터 존재하지 않았거나 완전히 잘못 이해한 '문제'를 해결하려는 과정에서 탄생한 오답 노트에 가깝다.

퀴비의 사례는 거대한 자본이 어떻게 '확증 편향의 덫'을 놓는지 생생하게 보여준다. 17억 5,000만 달러라는 초기 투자금과 1억 5,000만 달러 규모의 광고 선先판매액이 의미하는 바는 경영진의 비전에 대한 강력한 '사회적 증명'이었고, 동시에 그들의 신념이 옳다는 확신을 강화하는 촉매제 역할을 했다. 제프리 캐천버그 같은 업계 베테랑이라 할지라도, 세계 최고 기업과 투자자들이 수조 원을 베팅하는 상황에서는 흔들릴 수밖에 없다. 그런 거대한 지지 속에서 자신의 가설이 과연 논리적으로 타당한지, 현실성을 갖췄는지 냉정하게 따져보기란 사실상 불가능에 가깝다. 투자자와 광고주의 열광적인 초기 반응을 실제 '사용자'의 긍정적 평가와 동일시하는 치명적 착각에 빠지기 쉬운 것이다.

그 결과, 그들은 '우리의 가설이 맞는지 시장에서 소규모로라도 검증해보자'는 겸손한 자세 대신, '우리의 비전이 옳으니 시장을 설득시키자'

는 오만한 자세를 취했다. 이는 최소 기능 제품Minimum Viable Product, MVP으로 가설을 검증하고 실패로부터 빠르게 배우며 방향을 수정하는 '린 스타트업Lean Startup'의 지혜와 정반대 길이었다. 너무 많은 돈을 너무 일찍 조달한 탓에 퀴비는 실패할 자유, 즉 전략을 수정할 자유를 스스로 박탈당했다. 그들은 너무 거대해 실패할 수 없는 배를 만들었지만, 안타깝게도 그 배는 처음부터 잘못된 항구를 향해 닻을 올리고 있었다.

캐천버그와 휘트먼을 각자 영역에서 전설로 만들었던 바로 그 성공 경험이, 역설적으로 시장 분위기와 반응을 읽는 데 가장 큰 족쇄가 되었다. 캐천버그의 성공 공식은 인터넷과 소셜 미디어가 등장하기 전, '우리가 만들면 당신들은 보게 될 것'이라는 할리우드식 영상 배급 모델에 뿌리를 두고 있었다. 그는 인터뷰에서 자신의 비전을 설명하며 "내 45년 경험에 따르면……"이라는 말을 즐겨 사용했는데, 이는 그의 판단이 과거 성공 방정식에 얼마나 깊이 의존하고 있었는지 보여준다.

한편, 휘트먼의 전문성은 이미 거대해진 이베이나 HP 같은 기술 기업의 사업 구조와 내부 업무 프로세스를 최적화하고 확장하는 데 있었다. 새로운 소셜 엔터테인먼트 플랫폼에 대한 강력한 지지 기반을 구축하거나 사용자의 만족도를 극대화하기 위해 적절한 가설을 던지고 검증하는 측면에서는 문외한이나 다름없었다. 17억 5,000만 달러에 달하는 거대한 자본은 이 낡은 성공 공식의 강력한 신임장 역할을 하며, 그들이 시장을 있는 그대로 보는 대신 과거 경험이라는 안경을 통해 보도록 만들었다. 그들의 화려한 이력은 투자자들에게 매력적인 셀링 포인트였지만, 정작 그들 자신에게는 새로운 시대 변화를 보지 못하게 만드는 인지적 함정이었던 셈이다.

Z세대는 정말 '짧은' 영상만 볼까?

퀴비의 모든 전략은 'Z세대는 집중력이 좋지 않아 영상 하나에 10분 이상 집중하지 못한다'는 대전제 위에 세워졌다. 'Z세대의 평균 집중 시간은 8초에 불과하다'는 식의 자극적인 통계는 그들의 믿음을 더 굳건하게 만들었을 것이다. 퀴비는 이런 단편적 통계에 Z세대의 모든 미디어 소비 습관을 끼워 맞추려 했다. 스마트폰을 하루에 수십, 수백 번 들었다 놨다 하는 세대에게는 짧고 강렬한 '스낵 컬처'가 유일한 해답이라고 믿었다.

하지만 이는 Z세대라는 복잡하고 다층적인 소비 집단을 제대로 이해하지 못한 것이었다. 데이터가 증명하는 Z세대의 실체는 퀴비의 가정과 달랐다. 그들은 상황에 따라 숏폼과 롱폼을 자유자재로 넘나드는 복합적인 소비 패턴을 보였다. 틱톡TikTok의 짧은 영상은 그들의 소비 목록 중 일부일 뿐이었다. 그들은 유튜브YouTube의 긴 영상에도 높은 집중력을 발휘했으며, 필요하면 몇 시간이 넘는 심층 콘텐츠 앞에서도 지루해하지 않고 진득하게 머물렀다. 그들은 넷플릭스Netflix의 드라마 시리즈를 밤새워 '정주행'하는 세대이기도 했다. 실제로 2020년 당시 Z세대에게 가장 인기 있는 동영상 플랫폼은 틱톡이 아니라 유튜브였다. 한 조사에 따르면, Z세대의 85퍼센트가 유튜브를 사용하는 반면, 틱톡 사용률은 69퍼센트 수준이었다. 이는 그들이 단순히 '짧은 것'을 선호하는 것이 아니라, 자신의 상황과 목적, 관심사에 따라 다양한 길이와 깊이의 콘텐츠를 능동적으로 선택하고 소비하는 유연한 사용자임을 명확히 보여주었다. 그러나 퀴비는 이들의 복합적인 미디어 소비 행태를 '길이'라는 단 하나의 변수로 환원하는 치명적인 단순화의 오류를 범했다.

더 근본적인 문제는, Z세대가 왜 틱톡을 보는지, 왜 유튜브에 머무는

지 본질적인 질문을 던지지 않았다는 점이다. 틱톡의 폭발적인 성공 비결은 단순히 영상이 짧아서가 아니었다. 그 핵심에는 사용자가 직접 콘텐츠를 만들고 참여하는 즐거움, 강력한 추천 알고리즘이 끝없이 새로운 볼거리를 찾아주는 발견의 기쁨, 그리고 무엇보다 '밈meme'과 '챌린지'를 통해 친구들과 소통하고 소속감을 느끼는 강력한 '커뮤니티'의 힘이 자리 잡고 있었다. 한편, 유튜브의 힘은 특정 관심사에 대한 깊이 있는 정보를 탐색하고, 자신이 신뢰하는 크리에이터와 유대감을 형성하며, 새로운 기술이나 지식을 접하는 학습의 장 역할에서 나왔다.

결국 퀴비가 풀려고 했던 문제는 'Z세대는 긴 영상을 볼 시간이 없다'는, 자신들이 만들어낸 가상의 문제였다. 하지만 Z세대가 실제로 원하는 것은 '자신의 상황과 관심사에 딱 맞는 재미있고, 유용하며, 친구들과 쉽게 공유하고 이야기 나눌 수 있는 콘텐츠'였다. 결국 퀴비는 신기루를 좇는 데 17억 5,000만 달러라는 막대한 연료를 쏟아부은 셈이었다.

이 지점에서 우리는 콘텐츠 소비의 패러다임이 어떻게 변했는지 목격한다. 퀴비의 실패는 오늘날 콘텐츠 시장에서 '콘텐츠 자체What'만큼이나, 어쩌면 그보다 더 '소비의 맥락과 경험How'이 결정적으로 중요해졌음을 뚜렷하게 보여준다. 퀴비는 스티븐 스필버그Steven Spielberg나 리엄 헴스워스Liam Hemsworth 같은 할리우드 A급 스타들을 동원해 분당 10만 달러가 넘는 제작비를 쏟아부으면 사용자들이 열광하며 따라올 것이라고 믿었다. 퀴비는 오늘날의 사용자, 특히 Z세대는 더 이상 콘텐츠를 수동적으로 시청하는 관객이 아니라는 사실을 간과했다. 그들은 콘텐츠를 보고, 즐기며, 나아가 그것을 소재로 친구들과 소통하고, 밈으로 재창조하며, 자신의 정체성을 표현하는 '경험' 자체를 원한다.

이런 변화는 '콘텐츠 품질'에 대한 정의가 근본적으로 바뀌었음을 시

　　　　　　혁신은 왜 실패하는가

기능	퀴비	틱톡	넷플릭스
핵심 가치 제안	할리우드급 숏폼 콘텐츠	사용자 제작 기반의 바이럴 엔터테인먼트	방대한 라이브러리의 온디맨드 롱폼 콘텐츠
주요 시청 기기	스마트폰 전용 (초기)	스마트폰 중심 (다양한 기기 지원)	모든 스크린(TV, PC, 태블릿, 모바일)
콘텐츠 형식	10분 내외 에피소드, 턴스타일	15초에서 몇 분의 짧은 동영상	수십 분의 에피소드, 수 시간의 영화
콘텐츠 공급원	할리우드 제작사 (전문가 제작)	사용자 제작 콘텐츠UGC 중심	할리우드 및 자체 제작(전문가 제작)
공유 및 커뮤니티	공유 불가 (스크린 숏 금지)	공유 및 바이럴 극대화(리믹스, 듀엣)	제한적 (소셜 미디어 공유 기능)
수익 모델	유료 구독 (광고 유무)	광고	유료 구독

사한다. 퀴비는 구시대적 품질 개념에 막대한 돈을 쏟아부은 반면, 새로운 시대가 요구하는 품질 기준을 철저히 외면했다. 성공적인 플랫폼들은 더 이상 콘텐츠를 일방적으로 전달하는 '미디어'에 머물러서는 안 되고, 사용자들이 콘텐츠를 중심으로 상호작용하고 관계를 맺는 '소셜 공간' 역할을 수행해야 했다. 퀴비는 스스로 최고급 '미디어'라고 정의했지만, 사용자들은 이미 '소셜' 플랫폼의 문법에 익숙해져 있었다. 이 근본적인 정체성의 불일치가 실패의 가장 깊은 뿌리였다.

퀴비의 혁신 무기, '턴스타일'의 저주

퀴비가 세상에 내놓은 가장 혁신적인 무기는 '턴스타일Turnstyle'이라는 독자 기술이었다. 스마트폰을 가로로 보든 세로로 보든 영상이 항상 화면에 꽉 차도록 실시간으로 전환하는, 특허까지 출원한 기술이었다. 캐천버그는 "모바일 스토리텔링의 새로운 지평을 열었다"라고 자평하며 퀴비의 핵심 경쟁력으로 내세웠다. 기술적으로는 분명 흥미롭고 새로운 시도였다. 하지만 이 눈부신 기술적 성취는 역설적으로 퀴비를 스스로 가두는 황금 감옥이 되고 말았다.

턴스타일이라는 기술의 완성도를 극대화하기 위해 퀴비는 몇 가지 치명적인 전략적 선택을 강행했다. 첫째, '모바일 전용'이라는 시대착오적 독단을 고집했다. 턴스타일의 마법은 오직 스마트폰 화면에서만 유효했기에, 퀴비는 태블릿, PC는 물론이고 스마트폰 화면을 TV로 전송하는 미러링 기능조차 지원하지 않았다. 이는 코로나가 창궐하던 시기, 모두가 집에 갇힌 채 그 어느 때보다 큰 화면을 원하는 상황에서 치명적 약점으로 작용했다. 사용자들은 스마트폰으로 보던 드라마를 거실 소파에 편안히 누워 TV로 이어서 보고 싶어 했지만, 퀴비는 이 가장 기본적인 욕구조차 외면한 것이다.

둘째, '공유 불가'라는 자살골을 넣었다. 퀴비는 저작권 보호를 명분으로 스크린 숏을 촬영하는 것조차 원천적으로 막아버렸다. 이는 밈과 바이럴을 통해 콘텐츠가 자생적으로 퍼져나가고 폭발적으로 성장하는, '인터넷 문화의 대동맥'을 스스로 끊어버리는 행위나 다름없었다. 아무리 재미있는 장면이나 인상 깊은 대사도 친구들에게 공유할 방법이 없었다. 사용자들이 자발적 마케터가 되어 입소문을 내줄 모든 경로를 차

        혁신은 왜 실패하는가

단한 채, 퀴비의 콘텐츠는 그들만의 플랫폼 안에 갇혀버렸다.

셋째, 콘텐츠의 형식과 내용이 부조화를 이루었다. 분당 최대 10만 달러라는 막대한 제작비를 들인 블록버스터급 콘텐츠를 고작 10분 내외 토막으로 잘라 제공하는 방식은 사용자에게 온전한 만족감을 주지 못했다. 넷플릭스처럼 깊이 있는 서사에 몰입할 수도 없었고, 틱톡처럼 짧고 강렬하면서 즉각적인 쾌감을 얻을 수도 없었다. 이야기가 막 흥미진진해지려고 하는데 갑자기 끝내고는 다음 에피소드가 올라올 때까지 기다리라는 식으로 작동해, 이용자들에게 피로감과 불쾌함만 남겼다.

요컨대 퀴비가 이용자에게 선사한 총체적인 경험은 '불편함' 그 자체였다. 보고 싶은 곳(TV)에서 볼 수 없고, 나누고 싶은 방식(스크린 숏, 밈)으로 나눌 수 없으며, 각자의 호흡(연속 시청)에 맞춰 즐길 수 없었다. 턴스타일이라는 '멋진 기술' 하나를 위해 이용자들이 원하는 기본적인 편의성과 디지털 시대의 사회적 욕구를 모두 희생시킨 것이다.

이런 의사결정 과정은 도구인 기술이 사업과 전략의 방향을 쥐고 흔드는 '왝더독Wag the dog'(꼬리가 개를 흔드는) 현상의 전형적인 사례다. 턴스타일은 단순히 하나의 기능이 아니었다. 그것은 퀴비의 모든 전략적 결정을 정당화하고 강제하는 '전략적 족쇄'였다. "왜 TV 캐스팅을 지원하지 않았는가?" 턴스타일의 의미가 사라지기 때문이다. "왜 스크린 숏을 막았는가?" 가로/세로 화면을 동시 지원하는 포맷에 대한 저작권 관리가 복잡해지기 때문이다. "왜 모든 콘텐츠를 비싸게 만들어야 했는가?" 턴스타일을 제대로 구현해야 했기 때문이다. 이 모든 질문의 답은 턴스타일로 귀결된다. 즉 '사용자들의 불편함을 해결할 기술을 만들자'는 올바른 접근이 아니라, '우리가 이 멋진 기술을 개발했으니 어떻게든 쓰게 만들자'는 기술 중심적 사고가 모든 것을 지배했다.

이용자의 행동 변화를 끌어내거나 전에 없던 새로운 가치를 창출해야 '혁신'이라고 할 수 있다. 턴스타일은 기술적으로 흥미로웠을지 몰라도 이용자의 기존 행동(TV로 보기, 친구와 공유하기)을 방해할 뿐 그 어떤 부가가치도 제공하지 못했다. 여러 평론가가 지적했듯이, 누구도 이런 기술을 원한 적이 없었다. 따라서 그것은 혁신이 아닌 '퇴보'이자 '나쁜 기능'에 불과했다. 훗날 스트리밍 플랫폼 기업 로쿠Roku가 퀴비의 콘텐츠 라이브러리를 인수할 때, 이 화려했던 기술적 자산에 거의 가치를 부여하지 않고 1억 달러 미만이라는 헐값에 사들인 사실은, 시장이 턴스타일의 가치를 어떻게 평가했는지 냉정하게 증명한다.

6개월 만의 붕괴

2020년 4월 6일, 퀴비는 세상에 모습을 드러냈다. 수년에 걸친 준비와 수조 원의 투자가 결실을 보는 순간이었다. 하지만 시장의 반응은 기대와 달리 싸늘했다. 출시 첫날 앱 다운로드 수는 약 30만 건에 그쳤다. 같은 시기 경쟁 서비스였던 디즈니플러스Disney Plus가 출시 하루 만에 1,000만 명 이상의 가입자를 끌어모은 것과 비교하면 처참했다. 퀴비 측은 첫 주에 170만 건의 다운로드를 기록했다고 발표했지만, 이는 사실상 모든 이용자에게 90일 무료 체험 기간을 제공한 결과였다.

퀴비 경영진은 이 저조한 성적의 원인을 코로나 탓으로 돌렸다. '출퇴근길이나 이동 중에 콘텐츠를 소비한다'는 퀴비의 핵심 시나리오가 팬데믹으로 인한 재택근무와 사회적 거리두기로 인해 무너졌다는 것이다. 팬데믹은 사람들이 집에 머무는 시간을 극적으로 늘려, 넷플릭스나 유튜브와 같은 스트리밍 서비스에 전례 없는 호황을 안겨주었다. 퀴비는 이 거

　　　　　　　　　　　　혁신은 왜 실패하는가

총투자유치금	17억 5,000만 달러	할리우드와 실리콘밸리의 전례 없는 기대감을 상징함.
출시 전 광고 매출	1억 5,000만 달러	경영진의 비전이 옳다는 강력한 확증 편향을 유발함.
첫해 콘텐츠 예산	11억 달러	막대한 선투자로 전략 수정이 어려운 경직된 구조를 만듦.
출시일	2020년 4월 6일	팬데믹으로 스트리밍 수요가 폭발하던 시기였으나 기회를 살리지 못함.
첫날 다운로드 수	약 30만 건	디즈니플러스(1,000만 이상)와 비교해 처참한 수준으로, 초기 시장 반응이 차가웠음을 증명함.
90일 후 유료 전환율	8퍼센트 미만(추정)	제품의 핵심 가치 부재를 보여주는 결정적 지표로, '공짜로도 쓸모없음'을 의미함.
사업 종료 발표	2020년 10월 21일	출시 6개월 만에 초고속으로 붕괴함.
최종 자산 매각가	1억 달러 미만	총투자금의 5퍼센트도 회수하지 못한 완전한 실패. 기술 자산의 가치가 없었음을 방증함.

대한 파도에 올라타기는커녕, 사용자들이 가장 원했던 TV 화면 지원과 같은 기본적인 기능 추가를 두고 내부적으로 두 달 이상 논쟁을 벌이며 시간을 허비했다. 시장의 급격한 변화에 둔감하게 반응한 것이다.

90일간의 무료 체험이 끝난 뒤, 과연 얼마나 많은 사용자가 지갑을 열었을까? 모바일 시장 전문 조사 업체 센서타워Sensor Tower가 조사한 바에 따르면, 무료 체험자 중 유료 구독자로 전환한 비율은 고작 8퍼센트였다. 이는 퀴비의 실패 원인이 '가격'이나 '마케팅' 혹은 '타이밍'과 같은 부차적인 문제가 아니라, '제품의 핵심 가치'가 근본적으로 부재했음을 증명하는 가장 결정적 증거였다. 사용자들은 90일 동안이나 공짜로 서비스를 이용하고도 "내 돈과 시간을 쓸 가치가 없다"라고 냉정하게 판단한 것이다. 이는 제품–시장 적합성Product-Market Fit의 완벽한 실패를 의미했다. 공짜로 줘도 쓸모없다고 판명된 제품에 돈을 낼 사람은 없다.

이는 곧바로 재앙적인 재정 문제로 이어졌다. 2020년 9월, 퀴비는 애플Apple, 페이스북, 워너미디어WarnerMedia 등 거대 기업들을 대상으로 매각을 시도했지만 번번이 거절당했다. 결국 2020년 10월 21일, 퀴비는 출시된 지 6개월 만에 사업 종료를 공식 선언했다. 17억 5,000만 달러의 화려했던 꿈은 2021년 1월, 스트리밍 기업 로쿠에 1억 달러도 채 되지 않는 헐값에 콘텐츠 라이브러리를 넘기며 막을 내렸다.

거대한 착각이 남긴 교훈

퀴비의 실패는 하나의 원인으로 설명할 수 없는 복합적인 문제였지만, 기저에는 병리적 증상이 깔려 있었다. 크게 네 가지 증상이었다.

첫 번째는 '경영진의 나르시시즘'이었다. 퀴비의 모든 주요 전략과 핵심 기능은 제프리 캐천버그와 멕 휘트먼이라는 두 거물 경영진의 과거 경험과 직감에 과도하게 의존했다. 캐천버그는 자기 비전을 옹호할 때 오랜 기간 쌓아온 경험을 자주 근거로 들었다. 그들은 실제 사용자에게 묻고 배우기보다 자신들의 비전을 가르치려 들었다. 과거 성공 경험이 미래를 보는 눈을 가려버린 것이다.

두 번째는 '기술에 대한 과도한 집착'이었다. 앞서 언급한 것처럼, 턴

    혁신은 왜 실패하는가

스타일 기술에 대한 맹목적 집착은 퀴비의 모든 것을 망가뜨렸다. 그들은 기술의 화려함에 매몰되어, 그 기술이 궁극적으로 해소해야 할 이용자의 갈증에 관심조차 두지 않았다.

세 번째는 '갈라파고스 증후군'이었다. 리더들은 2020년 인터넷이 어떤 원리와 동인으로 작동하는지 전혀 이해하지 못했거나, 할리우드의 낡은 사고방식에 갇혀 이를 의도적으로 무시했다. 콘텐츠의 가치가 '공유'와 '커뮤니티'를 통해 사용자에 의해 재창조되고 증폭되는 소셜 미디어 시대에, 그들은 콘텐츠를 철저히 통제하고 고립시키는 폐쇄형 생태계를 고집했다. 콘텐츠를 일방적으로 공급하고 통제하는 것이 당연했던 할리우드의 낡은 문법과, 개방과 참여를 기반으로 하는 인터넷의 새로운 문법이 정면으로 충돌한 비극적 결과였다.

마지막 네 번째는 스타트업과 전혀 어울리지 않은 '대기업병'이었다. 17억 5,000만 달러라는 막대한 초기 투자금은 축복이 아닌 저주였다. 이 거대한 자본은 퀴비를 시작부터 거대하고 둔한 공룡으로 만들었다. 시장 반응이 예상과 다를 때 신속하게 방향을 틀거나 규모를 축소해 생존을 도모할 수 있는 스타트업 특유의 민첩성을 완전히 상실하게 했다. 설상가상으로 이미 쏟아부은 막대한 콘텐츠 제작비와 마케팅 비용이라는 '매몰 비용'을 과도하게 의식한 탓에, 잘못된 길에 들어섰다는 적색경보가 여기저기서 울리는데도 걸음을 멈추지 않았다.

이 모든 증상을 종합하면, 실행력 측면에는 큰 문제가 없었음을 알 수 있다. 아니, 실행력 자체는 매우 뛰어났다고 평가할 수도 있다. 그들은 할리우드 최고의 인재를 영입했고, 유능한 기술진을 고용했으며, 막대한 자금으로 공격적인 마케팅을 펼쳤다. 문제는 그 뛰어난 실행력이 애초에 완전히 잘못된 목표를 향하고 있었다는 점이다. 퀴비 경영진의 머릿속을 지배한 '멘털 모델Mental Model' 자체가 과거에 머물러 있었기 때문이다. 그들의 성공 공식은 첫째, 최고 스타와 제작자를 모으면 관객은 온다(과거 영화 산업 모델), 둘째, 콘텐츠는 철저히 통제하고 유료로 판매해야 한다(과거 케이블 TV 모델), 셋째, 기술적 혁신을 보여주면 시장은 열광한다(과거 실리콘밸리 모델)는 낡은 믿음에 기반했다. 이 모델들은 2020년의 '인터넷 네이티브' 시장에서 더 이상 유효하지 않았다.

결국 퀴비의 실패는 '무엇을 만들 것인가?'와 '어떻게 만들 것인가?'에 대한 집착이 '왜 만들어야 하는가?'에 대한 근본적 성찰을 압도할 때 어떤 비극이 일어나는지 보여준다. 그들은 '완벽한 제품'을 만드는 데 성공했을지 모르지만, 그것은 '아무도 원하지 않는 완벽한 제품'이었다.

퀴비의 장례식은 화려했지만, 17억 5,000만 달러짜리 실패가 우리에게 남긴 교훈은 지극히 단순하고 명확하다. 기술은 그 자체로 가치를 지니지 않는다. 기술은 오직 사용자의 '진짜 문제'를 해결하고, 그들의 삶에 '의미 있는 가치'를 더할 때만 자기 존재 이유를 증명한다. 퀴비의 이야기는 시대를 초월해 모든 혁신가와 기업가에게 세 가지 변치 않는 가치의 법칙을 다시 한번 일깨워준다.

첫째, 결국 사용자가 왕이다. 아무리 화려한 비전, 막강한 자본력, 창업자의 빛나는 명성도 시장의 냉정한 판단을 거스를 수는 없다. 사용자들은 기술의 스펙이나 제작비 규모에 관심 없다. 그들은 해당 기술이 편리함, 즐거움, 소속감 등을 제공한다고 확신할 때 비로소 지갑을 연다.

둘째, 기술은 목적이 아닌 도구일 뿐이다. 성공하는 기업은 기술이라는 색안경으로 세상을 바라보지 않는다. 그들은 사용자를 중심에 놓고 비즈니스 모델과 이를 뒷받침할 기술을 재창조한다.

셋째, 커뮤니티는 가장 강력한 성장 동력이다. 거액의 광고비로 효과를 보장하던 시대는 지났다. 모두가 연결된 지금, 성장의 중심축은 사용자들이 자발적으로 만드는 입소문과 밈, 그리고 그들이 속한 커뮤니티로 완전히 이동했다. 이 흐름을 거스르는 것은 스스로 성장 가능성을 차단하는 자해 행위나 다름없다.

흥미롭게도 퀴비의 몰락 이후, 시장의 경쟁자들은 정반대 길을 가고 있다. 유튜브는 '쇼츠Shorts'로 숏폼 시장을 적극 공략했고, 틱톡은 오히려 영상 길이를 점차 확장하며 사용자의 다양한 요구에 부응하고 있다. 넷플릭스 역시 짧은 코미디 클립을 실험하는 등 주요 플레이어들은 영상의 길이, 화면 비율, 공유 방식의 스펙트럼을 더 넓히며 사용자에게 최대한 유연성과 선택권을 제공하는 방향으로 나아가고 있다. 이는 특정 기술이나 형식에 갇히지 않는, 더욱 현명한 사용자 중심적 전략이다.

어쩌면 이 모든 변화는 퀴비의 값비싼 실패가 남긴 교훈 덕분일지도 모른다. 퀴비의 이야기는 오늘날 새로운 기술과 혁신을 꿈꾸는 우리 모두에게 근본적인 질문을 던진다. 우리가 지금 만들거나 도입하려는 화려한 신기술은 과연 누구의, 어떤 문제를 해결하기 위한 것인가? 혹시 스스로 고안한 턴스타일에 매몰되어, '그 누구도 원치 않는 완벽한 해결책'을 꿈꾸지 않는가?

Q1. 우리는 '우리가 만든 해결책'을 사랑하는가, 아니면 '고객이 겪는 문제'를 사랑하는가?

퀴비 창업자들은 자신들의 과거 성공 경험과 화려한 경력에 도취되어, "우리가 최고를 모아서 만들면, 대중은 당연히 좋아할 것"이라는 공급자 중심의 사고방식에 갇혀 있었다. 그들은 고객이 실제로 어떤 상황에서, 어떤 기분으로, 무엇을 위해 영상을 보는지 관찰하는 대신, 자신들이 만든 '턴스타일'이라는 기술과 '할리우드급 퀄리티'라는 해결책에 깊이 빠져버렸다. 프로젝트가 실패하는 가장 흔한 이유는 기술이 부족해서가 아니라, 아무도 원하지 않는 문제를 너무 완벽한 기술로 해결하려 들기 때문이다.

✪ **우리가 회의실에서 가장 열정적으로 토론하는 주제는 '기능의 우수성'인가, 아니면 '고객의 불편함'인가?**
진단 포인트　회의록이나 기획안에 문장의 주어가 '고객'이나 '사용자'가 아닌 '우리 기술', '우리 제품', '우리 플랫폼'으로 시작하는 비율이 압도적으로 높다면, 프로젝트가 공급자 중심의 나르시시즘에 빠져 있다는 위험 신호로 받아들여야 한다. 우리는 고객의 삶을 개선하려 하는지, 아니면 기술적 우월성을 자랑하려 하는지 냉정하게 자문해야 한다.

✪ **우리가 해결하는 문제가 고객이 돈을 지불해서라도 당장 해결하고 싶어 하는 '절실한 문제'인가, 아니면 그저 '해결해주면 좋은' 정도의 문제인가?**

진단 포인트　고객 인터뷰나 설문조사에서 "좋다", "편리하겠다" 정도의 반응이 아니라, "이 기능이 없으면 화날 것 같다", "그런 기능을 쓸 수 있다면 당장 지갑을 열겠다"는 수준의 절박하고 구체적인 반응이 나오는지 확인해야 한다. '있으면 좋은' 기능과 고객의 고통을 덜어주는 '없으면 안 되는' 핵심 기능을 명확히 구분해야 한다.

✪ **우리의 핵심 가설이 틀렸을 수도 있다는 가능성을 열어두고, 이를 검증할 수 있는 '가장 작고 빠른 실험'을 계획하고 있는가?**

진단 포인트　1조 원을 투자하기 전에 1억 원, 아니 100만 원으로 검증할 방법이 없는가? 제품을 출시한 뒤에 시장의 반응을 살피면 너무 늦다. 프로토타입 단계에서, 혹은 아이디어 단계에서 실제 고객의 반응을 날것 그대로 확인할 수 있는 장치가 마련되어 있는지 점검해보자.

Q2. 우리의 기술은 고객의 삶에 자연스럽게 스며드는가, 아니면 새로운 학습과 불편을 강요하는가?

기술은 인간의 삶을 편하게 해주기 위해 존재해야 한다. 하지만 때로는 기술적 완성도를 높인다는 명분 아래, 사용자가 이미 익숙해진 편안한 습관을 버리라고 강요하기도 한다. 퀴비는 턴스타일 경험을 극대화하기 위해 TV로 영상을 내보내는 기능이나 소셜 미디어 공유 기능을 차단했다. 이는 사용자의 스마트폰 사용 습관과 관성을 전혀 고려하지 않은 조치다. 사용자는 아무리 뛰어난 기술이라도 자신의 습관을 바꾸는 불편을 감수하면서까지 사용하려 들지 않는다.

⊗ **우리의 서비스를 이용하기 위해, 고객이 기존에 하던 행동 양식을 억지로 바꾸거나 포기해야 하는가?**

진단 포인트　고객이 우리 제품을 사용할 때 "왜 이렇게 해야 하지?"라거나 "왜 이건 안 되지?"라고 묻는 지점을 찾아보자. 퀴비 사용자들이 "왜 TV로 볼 수 없지?", "왜 캡처가 안 되지?"라고 물었던 것처럼, 우리가 당연하게 설정한 제약 사항이 고객에게는 이해할 수 없는 불편함이 될 수 있다.

⊗ **우리가 자랑하는 혁신적인 기능이, 고객에게는 불필요한 인지적 부하나 신체적 피로를 유발하지는 않는가?**

진단 포인트　영상을 볼 때마다 스마트폰을 가로세로로 돌려야 하는 행위가 처음 10분간은 재미있을 수 있지만, 반복되면 피로감으로 변질된다. 혁신이라는 이름으로 포장된 기능이 실제로는 사용자를 지치게 만드는 노동이 되고 있지 않은지 반드시 점검해야 한다.

⊗ **우리의 기술이 작동하는 맥락(이동 중, 집, 사무실 등)을 충분히 고려했는가?**

진단 포인트　퀴비가 간과했던 '팬데믹으로 인한 재택' 상황처럼, 우리의 제품이 특정한 맥락이나 시나리오에서만 유효한 것은 아닌지, 그리고 외부 환경이 급변했을 때도 여전히 고객에게 핵심적인 가치를 제공할 수 있는지 다양한 시나리오를 설정하고 검증해보아야 한다.

Q3. 리더의 확신은 '검증된 데이터'에서 나오는가, 아니면 '과거의 영광'에서 나오는가?

성공한 리더일수록 자신의 직관을 과신하기 쉽다. 이를 '성공의 덫'이라고

　　　　　혁신은 왜 실패하는가

도 한다. 퀴비의 제프리 캐천버그는 40년 넘게 엔터테인먼트 업계를 지배해온 자신의 감각을 믿었다. 하지만 급변하는 시장, 특히 디지털 네이티브 세대인 Z세대의 마음을 읽는 데 과거의 성공 방정식은 오히려 독이 될 수 있다. 리더의 역할은 정답을 알려주는 것이 아니라, 조직이 올바른 검증을 통해 정답을 찾아가도록 질문을 던지는 것이다.

⭐ **프로젝트 진행 과정에서 리더의 의견과 반대되는 데이터나 현장의 목소리가 나왔을 때, 이를 수용하고 방향을 수정한 적이 있는가?**

진단 포인트　회의에서 실무자의 우려 섞인 목소리가 리더의 "나를 믿고 따라와"라는 강력한 확신에 묻혀버리지 않았는지 점검해보자. 프로젝트에 대한 긍정적인 신호뿐만 아니라 '나쁜 소식'이나 '불편한 진실을 들추는 데이터'가 리더에게까지 가감 없이 전달될 수 있는지 점검해야 한다.

⭐ **우리의 목표 고객층을 실제로 만나 그들의 언어로 대화하고, 그들의 핸드폰 속에 무엇이 설치되어 있는지 직접 확인해보았는가?**

진단 포인트　목표 고객의 특징을 이해하기 위해 막연한 통계 자료나 뉴스 기사에 의존하는 것은 위험하다. 리더가 직접 고객을 만나 인터뷰하거나 고객의 행동 데이터를 뜯어보는 시간을 얼마나 갖고 있는지 체크해보자.

⭐ **실패했을 때를 대비한 '플랜 B'나 '출구 전략'을 논의하는 것이 금기시되는 분위기는 아닌가?**

진단 포인트　실패 가능성을 언급하는 사람을 패배주의자로 몰아세우는 문화가 있다면, 조직은 브레이크 없는 자동차처럼 폭주하다가 절벽을 만나고 말 것이다. 안전장치와 출구 전략은 더 과감하게 도전하기 위한 필수품이다.

18장

상명하달식 기술 도입의 최후

::

1,000개의 눈을 가졌는데, 왜 뇌 없는 스마트 시티가 되었는가?

스마트 시티의 실험장, '마스다르 시티'와 '네옴 더 라인'

21세기 문턱에서 인류는 도시라는 거대한 유기체를 기술의 힘으로 완벽하게 재창조할 수 있다는 야심 찬 꿈을 꾸었다. 세계 주요 도시들은 '스마트 시티Smart City'라는 이름 아래 하나의 거대한 실험장이 되었다. 그 꿈의 정점에 사막의 모래바람 속에서 솟아오른 두 개의 신기루, 아부다비의 마스다르 시티Masdar City와 사우디아라비아의 네옴 더 라인NEOM The Line이 있었다.

이들의 청사진은 단순한 도시 개선을 넘어, 인류 문명의 고질병을 단번에 치유하는 유토피아를 제시하는 듯했다. 상상해보라. 모든 가로등, 쓰레기통, 건물, 도로에 촘촘히 박힌 센서가 도시의 혈류와 호흡을 실시간으로 감지한다. AI는 이를 분석해 교통 흐름을 최적화하고, 에너지 낭비를 없애며, 범죄를 예측하고, 심지어 시민 개개인의 필요까지 미리 파악해 맞춤형 서비스를 제공한다. 네옴의 선언처럼, 이는 '인간을 최우선으로 하는 문명의 혁명'이었다.

마스다르 시티는 세계 최초 '탄소 제로, 쓰레기 제로, 자동차 제로' 도시를 약속했다. 소형 무인 궤도 차PRT가 도시의 지하를 누비며 쉴 새 없이 시민을 실어 나르고, 모든 에너지는 태양광으로 자급자족하며, 건물은 전통 아랍 건축의 지혜를 빌려 냉방 장치 없이도 시원함을 유지한다. 네옴 더 라인의 비전은 한층 더 장대했다. 길이 170킬로미터, 높이 500미터의 거대한 거울 벽이 사막을 가로지르며, 그 안에 900만 명이 거주하는 선형 도시를 품는다. 자동차도, 도로도, 탄소 배출도 없는 이 도시는 초고속 철도로 20분 만에 양 끝을 주파할 수 있으며, 모든 필수 시설이 도보로 5분 거리 안에 자리 잡고 있다.

이런 비전의 힘은 실로 막강했다. 이는 단지 편리한 도시를 파는 것이 아니었다. 복잡하고 골치 아픈 인간 사회의 문제들이 근본적으로 잘못된 설계에서 비롯된 공학적 결함이며, 따라서 완벽한 기술적 청사진만 마련한다면 얼마든지 해결할 수 있다는 강력한 믿음을 팔았다. 이와 같은 거대한 프로젝트들은 단순한 건설 사업이 아니었다. 탈석유 시대를 준비하는 국가의 명운을 건 선언이자, 기술력 과시를 통해 세계 무대에서 소프트 파워를 확보하려는 지정학적 도구였다. 성공의 척도는 얼마나 많은 사람이 행복하게 살 수 있는가가 아니라, 얼마나 '경이로운 장관'을 만들어내는가에 있었다.

이처럼 기술이 인간 사회를 구원할 수 있다는 믿음, 즉 기술 결정론은 이런 유토피아 도시들의 가장 단단한 주춧돌처럼 보였다. 하지만 바로 그 주춧돌이 모래 위에 세워져 있었다는 사실이 드러나기까지 오랜 시간이 걸리지 않았다.

데이터는 쌓였지만 도시는 멈췄다

화려한 청사진과 장밋빛 전망은 곧바로 냉혹한 현실과 마주했다. 막대한 예산이 투입된 스마트 시티 시범 단지들에서 흘러나온 것은 환호성이 아니라 침묵과 회의론이었다. 수많은 보고서와 현장의 목소리가 공통적으로 지적하는 한 문장이 이 모든 상황을 압축한다. "센서를 심었으나, 도시는 움직이지 않았다." 도시 곳곳에 값비싼 센서가 촘촘히 설치되었다. 네트워크는 안정적이었고, 데이터는 서버에 차곡차곡 쌓였다. 기술적으로만 보면 인프라 구축은 성공적이었다. 그러나 센서가 보내는 수많은 경고 신호의 의미를 제대로 이해하고, 제때 확인하며, 신속하게 대응할 인력과 시스템이 턱없이 부족했다. 엄청난 양의 데이터가 매일 쌓여갔지만, 그 데이터의 홍수 속에서 진짜 의미 있는 정보를 건져 올려 정책 결정에 활용할 전문 분석 조직과 의사결정 체계는 존재하지 않았다.

가장 흔하게 반복된 질문은 "데이터는 충분합니다. 그래서 이걸로 뭘 어쩌라는 거죠?"였다. 예를 들어, 도심 교차로의 미세먼지 농도가 높아지면 센서가 즉시 인식해 관제 센터로 상황을 전파한다. 그러면 대시보드에 미세먼지 농도 '매우 나쁨'이라는 붉은색 경고등이 반짝이기 시작한다. 그러나 이 정보가 주변 신호등 체계를 어떻게 바꿔야 하는지, 버스 배차 간격을 어떻게 조정해야 하는지, 인근 학교에는 어떤 방식으로 경고를 전달해야 하는지, 그리고 이 모든 것을 최종적으로 누가, 어떤 절차와 권한으로 결정하고 실행해야 하는지에 대한 명확한 대응 경로나 표준 운영 절차SOP가 대부분 부재했다. 데이터는 있지만, 이를 행동으로 전환시키는 '합리적인 로직'과 이를 운영할 '책임 있는 조직'이 없었다.

미국 캔자스시티의 사례는 데이터 활용의 함정을 명확히 보여준다.

 혁신은 왜 실패하는가

시 당국은 트램 노선에 센서를 달고 화려한 데이터 대시보드를 선보이며, 누구나 데이터를 통해 도시를 바꿀 수 있다고 대대적으로 홍보했다. 그러나 정작 시의회 보고서에 따르면, 해당 데이터는 도로를 보수하거나 버스 배차를 조정하는 것과 같은 구체적인 정책 결정에 거의 활용되지 않았다. 숫자는 스크린 위에서 빛나는 장식에 불과할 뿐, 예산서의 단 한 줄, 공무원의 작은 행동 하나도 끌어내지 못했다. 기술에 대한 막대한 투자가 목표 달성으로 이어지지 않은 사례는 또 있다. 미국 뉴저지주 캠던시 역시 첨단 감시 시스템에 큰돈을 쏟았지만, 범죄율을 낮추는 데 실패했다. 두 사례는 방대한 데이터 수집이 곧바로 해결책으로 이어지는 것은 아니라는 점을 증명한다.

이 문제는 기술의 실패라기보다, 오랫동안 감춰져 있던 거버넌스의 깊은 공백을 드러낸다. 스마트 시티는 데이터 수집 자동화라는 첫 단계는 넘었지만, 수집된 데이터를 바탕으로 합리적인 결정을 내리고 그에 대해 책임지는 구조를 만드는 데는 이르지 못했다. 수십 년간 이어진 행정 관행과 변화를 꺼리는 조직 문화, 기존 권력 구조가 견고한 벽이 되어 앞을 가로막은 탓이었다. 교통, 환경, 복지, 치안 등을 담당하는 부서들은 제각기 다른 기술 표준을 고집하며 부서 간 소통이 단절되었다. 결과적으로, 스마트 시티의 첨단 센서는 도시 행정의 오랜 병폐인 단절과 무책임성을 더 적나라하게 비추는 조명이 되어버렸다.

하향식 프로젝트의 치명적 결함

어째서 이토록 명백한 실패가 막대한 예산과 국가적 자부심을 등에 업고 반복될까? 화려한 기술에 현혹되어 기술로 무엇을 해결할 것인지, 그

| 표 18-1 | 유토피아의 성적표

프로젝트	지표	초기 비전	현재 실상 / 수정된 목표
마스다르 시티	규모	6제곱킬로미터	1단계 구역 중심 개발 (전체 완공 미정)
	인구	9만 명(거주자+통근자)	약 1만 5,000명(2022년)
	완공 일정	2016년	2030년
	예산	약 220억 달러	초기 예산 소진 후 단계적 투자로 전환
	핵심 목표	탄소 제로	저탄소
네옴 더 라인	규모	170킬로미터	2.4킬로미터(2030년 목표)
	인구	900만 명	30만 명 미만(2030년 목표)
	완공 일정	2045년	전체 완공 불확실 (최대 100년 소요)
	예산	5,000억 달러	1.5조 ~ 8.8조 달러(추정)
	핵심 목표	자연 친화, 인간 중심, 첨단 기술의 융합	저밀도 친환경 도시, 기술 허브

기술을 사용할 사람은 누구인지에 대한 고민이 빠져 있었다. 이는 문제의 해결책을 찾는 것이 아니라 해결할 문제를 되레 찾아다니는, 이른바 '질문 없는 해답'의 전형적인 모습이다.

이런 착각이 빚어낸 가장 거대하고 값비싼 기념비가 바로 마스다르 시티와 네옴 더 라인이다. 이들의 접근 방식은 사람이 실제로 살아갈 '집'을 짓기보다, 전 세계에 홍보하고 투자자를 모으기 위한 완벽한 '조감도'를 그리는 것에 가까웠다. 이 프로젝트들은 처음부터 '살기 좋은 도

혁신은 왜 실패하는가

시'라는 실체 대신, '미래 도시'라는 화려한 조감도 속 이미지를 구현하는 데 모든 역량을 집중했다. 성공의 척도 역시 얼마나 많은 사람이 행복하게 사는가가 아니라, 얼마나 경이로운 이미지를 만들어내는가에 있었다. 그 결과를 [표 18-1]이 가감 없이 보여준다.

마스다르 시티는 2008년 글로벌 금융 위기 이후 야심 찼던 '탄소 제로' 목표를 '저탄소'로 슬그머니 낮췄고, 9만 명을 수용하겠다던 계획이 1만 5,000명 수준에 머물렀다. 도시의 상징이었던 소형 무인 궤도 차PRT는 비용과 기술적 한계로 소규모 시범 운영에 그친 채 폐기되었다. 결국 마스다르는 혁명적인 도시 모델이 아니라, 평범한 '경제 자유 구역'이자 '비즈니스 파크'로 정체성을 바꾸었다.

네옴 더 라인의 현실은 더욱 극적이다. 170킬로미터에 달하는 장대한 계획은 2030년까지 고작 2.4킬로미터를 완공하는 것으로 축소되었는데, 이는 원래 길이의 1.4퍼센트에 불과하다. 150만 명을 수용하겠다던 2030년 인구 목표는 30만 명 미만으로 쪼그라들었다. 천문학적으로 불어난 예산(최대 8조 8,000억 달러 추정)은 사우디 국부 펀드마저 압박하고 있으며, 프로젝트는 이제 '포템킨 빌리지'가 될 위험에 처해 있다. 이는 18세기 러시아의 포템킨이 여제의 환심을 사기 위해 실속 없는 가짜 마을을 꾸몄던 일화에서 유래한 말로, 결국 네옴 프로젝트가 체면치레를 위한, 화려하지만 속은 텅 빈 외관으로 전락할 수 있다는 의미다.

이런 실패는 단순한 계획의 차질이라기보다, 근본적 가치를 외면한 필연적 결과다. 이는 도시의 본질적 기능, 즉 사람이 사는 '집'을 짓기보다 화려한 '조감도'를 구현하는 데 집중했기 때문이다. 예를 들어, 사막을 비추는 거대한 거울 외벽은 이미지로서는 환상적이지만, 실제로는 감당하기 어려운 풍압과 열섬 현상을 유발하고 수십억 철새의 이동을 막는

'죽음의 벽'이 될 수 있다는 심각한 경고에 직면해 있다. 도시의 핵심 기반 시설인 초고속 철도마저 상용화되지 않은 하이퍼루프 기술에 기대는 설정이다. 이 모든 것은 시각적 즐거움을 위해 도시의 근본 기능을 희생시킨, 현실의 물리 법칙과 생태계마저 외면한 건축적 오만의 증거다.

기술을 모든 문제의 해답으로 미리 정해두는 접근 방식은 그 청사진에 맞지 않는 인간을 제거해야 할 장애물이나 관리해야 할 데이터로 전락시킨다. 스마트 시티의 가장 심각하고 근본적인 실패는 바로 이 지점에서 비롯된다.

네옴 프로젝트는 이런 비인간적인 과정이 얼마나 폭력적인 현실이 될 수 있는지 극명하게 보여준다. 프로젝트 부지는 황무지가 아니라 수 세기 동안 후와이타트Huwaitat 부족이 뿌리내리고 살아온 땅이었다. 그러나 미래 도시 건설을 명분으로 약 2만 명에 달하는 부족민의 삶이 터전에서 송두리째 뽑혀나갔다. 강제 이주에 저항하는 목소리는 체포, 사살, 사형 선고라는 극단적인 방식으로 억압되었다. 이는 결국 '완벽한 미래'라는 추상적인 목표를 위해, '불완전한 현재'를 살아가는 인간의 구체적인 삶과 역사를 지워버린 비극이라 할 수 있다.

캐나다 토론토의 '키사이드Quayside' 프로젝트는 인간이 어떻게 '움직이는 센서' 신세로 전락할 수 있는지 잘 보여준다. 구글의 자회사가 주도한 이 야심 찬 계획은 첫 공청회부터 시민들의 날카로운 질문에 직면했다. "누가 우리의 데이터를 수집하는가? 그 데이터는 어디에 사용되며, 거기서 발생하는 이익은 누가 가져가는가?" 이처럼 데이터의 소유권과 활용, 프라이버시에 대한 시민들의 근본적인 문제 제기가 계속되었지만, 사업 주체는 투명한 해답을 제시하지 못했다. 결국 프로젝트는 "이 기술은 누구를 위한 것인가?"라는 근본적 질문을 넘지 못한 채 2020년 완전히 백지화되었다. 이 사건은 어떤 기술 혁신이든 투명한 규칙과 사회적 합의 없이는 나아갈 수 없다는 값비싼 교훈을 남겼다.

기술 중심의 접근 방식은 필연적으로 새로운 불평등을 낳는다. 인천 송도의 깨끗한 거리는 자동 쓰레기 처리 시스템 덕분이지만, 바로 옆 동네인 함박마을은 그 기술의 경계 밖에서 쓰레기 문제로 고통받는다. 이 사례는 기술이 물리적 경계를 넘어 사회적 격차를 심화시키는 장벽으로 작용할 수 있음을 명백히 보여준다. 더 나아가, 이런 기술적 완벽성은 역설적으로 공동체의 고립을 초래한다. 마스다르 시티의 초기 입주민들이 자신들의 도시를 '사막 한가운데 떠 있는 우주선'이라고 표현한 것처럼, 모든 것이 통제된 무균 상태의 공간은 이웃과의 유기적 관계를 단절시킨다. 편리함은 있을지언정, 다양한 사람이 부대끼며 만들어가는 생명력 있는 '공동체'는 기술만으로 결코 만들어낼 수 없다.

이 모든 실패는 '기술의 사회적 구성SCOT' 이론으로 명쾌하게 설명된다. 이 이론에 따르면, 기술은 진공 속에서 탄생하는 것이 아니라 다양한 '관련 사회 집단'들의 서로 다른 해석과 협상, 상호작용을 통해 그 의미와 형태가 결정된다. 바로 이 지점에 네옴과 같은 하향식 프로젝트의 치명적 결함이 있다. 프로젝트를 기획한 소수의 엘리트 집단은 자신들의 해석을 유일한 정답으로 간주했다. 그 땅의 원주민, 미래에 살게 될 시민, 환경 운동가, 심지어 현장 노동자까지, 다른 모든 관련 집단의 목소리와 필요를 철저히 무시했다. 이처럼 사회적 합의 과정이 전무했기에, 프로젝트는 사회에 뿌리내리지 못하고 그들만의 고립된 섬으로 남은 것이다. 이는 예견된 실패였다.

그러나 모든 도시가 길을 잃은 것은 아니다. 값비싼 실패의 잿더미 속에서, 일부 도시는 완전히 다른 길을 모색하기 시작했다. 이들은 센서를 먼저 설치하는 '공급자 중심'에서 벗어나, 시민의 불편함과 도시의 진짜 문제를 먼저 정의하고, 그 문제를 해결할 사람과 조직의 역할을 명확히 규정한 뒤, 정말 필요한 기술을 섬세하게 덧붙이는 '수요자 중심'과 '문제 해결 중심'으로 전환했다.

스페인의 바르셀로나에서 성공적 대안을 찾을 수 있다. 바르셀로나는 일찍부터 '데이터 주권Data Sovereignty'을 스마트 시티 정책의 핵심 원칙으로 삼았다. 이 원칙에 따라, 시 정부가 새로운 센서를 하나 설치하면 "이 기술이 어떤 도시 문제를 얼마나 개선할 것인가?"라는 구체적인 목표를 수치로 제시하고 시민의 동의를 얻어야 했다. 이렇게 수집된 모든 데이터는 '시민 데이터 코먼스Citizen Data Commons'라는 플랫폼을 통해 시민, 정부, 기업이 투명하게 공동으로 관리하고 활용하도록 했다. 더 나아가, 예산의 우선순위는 '데시딤Decidim'이라는 온라인 직접 투표 플랫폼으로 결정하며 시민의 참여를 제도화했다. 이런 접근이 단기적인 기술 도입 성과나 국제 순위 경쟁 측면에서는 다소 뒤처지는 것처럼 보일 수 있다. 하지만 "우리 시의 디지털 정책을 신뢰한다"라고 응답하는 시민의 비율이 꾸준히 상승했다. 기술의 화려함이 아닌, 과정의 투명성을 통해 사회적 신뢰라는 더 중요한 자산을 먼저 쌓은 덕분이다.

이런 시민 중심의 접근법은 도시 전체를 살아 있는 실험실로 삼는 '리빙랩Living Lab' 개념으로 구체화된다. 이는 과거 마스다르처럼 하향식으로 기술을 주입하는 것이 아니라, 시민이 직접 문제를 제기하고 기술자, 행정가와 공동으로 해결책을 설계하고 실험하는 상향식 혁신 모델이다.

네덜란드의 한 중소도시 사례는 리빙랩의 작동 방식을 잘 보여준다. 시 당국은 도로 유지 보수를 위해 곧바로 AI 영상 분석 시스템을 도입하

혁신은 왜 실패하는가

지 않고, 먼저 지역 주민들에게 '가장 불편하고 위험했던 도로 구간'이 어디인지 물었다. 주민들이 응답한 내용을 바탕으로 공무원이 직접 현장 상황을 확인하고, 정말 필요한 특정 구간에만 최소한의 센서를 설치하거나 드론을 활용했다. 이처럼 문제 해결 순서를 바로잡는 것(시민의 문제 제기 → 현장 중심의 해석 → 맞춤형 해결책 실험)만으로도 도시는 훨씬 적은 예산을 투입해 훨씬 높은 수준의 시민 만족도를 끌어낼 수 있었다.

이런 성공 사례는 '스마트 시티'와 '지혜로운 도시Wise City'의 결정적 차이가 기술 유무가 아니라 '규칙' 유무에 있음을 보여준다. 지혜로운 도시는 기술을 도입하기 전에, 데이터 소유권이 누구에게 있는지, 프라이버시는 어떻게 보호할 것인지, 의사결정 권한은 어떻게 나눌 것인지, 성공 척도는 무엇인지에 대한 규칙을 민주적 절차를 통해 확립한다. 기술은 그 합의된 규칙과 목표를 달성하기 위한 여러 도구 중 하나로 선택될 뿐이다. 실패한 프로젝트들은 기술이라는 '제품'에 집착한 반면, 지혜로운 도시는 기술, 규칙, 사람, 프로세스가 결합된 하나의 '사회-기술 시스템'을 설계하는 데 집중했다.

기술의 화려함에 매몰된 결과

기술이 모든 것을 해결해줄 것이라는 달콤한 유혹은 왜 이토록 끈질기게 우리 곁을 맴도는가? 어쩌면 이는 예측 불가능한 현실 문제와 부딪치는 수고로움을 피하고, 단순하고 명쾌한 해답의 세계로 도피하고 싶은 인간 본성의 그림자일지도 모른다. 그러나 우리가 살펴본 수많은 실패의 역사는 그 지름길의 끝이 유토피아가 아니라 신기루였음을 증명한다.

결국 우리는 두 가지 혁신 모델 중 한 가지를 택해야 하는 상황에 놓인다. 그중 하나는 기술이 사회의 운명을 결정하며, 인간은 그 거대한 흐름에 순응해야 한다는 '기술 결정론'이다. 이는 네옴 설계자들이 가졌던 오만한 믿음과 같다. 그들은 "미래는 170킬로미터의 직선 도시이며, 인류는 그에 맞춰 살게 될 것"이라는 명제를 의심하지 않았다.

두 번째는 기술이란 사회가 자신의 가치를 실현하기 위해 능동적이고 민주적으로 만들어가는 도구라고 믿는 '구성주의적' 모델이다. 바르셀로나 시민들은 "우리가 원하는 미래 모습을 먼저 결정하고, 그 미래에 도달하는 데 도움이 될 기술을 선택하거나 만들 것"이라고 선언했다.

진정한 스마트 시티는 센서의 개수나 네트워크의 속도로 측정되지 않는다. 그 안에서 살아가는 사람들이 겪는 불편함을 해소하고, 다양한 구성원이 서로 협력하고 소통하며, 안전하고 행복한 삶을 체감할 수 있는 '흐름'을 먼저 정교하게 설계할 때, 비로소 기술은 그 흐름을 더욱 윤택하게 만드는 '스마트함'을 부여받을 수 있다.

도시 거리마다 첨단 센서가 설치되고, 데이터는 밤낮없이 거대한 서버로 흘러들어간다. 하지만 우리의 도시는 여전히 기대만큼 '스마트하게' 움직이지 않는 것처럼 보인다. 그 이유는 명확하다. 그 모든 화려한 기술과 데이터의 소용돌이 속에서 정작 도시가 왜, 어떤 방향으로 움직여야 하는지 분명한 철학과 민주적인 합의, 그리고 그 길을 함께 만들어갈 의지가 없었기 때문 아닐까? 결국 스마트 시티의 실패는 기술 부족이나 예산의 한계에서 비롯된 것이 아니었다. 그것은 명확한 인간적 목표와 민주적 운영이라는 영혼이 빠진 채, 기술 자체의 화려함에 매몰되어 나타난 필연적 귀결이다. 막대한 돈과 기술을 쏟아부었으나, 남은 것은 아무도 거주할 수 없는 값비싼 조감도뿐이었다.

　　　　　　　　　　　　　　혁신은 왜 실패하는가

Q1. 우리에게 중요한 것은 '기술적 과시'인가, 아니면 '고객의 삶'인가?

마스다르와 네옴은 화려한 조감도와 '세계 최초', '세계 최대'라는 수식어에 집착해, 정작 그곳에 살아야 할 사람들의 구체적인 삶의 질과 문화적 맥락을 고려 대상에서 제외했다. 기술적 우아함이 인간의 불완전하지만 자연스러운 삶을 압도할 때, 도시는 거대한 세트장으로 변질된다. 프로젝트의 목표가 외부의 찬사를 받기 위한 것인지, 실제 사용자의 불편함을 덜어주기 위한 것인지 냉정하게 구분해야 한다.

✪ **우리가 도입하려는 기술이 시민(사용자)의 일상에서 발생하는 구체적이고 시급한 문제를 해결하는 데 직접적으로 기여하는가, 아니면 단순히 '혁신적 이미지'를 형성하기 위한 장식품인가?**

진단 포인트 프로젝트 제안서의 첫 다섯 페이지 내에 '최첨단', '미래 지향적'과 같이 추상적인 형용사보다 '대기 시간 30퍼센트 단축', '보행 안전사고 0건'과 같이 시민의 삶과 직결된 구체적인 문제 해결 목표가 명시되어 있어야 한다. 기술이 장식품에 그치지 않으려면 해결하려는 고통의 지점이 명확해야 한다.

✪ **이 프로젝트가 완료되었을 때 가장 큰 혜택을 보는 주체는 기술 공급업체와 행정가인가, 아니면 실제 거주하는 시민과 사회적 약자인가?**

진단 포인트 기획 단계에서 기술적 구현 가능성만 따지는 엔지니어의 목소리 못지않게 현장의 시민, 지역 사회 활동가, 인문학자 등 비기술 분야 이해관계자의 의견까지 충분히 반영하고 있는지 점검해야 한다. 공급자 중심의 설계는 필연적으로 실제 거주자의 소외를 낳는다.

⊙ **우리 계획이 도시가 가진 고유한 역사, 문화, 지리적 맥락을 존중하고 계승하는가, 아니면 그 위에 완전히 새로운 것을 덮어씌우려 하는가?**

진단 포인트 기존의 도시 커뮤니티를 파괴하지 않고 기술이 그 안으로 자연스레 '스며들게' 하기 위한 구체적인 완충 전략이나 융합 방안이 마련되어 있어야 한다. 맥락을 무시한 기술 이식은 도시의 고유성을 해치고 시민들의 정서적 반발을 불러일으킬 수 있다.

Q2. '하향식 통제'인가, 아니면 '상향식 참여'인가?

캔자스시티는 중앙에서 센서를 설치하고 데이터를 독점했지만, 그 데이터를 어떻게 쓸지 몰라 우왕좌왕했다. 바르셀로나는 시민들이 직접 문제를 제기하고 해결책을 찾는 플랫폼(데시딤)을 통해 집단 지성을 활용했다. '뇌'가 없는 도시는 중앙 통제실만 있는 도시다.

⊙ **프로젝트의 의사결정 구조가 관제 센터나 소수 전문가 그룹에 집중되어 있는가, 아니면 다양한 시민들이 주체적으로 참여해 의견을 개진할 수 있는 열린 구조인가?**

진단 포인트 프로젝트의 기획부터 실행, 평가에 이르는 전 과정에 시민들이 참여하는 '리빙랩'이나 '시민 의회'와 같은 거버넌스 기구가 단순 자문 기구를 넘어 실질적인 거부권이나 의결권을 가지고 운영되어야 한다.

✪ 시스템이 장애를 일으켰을 때, 현장의 시민이나 실무자가 즉각적으로 개입해 수정하거나 멈출 수 있는 유연성을 갖추고 있는가?

진단 포인트   자동화된 알고리즘의 판단보다 인간의 판단을 우위에 두는 '인간 참여형 루프' 원칙이 시스템 설계에 반영되어야 하며, 비상시 시스템을 수동으로 전환해 통제할 수 있는 매뉴얼과 권한이 현장에 있어야 한다.

✪ 우리는 '완벽한 시스템'을 한 번에 구축하려 하는가, 아니면 작은 실험을 통해 시민들의 피드백을 받고 끊임없이 수정하는 '적응형' 방식을 택하고 있는가?

진단 포인트   프로젝트 추진 로드맵상에 충분한 '베타 테스트' 기간을 확보해 시행착오를 허용해야 한다. 또한 실패나 심각한 부작용이 발견되었을 때, 기존 계획을 전면 수정하거나 과감히 폐기할 수 있는 유연한 의사결정 프로세스가 존재해야 한다.

Q3. '보여주기 좋은 인프라'를 지향하는가, 아니면 '지속 가능한 인프라'를 지향하는가?

수많은 스마트 시티가 화려한 착공식 이후, 유지 보수 예산 부족과 운영 주체의 부재로 인해 흉물로 방치된다. 캔자스시티의 키오스크나 마스다르의 PRT가 대표적인 예다. 1,000개의 눈을 설치하는 것보다, 그 눈을 10년, 20년 동안 뜨고 있게 만드는 것이 훨씬 더 중요하면서도 어렵다.

✪ 초기 구축 비용뿐만 아니라 향후 10년 이상 유지 보수, 업그레이드, 운영 인력 교육에 들어가는 총소유비용$_{TCO}$을 현실적으로 산정하고 확보했는가?

진단 포인트　소프트웨어 업데이트, 보안 패치, 현장 운영 인력 인건비 등 '보이지 않는 비용'이 예산안의 30퍼센트 이상을 차지하고 있는지 확인해야 한다. 구축비만 있고 운영비가 없는 시스템은 결국 멈춰 선 고철 덩어리가 될 뿐이다.

❂ **기술 공급업체가 파산하거나 지원을 중단하더라도, 도시가 독자적으로 시스템을 운영하고 유지할 수 있는 기술적 자립성을 확보했는가?**

진단 포인트　특정 기업의 독점 기술이 아닌 오픈 소스 기반의 기술 표준을 채택해, 공급업체 종속Lock-in 효과를 사전에 방지해야 한다. 기술 종속은 장기적으로 유지 보수 비용을 급증시키고 도시의 자율성을 침해한다.

❂ **5년 뒤 기술적으로 진부해지거나 시민들의 요구가 변할 때, 시스템에 탑재된 기능을 변경하거나 들어낼 '출구 전략'이 마련되어 있는가?**

진단 포인트　설치된 센서나 기기가 도시 미관을 해치거나 애물단지가 되었을 때, 이를 친환경적으로 폐기하거나 재활용할 구체적인 계획이 프로젝트 시작 시점에 이미 수립되어 있어야 한다. 끝을 생각하지 않는 시작은 무책임한 낙관일 뿐이다.

19장

헤드업 컴퓨팅의 오만

::

구글 글라스는 왜 세상을 바꾸지 못했는가?

필요한 정보가 눈앞에서 펼쳐지는 '헤드업 컴퓨팅'

2010년대 초, 세상은 스마트폰 혁명 한복판에 서 있었다. 인류는 손안의 작은 기기 하나로 정보의 바다에 풍덩 빠져들어 전 세계 수많은 사람과 실시간으로 연결되었다. 하지만 이 눈부신 진보 이면에서는 낯설고 어두운 풍경이 함께 펼쳐지고 있었다. 지하철, 식당, 길거리에서 사람들은 약속이라도 한 듯 모두 고개를 푹 숙인 채 손바닥만 한 스크린을 뚫어져라 쳐다봤다. 인류 역사상 가장 긴밀하게 연결되었지만, 역설적으로 정작 같은 공간에 있는 사람과는 가장 멀어졌다.

이 기묘한 시대적 풍경 속에서 기술 혁신의 거인이 하나의 완벽한 해답처럼 보이는 것을 들고 나타났다. 바로 '구글 글라스Google Glass'다. 이는 단순한 전자기기를 넘어, 인간의 시각 경험 자체를 재정의하는 야심 찬 시도였다. 현실 세계 위에 디지털 정보를 자연스럽게 겹쳐 보여줌으로써, 세상을 인지하고 상호작용하는 방식을 근본적으로 바꾸려 한 것이다.

그러나 이것은 시장의 필요나 사용자의 목소리에서 출발하지 않았다. 그 시작은 2013년 2월, 캘리포니아주 롱비치에서 열린 TED 콘퍼런스 무대 위, 한 남자의 철학적 질문에서 비롯되었다. 청바지와 티셔츠 차림에 낯선 형태의 안경을 쓴 구글 공동 창업자 세르게이 브린Sergey Brin은 새로운 기술을 선보이는 대신, 하나의 '철학적 주장'을 던졌다. 그는 손에 스마트폰을 들고 청중을 향해 물었다. "우리가 다른 사람과 관계 맺는 방식이 정말 이래야 할까요?"

브린의 진단은 날카롭고 단호했다. 그는 스마트폰을 들여다보는 행위가 우리를 주변 세계로부터 고립시키고 단절시킨다고 비판했다. 그는 사람들이 고개를 숙인 채 '검은색 유리판'을 만지작거리는 행위를 두고, 이 모습이 마치 사람들을 '거세하는 듯한' 느낌을 준다고 표현했다. 이런 도발적 발언은 순식간에 전 세계 언론의 헤드라인을 장식했다. 브린의 논리는 명확했다. 스마트폰이 인류를 사회적으로 거세하는데, 자신이 쓰고 있는 구글 글라스가 바로 그 해결책이라는 것이었다. "스마트폰은 우리를 고개 숙이게 만들지만, 글라스는 고개를 들어 올리죠."

그가 그리는 미래 세상에서 글라스는 단순한 도구가 아니었다. 스마트폰이 초래한 '고개 숙인 사회'를 끝내고, 인간 본연의 모습처럼 서로 눈을 바라보며 소통하는 시대를 다시 열 구원자였다. 그는 구글 창업 초기부터 꿈꿔왔던 궁극적인 비전, 즉 일부러 검색하지 않아도 필요한 정보가 알아서 눈앞에 펼쳐지는 이른바 '헤드업 컴퓨팅Head-up Computing'이 마침내 글라스를 통해 실현될 수 있다고 선언했다.

이런 철학적 비전은 구글의 비밀 연구소이자 핵심 조직인 '구글 X'

　　　　　혁신은 왜 실패하는가

의 독특한 문화에서 잉태되었다. 구글 X는 우주 엘리베이터나 자율주행 자동차처럼 공상과학 소설에나 나올 법한 담대한 아이디어, 이른바 '문샷Moonshot' 프로젝트를 추구했다. 이곳 문화는 시장의 요구를 따르는 점진적 개선이 아니라, 기술적 가능성의 최전선을 탐사하며 세상을 근본적으로 바꿀 해결책을 '발명'하는 데 초점이 맞춰져 있었다. 글라스 역시 이런 '문샷' 정신의 산물이었다. 그것은 시장의 수요Market-pull가 아닌 기술 과시Technology-push에서 태어났다. 즉 "사용자에게 어떤 문제가 있는가?"가 아니라, "우리가 가진 이 놀라운 기술로 무엇을 할 수 있을까?"라는 질문에서 출발한 것이다.

이런 접근 방식은 구글 X가 자율주행 자동차(구글 X는 2009년 어떤 업체보다 먼저 자율주행 기술 개발에 뛰어들었고, 최근 세계 최초로 완전 자율주행 기반 택시 서비스 '웨이모'를 출시했다)나 인터넷 풍선(성층권에 통신 장비를 탑재한 풍선을 띄워 인프라가 갖춰지지 않은 곳까지 인터넷을 보급하고자 했다. 지속 가능한 사업 모델을 찾지 못해 프로젝트는 중단되었지만, 그 과정에서 얻은 귀중한 데이터와 기술은 다른 프로젝트로 이어져 미래 통신 기술 발전에 중요한 기여를 하고 있다)과 같은 위대한 혁신을 이끈 원동력으로 작용하기도 했지만, 동시에 구글 글라스에 치명적 결함을 안겨주었다. 세르게이 브린이라는 한 개인이 스스로 관찰하고 정의 내린 '철학적 문제'에 기술이 화답하는 방식으로 시작되었기 때문이다. 그는 고개를 숙이는 행위는 부자연스럽다는 지극히 개인적인 판단을 '사회 전체의 문제'라 규정하고, 글라스라는 해결책을 그 문제에 대입했다. 모든 실패를 예고하는 씨앗은 바로 이 지점, 가장 화려하고 희망에 가득 찼던 바로 그 순간 이미 뿌려져 있었던 셈이다.

소프트웨어 생태계의 부재

구글 글라스 '익스플로러 에디션Explorer Edition'은 그 자체로 기술적 경이로움의 집약체였다. 텍사스 인스트루먼트Texas Instruments의 OMAP 4430 듀얼코어 프로세서, 오른쪽 눈앞 프리즘을 통해 투사되는 640×360해상도의 디스플레이, 500만 화소 카메라, 그리고 소리를 뼈의 진동으로 전달하는 골전도 스피커까지, 이 모든 최첨단 기술이 불과 36그램 남짓한 가벼운 안경테 안에 담겼다. 사용자에게는 약 2.4미터 거리에서 약 64센티미터(25인치) 화면을 보는 듯한 독특한 시각 경험을 제공했다. 1,500달러라는 가격표와 뉴욕 패션위크 런웨이 등장, 12페이지에 달하는 『보그Vogue』 매거진 화보 같은 화려한 마케팅은 이 기기가 단순한 장난감이 아니라 미래를 미리 체험하는 티켓임을 암시하는 듯했다.

그러나 2012년 구글 I/O 콘퍼런스에서 스카이다이버들이 글라스를 쓴 채 비행기에서 뛰어내리는 장면을 실시간 중계한 압도적인 홍보 영상과 달리, '익스플로러 프로그램'을 통해 기기를 손에 넣은 얼리 어답터들이 마주한 현실은 차가웠다. 글라스는 세련된 완성품이 아니라, 수많은 버그와 기술적 한계로 가득한 미완성 프로토타입에 가까웠다.

가장 치명적인 결함은 배터리와 발열 문제였다. 공식 사양으로는 '일상적으로 사용할 경우 하루 정도' 지속된다고 했지만, 실제로는 동영상 녹화나 인터넷 검색 기능을 조금만 사용해도 배터리가 한 시간을 채 버티지 못하고 방전되기 일쑤였다. 한 사용자는 6분짜리 동영상을 촬영하자 배터리의 20퍼센트가 소모되었다고 토로했으며, 연속 촬영 시 30분 만에 기기가 꺼지기도 했다. 570밀리암페어시mAh에 불과한 배터리 용량은 애초에 이 기기를 하루 종일 사용할 수 없게 했다. 더 심각한 것은

　　　　　　　　　혁신은 왜 실패하는가

기기에서 발생하는 엄청난 열기였다. 일부 사용자는 집중 사용 시 기기가 너무 뜨거워져 피부에 닿는 것이 불쾌할 정도라 성토했고, 시스템이 과열을 막기 위해 스스로 성능을 저하시키거나 강제로 종료되곤 했다. 그 외에도 시끄러운 환경에서는 음성 인식이 거의 불가능하고, 수시로 네트워크 연결이 끊기거나 예고 없이 재부팅되었다.

하드웨어의 한계보다 더 근본적인 문제는 소프트웨어 생태계의 부재였다. 아이폰에 앱스토어가 있듯, 글라스에는 '글라스웨어'라는 전용 앱 마켓이 있었다. 하지만 출시 1년이 지나도록 등록된 앱은 150여 개에 불과하고, 그나마 대부분 스마트폰 앱의 알림을 보여주거나 사진 공유 등 단순한 기능을 흉내 내는 수준에 그쳤다. 개발자들은 시장 잠재력이 불확실한 플랫폼에 시간과 노력을 쏟는 것을 주저했다.

사용자들은 곧 깨달았다. 글라스가 제공하는 거의 모든 기능(사진 촬영, 길 찾기, 정보 검색, 문자 확인 등)은 이미 주머니 속 스마트폰으로 훨씬 더 빠르고, 안정적이며, 편리하게 사용할 수 있었다. 몇몇 비교 테스트에서는 글라스가 특정 작업을 몇 초 더 빨리 수행하기도 했지만, 사소한 기술적 결함과 사회적 불편함이라는 거대한 단점을 상쇄하기에는 턱없이 부족했다. '두 손이 자유롭다'는 장점 하나만으로는 1,500달러의 가격과 온갖 기술적 불편함, 그리고 곧이어 닥쳐올 사회적 비난까지 감수할 이유가 되지 못했다.

결국 글라스는 "이걸로 대체 뭘 해야 하지?"라는 가장 중요한 질문에 답하지 못했다. 무엇보다 글라스에는 플랫폼의 존재 가치를 증명하고 사용자를 끌어들일 결정적 한 방, 즉 '킬러 앱'이 없었다.

하지만 킬러 앱 부재는 실패의 원인이 아니라, 더 깊은 질병의 '증상'에 불과했다. 킬러 앱은 기술을 위해 존재하는 것이 아니라, 사용자의 문제를 해결하기 위해 존재한다. 개인용 컴퓨터가 보급되기 시작하던 시기에 엑셀과 같은 스프레드시트가 회계사들을 계산 지옥에서 탈출시켜준 것처럼, 킬러 앱은 '기존 방식으로 잘 풀리지 않았던 특정 문제'를 '새로운 플랫폼을 통해 압도적으로 편리하게' 해결해주는 것이다.

구글 스스로 글라스가 스마트폰보다 압도적으로 잘 해결하는 문제가 무엇인지 명확히 정의하지 못했다. 구글 내부에서조차 글라스의 핵심 용도를 두고 '하루 종일 착용하는 패션 아이템'으로 만들자는 주장과 '특정 목적을 위한 기능성 도구'로 만들자는 주장이 충돌하며 제품의 정체성이 표류했다. 해결해야 할 '문제'가 명확히 정의되지 않아 무엇을 위한 '해결책'(앱)을 만들어야 할지 알 수 없던 개발자들은 스마트폰의 기능을 어설프게 안경 위로 옮겨놓는 시도만 반복할 뿐이었다.

사회적 주홍 글씨, '글라스홀'

구글 글라스가 약속했던 '힙하고 미래 지향적인' 이미지는 현실 세계라는 무대에 서자마자 순식간에 '무례하고 거만하며 기분 나쁜' 이미지로 추락했다. 급격한 추락의 중심에는 '글라스홀Glasshole'이라는, 기술 역사상 가장 모욕적인 신조어 중 하나가 있었다. '글라스Glass'(안경)와 비속어 '애스홀Asshole'(병신)의 합성어인 글라스홀은 단순히 기기를 착용한 사람을 뜻하는 표현이 아니었다. 이는 타인의 프라이버시를 존중하지 않고, 눈앞의 대화보다 기기 자체에 몰두하며, 기술적 우월감에 빠져 사회적 규범을 무시하는 사람들을 향한 강력한 사회적 주홍 글씨였다.

글라스가 이토록 극심한 사회적 저항에 부딪힌 이유는 단순히 프라이버시 침해에 대한 막연한 우려 때문만이 아니었다. 근본 원인은 글라

    혁신은 왜 실패하는가

스가 수백, 수천 년에 걸쳐 인류 사회에 자리 잡은 암묵적이고 비공식적인 상호작용의 규칙, 즉 '사회 계약'을 정면으로 위반했기 때문이다. 구글 엔지니어들은 오로지 기술 구현에만 몰두한 나머지, 자신들이 만드는 제품이 인간 사회를 떠받치는 신뢰의 기둥을 마구 흔들기 시작했다는 사실을 인지하지 못했다.

구글 글라스가 흔든 첫 번째 기둥은 '눈 맞춤이 주는 신뢰'였다. 눈 맞춤은 대화 상대에 대한 관심과 존중, 그리고 신뢰를 표현하는 매우 오래된 비언어적 약속이다. 글라스 착용자와 대화하는 사람은 상대방이 지금 자신의 눈을 보는지, 눈앞의 작은 디스플레이에 떠 있는 이메일이나 소셜 미디어 피드를 보는지 정확히 알 수 없었다. 이런 불확실성은 상대방에게 자신이 무시당한다거나 대화에 집중하지 않는다는 깊은 불쾌감을 주었다. 이는 가장 기본적인 사회적 신뢰 관계를 훼손하는 행위였다.

두 번째로 흔들린 기둥은 '사적 대화가 보장하는 신뢰'였다. 신뢰하는 상대와 내밀한 이야기를 나누는 행위는, 그 내용이 우리 사이의 대화로만 남으리라는 암묵적 합의에 기반한다. 상대가 사적인 영역의 문제를 외부로 유출하지 않을 것이라는 믿음은 깊이 있는 인간관계의 필수 조건이다. 그러나 구글 글라스는 이런 신뢰의 근간을 뿌리째 흔들었다. 셔터 소리나 뚜렷한 촬영 동작 없이, 착용자의 눈짓이나 음성 명령만으로 상대방 모르게 모든 것을 기록할 수 있었다. 촬영 여부를 알리는 작은 LED 불빛은 너무 미미해 사실상 없는 것이나 다름없었다. 이는 대화 상대를 비롯한 주변 모든 이에게 '언제든 기록될 수 있다'는 불안감을 심어주었고, 결국 '내가 지금 감시당하고 있을지 모른다'는 상시적 감시 공포를 만들어냈다. 신뢰 공간이던 대화의 장이 잠재적 감시 공간으로 변질된 것이다. 2014년 퓨 리서치 센터Pew Research Center의 조사에서 미국 성인의 72퍼센트가 웨어러블 녹화 기기에 강한 거부감을 드러낸 것은, 이런 사회적 불안감이 얼마나 광범위하게 퍼져 있는지 명확히 보여준다.

구글 글라스 착용자들이 겪은 부정적 경험은 사회학자 찰스 호턴 쿨리Charles Horton Cooley의 '거울 자아Looking-Glass Self' 이론으로 설명할 수 있다. 이 이론의 핵심은 개인의 자아가 세 단계를 거쳐 형성된다는 것이다. 첫째, 타인에게 자신이 어떻게 비칠지 상상한다. 둘째, 그 모습을 타인이 어떻게 판단할지 상상한다. 마지막으로, 타인의 판단에 대해 자부심이나 굴욕감 같은 감정을 통해 자아를 완성한다. 구글 글라스 착용자에게는 이 과정이 파괴적인 결과를 낳았다. 그들은 자신을 '혁신을 선도하는 멋진 인물'로 상상했지만(1단계), 사회는 그들을 '잠재적 불법 촬영자' 또는 '소통을 방해하는 무례한 사람'으로 판단했다(2단계). 결국 착용자들은 주변의 경계심 어린 시선, 부정적 수군거림, '착용 금지'와 같은 명시적 거부를 마주하며 사회적으로 '환영받지 못하는 존재'라는 낙인을 스스로 찍었다(3단계). 글라스홀이라는 낙인은 단순한 조롱이 아니었다. 그것은 새로운 기술적 행위(글라스 착용)를 기존 사회 규범을 위협하는 '일탈'로 규정하고, 이를 바로잡으려는 대중의 비공식적인 '사회적 제재'였다. 마치 "우리 공동체는 당신의 무례한 기술 사용을 용납하지 않겠다"라고 집단적으로 선언한 셈이다.

이런 심리적 저항은 곧 조직적인 실력 행사로 이어졌다. '스톱더사이보그stopthecyborg.org'와 같은 시민단체는 '글라스 착용 금지' 스티커를 배포하며 감시 사회에 대한 저항 운동을 주도했다. 갈등은 급기야 물리적 충돌로 비화했다. 2014년 샌프란시스코의 한 술집에서 테크 컨설턴트 세라 슬로컴Sarah Slocum이 글라스를 착용했다는 이유만으로 손님들에게 위협받고 기기를 빼앗긴 사건은 상징적이었다. 기술에 대한 사회

  혁신은 왜 실패하는가

적 반감이 실제 폭력으로까지 번질 수 있음을 보여준 것이다.

결국 구글은 뼈아픈 교훈을 얻었다. 혁신적인 기술이 세상에 안착하기 위해 넘어야 할 진짜 문턱은 '기술적 완성도'가 아니라, 인간 사회의 '문화적 수용성'이라는 사실을 말이다.

구글 글라스의 재탄생

2015년 1월, 구글은 마침내 익스플로러 에디션의 판매 중단을 선언했다. 수많은 언론은 이를 두고 시대를 앞서간 혁신의 '실패' 혹은 '요절'이라고 평했다. 하지만 이런 결정은 뼈아픈 교훈을 바탕으로 새로운 활로를 모색하기 위한 영리하고 전략적인 후퇴였다. 이후 글라스 프로젝트는 실험실인 구글 X에서 '졸업'해 정식 사업 부문으로 재편되었고, 아이팟iPod의 아버지로 불리며 하드웨어에 대한 상품화 귀재로 잘 알려진 토니 퍼델Tony Fadell의 지휘 아래 놓였다.

B2C 시장(일반 대중이 고객인 시장)에서 쓴맛을 본 구글은 자신들이 만든 기술이 모든 소비자를 만족시키는 스위스 나이프(다용도 주머니칼)가 아니라, 특정 목적을 위해 정교하게 사용되는 외과 의사의 메스(수술용 칼)에 가깝다는 사실을 깨달았다. B2C 시장에서의 실패는 역설적으로 글라스 기술의 진정한 가치가 어디에 있는지 명확히 알려주었다. 그것은 바로 '통제된 환경', '명확한 사용 목적', '측정 가능한 투자 대비 수익'이라는 조건을 모두 충족할 수 있는 B2B 시장(기업이 고객인 시장), 즉 산업 현장에 있었다. 사생활 침해나 사회적 시선에 대한 부담이 적고, 두 손을 자유롭게 사용할 필요성이 절실하며, 생산성 향상이라는 뚜렷한 목표가 있는 곳. 마침내 구글이 풀어야 할 '진짜 문제'를 만난 것이다.

구글은 B2C 버전의 실패 요인을 철저히 분석한 뒤, 이를 바탕으로 산업 현장의 구체적인 요구사항을 반영한 '글라스 엔터프라이즈 에디션Enterprise Edition, EE'으로 과감하게 방향을 전환했다. 이는 단순한 사업 축소가 아니라, 기술의 본질을 재정의하고 가장 적합한 활용 시스템을 찾아 나선 적극적인 재정비였다. 엔터프라이즈 에디션은 여러 면에서 괄목할 만한 개선을 이루었다. 다양한 산업용 보호안경이나 일반 안경테에 쉽게 부착하고 분리할 수 있는 '모듈식 디자인'을 채택해 착용 편의성과 호환성을 극대화했다. 성능도 대폭 향상되었다.

EE2 모델은 퀄컴Qualcomm의 스냅드래곤 XR1 플랫폼을 탑재해 CPU와 AI 엔진의 성능을 끌어올렸고, 카메라는 800만 화소, 배터리 용량은 820밀리암페어시로 늘려 장시간 작업에도 견딜 수 있게 했다. 가장 큰 논란거리였던 프라이버시 문제 해결을 위해, 카메라가 작동 중일 때 켜지는 녹색 LED 표시등을 훨씬 더 밝고 명확하게 만들어 주변 사람이 촬영 여부를 쉽게 인지할 수 있도록 개선했다.

이런 전략적 전환과 제품 개선은 곧바로 실질적이고 측정 가능한 성과로 나타나기 시작했다. 다양한 글로벌 기업이 글라스 EE를 도입해 눈에 띄는 생산성 향상을 경험했다. 예컨대 물류 기업 DHL의 창고 작업자는 더 이상 종이 작업 지시서나 무거운 휴대용 스캐너를 들고 다닐 필요가 없어졌다. 글라스 화면에 뜨는 지시에 따라 물건을 찾아 스캔하고, 지정된 카트에 담기만 하면 되었다. 항공기 제조사 보잉의 기술자들은 수십 피트에 달하는 거대한 종이 도면 대신 글라스 화면에 뜬 3D 배선도를 보며 양손을 자유롭게 사용해 정밀한 배선 작업을 수행했다. 의료 현장에서는 의사들이 수술 중 환자의 바이탈 사인을 실시간으로 확인하며 수술의 정확성과 집중도를 높였다.

 혁신은 왜 실패하는가

| 표 19-1 | 글로벌 기업의 글라스 EE 적용 사례

기업	적용 분야 (해결한 문제)	정량적 성과
DHL	물류 창고 피킹(손을 자유롭게 사용해 피킹 정확도와 속도 향상)	효율성 평균 15퍼센트 향상
보잉	항공기 전선 조립(복잡한 배선 도면을 실시간으로 확인하며 작업)	작업 시간 25퍼센트 단축, 오류율 0퍼센트에 근접
AGCO	농기계 조립 및 품질 검사(조립 지침 확인과 검사 시간 단축)	검사 시간 30퍼센트 단축, 신규 직원 교육 기간 50퍼센트 단축
GE	제조 및 현장 서비스(엔진 조립, 원격 전문가 지원)	생산성 8~12퍼센트 향상

구글 글라스의 '재탄생'은 중요한 사실 한 가지를 분명히 짚어준다. 혁신이란 무한한 자유와 가능성을 탐색하는 과정이 아니라, 구체적인 '상황'과 '목적'에 따라 가장 좋은 답을 찾아내는 과정이라는 사실 말이다. B2C 시장의 예측 불가능한 변수와 무한한 사용 시나리오라는 '자유' 속에서 글라스는 정체성을 잃고 표류했다. 반면 산업 현장의 '정해진 과업', '통제된 환경', '측정 가능한 목표'라는 명확한 상황과 목적은 구글 글라스에 구체적인 역할과 존재 이유를 부여했다.

구글 글라스의 조용한 퇴장이 던지는 교훈

산업 현장에서 조용히 성공 신화를 써 내려가던 구글 글라스의 여정은 2023년 3월 또 한 번 예상치 못한 전환점을 맞았다. 구글은 엔터프라이즈 에디션 2의 판매를 중단하고, 같은 해 9월 소프트웨어 지원도 종료한다고 발표했다. 구체적인 이유는 밝히지 않았지만, 업계에서는 충분한 시장 수요를 확보하지 못해 사업적 지속 가능성이 부족했을 것이라는 분석이 지배적이었다. 한때 세상을 바꿀 미래로 불렸던 기술은 이렇게 조용히 역사의 뒤안길로 퇴장했다.

구글 글라스의 야심 찬 도전과 뼈아픈 실패, 그리고 극적인 재탄생과 조용한 퇴장에 이르는 10여 년의 이야기는 단순한 기술계의 흥망성쇠를 넘어, 오늘날 혁신을 꿈꾸는 우리 모두에게 시대를 초월하는 교훈을 던진다. 진정한 혁신은 휘황찬란한 기술 자체가 아니라, 그 기술을 사용하는 인간과 그것이 작동하는 사회에 대한 깊고 겸손한 이해에서 출발해야 한다는, 지극히 평범하지만 가장 강력한 진리 말이다.

구글 글라스는 과거의 다른 실패들과 닮았다. 손에 든 멋진 망치에 취해 정작 박아야 할 못이 무엇인지, 그 못이 박힐 벽이 어떤 재질로 되어 있는지 살피지 않은 채 무작정 망치질부터 시작한 실수를 반복한 것이다. 구글 X 역시 '인간 상호작용의 문법'과 '사회적 수용성'이라는 본질을 간과한 채, '고개를 드는 컴퓨팅'이라는 기술적 우아함에 매몰되었다.

오늘날 우리는 생성형 AI, 로봇, 자율주행 자동차와 같이 이전과 비교할 수 없을 정도로 강력하고 새로운 망치를 손에 들고 있다. 그러나 이 기술들로 해결하려는 근본적인 문제가 무엇인지 깊이 고민하지 않고 그저 '효율화'와 '자동화'에만 매달린다면 어떻게 될까? 예컨대 운전자를 해방시켜줄 자율주행 자동차를 개발하면서, 그 차가 마주할 윤리적 딜레마나 사고 책임에 대한 사회적 합의 없이 '완전 자율주행'이라는 기술적 목표에만 몰두하지 않는가? 어쩌면 우리는 10여 년 전, 사회적으로 외면당했던 '글라스홀'의 전철을 다른 형태로 되밟고 있는지도 모른다.

 혁신은 왜 실패하는가

Q1. 기술적 '우아함'에 도취되어 있는가, 아니면 사용자의 '고통'을 어루 만지려 하는가?

구글 글라스 개발진은 "사람들이 스마트폰 화면을 보느라 현실과 단절된다"라는 문제를 설정하고, 이를 해결하기 위해 '고개를 드는 컴퓨팅'이라는 우아한 기술적 해법을 내놓았다. 하지만 정작 사용자들은 스마트폰을 꺼내는 행위를 그렇게 큰 고통으로 느끼지 않았다. 오히려 그들에게 스마트폰은 즐거움이자 휴식이었다. 개발자들은 공급자가 느끼는 문제의식과 사용자가 겪는 실제 불편함 사이의 괴리를 냉정하게 직시해야 한다.

✪ **우리가 정의한 '문제'는 조직 내부의 회의실에서 만들어진 것인가, 아니면 거리에서 만난 사람들의 한숨과 불편함 속에서 건져 올린 것인가?**

진단 포인트   문제 정의의 근거가 내부자의 직관이나 '기술적으로 가능하니까'라는 논리에 머물러 있지 않은지 점검하자. 실제 사용자의 행동 데이터나 목소리VOC에서 문제가 실제로 존재한다는 증거를 찾을 수 없다면, 그것은 '상상 속의 문제'일 가능성이 높다.

✪ **만약 우리가 개발하려는 기술과 서비스가 세상에서 완전히 사라진다면, 사용자들이 겪을 상실감은 구체적으로 무엇인가?**

진단 포인트   "조금 덜 멋져 보일 것이다"라거나 "약간 불편해질 것이다" 정도의 답밖에 나오지 않는다면, 우리는 필수재가 아닌 사치재를 만들고 있는 것이다. 사용자가 "그 서비스가 등장하기 전으로 돌아가고 싶지 않다"라고 느낄 만큼 결핍을 채워줄 수 있는지 확인해보자.

Q2. 기능 '구현'에만 몰두하는가, 아니면 보이지 않은 '사회적 약속' 또한 존중하는가?

구글 글라스는 출시 직후 프라이버시 침해 논란에 휩싸였다. 상대방 몰래 사진이나 영상을 찍을 수 있다는 가능성은 타인에게 본능적인 공포와 불쾌감을 주었다. 인간 사회에는 서로의 사적 영역을 침해하지 않는다는 암묵적인 사회적 계약이 존재한다. 구글 글라스는 이 계약을 일방적으로 파기했다. 기능 구현을 넘어, 그 기술이 놓일 사회적 맥락과 윤리적 파장을 미리 시뮬레이션해야 한다.

✪ 우리 제품을 사용하는 사람이 타인에게 어떤 인상을 줄 것이라고 예상하는가? 혹시 사용자를 '무례한 사람'이나 '의심스러운 사람'으로 보이게 만들지는 않는가?

진단 포인트 사용자가 공공장소에서 제품을 쓸 때 주변 사람들의 반응을 상상해보자. 제품의 작동 여부가 불투명하거나(촬영 중인지 알 수 없음 등), 타인의 영역을 침범할 소지가 있다면, 이를 해소할 사회적 신호(촬영 시 LED 점등 등)를 기술적으로 구현했는지 확인해야 한다.

✪ 제품 사용자로 인해 누군가가 불편함을 겪을 가능성에 대해서도 면밀히 고려했는가?

진단 포인트 혁신의 혜택은 사용자에게 집중되는데, 감시당하거나 사적

혁신은 왜 실패하는가

데이터를 채집당할 위험이 주변 사람들에게 전가되는 구조라면 사회적 저항에 부딪힐 것이다. 비사용자의 권리를 보호하고 그들을 안심시킬 수 있는 장치나 정책이 마련되어 있는지 확인해보자.

Q3. '모든 상황'에서 두루 사용되기를 원하는가, 아니면 '가장 필요할 만한 곳'을 선정하고 그곳에 집중하는가?

구글은 처음에 글라스를 '모두를 위한 패션 아이템'으로 포지셔닝했지만 실패했다. 그러나 공장, 물류 센터, 수술실과 같은 특수한 B2B 시장에서는 환영받았다. 제품의 강점이 극대화되고 약점이 용인될 수 있는 구체적인 '틈새'에서 혁신은 비로소 생명력을 얻는다.

⚙ **우리는 누구에게나 좋은 '맥가이버' 칼을 만들려 하는가, 아니면 특정 전문가를 위한 '정밀한 수술 도구'를 만들려 하는가?**

진단 포인트 타깃 고객을 '2030 세대 전체'와 같이 광범위하게 잡고 있다면, 이는 아직 제품의 핵심 가치를 찾지 못했다는 신호다. '기름 묻은 손으로 매뉴얼을 봐야 하는 항공 정비사'와 같이 사용자의 상황과 맥락을 극도로 좁혀서 정의해보자.

⚙ **일반 대중에게는 단점이 될 수 있는 특성(투박한 디자인, 짧은 배터리 수명 등)이 오히려 용인되거나 장점이 될 수 있는 시장은 어디인가?**

진단 포인트 구글 글라스의 투박함이 패션 아이템으로는 낙제였지만, 산업 현장에서는 튼튼함으로 인식되었다. 우리 제품의 약점이 치명적이지 않고, 강점이 극대화될 수 있는 특수한 환경이나 틈새시장을 탐색해보자.

20장

펜 하나가 던진 우주적 질문

::

스페이스 펜 신화는 어떻게 탄생했는가?

우주 전쟁에 불을 붙인 스페이스 펜

1960년대, 세상은 냉전의 서늘한 그림자 아래 놓여 있었다. 미국과 소련은 보이지 않는 전쟁, 바로 우주를 향한 치열한 경쟁을 벌였다. 인류의 시선은 밤하늘의 반짝이는 별을 향했고, 거대한 로켓이 내뿜는 발사 소리는 새로운 시대의 개막을 알리는 웅장한 축포와도 같았다. 이처럼 인류 역사의 거대한 흐름 속에서, 뜻밖에도 우리 주변에서 흔히 볼 수 있는 '펜'과 '연필'이라는 평범한 필기구가 세간의 관심사로 떠올라 강력하고도 매혹적인 이야기를 만들어냈다. 그 이야기는 아주 단순했지만 꽤 극적이었다. "NASA는 우주 공간이라는 특수한 환경에서 글씨를 쓸 수 있는 특별한 펜 하나를 개발하기 위해 수백만 달러에 이르는 어마어마한 국민 세금을 아낌없이 쏟아부었다. 하지만 실용적이고 지혜로운 소련의 우주비행사들은 우리가 학교 앞에서 단돈 몇 푼이면 살 수 있는 값싼 연필 한 자루로 필기 문제를 간단히 해결했다.”

　이 이야기는 마치 잘 짜인 한 편의 짧은 드라마처럼 순식간에 사람들의 마음을 사로잡았다. ‘최첨단 기술에 눈이 멀어 가장 기본적인 해결책조차 제대로 보지 못하는 거대한 정부 기관의 어리석음’과 ‘소박하고 단순함 속에 숨겨진 빛나는 문제 해결의 본질을 정확히 꿰뚫어보는 평범한 사람들의 지혜’라는 너무나 뚜렷한 대비는, 당시 사람들에게 더할 나위 없이 매력적이고 통쾌한 풍자로 다가왔다. 신문 만평에서는 이 이야기가 단골 소재로 등장했고, 저녁 시간 텔레비전 프로그램에서는 온 가족이 함께 듣는 흥미진진한 일화로 소개되었다. 심지어 유명 대학 경영학 강의 시간이나 잘 팔리는 자기계발서에서도 ‘문제 해결의 본질’을 이야기할 때면 어김없이 등장하는 단골 예시가 되었다. ‘돈만 많은 바보 같은’ 미국과 ‘검소하지만 누구보다 현명한’ 소련이라는, 단순하면서도 강력한 이미지는 그렇게 사람들의 머릿속에 깊이 새겨졌다.

　이렇게 강력하고 흡입력 있는 이야기가 오랫동안 사람들의 입에 오르내리며 그 생명력을 유지한 데는 몇 가지 중요한 이유가 숨어 있었다. 첫째, 이야기가 아주 단순하고 명쾌했다. 사람들은 대부분 복잡하고 어려운 현실 문제보다 이해하기 쉽고 분명한 흑백논리의 단순한 설명을 더 좋아하는 경향이 있는데, 스페이스 펜 이야기는 바로 이런 사람들의 인지적 특성에 정확히 들어맞았다. 둘째, 당시 시대적 분위기와 기가 막히게 잘 맞아떨어졌다. 1960년대 후반 미국 사회는 끝없이 길어지는 베트남 전쟁과 그로 인한 막대한 정부 예산 지출에 대한 국민의 불신이 최고조에 달했다. 바로 이런 상황에서, 스페이스 펜 이야기는 ‘국민 세금만 낭비하는 거대한 정부’에 대한 비판적 시각을 담아내기에 더할 나위 없이 안성맞춤의 소재였다. 셋째, 한번 어떤 것을 믿으면 그 믿음을 뒷받침하는 정보만 선택적으로 골라 듣고 자신의 처음 믿음을 더욱 확신하는 '확증 편향'이라는 심리적 힘이 크게 작용했다. 스페이스 펜 이야기는 여러 신문과 방송, 심지어 책과 영화를 통해 반복적으로 재생산되었다. 그 과정에서 어느새 그 이야기가 마치 아무도 부정할 수 없는 명백한 역사적 사실처럼 사람들의 마음속에 단단히 자리 잡았다.

하지만 이처럼 한번 들으면 쉽게 잊히지 않는 매혹적이고 흥미로운 이야기 이면에는, 우리가 반드시 주목하고 기억해야 할 또 다른 중요한 진실 조각들이 숨겨져 있다.

NASA는 왜 스페이스 펜을 선택했을까?

스페이스 펜 이야기에서 가장 큰 오해는 바로 NASA가 우주에서 사용할 펜을 개발하기 위해 막대한 세금을 쏟아부었다는 주장이다. 하지만 이는 사실과 전혀 다르다. 우리가 흔히 '스페이스 펜'이라고 부르는 '피셔 스페이스 펜 AG-7Fisher Space Pen AG-7'은 발명가이자 성공한 사업가였던 폴 피셔Paul C. Fisher가 1960년대 중반에 만든 것이었다. 그는 당시 약 100만 달러에 달하는 순수한 개인 자금을 투자해 완전히 독자적으로 이 혁신적인 펜을 개발했다. NASA는 이 펜의 개발 과정에 그 어떤 방식으로도 개입하지 않았고, 단 한 푼의 정부 예산도 투입하지 않았다.

오히려 우리가 알고 있는 스페이스 펜 이야기와 전혀 별개로, NASA는 그전에 우주에서 사용할 필기구 문제로 한바탕 홍역을 치른 적이 있다. 1965년 NASA는 당시 진행 중이던 제미나이Gemini 우주 계획과 막 시작되려던 초기 아폴로Apollo 우주 계획에 참여하는 우주비행사들을 위해 특별히 제작된 기계식 연필 34자루를 구매했다. 그런데 가격이 한 자

　　　　혁신은 왜 실패하는가

루당 무려 129달러에 달했다. 이 사실이 언론을 통해 알려지자, 국민의 세금을 낭비했다는 거센 비판이 의회와 언론으로부터 폭풍처럼 빗발쳤다. 이 사건은 NASA가 이미 오래전부터 우주라는 아주 특수한 환경에서 사용할 필기구 문제, 특히 우주비행사의 안전과 임무 완수를 위한 필기구의 신뢰성 문제를 얼마나 심각하게 고민하고 있었는지 잘 보여주었다. 동시에, 이 사건은 정부 기관의 예산 사용에 대해 일반 대중이 얼마나 민감하게 반응하는지 극명하게 드러냈다. 그리고 어쩌면, 훗날 스페이스 펜에 대한 잘못된 이야기가 사람들에게 훨씬 더 쉽게 사실처럼 받아들여지게 하는 밑거름을 제공했을지도 모른다.

이런 우여곡절을 겪는 상황에서, NASA는 우주비행사의 소중한 생명과 안전을 지키고 임무를 성공적으로 완수하는 데 도움을 줄 수 있는, 그 어떤 극한 환경에서도 절대적으로 믿고 쓸 수 있는 필기구를 간절히 찾고 있었다. 바로 그때 폴 피셔가 개발한 AG-7이 등장했다. 이 펜은 극심한 온도 변화, 진공 상태, 무중력 상태 등 상상하기 어려운 극한 환경에서도 항상 안정적으로 글씨를 쓸 수 있는, 그야말로 당시로서는 획기적인 제품이었다. NASA는 아주 오랜 기간에 걸쳐 이 펜에 대해 매우 엄격하고 광범위한 테스트를 진행했다. 그리고 마침내 1967년, 스페이스 펜 약 400자루를 한 자루당 2.95달러라는 매우 합리적이고 적절한 가격에 구매했다. 그렇게 해서 스페이스 펜은 아폴로 우주 계획에 공식적으로 사용되기 시작했다. 이는 이미 시장에서 판매 중이던 제품을 NASA가 공개적인 절차를 통해 구매한 것이었다.

더욱 흥미롭고 놀라운 사실은, 냉전 시대 당시 우주 개발에서 미국과 치열하게 경쟁하던 가장 강력한 숙적인 소련 역시 1969년에 피셔 스페이스 펜 100자루와 여분의 잉크 카트리지 1,000개를 구매해 사용했다는 점이다. 이처럼 스페이스 펜은 단순히 특정 국가의 기술력을 과시하기 위한 값비싼 물건이 아니었다. 오히려 스페이스 펜이 우주라는 극한 환경에서 인류 공통의 기술적 어려움에 대한 가장 실질적이고도 효과적인 해결책이었음을 강력하게 증명했다.

연필의 치명적 위험성을 보완하다

NASA가 굳이 연필 대신 비싼 스페이스 펜을 선택한 가장 근본적이고도 중요한 이유는 바로 '안전' 문제 때문이었다. 우리가 상상하는 것 이상으로 우주선이라는 공간은 극도로 제한되고 완벽하게 밀폐된 환경이다. 특히 아폴로 우주선처럼 내부 공기가 거의 100퍼센트 순수한 산소로 채워진 아주 특수한 환경에서, 우리가 일상생활에서 사용하는 평범한 연필은 생각보다 다양하고 심각한 위험을 안고 있었다.

첫째, 연필심에서 나오는 흑연 가루가 치명적인 위험 요소로 작용할 수 있다. 우리가 연필로 종이에 글씨를 쓸 때는 연필심의 주성분인 흑연이 아주 미세한 가루 형태로 조금씩 부스러져 나온다. 그런데 이 흑연 가루는 전기가 아주 잘 통하는 훌륭한 전도체다. 중력이 거의 없는 우주 공간에서는 이처럼 미세한 흑연 가루가 공기 중에 먼지처럼 둥둥 떠다니다가, 우주선의 핵심적인 생명 유지 장치나 복잡하고 정밀한 항법 컴퓨터 등 수많은 전자기기에 들어 있는 회로 기판에 침투할 수 있다. 만약 그렇게 되면, 자칫 치명적인 합선(쇼트 서킷)을 일으켜 우주선 전체 시스템을 마비시킬 가능성이 있다. 또한 미세한 흑연 입자는 우주선 내부 공기를 깨끗하게 걸러주는 공기 순환 필터를 막아 공기 정화 시스템의 효율을 크게 떨어뜨릴 수도 있다. 그뿐만 아니라, 우주비행사가 숨 쉴 때 흑연 가루를 들이마시면 폐에 심각한 자극을 주거나 다른 예기치 않은 건강 문제를 유발할 수도 있다.

둘째, 연필의 나무 부분은 가연성 물질이며 부러지면 날카로운 파편이 생길 수 있다. 우리가 흔히 사용하는 전통적인 나무 연필은 힘을 주어 사용하다가 부러지면, 날카로운 나뭇조각이나 아주 미세한 나무 파편들을 만들어낼 수 있다. 이런 것들 또한 중력이 없는 우주 공간에서는 예상치 못한 다양한 문제를 일으킬 여지가 충분히 있다. 그러나 이보다 훨씬 더 심각하고 직접적인 문제는 바로 화재 위험성이다.

1967년 1월, 미국 플로리다주의 케이프커내버럴 우주 기지의 지상 발사대 위에서 훈련 중이던 아폴로 1호 우주선 내부에서 갑자기 불길이 발생해 세 명의 우주비행사가 안타깝게 목숨을 잃은 비극적인 참사는, 산소 농도가 매우 높은 특수한 환경에서 아주 작은 불씨 하나가 순식간에 얼마나 끔찍하고 치명적인 결과를 초래할 수 있는지 극명하게 보여주었다. 이 끔찍한 사고 이후, NASA는 우주선 내부에 사용되는 모든 자재와 부품을 불연성 또는 난연성 제품으로 교체했다. 가연성 물질(나무)로 만든 전통적인 연필은 새롭게 강화된 NASA의 안전 기준에 명백히 어긋나는 물건이었다.

결국 NASA가 진짜 해결하려고 했던 근본적인 과제는 '중력이 없는 우주 공간에서도 편하게 글씨를 쓸 수 있는 필기구를 찾는 것'이라는 단순한 문제를 훨씬 뛰어넘었다. 그것은 바로 우주라는 극한 환경에서도 성공적인 임무 수행과 우주비행사의 안전을 동시에 보장하면서, 그 어떤 오염도 일으키지 않고 절대적으로 신뢰할 수 있는 기록 시스템을 확보하는 것이었다.

이를 위해 NASA는 우주에서 사용할 필기구가 다음과 같은 세 가지 핵심 조건을 반드시 만족해야 한다고 판단했다. 첫째, 극한의 우주 환경에서도 항상 일정하고 안정적으로 부드럽게 작동해야 한다. 둘째, 사람의 몸이나 우주선의 정밀한 장비에 해로운 영향을 미치는 파편이나 전기가 통하는 가루를 절대로 발생시키지 않아야 하며, 특히 산소 농도가 매우 높은 우주선에서 불이 붙을 위험이 전혀 없는 안전한 재질로 만들어져야 한다. 셋째, 합리적인 가격이어야 한다.

폴 피셔가 오랜 연구 끝에 개발한 스페이스 펜은 금속으로 만들어진 튼튼한 몸체와 특수한 점성의 잉크가 담긴 카트리지를 사용해, 당시 NASA가 내걸었던 까다롭고 복잡한 조건을 거의 완벽하게 충족했다. 그 시대에는 유일무이한 해결책이었던 것이다.

NASA의 합리적 선택, 본질을 묻다

NASA가 스페이스 펜을 선택한 과정은, 새로운 기술을 도입하고 혁신적인 변화를 추진하려는 많은 이에게 매우 중요한 시사점을 제시한다. 그것은 바로 그 어떤 구체적인 기술적 해결책을 찾기에 앞서, 당장 해결해야 하는 문제를 명확히 정의하는 것이 중요하다는 점이다. NASA는 "어떻게 하면 인간이 정상적으로 활동하기에 너무 가혹한 우주 공간에서 안전하게 임무 기록을 남기고, 예측하지 못한 비상 상황에도 효과적으로 대처할 수 있을 것인가?"라는, 문제의 핵심을 꿰뚫는 질문Why을 먼저 던지고 그 답을 찾으려 노력했다.

NASA는 해결해야 할 문제를 구체적으로 정의했기에, 연필에서 비롯되는 잠재적 위험을 명확히 파악할 수 있었다. 가령 흑연 가루의 전도성이 초래할 장비 오작동, 우주비행사의 호흡기로 유입될 위험, 그리고

 혁신은 왜 실패하는가

나무 연필 자체의 가연성 등이 중대한 안전 문제로 인식되었다. 이런 문제 분석은 자연스럽게 해결책이 갖춰야 할 핵심 요건What 도출로 이어졌다. 즉 극한의 온도와 무중력 상태에서도 성능이 보장되어야 하고, 인체와 첨단 장비에 무해하며, 화재 위험이 없어야 한다는 구체적인 기준이 수립된 것이다. 마침내 NASA는 이 까다로운 요건을 모두 만족시키는 폴 피셔의 스페이스 펜을 유일한 해결책으로 선택How했다. 결국 이 과정은 "왜Why 이 문제가 우리에게 시급한가?"라는 근본적인 질문을 통해, '무엇What이 이상적인 해결책의 조건인지' 정의하고, '어떻게How 그 조건을 가장 효과적으로 구현할지' 찾아가는 논리적 여정이었다.

만약 NASA가 문제 정의 단계를 건너뛰고, 처음부터 그저 '최첨단 기술이 집약된 가장 멋진 펜을 개발해보자'는 식으로 기술 그 자체How에만 집중했다면, 과연 어떤 결과가 나왔을까? 아마도 실제 우주 환경에서 요구되는 핵심적인 안전 요구사항과 전혀 동떨어진, 쓸데없이 복잡하거나 터무니없이 비싼 결과물이 나왔을 가능성이 매우 높다. 이는 안타깝게도 오늘날 수많은 조직이 새로운 기술을 도입하거나 혁신을 추진할 때 흔히 저지르는 치명적 실수이기도 하다. 예를 들어, '우리도 요즘 유행하는 AI를 한번 도입해보자', 혹은 '최신 빅데이터 플랫폼을 다른 회사들처럼 서둘러 구축하자'라는 식으로 새로운 기술을 통해 구체적으로 해결해야 할 명확한 문제에 대한 깊이 있는 정의나 치열한 고민 없이 단순히 기술 그 자체의 유행이나 막연한 가능성에만 매몰된다면, 해당 기술은 조직 내에서 제대로 활용되지 못하고 막대한 비용만 낭비한 실패 사례로 남을 가능성이 크다. 기술은 언제나 우리가 그것을 통해 해결하고자 하는 명확한 문제가 존재할 때 비로소 진정한 가치를 발휘하기 때문이다.

NASA가 볼 때 스페이스 펜은 '극한의 우주 환경에서 안전하고 신뢰할 수 있는 기록 시스템을 확보한다'는 매우 중요하고도 핵심적인 당면 과제를 해결하는 데 없어서는 안 될 도구였다. NASA의 합리적인 선택은 문제의 본질부터 철저히 정의하는 과정에서 비롯된 필연적 결과였다.

현실을 빚는 내러티브의 영향력

스페이스 펜 이야기가 반세기 넘게 회자되며 생명력을 이어온 것은 '이야기'(내러티브) 자체가 얼마나 강력한 힘을 지니는지 여실히 보여준다. 이 이야기에는 사실과 다른 부분이 있지만 단순명쾌한 구조, 권위에 대한 풍자, 시대정신과의 공명 덕분에 대중의 뇌리에 깊이 각인되었다. 이는 잘 만들어진 매력적인 이야기가 건조하고 복잡한 진실보다 더 큰 영향력으로 현실 인식을 바꾸거나 조작할 수도 있음을 시사한다.

기술적으로 NASA의 선택은 합리적이었지만, 안타깝게도 초기에 스페이스 펜 관련 루머에 대해 효과적으로 대응하고 해명하는 데는 미흡했을 수 있다. 물론 NASA는 이후 공식 자료와 웹사이트를 통해 사실관계를 바로잡으려 꾸준히 노력했다(2021년과 2023년에도 공식 웹사이트에 잘못 알려진 소문에 대한 반박 글을 게시한 바 있다).

하지만 사실과 다른 소문이 수십 년간 진실인 양 회자된 것은, NASA의 해명이 시의적절하지 못했거나 매력적인 이야기의 전파력을 따라잡지 못했음을 보여준다. 이는 오늘날 기술 도입이나 조직 변화 시, 기술적·경제적 타당성만큼 '내러티브 관리'와 '투명하고 적극적인 소통'이 중요함을 일깨운다. 기술 도입이나 조직 변화는 불안과 저항을 동반한다. 이때 프로젝트의 당위성, 목표, 효과, 과정 등을 명확하고 설득력 있

　　　　　　　　　　　　혁신은 왜 실패하는가

게 선제적으로 소통하지 않으면, 그 빈자리를 오해와 루머가 빠르게 채울 위험이 크다. 스페이스 펜 내러티브는 의도치 않게 NASA의 현명한 결정에 대한 대중의 그릇된 이미지를 굳혔다. 사람들은 복잡한 진실보다 단순하고 흥미로운 이야기를 선호하고 전파하는 경향이 있기 때문이다. NASA와 같은 기술 중심 조직은 이런 현실에 대응하기 위해, 기술 성과 홍보만큼이나 성과를 둘러싼 이야기를 적극적으로 관리하고 대중과 꾸준히 소통해야 한다.

복잡성과 불확실성의 시대, 모든 조직의 리더는 스페이스 펜의 사례를 통해 혁신 과정과 결과를 둘러싼 '이야기'를 주도적으로 관리하는 것이 얼마나 중요한지 깨달아야 한다. 이해관계자와의 신뢰 구축은 선택이 아닌 필수다.

사실에 입각한 투명한 소통, 그리고 대중의 공감을 끌어내는 설득력 있는 내러티브는 단순한 홍보 수단이 아니다. 그것은 변화에 대한 지지를 결집하고, 조직의 평판을 수호하며, 마침내 혁신의 성공 확률을 높이는 가장 강력하고도 핵심적인 자산이다.

작은 펜이 던진 거대한 질문

반세기 넘게 전설처럼 회자된 스페이스 펜 이야기는 단순한 에피소드를 넘어, 오늘날 우리에게 기술, 인간, 문제 해결의 본질에 대한 깊은 성찰을 요구한다. '비싼 펜'과 '값싼 연필'의 극적인 대비는 표면적인 현상 너머 보이지 않는 본질을 꿰뚫어보는 지혜가 필요함을 역설한다.

NASA의 스페이스 펜 채택은 단순한 구매 결정이 아니었다. 이는 극한 환경에서의 임무수행과 우주비행사의 안전을 보장하기 위한 '신뢰성 있는 기록 시스템' 구축의 일환이었다.

연필 사용 시 발생하는 흑연의 전도성 및 분진 문제, 가연성 등은 우주선 내부 시스템에 치명적인 위협이 될 수 있었다. 특히 아폴로 1호 화재 사고 이후 NASA는 모든 탑재 장비에 무결점 수준의 안전 기준을 적용했고, 스페이스 펜은 이 엄격한 기준을 충족하는 유일한 대안이었다. 이런 배경에서 폴 피셔가 개발한 스페이스 펜은 극한 환경에서의 신뢰성, 인체와 장비에 대한 안전성(불연성, 무해성 등), 합리적 비용이라는 NASA의 까다로운 요구를 모두 만족시키는, 당시로서는 거의 유일한 최적의 선택지였다. 경쟁 상대였던 소련조차 이 펜의 실용성을 인정하고 도입했다는 사실은 NASA의 선택이 옳았음을 명확히 뒷받침한다.

반대로, 문제에 대한 깊은 성찰 없이 최신 기술이나 화려한 해결책만 좇는다면, 어리석은 판단을 반복할 위험이 있다. 기술은 그 자체가 목적이 될 수 없고 명확히 정의된 문제를 해결하는 도구로서 기능할 때만 비로소 가치를 지닌다는, 평범하지만 중요한 진실을 잊지 말아야 한다.

스페이스 펜 이야기는 우리에게 근본적인 질문을 던진다. "우리 조직이 진정으로 해결하려는 문제는 무엇인가?" 이 질문에 대한 정직한 답을 찾는 과정이야말로 모든 혁신의 출발점이자 성공의 열쇠다. 스페이스 펜은 작은 몸체와 한 방울의 잉크로 시대를 초월해 이 단순하고도 심오한 진리를 증명한다.

Q1. '화려한 해결책'을 찾는가, 아니면 '풀어야 할 문제'부터 정의하는가?

스페이스 펜 사례에서 NASA는 "어떤 펜을 쓸까?"라는 도구에 관한 질문에서 출발하지 않았다. 그들은 극한의 우주 환경에서도 성공적인 임무 수행과 우주비행사의 안전을 동시에 보장하며, 그 어떤 오염도 일으키지 않고 절대적으로 신뢰할 수 있는 기록 시스템을 확보해야 한다는 근본적인 문제를 먼저 정의했다. 문제의 본질을 깊이 파고들었기에 연필의 숨겨진 위험을 명확히 파악하고 스페이스 펜이라는 최적의 해결책을 선택할 수 있었다. 이는 기술의 화려함에 매몰되지 않고, 해결해야 할 문제의 본질을 직시할 때 비로소 기술이 제 가치를 드러낸다는 점을 시사한다.

✪ **우리 프로젝트가 진짜 해결하려는 핵심 문제는 정확히 무엇이며, 그것을 전문 용어가 아닌 일상적인 언어로 명확하게 정의할 수 있는가?**
진단 포인트　만약 문제 정의에 "AI를 도입함으로써……" 혹은 "블록체인을 활용함으로써……"와 같이 특정 기술이 포함되어 있다면, 이미 '해결책'을 '문제' 그 자체로 착각하는 것이다. 수단(기술)을 뺀 상태에서, 해결해야 할 고객의 결핍이나 조직의 난제 자체를 서술할 수 있어야 한다.

✪ **지금 우리가 채택하려는 기술이나 방법이 핵심 문제를 해결하기 위한 가장 효과적인 방법이라고 어떻게 확신하는가? 우리가 단순히 유행하는 기술이나 경쟁사의 움직임을 맹목적으로 좇고 있는 것은 아닌가?**

진단 포인트　현재 솔루션이 선택된 이유를 설명할 때, "요즘 트렌드라서"나 "경쟁사도 하니까"가 아니라, "이 문제가 요구하는 A, B, C라는 조건을 만족시키는 유일한(혹은 최선의) 대안이기 때문에"라고 논리적으로 방어할 수 있는지 점검해보자.

✪ **이 기술을 사용하지 않고도 문제를 해결할 수 있는 비기술적, 혹은 로테크Low-tech 대안은 없는가? 만약 있다면, 그 대안과 비교할 때 현재 계획이 왜 더 우월한지 구체적인 데이터나 시나리오로 설명할 수 있는가?**

진단 포인트　'아날로그적 대안'이나 '단순한 프로세스 개선'을 비교군으로 놓고, 현재의 기술적 솔루션이 비용, 시간, 효과 면에서 압도적인 우위를 점하고 있는지 냉정하게 비교표를 만들어보자. 때로는 '연필'이 정답일 수도 있지만, 그것이 안전과 본질을 해치지 않는 범위 내에서만 유효하다는 사실을 명심해야 한다.

Q2. '단순하고 값싼 대안'만 찾는가, 아니면 그것의 '숨겨진 치명적 위험'까지 검토하는가?

구전되는 이야기 속에서 지혜의 상징처럼 여겨졌던 '값싼 연필'은 실제 우주 환경에서 NASA가 결코 간과할 수 없는 치명적인 위험 요소였다. 연필심에서 나오는 흑연 가루는 전기가 잘 통하는 전도체라서 정밀 장비에 합선을 일으킬 수 있고, 순수 산소로 채워진 우주선 내부에서 연필의 나무 재질은 심각한 화재 위험이 있다. 이는 단순함과 경제성 이면에 숨겨진, 해당 환경의 특수성을 고려한 깊이 있는 위험 분석이 필수적임을 알려준다.

혁신은 왜 실패하는가

◉ 우리가 고려하고 있는 가장 단순하고 비용이 적게 드는 해결책 이면에 어떤 잠재적 위험이나 부작용이 숨어 있는가? 그 위험이 현실화될 경우, 프로젝트나 조직 전체에 미칠 최악의 시나리오는 무엇인가?

진단 포인트 '비용 절감'이나 '빠른 실행'을 위해 생략하거나 간소화한 절차가, 나중에 '보안 사고', '품질 저하', '법적 분쟁'과 같은 부메랑으로 돌아올 가능성을 '사전 부검'을 통해 철저히 시뮬레이션해야 한다.

◉ 프로젝트의 성공을 위해 절대 타협할 수 없는 '안전'과 '품질', 그리고 '신뢰'의 기준은 무엇인가? 현재 고려하고 있는 대안이 그 기준을 만족시킨다고 어떻게 증명할 수 있는가?

진단 포인트 NASA가 '불연성'과 '비오염성'을 절대 기준으로 삼았듯이, 우리 프로젝트도 비용이나 효율성과 절대로 타협해서는 안 되는 '레드 라인'을 명확히 설정하고, 모든 의사결정이 그 기준 위에서 이루어지고 있는지 확인하자. 기준이 흔들리면 프로젝트의 정당성 자체가 무너진다.

◉ 단기적 효율성(예산 절감, 일정 단축 등)을 얻기 위해, 장기적으로 더 큰 실패 비용(시스템 재구축, 브랜드 신뢰 하락, 사고 수습 비용 등)을 유발할 가능성을 간과하고 있지는 않은가?

진단 포인트 총소유비용TCO 관점에서 볼 때, 지금 저렴한 가격으로 도입하는 것이 나중에 유지 보수나 사고 처리로 인해 훨씬 비싼 청구서로 돌변하지 않을지 장기적 관점에서 계산기를 두드려보라. 싼 게 비지떡이 아니라, 독이 든 사과일 수 있다.

메타 착각

5

리더가 횃불과 채찍을 들면
혁신은 따라온다

작전실의 풍경은 언제나 고요하고 질서 정연하다. 거대한 스크린 위로 펼쳐진 조직도와 프로젝트 계획서는 한 치의 오차도 없는 완벽한 기계의 설계도처럼 환하게 빛난다. 리더는 그 스크린에 비친 자기 모습을 보며, 혼란스러운 현실을 한 손에 움켜쥔 듯한 착각과 나르시시즘에 휩싸인다. 그의 눈에는 복잡하고 비합리적인 인간들의 아우성 대신, 명쾌한 데이터와 논리적인 경로만 선명하게 보인다. 모든 변수를 통제할 수 있고, 모든 위험을 인지하고 있기에 더 이상 위험이 아니다. 이제 남은 것은 단 하나, 실행 명령뿐이다.

리더가 감당해야 할 압박감은 숨이 막힐 지경이다. 이사회는 연일 실적을 종용하고, 시장은 무자비한 속도로 급변하며, 경쟁자들은 턱밑까지 추격해온다. 생존이 걸린 이 절체절명의 위기 속에서, 리더에게 '점진적 개선'이나 '현장과의 소통'과 같은 가치는 그저 한가하고 나약한 소리로 치부될 뿐이다. 그에게 필요한 것은 모든 것을 단번에 뒤엎을 수 있는 대담하고 영웅적인 결단이다. 따라서 그는 자신이 본 미래 청사진, 즉 '횃불'을 높이 치켜든다. 이 빛나는 비전 앞에서 감히 누가 저항할 수 있단 말인가. 그는 자신과 세상에 선포한다. "내가 길을 보았노라. 그러니 너희는 따르기만 하라.”

　이것은 리더십에 관한 가장 오래되고 강력한 환상이다. 위대한 비전을 지닌 강력한 지도자가 나타나 낡은 질서를 파괴하고, 그 과정에서 발생하는 필연적인 저항을 ‘채찍’으로 억누르면, 혁신이라는 약속된 땅에 도달할 수 있다는 믿음 말이다. 이 서사는 너무나 매력적이어서, 리더들은 기꺼이 그 주인공이 되기를 자처한다. 그들은 일단 지시를 내렸으니, 직원들이 순순히 따르고 시스템도 계획한 대로 작동할 것이라고 너무 쉽게 가정한다.

　하지만 그들이 매료된 대상은 실재하는 현실이 아니라 현실을 보기 좋게 단순화한 ‘지도 한 장’에 불과하다. 지도 위의 세상은 오차 없이 명확하게 그려져 있다. 그러나 그 이면의 ‘진짜 현실’은 예측 불가능한 인간의 감정, 수십 년간 굳어진 조직의 관성, 그리고 공식적인 지휘 체계를 비웃듯 작동하는 거미줄 같은 ‘비공식 네트워크’로 요동친다. 리더의 눈에 비친 질서는 허상이며, 그 허상에 취해서 내린 명령은 곧 재앙의 서막이 된다.

　이것이 바로 메타 착각 5다. 혁신은 강력한 리더의 비전과 의지가 뒷받침된다면 얼마든지 손으로 움켜쥘 수 있으며, 구성원의 저항은 반드시 극복해야 할 장애물일 뿐이라는 잘못된 믿음. 이런 착각은 인간 행동의 복잡성과 조직이라는 살아 있는 시스템의 본질을 무시하는 오만에서 비롯된다.

　오만이 현실의 벽에 부딪힐 때, 비극은 예기치 못한 방식으로 전개된다. 막대한 예산을 들여 도입한 시스템은 현장의 피드백을 비효율로 간주하고 배제했다. 그러나 그 대가는 혹독했다. 시스템 오류로 구급차가 도로 위에서 멈춰 섰기 때문이다. 생명을 살려야 할 기술이 오히려 생명을 위협하는 도구가 되는, 치명적인 모순이 발생한 것이다.

어떤 조직은 세계 최고 혁신 기업의 성공 모델을 그대로 이식하면 자신들도 혁신 기업이 될 것이라고 믿는다. 그러나 성공 비결이 무엇인지 자세히 들여다보려 하기보다, 팀의 명칭을 바꾸거나 사무실에 화려한 도구를 비치하는 등 눈에 보이는 형식만 흉내 낸다. 그러면서 정작 실패를 용인하지 않고 불신을 조장하는 낡은 문화는 그대로 방치한다. 그 결과, 새로운 이름표 뒤에서 자라나는 것은 냉소주의뿐이며, 혁신은 공허한 구호로 전락한다.

어떤 리더들은 역사상 유례없는 거대한 명령을 일방적으로 하달한다. 수억 명의 학생을 하루아침에 온라인으로 옮기라는 지시가 그렇다. 하지만 그들은 인간의 뇌가 디지털 복제 환경에 얼마나 격렬히 저항하는지, 통제 대상이라 믿었던 사용자들이 얼마나 창의적으로 그 질서를 파괴할 수 있는지 간과했다. 결국 '줌 피로'라는 인지적 반란과 '줌 폭격'이라는 무정부적 저항 앞에서, 그 거대한 계획은 속수무책으로 붕괴했다.

또 다른 곳에서는 실패할 것이 예견되는 프로젝트가 멈추지 않고 파국을 향해 폭주한다. 이미 투입된 막대한 비용, 정치적 압박, 그리고 오류를 인정하지 않으려는 리더의 아집이 뒤엉킨 탓이다. 모두가 추락하는 엘리베이터 안에 있음을 직감하면서도 끝내 내리지 못하는 형국이다. 그 대가는 수만 명의 노동자에게 전달된 '0달러짜리 급여 명세서'라는 잔혹한 청구서였다.

산업계의 거인은 '산업 인터넷'이라는 새로운 질서를 선포하며 세상이 자신을 따를 것이라 확신했다. 하지만 그 위대한 플랫폼은 고객의 현실적인 문제, 즉 보안 우려와 비용 부담, 무엇보다 "왜 당신을 믿어야 하는가?"라는 근본적 질문에 침묵했다. 결국 거인의 호령은 시장의 냉담한 외면 속에서 공허한 독백으로 사라져버렸다.

이 모든 실패의 현장에서 리더들은 약속이나 한 듯 같은 변명을 되풀이한다. "구성원들이 변화에 저항했다." 그들은 저항을, 변화를 가로막는 비합리적이고 이기적인 장애물로 규정하고, 이를 권력으로 '극복'하거나 제거해야 할 대상으로 간주한다. 하지만 이는 냉철한 진단이 아니다. 그저 책임을 피하기 위한 비겁한 변명에 불과하다.

저항은 '문제'가 아니다. 저항은 '증상'이다. 조직 어딘가에 심각한 결함이 있음을 알리는 면역 반응이자, 리더의 이상적인 계획과 조직의 냉혹한 현실 사이에 존재하는 위험한 격차를 경고하는 가장 정확한 데이터다.

현장의 저항은 단순한 불평이 아니다. 그것은 "이 기술은 현실에서 작동하지 않습니다"라는 기술적 피드백이고, "우리는 당신이 말하는 가치를 신뢰하지 않습니다"라는 문화적 피드백이며, "당신의 계획은 우리를 번아웃시키고 있습니다"라는 정서적 피드백이다. 현명한 리더는 이 뼈아픈 메시지를 겸허히 수용하고, 한때 철석같이 믿었던 자신의 지도를 수정한다. 반면 오만한 리더는 이 모든 반론을 소음으로 치부하고 묵살함으로써, 스스로 파국을 재촉한다.

메타 착각 5에서 우리는 이 거대한 착각이 빚어낸 참혹한 재난 현장들을 목격할 것이다. 이는 결코 실패한 리더들의 무능과 무책임을 조롱하기 위함이 아니다. 혁신과 리더십의 본질을 꿰뚫는 가장 근원적인 질문을 던지기 위해서다.

첫째, 우리는 언제까지 구성원의 '저항'을 뚫고 나가야 할 장애물로만 치부할 것인가? 만약 그 저항이, 리더의 계획이 현실의 암초와 충돌하기 직전 선체 밑바닥에서 울려 퍼지는 최후의 파열음이라면 어떻게 할 것인가?

둘째, 승자의 껍데기만 흉내 내는 저 공허한 의식은 왜 되풀이되는가? 신뢰와 자율성이라는 보이지 않는 엔진을 구축하는 고단한 여정 대신, 왜 리더들은 팀의 이름표를 갈아 끼우고 벽에 구호를 붙이는 손쉬운 과시에 탐닉하는가?

셋째, 리더의 책상 위에서는 그토록 완벽해 보이던 계획이, 현장 사람들에게 감당하기 힘든 인지적·감정적·재정적 청구서를 들이밀 때, 우리는 그것을 '혁신을 위한 불가피한 성장통'이라 부를 것인가, 아니면 '리더십이 휘두르는 폭력'이라고 명명할 것인가?

넷째, 모두가 파국을 예감하면서도 멈추지 못하고 질주하는 프로젝트의 미스터리는 무엇인가? 리더를 포함한 조직 전체, 잘못된 결정의 늪으로 계속 끌어들이는 저 거대한 '심리적 관성'의 실체는 도대체 무엇인가?

마지막으로, 거인이 자신의 위대함을 선포하면 세상이 순응하리라는 착각은 어디서 비롯되는가? 리더의 비전은 어째서 조직을 구원하는 '횃불'이 되지 못하고, 도리어 조직을 새카맣게 태워버리는 '방화放火'로 변질되는가?

이제 횃불과 채찍만으로는 결코 길들지 않는, '혁신'이라는 이름의 야수가 어떻게 오만한 리더를 집어삼키는지, 그 생생한 기록을 목격할 시간이다.

    혁신은 왜 실패하는가

21장

새 배차 시스템이 낳은 악몽

::

런던의 구급차는 왜 멈췄는가?

런던의 심장을 멎게 한 시스템

1992년 10월 26일 새벽 짙은 안개가 런던을 감싸던 시각, 한 가정의 다급한 목소리가 런던 구급 서비스London Ambulance Service, LAS 지휘 본부로 파고들었다. 심장마비로 쓰러진 아버지를 살려달라는 필사적인 구조 요청이었다. 전화는 연결되었지만, 상황은 절망적이었다.

전화를 받은 베테랑 접수 요원의 눈앞에 펼쳐진 것은 최첨단 기술이 약속했던 명료함이 아니었다. 이해할 수 없는 오류 메시지가 폭포수처럼 쏟아졌고, 화면은 그대로 얼어붙어버렸다. "도와주세요, 아버지가 숨을 쉬지 않아요!" 수화기 너머의 절규에 요원은 "최선을 다하고 있습니다"라고 답할 수밖에 없었다. 하지만 정작 그는 방금 자신이 입력한 환자의 정보가 시스템에 제대로 기록되었는지조차 확신할 수 없는 무기력한 상태였다.

같은 시각, 지휘 본부는 이미 통제 불능의 혼돈 속으로 깊이 빠져들고 있었다. 런던의 응급의료 체계를 구원할 '디지털 영웅'으로 기대를 모았던 LASCADLondon Ambulance Service Computer Aided Dispatch는, 가동한 지 몇 시간 만에 조직 전체를 마비시키는 재앙의 진원지가 되고 말았다.

어떤 긴급 호출은 시스템에서 증발해버렸고, 또 다른 호출은 중복 접수되어 경미한 사고 현장에 구급차 여러 대가 몰려가는, 웃지 못할 비극적인 촌극이 연출되었다. 거리의 구급대원들은 깊은 절망에 빠졌다. 그들의 모바일 데이터 단말기Mobile Data Terminal, MDT는 침묵하거나, 이미 다른 구급차가 도착한 현장으로 뒤늦게 가라는 엉뚱한 지시만 내렸다. 한 뇌졸중 환자는 신고 후 11시간을 기다리다 못해 스스로 병원을 찾아갔다. 또 다른 구급대는 현장에 도착해서야 환자가 이미 사망해 장의사가 이송해갔다는 참담한 사실을 마주했다.

이날 하루, 그리고 다음 날까지 이어진 36시간의 아비규환 속에서 런던의 응급 의료 시스템은 사실상 붕괴했다. 언론과 공식 보고서는 이 시스템 실패로 최소 20명에서 30명의 환자가 제때 치료받지 못해 사망했을 가능성을 제기했다. 생명을 구하기 위해 도입된 기술이 도리어 생명을 앗아간 참담한 역설이었다.

이러한 비극은 단순히 소프트웨어 오류나 기술적 결함 탓이 아니었다. 혁신이라는 미명 아래 자행된 리더십의 오만, 그리고 현장의 목소리를 '저항'으로 치부해 묵살한 결과가 얼마나 치명적인지 보여주는 뼈아픈 증거였다.

도대체 무엇이 문제였을까? 가장 이성적이고 효율적이어야 할 시스템이, 어째서 이토록 비이성적인 대혼란을 초래했단 말인가.

이 질문의 답을 찾으려면 시계를 거꾸로 돌려야 한다. 그리고 이토록

혁신은 왜 실패하는가

'완벽한 시스템'을 탄생시킨 결정적 배경, 즉 리더십이 빚어낸 '착시 현상'을 정면으로 마주해야 한다.

'완벽한 통제'라는 오만

LASCAD 참사가 벌어지기 전, LAS는 이미 벼랑 끝에 서 있었다. 유럽 최대 규모의 응급 의료 조직이라는 화려한 명성과 달리, 그 내부는 심각한 운영 난맥상으로 곪아 터지기 직전이었다.

구급차 배차를 비롯한 모든 핵심 업무는 철저히 아날로그 방식이었다. 시스템이 아닌 베테랑 접수 요원의 '직관'과 '경험'에 의존했고, 오가는 생명과 직결된 정보들은 종이와 연필로 기록되었다. 물론 이 방식에도 나름의 유연성은 있었다. 하지만 빈번한 배차 지연과 비효율적인 자원 운영은 피할 수 없는 고질병이었다.

무엇보다 결정적인 타격은 정부가 제시한 새로운 기준이었다. '응급 호출 3분 내 출발', '위급 환자의 경우 8분 이내 현장 도착률 75퍼센트 달성'이라는 목표는 기존의 낡은 방식으로 도저히 이룰 수 없었다. 1989년의 파괴적인 파업이 할퀴고 간 상처가 채 아물기도 전에 LAS는 감당하기 힘든 정치적·사회적 압박에 시달리고 있었다.

이런 '압력솥' 같은 위기 상황에서 LAS 경영진은 문제의 원인을 한 치의 망설임도 없이 지목했다. 바로 '인간'이었다. 그들 눈에는 접수 요원들의 개별적인 판단, 부정확한 기억, 예측 불가능한 행동이 시스템의 효율을 갉아먹는 암적인 존재일 뿐이었다.

현장의 숙련된 경험이나 암묵적 지식은 통제 불가능한 변수이자 제거해야 할 비효율의 근원으로 치부되었다. 따라서 처방은 명쾌했다. 인간의 불완전한 판단을 시스템에서 도려내고, 그 자리를 데이터와 알고리즘이 지배하는 완벽한 중앙 통제 시스템으로 채우는 것이었다.

이것이 LASCAD의 탄생 배경이었다. LASCAD는 단순히 낡은 시스템의 개선이 아니었다. 현장의 유기적이고 적응력 있는 인간 지능을 기계의 경직된 논리로 대체하려는 거대한 실험이었다. 자동 차량 위치 추적 시스템Automatic Vehicle Location System, AVLS으로 구급차를 초 단위로 감시하고, 모바일 데이터 단말기MDT로 인간적인 소통을 제거하며, 알고리즘이 배차를 '명령'하는 구조. 이 야심 찬 비전의 뿌리에는 인간의 실수를 원천 봉쇄하면 완벽한 효율성을 달성할 수 있다는 기술 만능주의적 맹신이 깊이 박혀 있었다.

경영진의 기술 도입 방식은 정치적 생존 본능에서 비롯되었다. 대외적으로 혁신 의지와 실행력을 과시해야 했던 그들에게 점진적 개선은 소극적인 태도로, '빅뱅' 방식의 전면적 전환은 강력한 리더십으로 인식되었다. LASCAD는 내외부의 압박을 일거에 해소할 정치적 도구였다.

본질적으로 그들은 '유기적 개선'이 아닌 '기계적 통제'를 지향했다. 현장의 맥락과 인간적 요소를 배제하고 기술을 통한 하향식 관리를 시도한 것이다.

그러나 이는 조직의 본질을 오판한 결과였다. 인간을 통제 가능한 데이터로 환원하려던 시도는 실패로 돌아갔다. 특히 그들이 비효율로 간주해 제거한 '인간의 유연성'은 사실 위기 상황에서 조직을 지탱하는 핵심적인 '회복 탄력성'이었다. 통제를 강화하려던 시도는 결과적으로 통제 불능 상태를 초래했다.

예고된 재앙의 조각들

LASCAD의 붕괴는 결코 갑작스러운 사고가 아니었다. 그것은 프로젝트 초기부터 요란하게 울려 퍼지던 경고음을 의도적으로 묵살한 결과이자, 명백히 '예고된 재앙'이었다.

리더들이 자신이 세운 계획에 매몰되어 확증 편향의 늪에 빠져 있는 동안, 실패의 조각들은 하나둘 맞춰지며 비극이라는 거대한 모자이크를 완성해가고 있었다. 첫 번째 파열음은 프로젝트의 첫 단추, 즉 공급업체 선정 과정에서부터 터져나왔다.

LAS 경영진은 품질이나 경험보다 '가격'을 우선시하는 치명적 실수를 저질렀다. 그들은 구급차 배차 시스템 개발 경험이 전무한 소규모 업체를 파트너로 낙점했다. 경쟁사 대비 절반에도 못 미치는 저렴한 가격은 매력적이었지만, 경영진은 그 낮은 가격 뒤에 숨겨진 리스크를 파고들지 않았다. 심지어 해당 업체에 대한 부정적인 평판조차 애써 무시하며 계약을 강행했다. 더 큰 문제는 이 중차대한 결정을 내린 조달위원회조차 애초에 최소한의 기술적 전문성도 갖추지 못한 상태였다는 점이다. 이는 프로젝트를 시작하기도 전에, 모든 런던 시민을 위험의 구렁텅이로 밀어 넣은 것이나 다름없는 무책임한 처사였다.

두 번째 문제는 물리적으로 불가능한 개발 일정이었다. 경영진은 고도화된 시스템 구축을 1년 미만이라는 단기간에 완수할 것을 요구했다. 이는 타협 불가능한 명령이었고, 역량이 부족했던 개발사는 시간에 쫓겨 부실한 시스템을 양산했다.

가장 치명적인 경고음은 현장에서 울렸다. LASCAD 프로젝트는 시스템을 매일 써야 할 응급 접수 요원과 구급대원의 목소리를 철저히 배제했다. 공식 보고서는 당시 프로젝트가 '불신과 방해 분위기' 속에서 진행되었으며, 현장의 합리적인 우려가 '쓸데없는 저항'으로 취급되어 무시되었음을 명시하고 있다. 그 결과, 불필요하게 복잡하고 비직관적인 사용자 화면UI이 만들어지고 말았다. 일분일초를 다투는 응급 상황의 현실을 전혀 고려하지 않은 것이다. 평소에도 잘못 입력한 값을 고치기 쉽지 않았으니, 극한의 스트레스 상황에서는 재앙을 불러올 것이 뻔했다.

심지어 시스템은 공식적으로 가동되기 훨씬 전부터 명백한 실패 징후들을 드러냈다. 1992년 3월, 도입을 7개월 앞둔 시점에서 테스트 중에 심각한 오류가 발생한 것이다. 전국공무원노조NUPE는 조사를 요구했고 외부 전문가들도 결함을 경고했지만, 모든 경고는 무시되었다. 당시 장관과 경영진은 이것을 기술 문제가 아니라 직원들의 '변화에 대한 저항' 때문이라고 주장했다.

이것이 비극의 핵심이다. 리더들은 자기 계획이 완벽하다고 확신했다. 그들에게 문제는 계획이 아니라, 그것을 따르지 않는 '사람들'이었다. 이런 확증 편향은 그들의 눈과 귀를 가렸다. 비전을 지지하는 말만 듣고, 반대되는 모든 데이터와 목소리는 '극복해야 할 저항'이라는 틀에 가두어버렸다. 그들은 저항을 누르고 밀어붙이는 것이 '강한 리더십'이라고 착각했다. 하지만 그들이 무시한 것은 단순한 불평이 아니라, 빙산에 부딪히기 직전 배 밑바닥에서 울려퍼지는 파열음이었다.

시스템 오류로 인한 대혼란

1992년 10월 26일 새벽, LASCAD 시스템이 마침내 런던 전역에서 가동을 시작했다. 그러자 수면 아래 억눌려 있던 문제들이 동시다발적으

혁신은 왜 실패하는가

로 폭발했다. 연쇄적인 오류는 런던의 의료 시스템을 붕괴 직전으로 몰고 갔다.

이 혼란의 내막을 들여다보면 진실은 경영진의 판단과 달랐다. 그들이 '직원들의 조직적 저항'으로 치부했던 행동들은, 실상 시스템이 뚫어놓은 거대한 구멍을 온몸으로 막아내려던 현장의 필사적인 사투였다. 기술적 붕괴의 서막은 코드 깊숙한 곳의 작은 결함에서 열렸다. 바로 '메모리 누수'였다. 시스템은 처리 완료된 호출 데이터를 삭제하지 않고 서버에 계속 쌓아두는 치명적인 오류를 안고 있었다. 데이터 쓰레기가 서버를 가득 채우자 시스템은 느려졌고, 마침내 멈춰 섰다.

자동 차량 위치 추적 시스템AVLS은 구급차를 놓쳤다. 지도 위에는 실재하지 않는 '유령 구급차'들이 출몰했고, 시스템은 이 허구의 데이터를 근거로 엉뚱한 배차 명령을 쏟아냈다. 접수 요원의 모니터는 시스템이 토해내는 수많은 오류 메시지로 뒤덮였다. 끊임없이 올라오는 에러 로그가 화면을 밀어 올리는 바람에, 정작 새로 접수된 위급한 구조 요청은 화면 밖으로 밀려나 사라져버렸다. 누구도 볼 수 없는 사각지대로.

이런 기술적 대혼란 속에서 현장 직원들이 보여준 반응은, 지극히 합리적이고 전문적인 판단의 발로였다.

첫째, 구급대원들은 눈앞의 단말기MDT가 엉터리 정보를 쏟아낸다는 사실을 즉시 간파했다. 그들은 신뢰할 수 없는 디지털 도구를 버리고, 원시적이지만 확실한 수단인 음성 무전기를 선택했다. 그로 인해 통신망 과부하와 지연이 발생했지만, 경영진이 '시스템 불복종'이라 낙인찍은 이 행위는 현장 대원들에게 환자를 살리기 위한 유일한 선택지였다.

둘째, 그들은 시스템의 명백한 오류를 의도적으로 거부했다. 시스템이 엉뚱한 차량을 지목할 때, 현장 상황을 꿰뚫고 있는 대원들은 더 적합한 차량을 투입했다. 이는 '명령 불복'이 아니었다. 잘못된 정보에 기반한 기계의 오판을 바로잡으려는 인간 전문가의 치열한 '보정 행위'였다.

셋째, 지휘 본부 요원들은 멈춰 선 화면 앞에서 주저앉지 않았다. 그들은 즉시 펜과 종이를 꺼내 수기로 긴급 호출을 기록했다.

하지만 비극은 엉뚱한 곳에서 터졌다. 시스템 도입과 함께 단행된 관제실 재배치로 인해, 과거처럼 머리를 맞대고 문제를 해결하던 동료들과 물리적으로 격리된 것이다. 위기 상황에서 빛을 발하던 효과적인 비공식 협업 네트워크마저 단절되고 말았다.

이 모든 상황을 종합해보면, 경영진의 인식이 현실과 얼마나 철저히 괴리되어 있었는지 명백해진다. 보고서에 따르면, LAS 경영진은 시스템 오픈 후 발생한 모든 혼란을 일부 구급 대원들의 '고의적 오용' 탓으로 돌렸다. 그들은 현장의 필사적인 반응을 '조직적 저항'이자 '방해 공작'으로 규정하고 비난했다.

하지만 진실은 정반대였다. 직원들의 저항은 문제의 원인이 아니라, 심각한 병리 현상을 알리는 '증상'이었다. 현명한 리더였다면 진통제 몇 알로 증상을 일시적으로 완화하기보다는, 질병의 근본 원인을 찾아 도려냈을 것이다.

직원들의 행동은 시스템이 현실과 얼마나 동떨어져 있는지 보여주는 가장 귀중하고 생생한 데이터였다. 그러나 LASCAD의 리더들은 이 중요한 신호를 해독解讀할 능력이 없었다. 그들은 시스템을 통제하려 했을 뿐, 그 안의 사람과 현실을 이해하지 못했다. 결국 그들이 '극복'하고자 했던 대상은 직원들의 저항이 아니라, 자신들의 계획이 처음부터 틀렸다는 불편한 진실이었다.

　　　　　　　　　　　　　혁신은 왜 실패하는가

'극복'이 아니라 '경청'이 답이다

LASCAD 사례는 리더의 의지만으로는 혁신을 담보할 수 없음을 시사한다. 강한 리더가 저항을 이겨내고 변화를 이끈다는 신화는, 조직이라는 복잡한 시스템의 본질을 무시하는 위험한 환상일 뿐이다. LASCAD의 실패는 이 환상이 어떻게 수십 명의 생명을 위협하는 재앙이 될 수 있는지 보여준다.

조직 변화 관리 관점에서 보면 원인은 더 분명해진다. 쿠르트 레빈Kurt Lewin의 모델에 따르면, 성공적인 변화는 굳어진 관성을 녹이는 '해빙Unfreezing', 새로운 방향으로 가는 '변화Changing', 그리고 그것을 굳히는 '재동결Refreezing'의 3단계를 거쳐야 한다. LASCAD의 가장 큰 실수는 첫 단계인 '해빙'을 무시한 점이다.

경영진은 효율성을 내세웠지만, "우리의 경험이 생명을 구한다", "기계보다 동료를 믿는다"는 직원들의 신념을 녹이려는 노력은 하지 않았다. 시스템이 전문성을 위협하는 것이 아니라 돕는 도구라는 설득도, 심리적 안전감도 없었다. 결국 꽁꽁 얼어붙은 문화는 변화를 거부했고, 이는 첫 단추를 잘못 끼운 필연적인 실패였다.

하버드 경영대학원의 존 코터John Kotter 교수는 성공적인 변화를 이끌기 위한 8단계 프로세스를 제시한다. 위기감을 조성하고, 강력한 연합 세력을 구축하며, 명확한 비전을 공유하는 등 조직이 변화에 성공하기 위해 밟아야 할 체계적인 과정이다. 코터는 이 단계들을 건너뛸 때 변화는 실패로 귀결된다고 경고한다.

이 모델에 비춰볼 때 LAS의 실패는 너무나 전형적이었다. 그들은 직원들에게 변화의 '시급성'을 설득하는 데 실패했고(1단계), 현장 리더들과 강력한 '변화 추진 연합'을 구축하기는커녕 그들을 적으로 돌렸으며 (2단계), 모두가 공감할 '비전'을 공유하지도 못했다(3단계). 심지어 변화의 장애물을 제거해야 할 리더십이(5단계), 도리어 스스로 가장 큰 장애물이 되고 말았다.

그렇다면 대안은 무엇이었을까? 놀랍게도 그 해답은 LASCAD의 폐허 속에서 다시 태어난 후속 프로젝트, LASCAD 1996에 있었다. 1992년 대참사 이후 새롭게 구성된 경영진은 과거와 근본적으로 다른 접근법을 택했고, 프로젝트를 성공으로 이끌었다. 이는 1992년의 실패가 무엇을 놓쳤는지 보여주는 완벽한 반면교사였다.

LASCAD 1996의 성공이 전하는 메시지는 명료하다. 진정한 리더십은 계획을 강요하는 권력이 아니라, 현장의 목소리를 경청하고 그 지혜를 시스템에 녹여내는 능력에서 나온다. 그들은 시간에 쫓기지 않고 내부에서 시스템을 직접 개발했으며, 프로토타입을 통해 사용자를 개발 과정의 핵심 파트너로 격상시켰다. 무엇보다 결정적인 차이는 기술의 역할에 대한 재정의였다. 그들은 기술로 인간을 대체하려 하지 않았다. 대신 인간의 판단을 '지원'하는 보조 도구로 설계했다. 심지어 직원들에게 새로운 기능 도입에 대한 거부권까지 부여하며 신뢰를 쌓았다. 그 결과, LASCAD 1996은 현장에 성공적으로 안착했고, 런던의 응급 의료 서비스는 마침내 안정을 되찾았다.

디지털 전환과 AI가 산업의 화두가 된 오늘날, LASCAD의 이야기는 그 어느 때보다 묵직한 울림을 준다. 여전히 많은 리더가 '저항'을 부정적으로 인식하며, 구성원의 우려를 변화를 가로막는 장애물로 치부한다. 하지만 기억하라. 구성원의 저항은 찍어 눌러야 할 대상이 아니다. 그것은 리더의 이상적인 계획과 조직의 냉혹한 현실 사이에 존재하는 위험

| 표 21-1 | 리더십의 두 얼굴: LASCAD 1992 vs. LASCAD 1996

변화의 원칙	실패한 리더십: LASCAD 1992	성공한 리더십: LASCAD 1996
변화의 동력	외부 압력과 지표 달성을 위한 '지시와 통제'	현장 문제 해결을 위한 '참여와 협력'
사용자와의 관계	사용자를 '극복해야 할 저항 세력'으로 여기고 의견을 묵살	사용자를 '핵심 파트너'로 존중하며, 설계 과정에 적극 참여시키고 거부권 부여
기술의 역할	인간을 '대체'하는 도구	인간의 의사결정을 '지원'하고 역량을 강화할 수 있게 해주는 도구
도입 방식	모든 것을 한 번에 바꾸려는 '빅뱅' 방식	작게 시작해 검증하고 개선하는 점진적·반복적 방식
실패에 대한 태도	문제를 '은폐하고 남 탓'으로 돌림(행동의 문제 등).	문제를 '학습과 개선 기회'로 삼아 시스템을 발전시킴.

한 격차를 경고하는 가장 정확한 데이터다.

진정한 리더십은 데이터를 겸허히 수용하고, 계획을 기꺼이 수정하며, 기술과 사람이 공존할 길을 찾는 지혜와 용기에서 발현된다. 기술은 사람을 위한 도구일 뿐, 사람이 기술을 섬겨서는 안 된다. 이 근본 원칙을 망각하는 순간, 런던의 구급차를 멈춰 세웠던 비극은 언제 어디서든 다른 이름으로 재현될 수 있다.

Q1. 시스템을 통해 사용자를 '통제'하려 하는가, 아니면 그들의 판단을 '지원'하려 하는가?

1992년 LAS 경영진은 구급대원들을 신뢰하지 않았다. 그들은 자동화 시스템을 도입해 대원들의 위치를 감시하고, 기계가 지정한 명령에 무조건 따르게 함으로써 효율성을 높이려 했다. 이는 구급대원들을 사고하고 판단하는 주체가 아니라, 시스템의 말단 부속품으로 전락시키려는 시도였다. 반면, 기술을 '도구'로 정의한 1996년의 프로젝트는 성공을 거두었다. 이 프로젝트에서는 현장의 인간이 복잡한 런던의 도로 상황과 환자의 상태를 가장 잘 안다고 인정했다. 그리고 시스템은 현장 직원들이 더 빠르고 정확하게 판단할 수 있도록 정보를 제공하는 역할에 머물렀다. 통제가 아닌 '지원Support'을 기술의 역할로 규정하자, 시스템은 비로소 인간의 동료가 될 수 있었다.

⚙ **시스템이 제시하는 결괏값**(데이터, 추천 경로 등)**이 사용자의 직관이나 경험과 충돌할 때, 누구에게 최종 결정권이 있는가?**

진단 포인트　만약 알고리즘이 내린 결정을 거부하거나 수정할 수 있는 권한이 사용자에게 부여되어 있지 않다면, 이는 위험 신호다. 현실의 복잡성은 언제나 알고리즘의 예측 범위를 벗어날 수 있음을 인정하고, 인간의 개입Human-in-the-loop을 허용해야 한다.

✪ **시스템이 멈추거나 오류를 일으켰을 때, 업무를 지속할 수 있는 아날로그적 대안(수동 모드)이 준비되어 있는가?**

진단 포인트 "이 시스템은 절대 멈추지 않는다"라는 가정은 위험하다. 최악의 상황에서도 종이와 펜, 무전기만으로 핵심 업무를 수행할 수 있는 '비상 프로토콜'이 마련되어 있는지, 그리고 직원들이 유사시에 즉시 태세를 전환할 수 있도록 충분히 훈련되어 있는지 확인해야 한다.

Q2. 단숨에 성과를 내려는 '빅뱅' 방식의 유혹에 빠져 있는가, 아니면 냉정한 검증을 통해 '점진적'으로 내실을 다져나가는 방식을 지향하는가?

1992년 LAS는 낡은 시스템을 하루아침에 셧다운하고, 검증되지 않은 새 시스템을 전면 가동하는 '빅뱅' 방식을 택했다. 이는 마치 달리던 기차의 엔진을 멈추지 않고 교체하려는 것과 같은 무모함이었다. 작은 오류 하나가 전체 시스템의 붕괴로 이어지는 연쇄 반응을 막을 안전장치가 전무했다. 반면 1996년에는 전체를 한 번에 바꾸려는 욕심을 버렸다. 지도 시스템, 통신 모듈, 배차 알고리즘 등으로 기능을 쪼개고, 하나가 완벽하게 작동하는지 확인한 뒤에야 다음 단계로 넘어갔다. 느려 보였지만, 결과적으로 그것이 가장 빠른 길이었다.

✪ **프로젝트의 전체 일정이 기술적 완성도를 극대화하는 것을 목표로 수립되었는가, 아니면 외부의 압력(임원 인사 시기, 예산 마감일 등)에 의해 결정되었는가?**

진단 포인트 "10월 26일까지 무조건 오픈하라"는 식의 '데드라인 중심' 사고는 품질 테스트 과정을 요식 행위로 만든다. 품질 기준을 충족하지 못하면 출시를 연기할 수도 있어야 한다.

⭐ **실제 현장과 동일한 수준의 업무 부하**Work Load**를 견뎌낼 수 있는지 검증하는 '스트레스 테스트'를 충분히 수행했는가?**

진단 포인트　실험실의 통제된 환경에서 100건의 데이터를 처리하는 것과, 비 오는 날 아침 1만 건의 폭주하는 데이터를 처리하는 것은 차원이 다른 문제다. '최악의 시나리오'를 상정한 극한 테스트를 거치지 않았다면 시스템을 신뢰해서는 안 된다.

Q3. 구성원들의 반대 의견을 '저항'으로 치부하는가, 아니면 시스템의 결함을 알리는 '신호'로 받아들이는가?

LAS의 경영진은 구급대원들이 새 시스템에 대해 불만을 토로할 때마다 이를 '변화하기 싫어하는 게으른 직원들의 투정'이나 '노조의 정치적 방해'로 해석했다. 그들은 현장의 목소리에 귀를 닫음으로써, 시스템이 가진 치명적 결함(화면의 가독성 문제, 버튼 조작의 불편함 등)을 수정할 기회를 스스로 차버렸다. 직원들의 저항은 대부분 '이 시스템으로는 환자를 살릴 수 없다'는 직업적 양심과 현장 경험에서 나온 경고였다. 1996년 프로젝트는 이 경고를 소중한 자산으로 삼아, 직원들을 개발 주체로 참여시킴으로써 성공할 수 있었다.

⭐ **프로젝트 팀에 실제 사용자(현장 직원)가 포함되어 있는가? 그들은 단순히 의견을 내는 참관인에 가까운가, 아니면 결정권을 가진 협력 파트너인가?**

진단 포인트　책상 앞에 앉은 개발자가 현장의 혼돈을 제대로 이해하기란 사실상 불가능하다. 실제 사용자가 기획 단계부터 참여해 사용 편의성을 높이기 위한 의견을 제시하고, 그들의 피드백이 처음에 요구했던 방향대로 즉각적으로 반영되고 있는지 확인해야 한다.

✪ **부정적인 의견이 경영진에게 가감 없이 전달될 수 있는 심리적 안전감이 조직 내에 형성되어 있는가?**

진단 포인트　문제 있다고 보고한 사람을 '부정적인 사람'으로 낙인찍는다면, 아무도 경고등을 켜지 않을 것이다. 침묵하는 조직에서는 그 어떤 발전도 기대할 수 없다.

22장

화물 숭배의 예정된 비극

::

스포티파이 모델을 도입해도 왜 혁신은 오지 않는가?

절박함 속에 도입한 스포티파이 모델

2014년 가을, 국내 굴지의 전자제품 제조사 '옴니테크Omni-Tech'(스포티파이Spotify 모델을 맹목적으로 모방했다가 실패한 기업은 많다. 그러나 대부분 실패 사실을 공개적으로 인정하기보다 기업 내부에서 조용히 수습한다. 수많은 기업이 공통적으로 겪은 시행착오와 실패 패턴, 그리고 그것이 우리에게 들려주는 교훈을 압축적이면서도 명확히 전달하기 위해 가상의 기업 '옴니테크'를 주인공으로 설정했다)의 CEO 김지호의 집무실에는 무거운 침묵이 감돌았다. 한때 시장을 호령했던 옴니테크의 주력 제품들은 날렵한 디자인과 파격적인 사용자 경험으로 무장한 신생 경쟁사들의 파상 공세로 힘없이 밀려나고 있었다. 분기 실적 보고서는 처참했고, 주가는 연일 하락세를 면치 못했다. 이사회에서는 연일 김 대표의 리더십을 질타하는 목소리가 터져나왔다. "도대체 우리 회사는 왜 이렇게 느리고 둔한 겁니까? 저들은 일주일에 한 번씩 새로운 기능을 내놓는데, 어떻게 우리는 신제품 하나 기획하는 데 6개월이 넘게 걸려요?"

밤잠을 설치며 해법을 찾던 김 대표의 눈에 운명처럼 전 세계 경영계를 강타한 '스포티파이 엔지니어링 문화' 영상이 들어왔다. 영상 속 스포티파이의 조직 운영 방식은 그야말로 충격이었다. 위계질서 대신 자율적인 팀 '스쿼드Squad'가 있고, 부서 대신 여러 스쿼드가 모인 '트라이브Tribe'가 존재했다. 같은 직무 전문가들은 '챕터Chapter'로 연결되고, 관심사가 같은 사람들은 '길드Guild'를 통해 지식을 공유했다.

김 대표는 무릎을 쳤다. "이거다!" 관료주의와 부서 이기주의에 신음하던 옴니테크에 스포티파이 모델은 마치 약속된 땅처럼 보였다. 명확한 구조, 단순한 원칙, 그리고 무엇보다 '성공'이라는 확실한 증거까지 갖추고 있었다. 그는 즉시 고위 임원들을 소집해 선언했다. "우리도 오늘부터 스포티파이처럼 일합니다. 모든 개발 팀을 스쿼드로 재편하고, 사업부들을 트라이브로 묶으세요. 당장 실행합시다."

임원들은 안도의 한숨을 내쉬며, 길고 어두웠던 혁신의 터널을 탈출할 명쾌한 지도를 손에 넣었다고 믿었다. 그들은 이 새로운 조직 구조만 '도입'하면, 마치 최신 소프트웨어를 설치하는 것처럼 조직의 운영 체제가 업그레이드되고 혁신이 저절로 피어날 것이라고 생각했다.

이것이 바로 위기에 처한 리더가 가장 쉽게 빠져드는 '만병통치약의 착각'이다. 조직이 직면한 복잡다단한 문제를 단 하나의 정답, 즉 '구조'의 문제로 환원하고, 그 구조만 바꾸면 모든 것이 해결될 것이라는 믿음 말이다. 그들은 일단 지시를 내렸으니, 직원들이 순순히 따르고 시스템도 계획대로 작동할 것이라고 쉽게 가정한다. 하지만 이런 접근은 인간 행동의 복잡성, 조직 내 고질적인 관성, 그리고 실제 업무가 현장에서 어떻게 진행되는지 결정짓는 비공식적 체계를 간과하곤 한다.

사실 김 대표에게 스포티파이 모델 도입은 조직의 근본 문제를 해결하기 위한 깊은 고민의 산물이라기보다 혁신 기업의 '스타일'을 모방해 시장과 투자자들에게 "우리도 이렇게 진보적인 기업이다!"라고 선언하는 가장 빠르고 확실한 방법이었다. 그는 스포티파이라는 이름이 주는 후광에 기꺼이 돈을 지불했고, 그 달콤한 유혹에 빠져들었다.

옴니테크의 '화물 숭배'

김지호 대표의 주도하에 옴니테크의 '애자일 전환'은 일사천리로 진행되었다. 개발 1팀은 '아폴로 스쿼드'로, 마케팅부는 '마케팅 트라이브'로 이름이 바뀌었다. 사무실 곳곳에 간반看板 보드가 설치되고, 매일 아침 15분짜리 스탠드업 미팅이 의무화되었다. 김 대표는 마치 혁신의 전도사가 된 듯 의기양양했다.

하지만 몇 달이 지나도 기대했던 변화는 일어나지 않았다. 오히려 혼란만 가중되었다. 이런 옴니테크의 시도는 '화물 숭배Cargo Cult'라는 인류학적 현상과 놀라울 정도로 닮아 있다. 제2차 세계대전 당시 남태평양 멜라네시아섬 원주민들은 미군이 비행기로 실어 나르는 엄청난 물자, 즉 '화물'을 처음 목격했다. 전쟁이 끝나고 미군이 떠나자 화물 공급도 끊겼다. 원주민들은 화물이 다시 돌아오기를 기원하며 미군의 행동을 그대로 따라 했다. 나무로 비행기를 만들고, 활주로를 닦고, 관제탑을 짓고, 헤드폰을 쓴 채 앉아 있었다. 그들은 미군이 했던 '의식'을 똑같이 재현하면, 신비로운 화물이 다시 하늘에서 내려올 것이라고 믿었다.

옴니테크가 스포티파이 모델을 도입한 방식이 바로 이와 같았다. 그

　　　　　　　　　　　　　　　　　혁신은 왜 실패하는가

들은 스포티파이가 성공한 '결과물'인 조직 구조를 열심히 모방했지만, 그 구조를 가능하게 한 '원리'를 이해하지 못했다. 팀 이름을 스쿼드로 바꾸고, 부서를 트라이브로 재편하며, 정기적으로 스탠드업 미팅을 여는 등 눈에 보이는 의식을 충실히 따랐다. 하지만 이것은 화물 숭배자들이 나무 비행기를 만드는 것과 본질적으로 다르지 않은, 이른바 '애자일 연극Agile Theater'에 불과했다(애자일은 소프트웨어 개발 방법론 중 하나다. 변화에 유연하게 대응하기 위해, 팀 구성원들의 자율성을 존중하고 고객의 피드백을 수시로 청취하는 것을 특징으로 한다. 애자일 연극이란 애자일 방식을 도입한 시늉만 하고, 실제로는 기존의 위계적이고 경직된 구조를 유지하는 모습을 비판할 때 사용하는 표현이다).

이런 피상적 모방이 왜 실패할 수밖에 없는지 이해하기 위해, 우리는 조직 문화 연구 대가인 MIT의 에드거 샤인Edgar Schein 교수의 통찰을 빌릴 필요가 있다. 샤인은 조직 문화를 세 가지 수준으로 나누어 설명한다.

첫째, 가장 바깥층에 있는 것은 '인공물Artifacts'이다. 눈에 보이는 모든 것, 즉 조직도, 사무실 구조, 사용하는 용어, 복장 등이 여기에 해당한다. 스쿼드, 트라이브와 같은 명칭이나 간반 보드와 같은 도구들이 바로 인공물이다. 옴니테크는 이 수준을 복제하는 데 아주 능숙했다. 조직도를 바꾸고 팀 이름을 갈아 끼우는 것은 비교적 쉽기 때문이다.

둘째, 그보다 깊은 곳에 '표방하는 가치Espoused Values'가 있다. 조직이 공식적으로 내세우는 목표, 전략, 그리고 철학이다. "우리는 자율성을 존중한다", "수평적으로 소통한다", "실패를 두려워하지 않는다"와 같은 구호가 여기에 속한다. 옴니테크의 회의실 벽에는 어김없이 이런 가치들이 멋진 글씨체로 붙어 있었다.

셋째, 가장 깊은 곳에는 '기본적인 가정Basic Underlying Assumptions'이

자리 잡고 있다. 이것은 조직 구성원들이 너무나 당연하게 여겨 입에 올리지도 않는, 무의식적인 믿음과 인식의 체계다. "결국 최종 결정은 사장님이 하시는 거야", "튀는 행동을 하면 불이익을 받는다", "실패는 곧 무능의 증거이며 문책을 피할 수 없다", "정보는 공유하기보다 독점하는 것이 낫다"와 같은 보이지 않는 규칙들이 바로 이것이다.

바로 여기서 옴니테크의 비극이 발생했다. '인공물'(1단계)과 '표방하는 가치'(2단계)는 그럴듯하게 흉내 냈지만, 조직의 실제 행동을 지배하는 '기본적인 가정'(3단계)은 전혀 바꾸지 못했다. 김 대표는 입으로 '자율성'을 외치면서도 여전히 사소한 것까지 보고받기를 원했고, 회사는 실패를 장려한다고 말하면서도 실패한 프로젝트 책임자의 고과를 낮게 매겼다. 샤인의 이론에 따르면, 리더의 말(표방하는 가치)과 (기본적인 가정에서 비롯된) 행동이 다를 때 직원들은 언제나 행동을 믿는다. 결국 '아폴로 스쿼드'라는 이름표를 단 팀원들은 자율적으로 도전하기보다 과거와 똑같이 상사의 눈치를 살피고 안전한 길만 택하게 된다. 새로운 이름은 낡은 문제들을 해결하기는커녕, 오히려 위선과 냉소주의만 키우는 결과를 낳았다.

더 나아가, 팀의 이름을 바꾸는 행위는 김 대표에게 진짜 문제를 외면하게 만드는 편리한 구실이 되었다. 역량이 부족하고 신뢰가 무너진 팀의 근본적인 문제를 해결하기란 실로 고단한 일이다. 막대한 정치적 부담을 감수해야 할 뿐 아니라, 물리적으로도 긴 시간을 인내해야 하는 지난한 과정이기 때문이다. 하지만 그 팀에 '스쿼드'라는 최신 유행하는 이름표를 붙여주는 것은 즉각적인 '성과'처럼 보인다. 그는 "이번 분기에 스쿼드 50개를 성공적으로 출범시켰다"라고 이사회에 보고하며 마치 혁신을 주도하는 것처럼 보일 수 있었다. 역량이 부족하고 신뢰가 무너

    혁신은 왜 실패하는가

| 표 22-1 | 화물 숭배 접근법 vs. 원칙 기반 접근법

특징	화물 숭배 접근법 (옴니테크의 방식)	원칙 기반 접근법 (진정한 변화)
초점	구조와 이름 복제 (스쿼드, 트라이브)	근본 원리 이해 (자율성, 신뢰)
리더십 스타일	하향식 지시: "그냥 해"	정원사: 환경 조성
저항에 대한 관점	힘으로 '극복'해야 할 장애물	이해해야 할 근본 문제의 '증상'
핵심 지표	도입 속도 ("'스쿼드'로 운영하고 있는가?")	시스템의 건강성 (심리적 안전감, 참여도)
바꾸려 한 것	샤인의 1단계: 인공물	샤인의 3단계: 기본적 가정
결과	애자일 연극: 혼란, 냉소, 실패	진정한 민첩성: 혁신, 학습

진 팀의 근본적인 문제를 해결하기란 실로 고단한 일이다. 막대한 정치적 부담을 감수해야 할 뿐 아니라, 물리적으로도 긴 시간을 인내해야 하는 지난한 과정이기 때문이다.

'인위적 자율성'의 역설

"오늘부터 자율적으로 일해주십시오. 모든 권한을 여러분께 위임하겠습니다."

김 대표가 이렇게 선언했을 때, 옴니테크 직원들의 마음속에는 환호보다 불안이 싹텄다. 이는 '자율성'이라는 개념을 가장 피상적으로 이해했을 때 벌어지는 '인위적 자율성'의 역설이다. 자율성은 위에서 아래로 흐르거나, 어느 날 갑자기 도입할 수 있는 가치가 아니다. 그것은 특정 조건이 갖춰졌을 때 아래로부터 저절로 피어나는 '결과'에 가깝다. 그리고 가장 핵심적인 조건이 바로 '심리적 안전감'이다.

에이미 에드먼슨 교수가 정립한 심리적 안전감이란 "아이디어나 질문, 걱정거리, 혹은 실수를 이야기했을 때 처벌받거나 굴욕당하지 않을 것이라는 믿음"을 의미한다. 즉 '솔직함에 대한 보이지 않는 허락'이다. 이것이 왜 자율성의 필수 전제조건일까?

옴니테크의 상황을 보자. 김 대표는 자율적으로 일하라고 지시했지만, 조직에는 실패를 비난하고 실수한 개인에게 책임을 묻는 문화가 팽배했다. 직원들에게 '자율성'은 '권한'이 아니라 '위험'으로 다가왔다. "이제부터 알아서 해봐. 단, 실패하면 당신이 모든 책임을 져야 해"라는 식의 협박처럼 들렸다. 이런 환경에서 자율성을 부여받은 팀은 과연 자발적으로 나서고 혁신적인 시도를 할까? 그들은 실패의 비난을 피하기 위해 오히려 더 몸을 사리고, 아무것도 하지 않는 '안전한' 선택을 할 것이다. 자율성은 혁신의 엔진이 아니라 위험 회피를 위한 동굴이 되어버린다.

자율성을 '자동차'로 비유하면, 심리적 안전감은 그 자동차가 달릴 수 있는 '도로'라고 할 수 있다. 아무리 람보르기니(자율적인 팀)와 같은 고성능 자동차를 구입해도, 잘 닦인 도로(심리적 안전감)가 없다면 앞으로 나아갈 때마다 심하게 덜컹거리거나 움푹 파인 곳에 처박히고 말 것이다.

이것은 단순히 이론에 머무는 이야기가 아니다. 스포티파이의 조직 운영 방식을 직접 경험한 전 직원들의 비판을 들어보면 문제의 핵심을 정확히 알 수 있다. 과거 스포티파이에서 제품 기획을 담당했던 한 직원은 기획자와 개발자를 연결해줄 관리자가 없다 보니 서로 소통이 겉돌고 문제가 생겨도 해결하기 어려웠다고 지적했다. 이는 팀 구성원들에

     혁신은 왜 실패하는가

게 원하는 대로 마음껏 해보라며 자율성을 줬지만, 정작 그 자율성이 잘 굴러가도록 도와줄 최소한의 규칙이나 갈등 해결 방법을 마련하지 않을 때 나타나는 전형적인 문제다.

또 다른 전문가는 이렇게 과도한 자율성이 오히려 비효율을 낳았다고 비판했다. 팀마다 너무 자유롭게 일하다 보니, 다른 팀에서 이미 해결한 문제를 또다시 해결하느라 애쓰는, 이른바 '바퀴를 재발명'하는 낭비가 심했다. 그래서 그는 모든 것을 팀 자율에 맡길 것이 아니라, 조직 전체가 공유하는 최소한의 공통 원칙을 마련해야 한다고 주장했다.

결국 이런 이야기들은 분명한 방향 제시 없이 '자율성'만 강조하면 '방임'이 되고, 모두가 우왕좌왕하는 혼란스러운 결과로 이어질 수 있음을 잘 보여준다.

더 나아가, 김 대표가 심리적 안전감을 조성하지 않은 채 '자율성'을 요구한 것은 책임을 회피하기 위한 교묘한 수단이 되기도 했다. 실패에 대한 두려움이 만연한 문화를 만든 리더가 팀에 "자율적으로 하라"고 말하는 것은, 사실상 팀을 실패의 덫으로 밀어 넣는 것과 같다. 혁신에는 본질적으로 실패 위험이 따르기 마련이다. 심리적 안전감이 없는 팀은 이런 위험을 두려워한 나머지 우물쭈물하다가 변화의 급류에 휩쓸려 익사하거나, 과감하게 도전하더라도 실패할 경우 모든 비난과 책임을 뒤집어쓴 채 고사하고 만다. 이처럼 심리적 안전감이 결여된 '자율성'은 권한 위임이 아니라 책임 위임(떠넘기기), 즉 '위험의 외주화'로 변질될 수 있다.

복제할 수 없었던 토요타 방식

옴니테크가 겪은 2010년대 소동이 마치 새로운 현상처럼 보이지만, 역사는 정확히 같은 실수가 다른 산업에서 수십 년 전에 반복되었음을 보여준다. 1980년대, 전 세계 제조업체들은 일본의 자동차 회사 토요타Toyota를 경이로운 눈으로 바라보았다. '토요타 생산 방식Toyota Production System, TPS'이라 불리는 그들의 시스템은 경이로운 수준의 품질과 효율성으로 세계 시장을 석권했고, 수많은 경쟁사는 그 비결을 배우기 위해 앞다투어 일본으로 향했다.

토요타 공장에서 그들의 눈을 사로잡은 것은 무엇이었을까? 재고를 카드 한 장으로 관리하는 '간반 시스템', 그리고 문제를 발견하면 언제든, 누구든 전체 생산 라인을 멈출 수 있는 '안돈 코드'였다. 이 모든 것이 마치 숙련된 교향악단처럼 완벽하게 움직이는 모습에 감탄한 그들은 돌아가 자신들의 공장에서 그대로 따라 했다. 간반 시스템을 도입하고 안돈 코드를 설치했으나, 결과는 처참했다. 토요타의 기적은 재현되지 않았다. 도대체 무엇이 문제였을까?

그들이 토요타의 '육체'를 복제하는 데는 성공했을지 몰라도, 그 몸에 생명을 불어넣는 '영혼'을 보지 못했기 때문이다. TPS는 두 개의 기둥 위에 서 있다. 하나는 '지속적 개선'(가이젠)이라는 눈에 잘 보이는 기둥이고, 다른 하나는 '인간 존중'이라는 잘 보이지 않는 기둥이다. 경쟁사들은 첫 번째 기둥에 매료되었으나, TPS의 진정한 힘은 두 번째 기둥에서 나왔다.

안돈 코드는 단순히 생산 라인을 멈추는 줄이 아니었다. 그것은 '인간 존중'이라는 철학이 물질적으로 구현된, 심오한 문화적 상징물이었다. 회사가 가장 말단 작업자에게 수백만 달러짜리 생산 라인 전체를 멈출 수 있는 권한을 준다는 것은 어떤 의미일까? 그것은 '우리는 일시적인 생산 중단의 손실보다 현장에서 문제를 가장 먼저 발견한 당신의 판단력을 더 신뢰한다'는 경영진의 강력한 메시지다. 그것은 실수를 처벌 대상이 아닌 개선 기회로 삼겠다는 약속이며, 모든 구성원을 문제 해결 주체로 인정하겠다는 선언이다. 이는 앞서 말한 '심리적 안전감'의 극적인 표현이다.

1980년대 서구 자동차 회사들이 '인간 존중'이라는 문화적 토양 없이 안돈 코드를 설치하려 한 시도는, 2010년대 옴니테크가 '심리적 안전감' 없이 스쿼드 조직을 도입하려 한 시도와 정확히 일치한다. 둘 다 건강한 장기를 병든 몸에 이식하려는 것과 같다. 그렇게 하면 장기는 제 기능을 하지 못하고, 몸은 거부 반응을 일으킨다.

토요타가 경쟁사들에 공장 문을 활짝 열어준 이유도 여기에 있다. 그들은 알고 있었다. 자신들의 진정한 경쟁력은 간반이나 안돈 코드처럼 누구나 쉽게 복제할 수 있는 '도구'에 있지 않다는 사실을 말이다. 그들의 진짜 힘은 수십 년에 걸쳐 구축된, 모든 직원의 '기본적인 가정' 속에 깊이 내재한 문화에 있었다. 경쟁사들은 생산 라인의 설계도는 훔쳐갈 수 있지만, 그 라인을 살아 움직이게 하는 직원들의 마음가짐과 상호 신뢰는 결코 가지고 갈 수 없었다. 토요타의 개방성은 자신들의 진정한 경쟁 우위는 모방할 수 없다는 궁극적 자신감의 표현이었던 셈이다. 이는 옴니테크와 같은 화물 숭배자들이 공통적으로 배우지 못한 교훈이다.

김 대표는 어떻게 실패를 설계했는가?

존 코터 교수는 성공적인 변화를 이끌기 위한 8단계 모델을 제시했다. 옴니테크의 김지호 대표가 이 8단계를 어떻게 체계적으로 무시하며 실패를 자초했는지 살펴보면, '그냥 해Just Do It' 스타일 리더십의 한계를 명확히 알 수 있다.

1단계: 위기감 조성 - 실패

성공적인 변화는 '이대로 하면 안 된다'는 절박한 공감대에서 시작된다. 코터는 조직 관리자의 75퍼센트 이상이 변화 필요성에 동의해야 한다고 말한다. 하지만 김 대표는 이 위기감을 혼자만 느꼈다. 그는 실적 악화와 경쟁사의 약진을 보며 밤잠을 설쳤지만, 이 절박함을 조직 전체와 공유하는 데 실패했다. 직원들에게 '애자일 전환'은 생존의 문제가 아니라, CEO가 새로 꽂힌 유행이나 단발성 프로젝트로 비칠 뿐이었다.

2단계: 강력한 추진 연대 구축 - 실패

김 대표는 자신과 뜻을 같이하는 소수의 최고 임원만으로 추진 팀을 꾸렸다. 변화의 영향을 직접적으로 받을 중간 관리자나, 비공식적이지만 현장의 여론을 주도하는 핵심 직원들은 철저히 배제되었다. 그로 인해 코터가 강조한, 다양한 부서와 직급을 아우르는 강력하고 영향력 있는 연대 구축에 실패했다. 결국 그 과정에서 소외된 이들이 변화에 가장 강력한 저항 세력으로 돌변했다.

3단계 & 4단계: 비전의 전략 수립 및 전파 - 실패

김 대표가 제시한 비전은 "스포티파이처럼 되자!"라는 구호가 전부였다. 이것은 옴니테크가 나아갈 방향을 제시하는 가슴 뛰는 비전이 아니라, 단순히 남을 모방하자는 전술에 불과했다. 왜 우리가 그들처럼 되어야 하는지, 그렇게 되면 우리 조직과 구성원들의 미래가 어떻게 나아지는지 전혀 설명하지 않았다. 소통 방식 역시 일방적인 선포에 그쳤다.

전사 이메일 한 통과 회의실 벽에 붙은 포스터가 전부였다. 구성원들의 질문과 우려에 귀 기울이는 쌍방향 대화는 존재하지 않았다.

5단계: 행동을 가로막는 장애물 제거 - 실패

코터는 변화를 위해 낡은 구조와 시스템을 제거하고 구성원들에게 권한을 부여해야 한다고 말한다. 하지만 김 대표는 장애물을 제거하기는커녕, 자기 자신이 가장 큰 장애물이 되었다. 그의 권위적이고 통제 중심적인 리더십 스타일과 실패를 용납하지 않는 태도는 구성원들의 새로운 시도를 가로막는 가장 높은 벽이었다. 심리적 안전감이 없는 환경이 변화를 가로막는 최악의 장애물이다.

6, 7, 8단계: 단기 성공 창출, 가속화, 문화 정착 - 실패

이전 단계가 모두 실패했기 때문에, 변화는 이 단계까지 이르지 못했다. 구성원들의 자발적 참여가 없으니 작더라도 의미 있는 성공 사례가 나올 리 만무하다. 성공 사례가 없으니 변화 동력은 금세 꺼지고, 가속화는커녕 흐지부지되고 만다. 결국 스쿼드 도입은 몇 년 후 '우리가 예전에 시도했다가 실패한 그 이상한 실험' 정도로만 기억되며, 조직 문화에 전혀 뿌리내리지 못하고 사라진다.

이 과정에서 김 대표가 범한 가장 치명적인 패착은 '저항'에 대한 오판이었다. 그는 직원들의 저항을 변화를 가로막는 비합리적이고 이기적인 '장애물'로 규정하고, 이를 권력으로 '극복'하거나 제거해야 할 대상으로만 여겼다. 하지만 저항은 그 자체로 해결해야 할 '문제'가 아니다. 그것은 조직 어딘가에 심각한 결함이 있음을 알리는 '증상'이다. 리더의 변화 관리 방식이 잘못되었음을 경고하는 조직 차원의 면역 반응인 것이다.

위기감도 비전도 공유되지 않은 채, 일방적인 지시와 처벌의 공포 속에서 변화를 강요당할 때 저항하는 것은 비이성적인 반항이 아니다. 그것은 지극히 합리적인 '자기방어 기제'다. 실패하는 리더는 이 중요한 피드백을 소음으로 치부해 묵살함으로써, 스스로 파국을 재촉한다.

옴니테크가 택했어야 하는 길

모든 기업이 옴니테크처럼 신기루를 좇다 길을 잃은 건 아니다. 개중에는 맹목적 모방 대신, 고통스럽지만 가치 있는 '자기화Internalization'의 길을 택한 이들도 있다.

네덜란드의 거대 은행 ING와 독일의 패션 이커머스 기업 잘란도Zalando가 그 증거다. 이들은 스포티파이 모델을 성공적으로 변용하며, 혁신의 본질이 단순한 '복제'가 아닌 '재창조'에 있음을 증명했다.

ING의 변화는 유행을 좇는 가벼운 시도가 아니었다. 디지털의 부상과 급변하는 고객 행동이라는 생존의 위협 앞에서 단행된 절박한 결단이었다. 그들에게는 변화해야 할 '이유Why'가 분명했다. 그들은 스포티파이에서 영감을 얻었으되, 은행이라는 업의 본질에 맞춰 철저히 재설계했다. 마케팅, IT, 상품 기획자를 하나의 '다기능 스쿼드'로 묶고, '엔드–투–엔드End-to-End' 원칙에 따라 고객의 문제를 끝까지 책임지게 만든 것이다.

물론 그 과정은 결코 순탄치 않았다. ING는 혁신을 위해 기존의 위계질서와 성과 평가 방식, 심지어 사무실의 물리적 벽까지 허물어야 했다. 전 직원이 제로 베이스에서 새로운 조직의 직무에 다시 지원하는 '빅

    혁신은 왜 실패하는가

리컨스트럭션Big Reconstruction'이라는 극약처방까지 단행했다.

　이 고통스러운 과정에서 두려움을 느낀 많은 직원이 회사를 떠났다. 외부 파트너와의 마찰, 부서 간의 해묵은 갈등, 그리고 낡은 사고방식은 혁신을 가로막는 거대한 장벽이었다. 하지만 중요한 것은 ING가 멈추지 않았다는 사실이다. 그들은 자신들이 도입한 모델의 한계를 직시하자마자 또다시 변화를 택했다. 자율적인 팀들이 당장 눈앞의 과업에만 매몰되어 전사적 중요도를 놓치는 부작용이 발견되자, 대규모 스크럼 프레임워크인 'LeSSLarge-Scale Scrum'를 도입해 시야를 확장했다. 이는 그들이 특정 모델을 신성시한 것이 아니라, 끊임없는 실험과 응용을 통해 조직에 최적화된 답을 찾아가는 진정한 '학습 조직'으로 거듭났음을 증명한다.

　독일의 잘란도 역시 궤를 같이한다. 조직의 급격한 비대화가 초래한 실행력 저하를 타개하기 위해, 그들은 '급진적 민첩성Radical Agility'이라는 개념을 도입했다. 이 역시 스포티파이처럼 '목적, 자율, 숙련'이라는 원칙에 뿌리를 두었지만, 철저히 자신들의 성장 맥락에 맞춰 재설계한 독자적인 모델이었다. 그들은 조직의 생애 주기에 따라 처방이 달라야 한다는 점을 간파했고, 남의 옷을 그대로 입는 식의 일률적인 적용을 경계했다.

　ING와 잘란도의 성공이 던지는 메시지는 명징하다. 진정한 민첩성이란 특정 시점에 박제된 정적인 '모델'을 이식하는 행위가 아니라, 끊임없는 성찰을 통해 환경에 적응해가는 동적인 '과정' 그 자체라는 사실이다.

　옴니테크가 민첩성을 소유해야 할 '명사What to have'로 착각할 때, 성공한 기업들은 이를 매일 실천해야 할 '동사What to do'로 정의했다. 그들에게 중요한 것은 불변의 청사진이 아니라, 그 청사진을 계속해서 수정해나가는 능력과 의지였다. 결국 그들이 뼈아픈 노력 끝에 얻은 교훈은 '과정이 곧 결과'라는 진리였다.

조직에 맞는 고유한 리듬을 찾아서

옴니테크의 사례가 증명하듯이, 팀의 간판을 스쿼드로 바꿔 달고 벽에 간반 보드를 붙인다고 해서 조직의 일하는 방식이 저절로 변하는 것은 아니다.

지난 10년간 스포티파이 모델을 둘러싼 열풍과 수많은 실패는 우리에게 하나의 명백한 진실을 가르친다. 타사의 혁신 방정식은 결코 우리 조직에 그대로 이식될 수 없으며, 문화는 결코 외부에서 '수입'할 수 있는 대상이 아니라는 사실이다.

옴니테크의 시도는 첫 단추인 '질문'부터 잘못되었다. "어떻게 하면 우리도 스포티파이처럼 될 수 있을까?"는 올바른 질문이 아니다. 그 질문은 우리를 '화물 숭배'라는 맹목적 모방의 길로 인도할 뿐이다. 우리가 마주해야 할 진짜 질문은 이것이다. "우리는 누구인가? 우리 조직 고유의 강점과 약점은 무엇인가? 우리는 고객에게 어떤 본질적 가치를 제공하기 위해 존재하는가? 그리고 그 가치를 실현하기 위한, 우리에게 가장 적합한 최적의 방식은 과연 무엇인가?"

이 질문에 대한 답을 찾는 과정이야말로 진정한 혁신의 출발점이다. 물론 이 여정은 타사의 성공 모델을 단순히 복제하는 것보다 훨씬 고통스럽고 더딘, 지난한 과정일 것이다. 하지만 우리 조직의 현실을 깊이 이해하고 우리만의 해답을 치열하게 찾아가는 과정에서, 비로소 누구도 쉽게 모방할 수 없는 독보적인 경쟁력이 싹튼다.

리더의 역할도 재정의되어야 한다. 리더는 작전실에서 명령을 내리는 사령관이 아니다. 리더는 밭을 가는 정원사에 가깝다. 그의 진짜 임무는 혁신이 자랄 수 있는 토양, 즉 문화를 일구는 것이다. 명확한 비전이라는 햇빛을 비추고, 충분한 자원과 교육이라는 영양분을 공급하며, 권위주의와 허례허식, 불신이라는 잡초를 수시로 뽑아주는 것이 리더의 역할이다. 이처럼 비옥하게 조성된 토양에서는 일일이 지시하고 감시하지 않아도, 혁신의 씨앗이 저절로 싹을 틔우고 열매를 맺는다.

스포티파이가 우리에게 주는 진정한 교훈은 그들의 '조직도'가 아니라, 그 조직도를 가능케 했던 '신뢰와 자율성'이라는 정신이다. 토요타가 우리에게 남긴 유산은 안돈 코드가 아니라, 그 줄을 당길 수 있는 용기를 북돋워준 '인간 존중'의 철학이다.

타사의 성공 모델을 맹목적으로 추종하는 것의 가장 큰 위험은 '실패'가 아니다. 진짜 위험은 우리 자신에게 더 잘 맞는, 우리만의 더 나은 방식을 찾을 기회 자체를 박탈당한다는 점이다. 지름길을 찾으려는 조급함이 오히려 우리가 진짜 가야 할 길을 보지 못하게 눈을 가린다.

이제 스포티파이라는 이름은 잊어도 좋다. 중요한 것은 우리 조직이 가진 고유한 문제를 찾아, 우리만의 고유한 리듬으로 혁신을 시작하는 것이다. 이 여정은 리더십의 근본적인 변화와 구성원들의 주체적인 참여가 동반될 때 비로소 가능하다.

Q1. 남의 성공을 흉내 내고 있는가, 아니면 그 성공을 만든 '원리'를 내 것으로 만들려 하는가?

옴니테크는 스포티파이의 조직 구조와 명칭을 모방했으나, 이는 형식이 결과를 불러오리라 믿는 전형적인 '화물 숭배'였다. 스포티파이 성공의 본질은 시스템이 아닌 자율과 신뢰라는 문화적 토양에 있다. 그러나 옴니테크는 이 보이지 않는 원리를 배제한 채 껍데기만 수입했다. 그 결과, 이름표만 바뀌었을 뿐 경직된 통제는 여전했고 혼란만 가중되었다. 진정한 혁신은 타인의 성공 공식을 흉내 내는 것이 아니라, 우리만의 문제를 풀기 위해 치열하게 고민하는 과정에서 탄생한다.

✪ **우리가 도입하려는 새로운 방법론의 가장 깊은 곳에 숨겨진 '작동 원리'는 무엇인가?**

진단 포인트　우리가 도입하려는 방법론(애자일, OKR, 스크럼 등)의 핵심 철학이 무엇인지 물었을 때, 단순히 "속도를 높이는 것", "생산성을 올리는 것", 혹은 "구글이나 스포티파이처럼 하는 것"이라는 식의 표면적 대답이 돌아오지는 않는가? 이러한 방법론이 태동하게 된 역사적 배경과 그것이 해결하고자 했던 본질적인 인간 행동의 변화(상명하복 타파, 짧은 주기의 피드백을 통한 학습 등)를 설명할 수 있어야 한다. 만약 도구 사용법이나 절차는 달달 외우지만, 그 도구가 왜 필요한지(철학) 모른다면, 우리는 원주민들처럼 나무 비행기를 만들며 요행을 바라는 것이나 다름없다.

✪ **새로운 방법론의 등장 배경과 본질적인 용도가, 현재 우리 조직이 겪고 있는 가장 고질적인 문제와 긴밀히 맞닿아 있는가?**

진단 포인트 옴니테크처럼 협업이 안 되는 곳에 개인의 자율성을 강조하는 '스쿼드'를 도입하면 오히려 혼란만 가중될 수 있다. 우리가 도입하려는 '방법론'이 환부를 정확히 겨냥하고 있는지, 아니면 그저 남들이 하니까 좋아 보여서, 경쟁사가 하니까 불안해서 도입하는 영양제 같은 처방인지 냉정하게 구분해야 한다. 해결책이 문제 주변을 겉돌 뿐이라면, 그것은 아무런 효능 없는 장식품에 불과하다.

✪ **우리가 단지 유행을 좇아 겉치레만 하고 있다는 위험 신호는 어디서 감지되는가?**

진단 포인트 회의실에서는 '애자일', '피벗', '스프린트'와 같은 혁신적인 용어가 난무하지만, 회의가 끝나고 복도 자판기 앞이나 흡연실에서 나누는 대화는 여전히 냉소와 무력감으로 가득 차 있지 않은가? "이번엔 또 얼마나 갈까?", "이름만 바뀐 거지 뭐, 하는 일은 똑같아", "사장님이 책 한 권 읽고 오셨나 보네"라는 자조 섞인 목소리가 들린다면, 그것은 우리가 본질이 아닌 껍데기만 바꾸고 있다는 가장 확실하고도 위험한 증거다. '보여주기 위한 실행'과 '살아 있는 변화'를 가르는 것은 보고서의 화려한 그래프가 아니라, 구성원들의 눈빛과 그들이 나누는 은밀한 대화 속에 있다.

Q2. 자율성을 가지라고 '명령'하는가, 아니면 자율성이 자라날 '토양'을 다지고 있는가?

김지호 대표의 "자율적으로 일하라"는 선언은 직원들에게 해방감이 아닌 공포를 안겼다. 심리적 안전감이 부재한 자율성은 "실패하면 네 책임"이라는 위협이자, 리더의 책임을 전가하는 '위험의 외주화'일 뿐이다. 리더가 할 일은 명령이 아니라 실패해도 안전한 환경을 조성하는 것이다. 직원들의 침묵은 무능이 아닌 생존을 위한 합리적 선택이었다.

⭐ **우리 조직에서 누군가 낯선 의견을 내거나, 실수를 고백했을 때, 그가 마주하는 첫 번째 반응은 무엇인가?**

진단 포인트　실수가 발생했을 때 "도대체 누가 그랬어?", "어쩌다 이런 실수를 한 거야?"라는 '범인 색출형' 질문이 먼저 나오는지, 아니면 "왜 그런 일이 일어났을까?", "시스템의 문제는 없을까?", "이 실수를 통해 우리가 무엇을 배울 수 있을까?"라는 '학습형' 질문이 먼저 나오는지 살펴보자. 전자가 지배적이라면, 아무리 자율성을 외쳐도 직원들은 가장 안전하고 보수적인 길, 즉 '시키는 대로만 하는 길'을 택할 것이다. 그들의 입을 막고 손발을 묶는 것은, 실수를 용납하지 않는 차가운 공기와 눈초리다.

⭐ **만약 이 프로젝트가 실패한다면, 그 책임을 오롯이 실무자가 져야 한다는 무언의 압박이 존재하는가?**

진단 포인트　권한은 위임했지만 책임은 위임하지 않는 것이 진정한 리더십이다. 프로젝트 실패 시 리더가 "내가 지원을 제대로 못 해준 탓이다", "이 실패는 우리 조직의 자산이다"라고 방패막이가 되어줄 것이라는 확신이 있는지, 아니면 "네가 자율적으로 했으니 결과에 대한 책임도 네가 져야 한다"라며 꼬리 자르기를 할 것 같은지 구성원들에게 물어보자. 그 대답 속에 우리 조직의 자율성이 진짜인지 가짜인지 판별할 수 있는 진실이 담겨 있다.

Q3. 시스템이라는 '기계'를 도입하려 하는가, 아니면 사람을 존중하는 '철학'을 심으려 하는가?

토요타의 '안돈 코드'는 작업자가 생산 라인을 멈출 수 있는 권한이다. 미국 기업들은 이 장치를 모방했으나 처참히 실패했다. 물리적 '줄'은 가져왔으되, 문제를 드러내는 행위를 용기로 칭송하는 '철학'은 가져오지 못한 탓이었다. 옴니테크의 협업 툴 도입 실패도 마찬가지다. 도구는 도구일 뿐, 현장에 대한 존중과 신뢰 없이는 최신 시스템도 감시 장치로 전락한다. 기술이 사람을 통제하는 것이 아니라 돕는 존재가 되어야 한다는 본질을 망각할 때 혁신은 멈춘다.

✪ **우리가 도입하려는 도구가 직원들을 '감시하고 통제'하는 느낌을 주는가, 아니면 그들의 일을 '도와주고 지원'하는 느낌을 주는가?**

진단 포인트 새로운 시스템을 도입했을 때 직원들의 첫 반응을 살펴보자. "이제 꼼짝없이 일만 해야겠네", "접속 시간까지 체크하다니 너무하네"라는 반응이라면 그것은 감시 도구로 인식된 것이다. 반면 "이제 그 지겨운 반복 작업에서 해방되겠네", "정보 찾기가 훨씬 쉬워졌네"라는 반응이라면 지원 도구로 받아들여진 것이다. 기술이 인간의 존엄성과 자율성을 침해한다고 느껴질 때, 사람들은 본능적으로 그 시스템을 거부하거나 데이터를 조작해 우회할 방법을 찾아낸다.

✪ **현장의 막내 사원이 "이건 잘못되었습니다"라고 외치며, 전체 프로세스를 멈출 수 있는 권한과 안전장치가 있는가?**

진단 포인트 안돈 코드는 물리적인 줄이 아니라, '심리적인 비상 정지 버튼’이다. 우리 조직에는 막내 사원이 CEO가 주도하는 프로젝트에 대해 “이 방향은 위험합니다”, “현장 상황과 맞지 않습니다”라고 말할 수 있는 채널이 있는가? 그리고 그렇게 말했을 때 칭찬받는가, 아니면 핀잔을 듣는가? 문제를 초기에 발견하고 멈출 수 있는 권한이 현장에 없으면, 호미로 막을 것을 가래로도 못 막는 거대한 실패가 발생한다.

✪ ‘최적화’라는 명목으로 인간이 가진 유연성과 잠재력을 ‘변수’ 취급하며 제거하려 들지 않는가?

진단 포인트　시스템은 효율성을 위해 표준화를 요구한다. 하지만 지나친 표준화는 인간을 기계의 부품처럼 딱딱하게 만든다. 예기치 못한 상황에서 창의력을 발휘해 문제를 해결하는 것은 사람만이 할 수 있는 일이다. 옴니테크처럼 매뉴얼에 없는 상황이 닥쳤을 때 “시스템에 입력이 안 된다”며 멈춰 서는 조직이 되어서는 안 된다. 우리가 설계하는 프로세스가 사람의 숨통을 조이고 생각할 틈을 없애는 방향으로 가고 있지는 않은지, 효율성이라는 숫자에 매몰되어 그 숫자를 만들어내는 사람의 가치를 잊은 것은 아닌지 끊임없이 되물어야 한다.

23장

성급한 의사결정의 폐해

::

팬데믹 시대, 원격 수업은 왜 교실을 대신하지 못했는가?

줌으로 복제할 수 없었던 교실

2020년 3월, 전 세계 학교 운동장에 기이한 정적이 흘렀다. 아이들의 웃음소리와 뛰노는 소리가 사라진 자리를 채운 것은 전례 없는 위기감과 불확실성이었다. 코로나바이러스의 확산을 막기 위해 각국 정부와 교육 당국은 역사상 가장 거대하고 동시적인 결정을 내렸다. 바로 '학교 폐쇄' 였다. 이 결정은 복잡하고 예측 불가능한 위기 상황에서 나온, 어쩌면 불가피하지만 지극히 단순한 대응 방식이었다. 그리고 이는 곧바로 인류 역사상 가장 거대한 규모의 하향식 명령으로 이어졌다. "모든 교실을 온라인으로 옮겨라."

이런 지시가 혼란에 빠진 교육 현장에 마치 한 줄기 빛처럼 제시되었다. 특히 화상 회의 플랫폼 '줌Zoom'을 필두로 한 가종 기술은 단절된 교육을 이어줄 구원투수처럼 보였다. 교육 당국의 메시지는 명확하고 단일했다. 웹캠과 마이크만 있으면, 기존 수업을 온라인 공간에 그대로 복제할 수 있다는 것이었다. 이는 복잡한 문제에 대한 단순하고 우아하며, 기술적으로 확장 가능한 해결책이라는 강력한 매력을 품고 있었다. 리더(교육 행정가)의 관점에서는 이보다 더 이상적인 해법이 없어 보였다. 일단 지시가 내려지면, 교사들은 플랫폼에 접속하고 학생들은 수업에 참여해, 교육 시스템이 계획대로 작동할 것이라는 암묵적 가정이 깔려 있었다.

이 거대한 전환의 규모는 실로 압도적이었다. 팬데믹 선언 이후 불과 며칠 만에 전 세계 190여 개국, 약 16억 명에 달하는 아이가 교실을 떠나야 했다. 이들을 위해 교육 시스템은 온라인으로 강제 이동했다. 그 결과, 줌의 1일 회의 참가자 수는 2019년 말 약 1,000만 명 수준에서 2020년 4월 3억 명을 돌파했다. 이는 특정 기술이 전 지구적으로 거의 동시에 채택된 유례없는 사건이었다. 그러나 이런 경이로운 수치 뒤에는 정책을 수립한 사람들의 근본적인 착각이 숨어 있었다. 바로 교육이라는 복잡하고 유기적인 시스템을 단순히 기술이라는 틀에 끼워 넣기만 하면 모두 해결될 것이라는 믿음이었다.

이런 접근 방식의 가장 치명적인 오류는 '매체는 가치 중립적'이라는 잘못된 가정에서 출발한다는 점이다. 리더들은 교사, 학생, 그리고 교육과정이라는 세 가지 요소를 줌이라는 디지털 컨테이너에 넣기만 하면, 물리적 교실과 동일한 화학 작용이 일어날 것이라고 믿었다. 이는 100여 년 전, 공장주들이 전기 모터를 그저 '더 깨끗하고 효율적인 증기기관' 정도로 취급한 것과 본질적으로 다르지 않다. 그들은 전기 모터가 공장의 레이아웃, 작업 흐름, 심지어 노동의 개념까지 완전히 재설계할 잠재력을 지닌 '시스템 전환 기술'이라는 사실을 간과했다. 마찬가지

혁신은 왜 실패하는가

로 2020년 교육계 리더들은 화상 회의 플랫폼을 단순히 교실을 대체하는 '디지털 칠판'으로 여겼을 뿐, 그것이 인간의 상호작용, 인지 과정, 사회적 관계를 근본적으로 바꾸는 전혀 다른 환경이라는 사실을 이해하지 못했다.

결과적으로, 전 지구적 규모의 원격 수업 명령은 단순한 정책 결정을 넘어선, 하나의 거대한 리더십 철학에 대한 실시간 스트레스 테스트였다. 이는 하향식 명령과 통제 기반의 변화 관리가 과연 복잡한 현실 세계에서 작동하는지 시험하는, 인류 역사상 최대 규모의 실험이기도 했다. 파일럿 테스트도, 지역적 특성에 대한 고려도, 현장의 핵심 이해관계자인 교사, 학생, 학부모와의 충분한 소통도 없이 오직 하나의 해결책이 전 세계에 일괄적으로 하달되었다. 이후 벌어진 수많은 혼란과 실패 원인은 단순히 '줌의 기능적 한계'나 '기술적 결함'이 아니었다. 그것은 복잡한 인간 행동과 시스템의 관성을 무시한 채, 단순한 지시와 복종만으로 혁신을 이룰 수 있다고 믿었던 리더십 모델 자체가 잘못되었음을 알리는 명백한 신호였다.

디지털 복제품에 저항하는 뇌

교실 수업에 대한 '복사-붙여넣기' 모델이 실패한 이유는 가장 근본적인 차원, 즉 인간의 뇌에서 찾을 수 있다. 리더들은 자신들의 지침을 교사와 학생들이 순순히 따를 것이라고 가정했지만, 정작 그들의 뇌는 이 새로운 환경에 격렬하게 저항하고 있었다. 흔히 '줌 피로Zoom Fatigue'라고 불리는 현상은 단순한 피곤함이나 권태감이 아니다. 이는 측정 가능한 신경학적 현상이며, 우리의 뇌가 이 디지털로 복제된 환경에 얼마나 적대적인지 보여주는 명백한 증거다.

뇌파와 심전도를 이용한 여러 연구는 화상 회의가 대면 회의에 비해 훨씬 더 큰 피로감을 유발한다는 사실을 과학적으로 입증했다. 이런 피로감은 리더들이 간과한 '인간 행동의 복잡성'이 신경과학적 수준에서 발현된 결과였다. 뇌는 온라인 수업이라는 익숙하지 않은 환경에서 정상적으로 작동하기 위해 평소보다 훨씬 더 많은 에너지를 소모해야 했고, 그 대가로 극심한 인지적 에너지가 고갈되는 현상이 나타난 것이다. 스탠퍼드 대학교를 비롯한 여러 연구 기관은 이 피로감을 유발하는 구체적인 메커니즘을 다음과 같이 분석했다.

첫째, 비언어적 단서의 실종이다. 인간은 대화할 때 상대방의 말뿐만 아니라 미세한 표정 변화, 몸짓, 자세 등 수많은 비언어적 신호를 통해 의미를 파악한다. 하지만 화상 회의에서는 이런 신호 중에서 대부분이 사라지거나 왜곡된다. 우리 뇌는 사라진 정보를 보충하기 위해 제한된 언어적 정보에 더욱 집중하고, 보이지 않는 단서를 필사적으로 찾아내려 애쓴다. 이런 과정 자체가 엄청난 인지적 노력을 요구하며, 뇌의 자원을 끊임없이 고갈시킨다.

둘째, 부자연스러운 시선 처리, 즉 '하이퍼게이즈Hypergaze' 현상(여러 참가자가 동시에 자신을 쳐다보고 있다는 인식을 통해 발생하는 스트레스 현상)이다. 줌의 '갤러리 뷰'처럼 여러 사람의 얼굴이 바둑판식으로 배열된 화면은 뇌에 비상 신호를 보낸다. 뇌는 이를 일종의 사회적 위협으로 인식해 낮은 수준의 '투쟁 혹은 도피 반응Fight-or-flight response'을 지속적으로 활성화한다. 하루 종일 이런 상태에 놓이면 극심한 스트레스와 피로를 느낄 수밖에 없다.

셋째, '방 안의 거울'이 주는 불안감이다. 대부분의 화상 회의 플랫폼

혁신은 왜 실패하는가

은 자기 모습을 실시간으로 화면에 보여준다. 때로는 자기 목소리를 약간의 시차를 두고 들을 때도 있다(하울링 현상). 이는 마치 거울을 보며 발표하는 것과 같은 상황을 연출하는데, 사람들은 자기 모습, 표정, 제스처를 끊임없이 의식하고 평가한다. 이런 과도한 자기 감시는 불필요한 스트레스를 유발하고 대화 자체에 집중하는 것을 방해한다. 한 연구에서는 자기 모습을 보지 않도록 설정을 바꿨을 때, 정신적 피로와 관련된 뇌의 알파파 활동이 유의미하게 감소하는 것으로 나타났다.

넷째, 물리적 움직임의 제한이다. 인간은 생각하고 대화할 때 자연스럽게 몸을 움직인다. 하지만 화상 회의는 우리를 의자에, 화면 앞에 물리적으로 옭아맨다. 이런 움직임의 제약은 인지적 유연성을 떨어뜨리고 정신적 에너지를 빠르게 소진시킨다.

이런 문제는 교육심리학자 존 스웰러John Sweller가 제안한 '인지 부하 이론Cognitive Load Theory'으로 설명할 수 있다. 인간의 작업 기억Working Memory 용량은 한정되어 있다. 효과적인 학습이 일어나려면, 새로운 정보를 처리하고 이해하는 데 사용되는 '본질적 인지 부하'(학습 내용 자체를 이해하고 처리하는 데 드는 정신적 노력)를 수용하는 데 필요한 충분한 공간이 확보되어야 한다.

하지만 리더들이 강제한 원격 수업 환경은 줌 기능을 조작하고, 불완전한 신호를 해독하며, 자기 이미지를 관리하는 등 '외생적 인지 부하'(학습 내용과 무관하게 발생하는 불필요한 정신적 노력)를 극단적으로 높인다. 따라서 학생들의 뇌는 정작 배워야 할 내용에 할당할 인지적 자원이 거의 남아 있지 않은 상태에 놓인다.

이와 같은 온라인 교실의 실패는 학생들의 불성실이나 교사들의 무능함 때문이 아니었다. 그것은 인간의 뇌가 진화적으로 적응하지 못한 환경으로 개인을 밀어 넣었을 때 발생하는, 지극히 당연한 생물학적 거부 반응이었다. 피로감과 학습 부진은 리더의 지시에 대한 뇌의 저항이었던 셈이다. 이런 인지적 과부하는 악순환의 고리를 만들었다. 피로는 동기 저하와 주의력 분산으로 이어졌고, 결국 학습을 더욱 어렵게 만들었다. 학습이 어려워지니 집중하기 위해 더 많은 인지적 노력이 필요했고, 이는 다시 피로를 가중시켰다.

결국 리더들이 해결책으로 제시한 바로 그 도구가, 그 해결책이 작동하는 데 필요한 최소한의 조건마저 파괴한 것이다. 이는 인간의 행동과 심리를 깊이 이해하지 않고, 기술만으로 모든 것을 해결할 수 있다고 믿는 리더십이 어떤 부작용을 초래하는지 여실히 보여준다.

무정부주의적 디지털 저항 행위, 줌 폭격

리더들이 구축하고자 했던 질서 정연한 온라인 수업 환경은 '줌 폭격 Zoombombing'이라는 신종 사이버 범죄 앞에서 속수무책으로 무너졌다. 이 현상은 기술적 보안 문제를 넘어, 일방적인 하향식 통제가 예측 불가능한 인간의 행동과 현장의 비공식적 질서 속에서 얼마나 무력해질 수 있는지 보여주는 강력한 증거다.

줌 폭격이란 해커나 악의적 사용자가 보안이 허술한 화상 회의에 무단으로 침입해 음란물이나 혐오스러운 이미지를 송출하고, 욕설과 인종차별적 발언을 퍼부어 정상적인 수업을 방해하는 행위를 말한다. 미국 연방수사국FBI은 2020년 3월 말부터 공식적으로 그 위험성을 경고하기 시작했다. 그리고 몇 달 뒤 전 세계적인 사회 문제로 비화했다. 수많은 학교와 기관이 공격 대상이 되었다. 단순히 수업을 일정 시간 동안 중단시키는 것을 넘어, 교실이라는 공간이 더는 안전하지 않다는 공포심을 심어주며 교사와 학생 모두에게 깊은 정신적 트라우마를 남겼다.

줌과 같은 플랫폼 기업과 각국의 교육 당국은 기술적 해결책을 제시했다. 회의에 비밀번호를 설정하고, 참가자가 바로 입장하지 못하게 하는 '대기실' 기능을 활성화하며, 화면 공유 권한을 호스트(교사)에게만 부여하라는 것이었다. 이는 문제가 외부의 악의적 해커에 의해 발생한다는 가정에 기반한 대응이었다. 리더들은 더 강력한 자물쇠를 채우면 문제가 해결될 것이라 믿었다.

그러나 머지않아 충격적인 진실이 드러났다. 빙엄턴 대학교와 보스턴 대학교 공동 연구진이 트위터나 포챈과 같은 소셜 미디어 게시물을 분석한 결과, 대다수 줌 폭격은 외부 해커가 아닌 '내부자 소행'이었음이 드러났다. 수업에 참여할 권한을 가진 고등학생이나 대학생들이 의도적으로 회의 링크와 비밀번호를 온라인에 유출하며 외부의 혼란을 교실 안으로 끌어들인 것이었다. 문제의 원인은 '쉽게 열리는 문'이 아니라, '안에서 문을 열어주는 배신자'였다.

그로 인해 비밀번호 설정과 같은 기술적 해결책은 무용지물이 되었다. 내부자들이 암호를 링크와 함께 공유했기 때문이다. 이는 공식적인 시스템(학교의 규칙과 플랫폼의 보안 기능)이 비공식적인 시스템(학생들 사이 불만과 저항 문화)에 의해 완벽하게 압도당한 사례다. 리더들이 세운 질서가 그들의 통제하에 있다고 믿었던 학생들에 의해 파괴된 것이다.

그렇다면 학생들은 왜 자기 교실을 파괴하는 행위에 가담했을까? 이는 단순히 일부 학생의 호기심 섞인 일탈로 치부할 수 없는, 깊은 의미를 담고 있다. 줌 폭격, 특히 '내부자 유출형' 줌 폭격은 일종의 무정부주의적 디지털 저항 행위였다. 인지적으로 몹시 피곤하고 사회적으로 고립된, 일방적인 정보 전달 위주의 온라인 수업 환경에 대한 학생들의 깊은 불만과 좌절감이 폭력적인 방식으로 표출된 것이다. 그들은 외부의 혼란을 교실로 끌어들임으로써, 강요된 질서를 파괴하고 자신들이 통제력을 상실했다고 느낀 공간에서 역설적으로 주도권을 되찾으려 했다.

요컨대 줌 폭격은 단순한 보안 사고가 아니라 교육 시스템 전체의 사회적·문화적 실패를 알리는 경고등이었다. 이는 학생들이 새로운 환경에 순응할 수밖에 없다고 가정한 것이 얼마나 치명적 오판이었는지 극명하게 보여준다. 시스템 내부에서 발생한 저항은 '극복해야 할 대상'이 아니라, 교육 행정가들의 초기 가설과 그에 기반한 전략이 뿌리부터 잘못되었음을 지적하는 가장 강력하고도 끔찍한 피드백이었다.

원격 수업으로 불거진 디지털 격차

모든 구성원에게 동일한 조건과 능력을 전제했던 획일적인 지침은 현장의 거친 현실과 충돌하며 산산조각 났다. 리더들이 간과한 두 가지 현실, 즉 사회에 깊이 뿌리내린 '불평등'과 최전선에서 일하는 '인력의 한계'는 원격 수업이라는 거대한 실험을 실패로 이끈 결정적 요인이었다. 이는 조직의 고질적 관성과 현장의 실제 업무 방식을 무시한 리더십이 어떤 비극을 낳는지 보여준다.

"모든 학생은 온라인으로 학습한다"라는 지시는 모든 학생이 조용한 공부방, 고사양 컴퓨터, 그리고 안정적인 인터넷을 갖추고 있다는 환상에 기반했다. 하지만 현실은 처참할 정도로 달랐다. 전 세계적으로 최소 3분의 1에 해당하는 약 4억 6,300만 명의 아동이 원격 수업에 아예 접근조차 하지 못했으며, 이들 중 72퍼센트는 각국에서 가장 가난한 가정

  혁신은 왜 실패하는가

의 아이들이었다.

이런 디지털 격차는 선진국이라도 예외가 아니었다. 미국에서는 흑인 및 히스패닉 가정의 아이들이 백인 가정 아이들보다 컴퓨터나 인터넷에 접근하는 데 어려움을 겪을 확률이 훨씬 높았고, 부유한 지역 학교일수록 디지털 학습 준비가 월등히 잘되어 있었다. 그 밖에도 아이가 여럿인 집인데 스마트 기기는 한 대뿐이거나, 통신료 부담으로 수업 참여를 포기해야 하는 경우가 비일비재했다.

이처럼 이미 존재하던 불평등이 원격 수업을 실시하면서 학습 격차라는 문제로 더욱 뚜렷하게 드러났다. 2019년부터 약 3년 동안, 미국 학생들의 국어와 수학 점수는 큰 폭으로 하락했다. 이런 현상은 저소득층 학생들과 원격 수업 비중이 높았던 지역 학생들 사이에서 훨씬 두드러졌다. 리더들의 획일적인 지시는 모든 학생을 같은 출발선에 세우기는커녕, 이미 앞서 있던 이들은 더 빨리 달리게 하고 뒤처진 이들은 아예 경주를 포기하게 만드는 결과를 초래했다.

교육 행정가들의 일방적인 지시는 교육 현장 최전선에 있는 교사들에게도 막대한 비용을 청구했다. "기존 수업 전체를 온라인으로 전환하라"는 명령에는 새로운 교수법에 대한 교육도, 콘텐츠 제작을 위한 추가 자원도, 늘어난 행정 업무에 대한 보상도 포함되지 않았다. 교사들은 하루아침에 교육자가 아닌 IT 기술자, 콘텐츠 제작자, 플랫폼 관리자로 변신해야 했다. 그들은 익숙하지 않은 플랫폼과 씨름하고 온라인 환경에 맞는 수업 자료를 밤새워 개발해야 했으며, 원격 수업과 관련된 수많은 행정 업무에 시달렸다. 이런 '업무 과부하'는 교사들의 번아웃을 가속화했다.

특히 교사들을 지치게 한 것은 화면 너머의 침묵이었다. 학생들의 얼굴이 보이지 않는 검은 화면을 향해 일방적으로 에너지를 쏟아붓는 것은 엄청난 감정 노동이었다. 학생들의 이해도를 파악할 수 있는 미세한 표정이나 몸짓 같은 비언어적 피드백이 사라진 상황에서, 교사들은 자신의 설명이 학생들에게 제대로 전달되는지 확신할 수 없었다. 이는 자기효능감Self-efficacy(자신이 어떤 목표나 과제를 성공적으로 해낼 수 있다고 믿는 마음)과 직업 만족도를 심각하게 떨어뜨렸다. '거대하고 굼뜬' 기존 교육 시스템은 위기에 처한 일선 교사들에게 별다른 도움을 주지 못했다. 결국 교사들은 각자도생의 길로 내몰렸고, 이는 정책을 설계하고 운영하는 사람들의 생각이 현장의 현실과 얼마나 괴리되어 있는지 보여주는 전형적인 증상이었다.

학습이라는 행위를 근본부터 재설계하다

수많은 실패와 좌절 속에서도 희망의 싹이 움텄다. 깨달음을 얻은 일부 교육자는 낡은 교실을 온라인에 어설프게 복제하려는 시도를 그만두었다. 그 대신 그들은 새로운 매체 고유의 특징과 가능성을 끌어안고 '학습'이라는 행위 자체를 근본부터 재설계하기 시작했다. 이는 위에서 아래로 강요해서가 아니라, 변화한 환경에 조금씩 적응하며 자발적으로 실천에 옮긴 진정한 혁신이었다.

앞서 살펴본 것처럼, 하루 6시간씩 줌 화면에 학생을 붙잡아두는 온라인 교실은 극심한 인지 부하와 참여도 저하라는 부작용을 분명하게 드러냈다. 이에 대한 해답으로 떠오른 것이 바로 '혼합형 학습'과 '비동기 학습'이었다. 혼합형 학습은 실시간 상호작용과 자기 주도적 학습 활동을 결합하는 방식이고, 비동기 학습은 정해진 시간 없이 학생이 각자 속도에 맞춰 학습하는 것을 의미한다.

이런 새로운 모델들이 성공한 이유는 명확하다. 이는 온라인 교실로 생겨난 문제들을 정면으로 부딪혀 해결했기 때문이다. 비동기 학습은 학생에게 시간과 장소의 유연성을 제공하고, 각자 학습 속도를 존중하며, 카메라를 켜야 한다는 압박감에서 해방시켜주었다. 이는 학생의 인지적 과부하를 직접적으로 줄여주면서, 오히려 깊이 있게 사고할 수 있는 여유와 완전 학습 기회를 제공했다. 한편, 혼합형 학습은 귀중한 수업 시간을 일방적인 강의가 아닌 토론, 질의응답, 협력 활동과 같은 상호작용에 집중적으로 할애했다. 지식 전달과 같은 활동은 영상 강의나 읽기 자료 등 비동기 방식으로 전환해 효율성을 극대화했다.

놀라운 점은 이런 적응적 모델이 단순히 위기 상황을 버티기 위한 차선책이 아니었다는 사실이다. 여러 메타 분석 결과에 따르면, 잘 설계된 혼합형 학습은 상황에 따라 전통적인 대면 수업보다 학습 효과가 더 우수하기도 했다. 이런 변화는 교사와 학생의 역할을 근본적으로 바꾸었다. 교사는 더 이상 지식을 전달하는 '무대 위 현자'가 아니라, 학생의 학습 과정을 설계하고 촉진하는, '곁에서 돕는 안내자'가 되어야 했다. 학생 역시 수동적으로 정보를 받아 적는 수용자가 아니라, 스스로 학습 경로를 탐색하고 문제를 해결하는 능동적이고 자기 주도적인 학습자로 거듭나야 했다. 이는 수십 년간 이어진 산업 시대의 '공장식 교육 모델'에서 마침내 벗어날 가능성을 보여주었다.

결국 진짜 혁신은 리더의 일방적 지시가 아니라, 현장의 고통스러운 문제 해결 과정에서 자생적으로 태어났다. [표 23-1]은 리더들이 강제했으나 결국 실패한 모델과 현장에서 자생적으로 진화한 성공적인 모델 간 핵심적 차이를 명확하게 보여준다.

| 표 23-1 | 디지털 복제 모델 vs. 경험 재설계 모델

차원	디지털 복제 모델	경험 재설계 모델
핵심 철학	- 물리적 교실을 온라인상에 그대로 복제하자. - 기술로 현실을 대체할 수 있다.	- 디지털 매체의 특징에 맞게 학습 경험을 완전히 재설계하자. - 기술은 도구에 불과하다.
시간과 속도	- 경직된 형태의 실시간 수업 - 교사 중심의 속도	- 상호작용 중심의 실시간 수업과 심화 학습 중심의 비실시간 수업의 유연한 결합 - 학생 중심의 속도
교사의 역할	- 강사, 감시자, 정보 전달자 (높은 감정 노동, 번아웃 위험)	- 촉진자, 학습 설계자, 코치 (학습 환경 및 운영 방식 설계와 학생 지원에 집중)
학생의 역할	- 수동적 참가자, 정보 수용자 (높은 인지 부하, 학습 의욕 저하)	- 능동적 참여자, 창작자, 자기 주도적 학습자 (높은 자율성, 완전 학습 가능성)
기술 활용	- 단순한 정보 전달 채널 (디지털 칠판과 카메라)	- 협업, 창작, 유연한 접근, 소통을 위한 도구 상자
주요 결과	- 높은 인지 부하, 피로감, 불평등 심화	- 더 적극적인 참여, 학생의 자율성 증대 - 상황에 따라 전통적인 방식보다 더 우수한 학습 성과 달성

기술은 배움 그 자체가 될 수 없다

한때 전 세계 교육 현장을 휩쓴 대혼란은 우리에게 값비싼 교훈을 남겼

혁신은 왜 실패하는가

다. 그것은 근본적으로 리더십 '철학'의 실패였다. 복잡하고 살아 숨 쉬는 인간 시스템을 단순한 하향식 명령 하나로 완벽하게 재설계할 수 있다고 믿은 오만의 결과였다.

리더가 펼쳐 든 지도는 평탄했지만, 교실이라는 현실의 지형은 울퉁불퉁했다. 그곳에는 낯선 것을 밀어내는 인간의 본능, 교사가 처한 정신적 한계, 학생마다 다른 출발선, 그리고 쉽게 통제할 수 있으리라 믿었던 학생들의 저항이 이리저리 뒤섞여 있었다. 이 명백한 현실을 외면한 채 지도 위에 그은 하나의 직선은 결국 낭떠러지로 향할 뿐이었다.

그렇다면 진정한 길은 어디에 있었을까? 팬데믹의 교훈은 우리에게 더 정교한 지도를 그리려 하지 말고, 지형 읽는 법을 배우라고 말한다. 진정한 혁신은 현장의 복잡성을 겸허히 인정하는 데서 출발해야 한다. 그리고 그 지형을 가장 잘 아는 교사들에게 권한을 위임해 스스로 길을 찾도록 해야 한다. 이때 발생하는 마찰이나 저항은 꺾어야 할 장애물이 아니라, 오히려 '이 길이 아니다'라고 알려주는 가장 고마운 이정표다.

이 모든 교훈이 가리키는 단 하나의 가치는 바로 '겸손함'이다. 최고 리더는 모든 답을 아는 지휘관이 아니라, 올바른 질문을 던지는 안내자다. 모두가 스스로 답을 찾도록 좋은 환경을 만들어주는 사람이다.

우리 목표는 단순히 '웹캠을 켜는 것'이 아니라, 아이들 마음속 '배움의 스위치를 켜는 것'이어야 했다. 우리는 전 세계 16억 아이의 시간을 제물로 바치고 나서야 그 둘이 전혀 다른 차원의 문제임을 뒤늦게 깨달았다. 결국 기술은 배움을 위한 도구일 뿐, 배움 그 자체가 될 수 없다. 이 단순하고도 강력한 사실이 다음 위기가 닥쳤을 때 우리가 가장 먼저 떠올려야 할 지혜다.

Q1. '형식의 복제'에 머무르고 있는가, 아니면 '본질의 재설계'를 시도하고 있는가?

팬데믹 초기, 리더들은 물리적 공간의 방식을 온라인에 그대로 복사해 붙여 넣으려 했다. 아침 9시부터 오후 4시까지 이어지는 빽빽한 시간표, 일방적인 강의식 전달 등 오프라인의 문법을 디지털 환경에 욱여넣으려 했다. 하지만 매체가 바뀌면 전달 방식도, 호흡도, 상호작용의 밀도도 달라져야 한다. 물리적 제약이 없는 디지털 공간에서 과거의 시간표를 고집하는 것은 비효율을 넘어 사용자에게 고문에 가까운 일이었다. 진정한 혁신은 '어떻게 온라인으로 똑같이 옮길지'가 아니라, '디지털 환경의 특성을 활용해 배움(혹은 업무)의 본질을 어떻게 가장 잘 구현할 수 있을지' 고민할 때 비로소 시작된다.

✪ **우리는 지금 오프라인에서 하던 방식을 디지털 도구 위에서 그대로 재연하려 하는가, 아니면 디지털 도구의 고유한 장점을 활용해 프로세스 자체를 개선하려 하는가?**

진단 포인트 만약 '오프라인 주간 회의'를 '줌 주간 회의'로 이름만 바꿨을 뿐 회의 시간, 진행 방식, 발언 순서, 보고 절차가 토씨 하나 바뀌지 않았다면, 지금 혁신하는 것이 아니라 '디지털 분신'을 만들고 있는 중이다. 디지털 도구가 주는 비동기Asynchronous 소통의 장점(시간과 장소에 구애받지 않는 기록과 공유)이나 데이터 축적의 이점을 활용해, 불필요한 실시간 모임을 줄이고 더 깊이 있는 논의를 위한 시간을 확보하는 시도가 있었는지 점검해보자.

⭐ **새로운 환경에 맞춰 우리의 핵심 활동(교육, 회의, 협업, 평가 등)을 재정의했는가?**

진단 포인트 '강의는 지식과 정보를 전달하는 시간'이라는 기존 틀을 버리고 '토론과 문제 해결의 장'으로 재정의한 혼합형 학습의 사례처럼, 우리 업무의 정의를 바꾼 구체적인 사례가 있는지 확인해보자. 단순히 새로운 도구의 매뉴얼을 배포하는 것을 넘어, '우리가 일하는 방식과 철학'을 공유하고 합의하는 시간이 있었는지 자문해보자.

⭐ **사용자들이 새로운 시스템을 사용하면서 "왜 굳이 이걸 예전 방식대로 해야 하지?"라는 의문을 제기한 적이 있는가?**

진단 포인트 현장의 불만은 때로 혁신의 가장 중요한 단초가 된다. 사용자들이 느끼는 부조화(예를 들면, "이건 그냥 메일이나 슬랙으로 보내도 되는데 왜 굳이 다 같이 모여서 화상 회의를 하죠?")를 단순히 변화에 대한 저항이나 불평으로 치부하지 않고, 프로세스 재설계가 필요하다는 강력한 신호로 받아들이고 있는지 되돌아보자.

Q2. '사용자의 인지적 부하'를 고려하고 있는가?

리더들은 모든 학생에게 태블릿 PC가 지급되었는지, 인터넷 속도가 충분히 빠른지 확인하는 데 몰두했다. 하드웨어의 스펙이 곧 학습의 질을 담보한다고 믿었기 때문이다. 하지만 정작 사용자를 괴롭힌 것은 기기의 성능이 아니라 뇌의 과부하였다. '줌 피로'는 화면 속에서 왜곡되고 지연된 비언어적 신호를 해석하느라 뇌가 과도한 에너지를 소모한 결과였다. 하드웨어 스펙보다 더 중요한 것은 사용자의 한정된 '인지적 용량'이다. 우리의 솔루션이 사용자의 정신적 에너지를 불필요하게 갉아먹고 있다면, 아무리 좋은 기능을 갖춰도 그 시스템은 지속 가능하지 않다.

⭐ **우리 프로젝트가 사용자에게 요구하는 집중력과 정신적 에너지의 총량을 고려해보았는가?**

진단 포인트　사용자가 우리 시스템이나 솔루션을 이용한 후 "피곤하다", "기가 빨린다", "머리가 멍하다"라는 표현을 자주 쓴다면, 이는 인지적 과부하를 시사하는 적신호다. 불필요한 시각적 자극, 복잡한 인터페이스, 과도한 알림, 너무 잦은 화면 전환 등이 사용자의 뇌를 지치게 만들지 않는지 '인지 부하 테스트' 관점에서 점검해야 한다.

⭐ **시스템을 설계할 때 사용자의 '숨 쉴 틈'과 '여백'을 고려했는가?**

진단 포인트　오프라인에서는 회의실을 이동하는 시간, 커피를 타는 시간 등 자연스러운 휴식(여백)이 존재한다. 디지털 환경에서는 이를 의도적으로 설계하지 않으면 쉼 없는 노동의 연속이 된다. 회의와 회의 사이 강제 휴식 시간(50분 회의 후 10분 휴식 등), 카메라를 끄고 소리만 들어도 되는 시간 등 '디지털 여백'을 제도화했는지 확인해보자.

⭐ **우리가 제공하는 경험이 사용자에게 '외생적 인지 부하'(과업의 본질과 무관한 피로)를 주고 있지는 않은가?**

진단 포인트　뚝뚝 끊기는 오디오, 입 모양과 소리가 맞지 않는 비디오,

직관적이지 않아서 찾아 헤매야 하는 버튼 위치 등은 본질적인 업무와 상관없이 사용자를 지치게 만든다. 이러한 기술적 마찰 요소를 제거하는 것이 새로운 기능을 하나 더 추가하는 것보다 사용자 경험과 만족도에 훨씬 큰 긍정적 영향을 미친다는 사실을 기억하자.

Q3. '통제와 감시'에 치중하는가, 아니면 '신뢰와 자율'을 북돋우는가?

화면 너머의 상대를 믿지 못해 마우스 움직임을 추적하거나, 카메라를 항상 켜두게 하거나, 5분마다 키보드 입력을 확인하는 소프트웨어를 설치하는 것은 리더십의 실패를 기술로 덮으려는 시도에 불과하다. 감시는 최소한의 순응만 만들어낼 뿐 열정을 끌어내지 못한다. 팬데믹 기간에 성공한 조직들은 통제 대신 신뢰를, 감시 대신 자율을 선택했다. 근무 시간이 아니라 결과물 중심의 평가, 그리고 개인의 생활 패턴을 존중하는 유연한 근무 환경이 오히려 생산성을 높였다.

✪ **우리의 관리 시스템은 '성과'를 측정하는가, 아니면 '앉아 있는 시간'을 측정하는가?**
진단 포인트 여전히 '접속 시간', '로그인 기록', '메신저 응답 속도'를 성실함의 척도로 삼고 있다면, 이는 디지털 시대에 맞지 않는다. 과정을 미주알고주알 감시하기보다, 명확한 목표에 대해 합의하고 그 결과물로 평가하는 성과 중심 문화로 전환되고 있는지 되돌아보자.

✪ **리더는 구성원들이 보이지 않는 곳에서도 최선을 다할 것이라는 '기본적인 신뢰'를 가지고 있는가?**

진단 포인트　리더의 평소 언어와 태도를 점검해보자. "재택 근무하겠다는 건 놀겠다는 뜻 아니야?", "제대로 일하고 있는지 확인해야 해"라는 의심의 언어가 주를 이루는지, 아니면 "어려운 환경에서도 잘 해내리라 믿어", "도움이 필요하면 언제든 이야기해줘"라는 신뢰의 언어가 주를 이루는지 되돌아보자. 신뢰는 비용이 들지 않으면서도, 가장 강력한 동기 부여 도구다.

❂ **시스템이 사용자의 자율성을 제한하는 방향으로 설계되었는가, 아니면 자율성을 지원하는 방향으로 설계되었는가?**

진단 포인트　획일적인 통제는 구성원을 수동적으로 만들지만, 적절한 자율권 부여는 주인의식을 깨운다. 우리 시스템이 사용자를 '믿을 수 없는 아이'로 취급하는지, '자율적인 어른'으로 대우하는지 돌아보자.

24장

비상 브레이크 없는 리더십

::

퀸즐랜드주는 어떻게 12억 5,000만 달러짜리 재앙을 만들었는가?

리더십의 실패가 빚은 참사, 급여 시스템 붕괴

2010년 3월 어느 날 아침, 호주 퀸즐랜드주의 한 공공병원에서 간호사로 일하는 브리트니는 자신의 은행 계좌를 확인하고 두 눈을 의심했다. 밤낮없이 환자들을 돌보며 고되게 일한 대가로 입금된 돈이 터무니없이 적었다. 곧이어 받아 든 급여 명세서는 그녀의 혼란을 절망으로 바꾸어 놓았다. 그녀는 자신의 페이스북에 이렇게 썼다. "나는 지금 수중에 커피 한잔 사 마실 땡전 한 푼 없다."

이와 같은 절망 섞인 외침은 그녀 혼자만의 것이 아니었다. 퀸즐랜드주 전역 수만 명의 보건 인력이 같은 날 급여 명세서를 받아 들고 충격에 빠졌다. 급여가 아예 지급되지 않거나, 일부만 들어오거나, 엄청난 금액이 초과 입금되는 대혼란이 벌어졌다. 퀸즐랜드주 감사원의 공식 보고서에 따르면, 시스템 가동 첫날에만 무려 2만 6,044명의 직원이 급여를 한 푼도 받지 못했고, 1만 6,512명은 받아야 할 돈보다 적게, 그리고 6,038명은 더 많이 받았다. 이후 몇 달간 부정확한 급여 지급으로 고통받은 직원이 거의 7만 8,000명에 달했다.

이 사건은 단순히 최악의 정보 기술 도입 실패 사례 중 하나로 기록되는 데 그치지 않는다. 그 본질을 파고들면, 이는 기술의 문제가 아니라 리더십의 실패가 빚은 참사였음을 알 수 있다. 더 근본적으로는, 국가가 가장 기본적인 의무, 즉 공공의 안녕을 위해 헌신하는 노동자에게 정당한 대가를 지불해야 한다는 사회 계약을 이행하지 못한 사건이다.

급여 시스템 붕괴는 단순한 행정 착오를 넘어, 조직과 구성원 사이 신뢰라는 근간을 무너뜨린 심각한 배신 행위였다. 이번 장에서는 '0달러짜리 급여 명세서'에서 시작된 퀸즐랜드주의 비극을 중심으로, 앞만 보고 질주하는 리더십이 어떻게 조직이라는 열차를 절벽으로 몰고 갈 수 있는지 살펴보려고 한다. 이것은 단순히 한 정부 기관의 흑역사가 아니라, 변화의 소용돌이에서 길을 잃은 모든 조직에 던지는 뼈아픈 질문이다.

통제불능의 선택, '프로젝트 메테오'

재앙이 닥치기 전, 퀸즐랜드 주정부의 보건 시스템은 말 그대로 붕괴 직전 상태였다. 8만여 명의 직원이 속한 거대 조직의 급여는 1980년대에 개발된, 서로 다른 세 개의 낡은 코볼COBOL 기반 시스템 위에서 위태롭게 돌아가고 있었다. '래티스LATTICE'라 불린 이 낡은 시스템은 수십 년간 누적된 임시방편 조치들로 인해 누더기처럼 변해 있었다.

현장의 복잡성은 상상을 초월했다. 13개의 각기 다른 단체 협약과 수많은 개별 계약이 얽혀 있어 매월 처리해야 하는 급여 규칙의 조합만

　　　　　　　　　　　　혁신은 왜 실패하는가

2만여 가지가 넘었다. 이런 복잡성은 제거해야 할 비효율이 아니라, 수십 년에 걸쳐 노사가 합의해온 조직의 역사 그 자체였다. 하지만 이런 총체적 난국을 타개하기 위해 퀸즐랜드 주정부가 내놓은 해법은 대담하고 야심 찼다. 바로 모든 산하 기관의 급여 시스템을 세계적인 기업용 소프트웨어인 SAP ERP 시스템으로 단기간에 일괄적으로 전환하기로 한 것이다. 이 거대한 프로젝트에 '메테오Meteor'라는 이름이 붙었다. 마치 거대한 운석이 단 한 번의 충돌로 지상의 모든 것을 일소하듯, 이것이 얽히고설킨 모든 문제를 일거에 소멸시킬 것이라는 리더들의 간절한 기대가 담겨 있었다.

이런 접근법은 리더들에게 매우 매력적으로 다가온다. 복잡하고 지저분한 현실 문제를 단 하나의 용기 있는 결단으로 한꺼번에 해소하는 것처럼 보이기 때문이다. 특히 이 프로젝트는 주정부 차원에서 추진하는 상징적인 과제였기에 더욱 강력한 추진력을 얻었다.

바로 이 지점에서 리더십은 첫 번째 함정에 빠졌다. '현대화'라는 거대한 테마에 스스로 도취된 것이다. 빅뱅이라는 영웅적 서사를 선택하고 나면, 그에 반하는 모든 정보는 성가신 소음으로 치부되기 쉽다. 단계적 도입이나 신중한 접근과 같은 대안은 리더의 비전과 결단력이 부족하다는 증거처럼 비칠 수 있다. 그리고 '한 방에 깨끗이 해결한다'라는 강력한 캐치프레이즈는 일단 한번 언론과 정치권에서 소비되면 옴짝달싹할 수 없게 만드는 심리적 족쇄로 작용한다. 그 뒤에는 어떠한 경고 신호가 울리더라도 계획을 수정하기 어렵다.

이런 위험한 서사를 현실로 옮기는 과정은 처음부터 부실했다. 훗날 구성된 특별조사위원회는 프로젝트의 시작이었던 조달 과정이 총체적으로 부실했다고 지적했다. 위원회는 "IBM은 애초에 주사업자로 선정되지 말아야 했다"라는 충격적인 결론을 내렸다. 보고서에 따르면, 주정부 관료들은 시종일관 '불요불급한 조급증Unwarranted Urgency'에 쫓겨 성급하고 빈틈투성이인 의사결정을 내렸다. IBM 선정 과정은 가격에만 초점을 맞추어 졸속으로 진행되었고, 특히 전직 IBM 직원이었던 한 컨설턴트가 노골적으로 IBM에 편파적인 태도를 보이며 경쟁자들에게는 주어지지 않은 '입찰 예행연습' 기회를 제공하는 등 심각한 절차적 하자가 있었음이 드러났다.

결국 실패의 씨앗은 가장 화려하고 희망에 찬 순간 널리 그리고 멀리 흩뿌려지고 있었다. 당초 2008년 7월 완료 예정이었던 이 야심 찬 계획은 부실한 조달과 위험한 전략적 선택이라는 두 개의 시한폭탄을 안고 출발했다.

수단으로 전락한 '지표의 무기화'와 '탈선의 정상화'

'프로젝트 메테오'가 본 궤도에 오르자마자, 서버실 깊숙한 곳에서는 삐걱거리는 소리가 불길하게 새어나오기 시작했다. 프로젝트 성공을 위한 선결 과제는 기존 시스템에 흩어져 있던 방대한 데이터를 정제하는 것이었다. 그러나 프로젝트 첫 달부터 데이터의 정합성Validity이 당초 예상했던 95퍼센트는커녕 50퍼센트 미만이라는 충격적인 진단 결과가 보고되었다. 상황이 이러한데도 리더들은 뾰족한 대책 하나 없이 시스템 구축을 서둘렀다. 혼탁한 데이터를 충분히 정화하지 않은 채 그다음 단계를 진행하는 것은, 수술 시 오염된 혈액을 환자의 몸에 주입하는 것처럼 위험천만한 일이다.

문제는 데이터뿐만이 아니었다. 2만 4,000여 가지가 넘는 복잡한 급여 계산 규칙은 표준화된 로직을 기반으로 하는 SAP 시스템이 도저히 소화할 수 없었다. 결국 IBM은 '표준화'라는 프로젝트의 근본 목표를 뒤엎고 SAP 시스템에 1,507개, 연동 시스템인 워크브레인Workbrain에 1,029개의 개별 맞춤 개발을 진행해야 했다. 이것은 새 시스템이 현실의 복잡성을 전혀 감당하지 못하고 있음을 보여주는 명백한 증거였다.

결정타는 2009년 9월 실시된 대규모 통합 테스트 과정에서 터져나왔다. 이대로라면 야간 근무자 약 6,400명의 급여가 지급되지 않거나 심각한 계산 오류가 발생할 수 있다는, 그야말로 재앙적인 결과가 보고된 것이다. 하지만 프로젝트를 이끄는 최고의사결정협의회는 이 명백한 위험 신호를 애써 외면했다. 그들의 논리는 "이제 와서 계획을 바꾸면 예산과 일정이 기하급수적으로 늘어나 프로젝트 자체가 좌초될 수 있다"는 것이었다. 정해진 예산과 일정이라는 틀에 갇혀, 눈앞의 기술적 파국을 외면하기로 결정한 것이다.

더욱 충격적인 사실은 시스템 상태를 허위로 보고했다는 점이다. 시스템 가동 직전에 2,422개의 결함이 발견되었다. 그중 상당히 심각한 문제에 해당하는 '2등급' 결함이 무려 40개에 달했는데, 이것을 덜 심각한 '3등급'으로 하향 조정한 것이다. 이는 프로젝트 품질 관리 기준을 명백히 위반하는 행위였다. 여기서 우리는 프로젝트 지표가 현실을 평가하는 도구가 아니라, 미리 정해진 결론을 정당화하기 위한 수단으로 전락하는 '지표의 무기화' 현상을 목격한다. 리더들의 목표는 '시스템의 완성도를 높이는 것'이 아니라, 완성도가 '높아 보이게' 만드는 것으로 변질되었다.

이런 일련의 과정은 조직이 '인지적 경직성Cognitive Rigidity'에 빠졌을 때 어떤 일이 벌어지는지 극명하게 보여준다. 인지적 경직성이란 개인과 조직이 기존 계획이나 신념과 배치되는 중요한 신호를 접하고도 그 의미를 제대로 해석하지 않거나 아예 무시하는 태도를 의미한다. 퀸즐랜드 프로젝트의 리더들은 수많은 데이터를 보고받았지만, 그 데이터가 보여주는 '이 길은 틀렸다'라는 시그널을 애써 외면했다. 경고 시그널 무시는 처음에 어렵게 느껴져도 그다음부터 쉬워진다. 처음에는 데이터 품질 문제를 '충분히 극복할 수 있다'고 가볍게 여기더니, 이보다 더 심각한 시스템 결함 문제에 대해서는 '일단 무시하고 기존 일정대로 강행해야 한다'고 결론 내렸다. 급기야 결함 등급 조작이라는 명백한 비위 행위에 대해 눈감아주기에 이르렀다. 이처럼 첫 탈선이 다음 탈선의 기준이 되면서, 비정상적인 상태가 어느새 '새로운 정상'으로 받아들여지는 '탈선의 정상화Normalization of Deviance'가 조직 전체를 지배했다.

행동의 관성, 돌아올 수 없는 다리를 건너다

"우리는 마치 30층 빌딩 옥상에서 초고속 엘리베이터를 타고 내려가던 중에 케이블이 끊어지기 직전이라는 것을 알았지만, 당장 눈앞의 계약과 위약금이 더 무서워 눈을 질끈 감고 아무것도 할 수 없었다." 당시 한 프로젝트 관리자의 이와 같은 회고는 시스템 가동 버튼을 누르기 직전까지 프로젝트가 얼마나 깊은 수렁에 빠져 있었는지 생생히 보여준다.

이는 바로 '몰입 상승 효과Escalation of Commitment'의 희생양이 된 조직이 보여주는 전형적인 모습이다. 몰입 상승 효과란 잘못된 결정임을 알면서도 그동안 투자한 비용과 노력이 아까워(손실 회피 심리) 중단하지 못해 파국으로 치닫는 상태를 말한다. 그렇다면 이것이 발현된 구체적인 원인은 무엇일까?

　　　　　　　　　　　　　　　　혁신은 왜 실패하는가

첫째, '계약의 족쇄'가 발목을 움켜쥐고 있었다. 2010년 주정부와 IBM이 체결한 추가 계약서에는 IBM의 책임을 묻기 어렵게 만드는 결정적인 면책 조항이 포함되어 있었다. 훗날 퀸즐랜드 주정부가 IBM을 상대로 손해배상 소송을 제기했을 때, 법원은 바로 이 조항을 근거로 청구를 기각했다. 문제가 발생할 때마다 IBM은 계약 내용을 거론하며 책임을 회피하거나 프로젝트 투입 인원을 철수시키겠다고 위협했고, 주정부는 사실상 인질로 잡힌 신세가 되었다.

둘째, '정치적 시간표'가 합리적 이성을 잠식했다. 프로젝트는 내내 '불요불급한 조급증'에 시달려야 했다. 프로젝트를 연기하거나 축소하는 것은 리더십의 실패를 공개적으로 자인自認하는 것이나 다름없었다. 이는 차기 선거와 예산 심의에 치명적인 타격을 줄 수 있는, 정치적으로 결코 받아들일 수 없는 최악의 시나리오였기 때문이다.

셋째, '낡은 시스템의 붕괴 우려'가 비합리적인 결정을 정당화했다. 기존 래티스 시스템이 당장 멈춰버릴지 모른다는 공포감은 결함투성이인 새 시스템을 고집하고 무리한 일정을 강행하기 위한 중요한 명분으로 작용했다. 하지만 훗날 공개된 감사 보고서는 당시 래티스 시스템의 붕괴 위험이 다소 과장되었을 수 있다고 지적했다.

이런 관성은 서로 얽히고설켜 파괴적 연쇄 반응을 일으켰다. 잘못된 전략적 선택(빅뱅)은 초기 경고를 무시하는 인지적 경직성으로 이어졌다. 그리고 경고를 무시하고 프로젝트를 계속 진행하기 위해 맺은 불리한 추가 계약은 나중에 멈추고 싶어도 멈출 수 없는 '몰입 상승 효과'라는 덫이 되었다. 마지막에 내린 불합리하고 전혀 논리적이지 않은 결정은 프로젝트의 첫 단추를 잘못 끼운 순간부터 예견된 필연적 결과였다.

마침내 운명의 날이 다가왔다. 예정대로 새로운 시스템의 스위치를 올리라는 지시가 떨어졌다. 이는 무지 속에서 내린 결정이 아니었다. 실패 가능성을 명확히 인지한 상태였지만, 애초부터 브레이크가 없었기에 그저 앞으로 달려가는 것 외에 다른 방법이 없었던 것이다.

숫자 뒤에 가려진 고통과 책임

2010년 3월 14일, 마침내 '케이블'이 끊어졌다. 새로운 시스템이 가동되기 시작하자 상상 속 재앙이 현실화되었다. 이는 곧바로 수만 명에 이르는 평범한 노동자의 삶을 송두리째 흔들었다.

간호사로 일하는 베로니카 파이크는 시스템 오류로 인해 과다 지급과 과소 지급을 동시에 경험했다. 1년 뒤, 주정부는 그녀에게 과다 지급한 1,800달러를 갚으라는 통지서를 보냈지만, 그 후 5년이 지나도록 문제는 해결되지 않았다. 이 기나긴 교착 상태는 단순한 행정 지연이 아니었다. 근본적으로 급여 시스템 자체가 고장 나 베로니카에게 돈을 더 줬다는 정보와 덜 줬다는 정보를 동시에 만들어냈고, 이 때문에 정확한 정산 자체가 불가능했다. 여기에 정부의 빚 회수 절차와 직원의 임금 청구 절차가 완전히 따로 놀면서 그녀는 한쪽에선 채무자, 다른 쪽에선 채권자라는 기이한 상황에 놓였다.

이런 피해자가 7만 8,000명에 달해 행정 시스템이 완전히 마비되었다. 설상가상으로 IBM에 법적 책임을 물을 수 없자, 정부는 그 화살을 힘없는 개인에게 돌렸다. 결국 기술적 결함, 행정 마비, 책임 공백이 뒤엉킨 재앙 속에서 그녀의 문제는 5년간 방치되었다. 또 다른 간호사 존 거너는 2,800달러를 과소 지급받았다는 통보를 받고 항의했지만, 주정부는 그의 연차 수당에서 일방적으로 해당 금액을 공제해버렸다.

 혁신은 왜 실패하는가

| 표 24-1 | 퀸즐랜드 프로젝트의 꿈과 현실

지표	최초 계획	최종 결과
총비용	약 620만 호주달러	약 12억 5,000만 호주달러
시스템 가동일	2008년 7월	2010년 3월 14일
급여 미지급 직원	0명	2만 6,044명
급여 과소/과오 지급	0명	2만 2,550명 (과소 1만 6,512명, 과오 6,038명)
수습 투입 인력	0명	1,000명 이상

이 사태의 가장 비극적인 단면은 '책임 전가' 현상이었다. 시스템을 만든 주정부와 수행 업체가 저지른 실수는 개개인에게 고통과 책임이라는 형태로 고스란히 떠넘겨졌다. 심지어 무려 88명의 보건 인력이 급여 지급 오류와 관련해 사기 혐의로 경찰 조사를 받는 충격적인 일까지 벌어졌다. 시스템 오류가 개인의 범죄 혐의로 둔갑한 것이다. 이는 강력한 기관이 스스로 저지른 실수를 가장 힘없는 개인에게 전가하는, 관료주의의 가장 어두운 모습을 보여준다.

사태 수습을 위해 주정부는 급여를 받지 못한 직원들에게 현금을 나눠주는 촌극을 벌이고, 문제를 수작업으로 해결하기 위해 1,000명이 넘는 인력을 추가로 투입해야 했다. 이 모든 혼란의 규모는 [표 24-1]의 처참한 숫자들이 증명한다.

결국 퀸즐랜드 주정부는 IBM을 상대로 제기한 소송에서도 패소했다. 책임져야 할 주체는 법의 보호막 뒤로 사라졌고, 그 대가는 고스란히 납세자의 부담과 직원들의 고통으로 남았다. 퀸즐랜드 주의회는 수년 뒤 공식적으로 전임 정부와 IBM을 비난하며 피해를 본 모든 직원에게 서면으로 사과하는 결의안을 채택했지만, 상처는 쉽게 아물지 않았다.

비상 브레이크를 당길 용기

퀸즐랜드 프로젝트는 왜 실패했을까? 그 답은 기술이 아니라 사람과 조직에 있다. 리더십이 가졌던 '통제에 대한 환상'이 현장의 '복잡한 현실'과 충돌하면서 모든 것이 무너졌다. 이 재앙은 리더들이 흔히 저지르는 세 가지 근본적인 착각을 적나라하게 드러낸다.

첫째, 리더들은 '비공식 시스템'의 힘을 간과했다. 그들이 보기에 낡은 코볼 시스템은 제거해야 할 문제였지만, 진짜 급여 시스템은 수십 년간 축적된 현장 담당자들의 노하우와 그들만의 업무 방식, 즉 비공식 시스템 그 자체였다. 리더들은 이 보이지 않는 시스템을 '비효율'로 낙인찍고 파괴하려 했지만, 이는 조직의 면역 체계를 파괴하는 것이나 다름없었다.

둘째, '표준화'라는 목표의 폭력성을 이해하지 못했다. 2만 4,000여 가지가 넘는 급여 조합은 오류가 아니라 조직의 역사이자 수많은 노사합의의 기록이었다. 리더십은 이 살아 있는 역사를 죽은 데이터로 취급하고, 단 하나의 표준이라는 칼로 베어내려 했다.

셋째, '교육'을 '지시'와 동일시하는 착각에 빠졌다. 8만 명을 위한 교육은 고작 몇 페이지짜리 온라인 매뉴얼이 전부였다. 이는 직원들을 변화의 주체가 아니라 단순히 명령을 이행하는 수동적인 객체로 취급한 결과다.

　　　　　　　　　　　　　　　혁신은 왜 실패하는가

이러한 재앙적 실패는 너무나 값비싼 교훈을 남겼다. 이 사건은 이후 국제 표준화 기구ISO의 기술 표준 문서에까지 영향을 미쳤다. 공공 서비스의 핵심 시스템 전환 시 '빅뱅 방식'을 지양하고 충분한 병행 테스트를 의무화하는 조항의 배경 사례로 '퀸즐랜드 보건 급여 시스템 사고'가 명시된 것이다. 한 조직의 실패가 전 세계적 표준을 바꿀 만큼 그 교훈은 강력했다. 흥미롭게도, 캐나다 정부는 퀸즐랜드의 실패 이후 유사한 방식으로 IBM과 함께 연방 공무원 급여 시스템 '피닉스Phoenix'를 추진했다가 비슷한 재앙을 겪었다. 이는 값비싼 교훈조차 쉽게 학습되지 않는다는 사실을 보여준다.

하지만 이 실패가 남긴 가장 중요한 유산은, 역설적으로 실패를 통해 배우려는 공적인 노력에 있다. 퀸즐랜드 주정부는 특별조사위원회를 통해 실패 원인을 철저히 규명하고, 그 결과를 바탕으로 정부의 정보 시스템 구축 프로젝트 관리 체계를 전면 개편하는 등 재발 방지를 위한 제도적 장치를 마련했다. 12억 5,000만 달러는 단순히 사라진 돈이 아니라, 21세기 공공 행정이 반드시 지불해야 할 값비싼 수업료였던 셈이다.

퀸즐랜드의 사례는 우리에게 '리더십의 덕목'이 무엇인지에 대한 근본적인 질문을 던진다. 복잡다단한 변화 앞에서 진정으로 필요한 리더십은 무엇일까? 한번 세운 계획을 강하게 밀어붙이는 '고집'이나 '뚝심'과는 거리가 멀다. 잘못된 길로 가고 있다는 신호를 감지했을 때, 그동안 쏟아부은 모든 노력을 뒤로하고 용기 내어 '일단 멈춤'을 선언하는 것이 바로 리더의 역할이다.

Q1. '단번에 해결한다'는 영웅적 서사에 취해 있는가, 아니면 '충분한 검증'을 거치며 나아가는가?

퀸즐랜드 주정부는 낡은 시스템을 단번에 교체하는 '빅뱅' 방식을 택했다. 마치 낡은 집을 한순간에 허물고 새집을 짓는 것처럼 보였지만, 그 집 안에 살고 있는 8만 명의 사람을 고려하지 않은 위험한 도박이었다. 복잡하게 얽힌 문제일수록 한 번에 끊어내려 하기보다, 엉킨 실타래를 하나씩 풀어가듯 접근해야 한다.

✪ **우리 계획이 '단번에 모든 것을 바꾼다'는 매력적인 구호에 지나치게 의존하고 있지는 않은가? 그 구호가 앞으로 마주할 현실적 어려움과 실패 가능성을 가리고 있는 것은 아닌지 의심해봐야 한다.**

진단 포인트 프로젝트 제안서나 기획안에 "전면 개편", "일괄 전환", "단번에 해결"과 같은 표현이 자주 등장한다면, 그 이면에 숨겨진 리스크를 구체적으로 시뮬레이션했는지, 아니면 희망 사항을 계획으로 착각하고 있지 않은지 반드시 확인해야 한다.

✪ **만약 프로젝트의 범위 중 일부라도 먼저 적용해 테스트할 수 있다면, 가장 먼저 검증해야 할 핵심 영역은 무엇인가? 성공과 실패를 판단하기 위한 구체적인 기준은 무엇인가?**

진단 포인트 전체 예산의 10퍼센트 미만을 사용해 핵심 가설을 검증할 수 있는 '파일럿 프로젝트'가 계획에 포함되어 있는지 점검해보자.

⭐ **프로젝트를 여러 단계로 나누어 진행할 때 발생하는 단점(시간 증가, 비용 증가 등)과, 한 번에 진행했을 때 발생할 수 있는 실패 리스크 중 우리 조직의 미래에 더 치명적인 것은 무엇인가?**

진단 포인트　'빠른 실패Fail Fast'와 '완전한 실패Total Failure' 사이에서 우리는 무엇을 선택하고 있는가? 단순히 일정을 맞추기 위해 반드시 거쳐야 할 여러 단계를 건너뛰고 있다면, 그것은 효율이 아니라 도박이다.

Q2. '목표 달성'에 전념한 나머지 경고 신호를 외면해버리는가, 아니면 '불편한 진실'을 멈춤 신호로 받아들이는가?

프로젝트 진행 과정에서 수많은 경고 신호가 울렸음에도 퀸즐랜드의 리더들은 "이제 와서 멈출 수 없다"며 외면했다. 심지어 시스템 가동 직전에 발견된 심각한 결함들을 '사소한 문제'로 등급을 낮춰 보고했다. 이는 보고서가 현실을 반영하는 거울이 아니라, 이미 정해진 결론을 정당화하는 무기로 사용되었음을 의미한다. 불편한 진실을 마주하는 것은 고통스럽지만, 오직 그것만이 우리를 안전하게 지켜준다.

⭐ **프로젝트의 현 상태를 가장 비판적으로, 혹은 비관적으로 보고 있는 사람은 누구인가? 우리는 그 사람의 우려 섞인 목소리를 '불평'으로 치부하지 않고, 경청할 준비가 되어 있는가?**

진단 포인트　회의 시간에 반대 의견이나 우려를 제기하는 사람에게 너무 부정적이라고 면박을 주거나 눈치를 주는 분위기가 형성되어 있는지 되돌아보자. 침묵은 동의가 아니라 공포의 표현일 수 있다.

⭐ **현재까지 확보한 데이터나 테스트 결과 중에서, 우리를 가장 불안하게 만드는 단 하나의 숫자는 무엇인가? '노력하면 극복할 수 있을 것이다'라는 막연한 의지로 이를 덮어두고 있지는 않은가?**

진단 포인트 해결책이 구체적이지 않고 '추후 보완', '집중 관리 예정'과 같은 모호한 단어로 포장된 리스크 항목이 있다면, 그것이 바로 프로젝트를 탈선시킬 시한폭탄이다.

⭐ **만약 지금 당장 프로젝트를 멈춰야 할 정도로 명백하고 치명적인 결함이 발견된다면, 우리는 오픈 일정을 어기더라도 멈출 수 있는 권한과 용기를 가지고 있는가?**

진단 포인트 프로젝트를 멈춰야 할 치명적인 결함이 발견된다면, 정해진 일정을 무릅쓰고라도 중단을 결정할 수 있는 권한과 용기를 실제로 행사할 수 있는가?

Q3. '투입한 비용'이 아까워서 멈추지 못하는가? '더 큰 재앙'을 막기 위해 언제든 중단할 수 있는가?

퀸즐랜드 프로젝트는 잘못된 결정임을 알면서도 그간의 투자가 아까워 중단하지 못하는 '매몰 비용의 덫'에 갇힌 전형적인 사례다. 문제가 생겨도 책임 소재를 따지기 어려운 계약 구조, 다가오는 선거와 같은 정치적 시간표, 낡은 시스템이 당장이라도 멈출지 모른다는 과장된 공포가 뒤섞여 브레이크 없는 폭주 기관차를 만들었다. 결국 그들은 멈출 수 있는 기회를 모두 놓치고, 돌아올 수 없는 다리를 건너고 말았다.

⭐ **지금까지 들어간 시간과 비용을 머릿속에서 모두 지우고, 오로지 '오늘부터의 투자가치'만 따져봤을 때도 이 프로젝트를 진행하는 것이 합리적인가?**

진단 포인트 제로 베이스에서 프로젝트의 타당성을 재검토하는 회의를 정기적으로 갖고 있는지 되돌아보자. 과거 투자가 미래의 결정을 정당화하는 근거로 쓰여서는 안 된다.

⭐ **우리는 어떤 문제가 발생했을 때 프로젝트를 과감히 포기하거나 방향을 틀 것인지에 대한, 조직 구성원 모두가 동의하는 명확하고 구체적인 '철수 전략'을 가지고 있는가?**

진단 포인트 시작하는 계획만 있고 끝내는 계획이 없다면, 그것은 전략이 아니라 맹신이다. 최악의 상황에 대비한 시나리오 플랜이 문서화되어 있는지 점검해보자.

⭐ **우리가 파트너와 맺는 계약의 내용은 문제가 발생했을 때 우리를 보호해주는 안전장치인가, 아니면 오히려 우리의 선택지를 제한하고 끌려다니게 만드는 족쇄인가?**

진단 포인트 계약 조항들이 성공했을 때의 이익 분배에만 초점이 맞춰져 있지 않은지 살펴보자. 실패하거나 지연되었을 때 책임 소재가 명확히 설정되어 있는지 충분한 법률적 검토가 필요하다.

25장

현실과 괴리된 '톱다운 혁신'

::

GE의 자기애는 어떻게 40억 달러짜리 꿈을 좌초시켰는가?

'산업계의 패자'가 선언한 새로운 질서, 프레딕스

2013년 제너럴일렉트릭GE은 '프레딕스Predix'라는 새로운 플랫폼을 세상에 공개하며 산업계의 지각 변동을 예고했다. 이는 단순한 신제품 발표가 아니었다. 100년 넘게 미국 제조업의 상징으로 군림해온 거인이 스스로 '산업 인터넷Industrial Internet'이라는 새로운 시대의 개막을 알리고, 그 시대의 규칙과 질서를 주도하겠다는 일방적인 선언에 가까웠다.

그러나 결론부터 이야기하면 이 야심 찬 프로젝트는 얼마 못 가 몰락의 길로 들어섰다. 기술적 결함이나 시장의 미성숙함이 실패의 근본 원인이 아니었다. 프레딕스는 GE가 산업의 리더로서 '자신이 횃불을 들면 생태계의 모든 기업과 이해관계자가 자연스럽게 따라올 것'이라고 믿었던, 뿌리 깊은 오만함 때문에 좌초했다.

GE가 제시한 비전은 그 자체로 오만함의 첫 번째 증거였다. 그들은 특정 문제를 해결하는 소프트웨어를 만드는 데 만족하지 않았다. 그들의 목표는 '산업계를 위한 운영 체제Operating System, OS' 혹은 '산업용 아마존 웹 서비스Amazon Web Service, AWS'를 구축하는 것이었다. 이 표현은 GE가 시장의 필요에 부응하는 것이 아니라, 시장 자체를 창조하고 동시에 지배하려 했음을 명확히 보여준다. 당시 CEO 제프리 이멜트Jeffrey Immelt는 "GE는 증기기관 시대를 열었던 회사다. 이제는 데이터 엔진의 시대를 열겠다"라고 선언하며, 구글이나 마이크로소프트 같은 빅테크 기업들조차 아직 완전히 장악하지 못한 시장을 선점하겠다는 야심을 숨기지 않았다.

이런 거대한 비전은 시장의 준비 상태나 고객의 실제 요구에 대한 면밀한 분석보다, GE라는 기업의 자기 인식과 정체성을 재확인하려는 내부적 욕구에서 출발했다. 소프트웨어가 세상을 집어삼키는 시대에, GE는 자신들이 여전히 세상을 정의하는 규칙 제정자임을 증명해야 한다는 강박에 사로잡혀 있었다. 그들은 고객과 경쟁사가 자신들이 제시하는 청사진에 자연스럽게 동참할 것이라고 가정했다. 이는 디지털 혁신을 위한 투자를 산업의 준비 상태에 맞춰 조율해야 한다는, 지극히 기본적인 원칙을 외면한 처사였다. "세상에서 가장 섹시한 공장이 클라우드 위에 세워진다"와 같은 도발적 슬로건은 단순한 마케팅 문구를 넘어, 자신들의 성공이 이미 예정된 것이라고 믿었던 리더십의 자기 확신을 반영한 것이었다. 결국 프레딕스의 거창한 비전은 시장을 위한 사업 계획이라기보다, 자신의 위대함을 확인하고 싶었던 거인의 심리를 투영한 것에 가까웠다.

유연성을 원칙적으로 차단한 올인 전략

프레딕스 전략의 이면에는 제프리 이멜트의 리더십 스타일과 그가 주도한 GE의 기업 문화가 깊숙이 똬리를 틀고 있었다. 프레딕스의 '모 아니면 도All-or-Nothing' 식 접근은 치밀한 시장 분석의 결과가 아니었다. 그것은 거대한 규모의 담대한 베팅을 선호하는 이멜트 리더십의 직관적 산물이었다. 그는 한번 방향을 정하면 되돌릴 수 없을 만큼 거대하게 움직여야만, 조직 전체가 그 방향에 '헌신'할 수밖에 없다고 믿었다. 스스로 퇴로를 불태우는 이 '올인' 전략은 시장의 반응을 살피며 궤도를 수정할 수 있는 유연성을 원천적으로 차단해버렸다.

프레딕스에 대한 그의 위험한 자신감은 "실패할 조짐이 보이면 알려달라. 그러면 투자를 더 늘리겠다"는 농담 섞인 호언장담에서 극명하게 드러난다. 이런 리더십은 GE 내부에 치명적인 독소를 심었다. 이멜트는 자신의 비전에 동참하지 않는 사람을 가차 없이 제거하거나 교체했다. "동참하지 않으려면 떠나라"는 식의 강압적 방식이 조직을 지배했다.

그 결과, 조직에는 리더를 실망시키는 것에 대한 원초적 두려움이 만연했다. 직원들은 비현실적인 기대를 충족시키기 위해 안간힘을 썼고, 그 과정에서 우리가 직면한 '추악한 진실'을 의도적으로 외면하는 문화가 뿌리내렸다.

바로 이 지점에서 프레딕스의 실패는 예견된 비극이었다. 프레딕스는 시작부터 현실 세계와 충돌하며 곳곳에서 파열음을 냈다. 뒤에서 살펴볼 보안에 대한 고객의 우려, 막대한 통신 비용, 개발자들의 기술적 난관 등 현장의 날카로운 경고음은 리더의 귀에 닿기도 전에 필터링되었다. 그리고 리더가 설정한 장밋빛 비전과 배치되는 '불편한 정보'는 보고 라인에서 삭제되었다. 결국 GE의 리더들은 스스로 만든 메아리 방Echo Chamber에 갇혀 모든 것이 순조롭다고 착각한 채 파국을 향해 질주했다. 리더의 오만함이 조직 전체의 눈과 귀를 가리는 거대한 차단막으로 작동한 것이다.

더 심각한 문제는 '변혁'이라는 구호 아래 자행된 위선이었다. 이멜트는 실리콘밸리 문화를 이식하겠다며 '관료주의 타파'와 '스피드'를 역설했으나, 실제로는 GE의 가장 낡은 관행을 더욱 강화했다.

단기 실적 압박에 시달린 영업 조직은 고객 가치 대신 하드웨어에 프레딕스 라이선스를 끼워 파는 '매출 부풀리기'에 매달렸고, 경영진은 회계 기법을 동원해 실패한 사업의 이익을 포장하기에 급급했다. 이는 장기적 가치보다 분기 실적 보고를 숭배하는 구태의 전형이었다. 결국 변혁은 공허한 외침에 그쳤고, 실체는 고장 난 조직을 디지털로 포장한 '기능 장애의 디지털화'에 불과했다.

리더십의 비전문성 또한 치명적이었다. 많은 리더가 프레젠테이션에서 '디지털'의 철자조차 틀리는 수준이었음에도, 이멜트는 그들이 사물인터넷 사업을 성공시킬 수 있다고 믿었다. 이는 특정 분야의 전문성보다 일반적인 경영 관리 능력이 우월하다는 GE의 오랜 믿음이 낳은 오만의 결과였다.

하향식 비전이 상향식 현실과 충돌할 때

GE 경영진의 오만함에서 비롯된 하향식 비전은 현장의 상향식 현실과 부딪히며 필연적으로 균열을 일으키기 시작했다. 이는 예측 가능한 실패였으며, 각각의 실패 지점은 GE가 고객과 시장의 목소리를 얼마나 철저히 외면했는지 보여주는 증거였다. GE는 자신들이 고객보다 고객의 필요를 더 잘 안다고 착각했으나, 그 대가는 혹독했다.

가장 먼저 무너진 곳은 고객 데이터 확보 전선이었다. 프레딕스의 성공은 고객 설비에서 나오는 '실제 데이터'라는 연료를 얼마나 원활하게 공급받느냐에 달려 있었다. 고객은 왜 자신의 가장 소중한 자산을 내줘야 하는지 의문을 가질 수밖에 없는데, GE는 이에 제대로 답하지 못했다.

첫 번째 장벽은 보안 문제였다. 가스 터빈이나 발전소 제어 시스템과 같은 핵심 산업 설비는 전통적으로 외부 인터넷망과 물리적으로 분리된 '스카다SCADA, Supervisory Control And Data Acquisition'라는 폐쇄적인 전용 통신망을 통해 운영되었다. 이는 외부로부터 해킹 위험을 최소화하기 위한 필수적인 조치였다. 그러나 프레딕스는 센서 데이터를 인터넷을 통해 GE의 클라우드 서버로 전송해야 했기 때문에, 현장의 보안 담당자들은 "만약 누군가 이 데이터 전송 경로를 통해 악성 코드를 침투시킨다면 전력망 전체가 마비될 수 있다"라며 심각한 우려를 제기했다. GE는 이중 삼중의 방화벽과 강력한 보안 프로토콜을 구축했다고 설명했지만, 현장 운영 팀에서는 자신들의 민감한 데이터를 외부로 내보내는 위험을 감수할 만큼 프레딕스가 약속하는 안전장치와 비즈니스 가치의 실체가 손에 잡히지 않았다. 그들은 "만에 하나 문제가 발생했을 때 그 책임을 직접 져야 하는 것은 우리"라며 프레딕스의 도입을 주저하거나 연기하는 경우가 많았다.

두 번째 장벽은 막대한 통신 비용과 데이터 전송의 비효율성이었다. 항공기 엔진이 비행 중 쏟아내는 방대한 온도, 진동, 압력 데이터를 실시간 위성 통신으로 클라우드에 전송하려면 시간당 수십 달러에서 수백 달러에 달하는 비용을 치러야 했다. 이에 대해 항공사들의 반응은 냉담했다. "데이터는 착륙 후 수집해도 분석에 아무런 지장이 없다"는 것이 그들의 입장이었다. 굳이 비싼 돈을 들여 실시간 전송을 고집할 이유가 없었던 것이다. 핵심은 효용의 부재였다. 고객들은 프레딕스가 제공하는 통찰력을 추가 비용을 지불해야 할 '프리미엄 서비스'가 아니라, 으레 제공되어야 할 '기본 기능'으로 간주했다. GE는 고객이 지갑을 열 이유를 증명하지 못했다.

세 번째 장벽은 생태계 구축의 실패였다. GE는 프레딕스 플랫폼을 개방해 서드파티 개발자들이 자유롭게 앱을 개발하고 판매하는 '산업용 앱 스토어'를 약속했다. 그러나 현실은 냉혹했다. 외부 스타트업이나 개발사가 실제 발전소나 항공사의 운영 데이터에 접근하는 것은 난공불락에 가까웠다. 데이터 접근이 원천 봉쇄된 상태에서 고객에게 필요한 킬러 앱이 나올 리 만무했고, 이는 플랫폼의 가치를 떨어뜨려 고객의 자발적 참여를 막는 악순환으로 이어졌다.

테스트를 위해 실제 가스 터빈이나 항공기 엔진에 접근하는 절차는 복잡하기 그지없었고, 승인에만 수개월이 걸렸다. 결국 프레딕스 앱 스토어는 GE와 그 계열사가 만든 소프트웨어로만 채워졌고, 구매자 역시 내부 조직이나 기존 고객에 국한되었다. 외부 개발자들에게 프레딕스는 철저히 닫힌 '그들만의 리그'일 뿐이었다.

이와 같은 소프트웨어 개발과 현장 적용의 어려움과 별개로, GE 본사, 특히 경영진이 설정한 프레딕스의 매출 목표는 여전히 매우 공격적이었다. 2016년 GE 이사회는 "프레딕스가 2020년까지 연 매출 40억 달러를 달성하지 못하면 성장 사업에서 제외한다"라는 내부 방침을 확정한 것으로 알려졌다. 이런 압박 속에서 GE 영업 부서는 장비 판매나 유지 보수 계약 시 '프레딕스 라이선스'를 필수 항목으로 포함시키는 전략을 취했다. 고객들은 터빈과 같은 주요 장비를 구매하면서 프레딕스 사용권도 함께 구매했지만, 이것이 곧바로 실제 데이터 전송과 활용으로 이어지지는 않았다. 프레딕스가 제공하는 실질적 가치를 체감하지 못했기 때문이다. 클라우드 연결은 여전히 보안, 통신비, 내부 절차 등 해결되지 않은 장벽들로 인해 가로막혀 있었다.

결과적으로, GE의 보고서에서는 '프레딕스 가입 고객사 수'가 빠르게 증가하는 모습이었지만, 실제 분석에 활용되는 데이터의 양과 질은 기대에 크게 미치지 못했다. 이는 대규모 데이터를 전제로 설계된 프레딕스의 예측 모델이 현실 데이터 부족으로 인해 정확성이 떨어지거나 성능이 불안정해지는 문제로 이어졌고, 엔지니어들은 모델 성능이 들쭉날쭉하다며 어려움을 토로했다. 실제로 "프레딕스는 GE가 떠들썩하게 홍보한 것에 비해 플랫폼의 완성도가 그리 높지 않았다"라는 지적도 있었다. 일부 애널리스트 보고서는 "프레딕스를 통해 얻는 효율성 향상이 현장별로 3퍼센트에서 15퍼센트까지 큰 편차를 보이는데, 이는 전통적인 수동 튜닝 방식으로도 달성 가능한 수준과 크게 다르지 않다"라고 지적했다.

조직 문화의 충돌 또한 심각한 문제였다. 실리콘밸리 문화에 익숙한 젊은 디지털 개발자들은 2주 단위의 짧은 주기로 새로운 코드를 배포하는 '애자일' 개발 방식을 선호했지만, 발전소나 항공 엔진과 같이 안전이 최우선시되는 현장 운영 팀은 "새로운 소프트웨어의 안전성을 검증하고 실제 시스템에 적용하기까지 최소 6개월이 필요하다"라고 반박했다. 빠르게 개발된 코드는 오히려 현장의 업데이트 대기 목록만 길게 만들 뿐이었다.

GE 디지털의 업무 방식은 현장의 현실과 철저히 괴리되어 있었다.

  혁신은 왜 실패하는가

| 표 25-1 | 프레딕스의 약속 vs. 현실

약속	현실
개방형 생태계 - 서드 파티 개발자들이 다양한 산업용 앱을 개발하고 판매하는 앱스토어 구축	**폐쇄된 정원** - 외부 개발자의 데이터 접근 차단. 앱스토어는 GE 및 계열사 제품 위주로 채워진 '그들만의 리그'가 됨.
실시간 데이터 흐름 - 전 세계 어디서든 클라우드 기반 플랫폼으로 데이터를 모아 실시간으로 분석	**데이터 단절** - 보안 우려와 막대한 통신비 부담으로 고객들이 데이터 전송 거부. 대부분 착륙 후 일괄 수집 방식 선호
혁신적 조직 문화 - 실리콘밸리의 애자일 개발 방식을 통해 속도와 혁신 추구	**문화 충돌** - 2주 단위 개발과 6개월 단위 안전 검증 프로세스의 충돌. 현실을 무시한 디지털 도구 강요로 인한 반발 심화
변혁적 가치 - 산업계의 운영체제로서 전례 없는 수준의 효율성과 생산성 향상	**점진적 개선** - 플랫폼의 완성도 부족. 효율성 향상 폭은 기존 대비 3~15퍼센트로, 프레딕스를 도입하지 않아도 달성할 수 있는 수준

엔지니어들에게는 종이 문서 대신 태블릿 PC가 강요되었지만, 기름과 먼지가 뒤범벅된 실제 작업 환경에서 그것은 금세 고장 나거나 애물단지로 전락하기 일쑤였다.

수십 년 경력의 베테랑 기술자들은 차가운 화면 속 데이터보다 자신들의 오랜 직관, 즉 손끝의 감각과 기계가 내는 소리를 더 신뢰했다. 양측은 서로를 향해 "구시대적이다" 혹은 "현실을 전혀 모른다"며 날을 세웠고, 이 갈등으로 중간 관리자들의 업무 부담만 가중될 뿐이었다.

오만의 시대가 저물고 겸손과 실용의 시대가 열리다

2017년 GE의 주가는 25년 만에 최저치로 곤두박질쳤다. 거인의 꿈은 산산조각 났다. 제프 이멜트는 불명예스럽게 퇴진했고, 그의 야심작 프레딕스는 실패의 상징으로 전락했다.

구원투수로 등판한 후임 CEO 존 플래너리John Flannery는 대대적인 구조조정과 함께 프레딕스 사업을 원점에서 재검토했다. 그의 일성은 단호했다. "우리는 소프트웨어 회사가 아닙니다. 본질적으로 제조 회사입니다." 그것은 거창한 구호와 비현실적인 야망을 폐기하고, GE가 가장 잘하는 것, 즉 현실에 발 딛고 문제를 해결하는 제조업의 본질로 돌아가겠다는 선언이었다. 바야흐로 오만의 시대가 저물고 겸손과 실용의 시대가 열린 것이다.

플래너리의 지휘 아래, 한때 '산업 인터넷의 심장'이라 불렸던 제국은 해체 수순을 밟았다. 서비스맥스 같은 자산을 매각하고, 플랫폼 사업 분사 계획도 백지화했다. '산업용 AWS'가 되겠다는 허황된 꿈은 과감히 폐기하고, '디지털 트윈'처럼 이미 검증된 기술을 각 사업부의 특화 솔루션으로 전환해 내부 효율을 높이는 쪽으로 방향을 틀었다. 이는 거대한 단일 플랫폼으로 모든 것을 해결하려던 '빅뱅' 방식의 접근이 완전히 실패했음을 인정하고, 작고 구체적인 문제를 해결하며 점진적으로 확장하는 실용주의로 선회했음을 의미한다.

프레딕스 사례에서 특히 주목할 부분은, 거창했던 초기 비전이 좌절된 뒤 오히려 현실적인 문제 해결에 초점을 맞춘 '축소된 버전'의 솔루션들이 현장에서 더 나은 성과를 거두었다는 점이다. 항공 엔진 팀이 채택한 경량화된 예측 모델은 하루 한 번 핵심 로그 데이터만 전송받았음에

  혁신은 왜 실패하는가

도 소음, 온도, 진동 데이터 중 고장 예측에 정말 필요한 핵심 특징Feature 만 정제해서 분석했기 때문에 전체 데이터를 실시간으로 분석하는 기존 모델보다 오히려 예측 정확도가 더 높게 나타나기도 했다. 발전소에 적용된 온프레미스On-premise 버전(클라우드 버전과 정반대 개념으로, 현장의 서버에 직접 설치하는 소프트웨어를 가리킴) 역시 모든 센서 데이터를 외부로 전송하지 않고 현장 서버 자체적으로 핵심 지표의 수치를 계산하는 것만으로도 고장 징후를 효과적으로 포착했으며, 인터넷 장애나 보안 규정으로 인해 시스템이 멈추는 위험을 크게 줄일 수 있었다. 이는 고객의 실제 사용 환경과 데이터 제공이 어려운 현실적 여건을 최우선으로 고려한 결과였다.

오늘날 프레딕스는 GE 버노바GE Vernova(GE 에너지 사업부로 출발해, 2011년 GE의 경영이 악화되자 별도 법인으로 분할된 기업) 체제하에서 프레딕스 엣지Edge, 그리드OSGridOS 등 다양한 산업 특화 솔루션의 일부로서 그 명맥을 유지하며 발전하고 있다.

이러한 사례는 중요한 전략적 교훈을 남겼다. 성공의 핵심은 비전의 거대함이 아니라 구체성에 있다는 것이다. 프레딕스의 초기 비전은 모든 데이터, 모든 시간, 모든 산업을 하나의 플랫폼에 담으려는 극단적인 '덧셈'의 전략이었다. 그 결과는 감당할 수 없는 복잡성과 비용, 그리고 위험뿐이었다. 반면 성공적인 후기 모델들은 불필요한 군더더기를 걷어내는 '뺄셈'의 전략을 택했다.

오늘날 GE 산라몬 캠퍼스 로비에는 프레딕스 초기의 화려한 포스터 대신 "검증 후 확장하라Scale after proof"라는 간결한 글귀가 걸려 있다고 전해진다. 이는 GE가 수십억 달러를 지불하고 배운 가장 값비싼 교훈을 요약한 것이다. 거창한 비전을 선포하고 시장이 따라오기를 기대하는

| 표 25-2 | **GE의 리더십 비교 분석**(이멜트 vs. 플래너리)

	제프 이멜트	존 플래너리
핵심 철학	모 아니면 도All or Nothing. 거대하고 담대한 베팅을 통해 시장을 재편하고 지배하려는 야망	신중한 접근. 현실을 직시하고, 실행 가능한 계획을 통해 점진적으로 문제를 해결하려는 실용주의
디지털 접근법	'산업용 OS'라는 거대 플랫폼을 구축해 시장을 선점하려는 하향식 접근. 소프트웨어 회사로의 완전한 변신 추구	'우리는 본질적으로 제조 회사'라는 현실 인식 아래, 검증된 기술을 각 사업부의 특정 문제 해결에 적용하는 상향식 접근
의사결정 스타일	장기적 비전을 설정하고, 한번 결정하면 강력하게 밀어붙이는 스타일. '헌신'을 강요하며 반대 의견을 용납하지 않음.	현실적인 현금 흐름과 재무 상태를 기반으로, 때로는 고통스럽지만 필요한 결정을 내림(배당금 삭감 등).
실패에 대한 관점	실패 가능성을 인정하지 않고, 목표 미달 시 더 큰 투자를 공언하는 등 자신의 비전에 절대적 확신을 보임.	사업의 핵심 역량에 집중하기 위해 GE 헬스케어와 같은 핵심 자산 매각도 감수하는 등 실패를 인정하고 포트폴리오를 재구성함.
이해관계자 소통	투자자들에게 거창한 비전과 장밋빛 전망을 제시하며 기대감을 고조시킴. 직원들에게는 비전 동참을 강요함.	주가 하락을 감수하고서라도 회사의 현실을 솔직하게 알리고, 장기적 회생을 위한 기반을 다지는 데 집중함.

것이 아니라, 작은 성공으로 가치를 먼저 증명하고 그렇게 쌓은 신뢰를 바탕으로 점차 확장해야 한다는 것이다. 이는 오만함에 대한 가장 완벽한 해독제이자, 모든 기업이 따라야 할 겸손의 원칙이다.

 혁신은 왜 실패하는가

값비싼 대가를 치른 절반의 성공

프레딕스 프로젝트는 거대한 꿈이 냉엄한 현실의 벽에 부딪혔을 때 어떤 일이 일어나는지 생생하게 보여준다. 그러나 이 프로젝트를 단순히 40억 달러가 넘는 투자금을 날린 실패 사례로 규정하면 핵심을 놓치게 된다. 프레딕스의 진정한 유산은 사라진 플랫폼 그 자체가 아니라, 그 실패 과정에서 GE의 조직 전체에 깊이 각인된 값비싼 교훈, 즉 다시는 같은 실수를 반복하지 않도록 막아주는 강력한 '조직적 가드레일'에 있다.

이제 GE 내부에서 프레딕스라는 이름은 실패의 상징을 넘어, 새로운 프로젝트를 시작할 때마다 되짚어보는 '살아 있는 체크리스트'로 기능한다. 회의 중에 누군가 "우리가 프레딕스처럼 되는 것은 아니겠지?"라는 질문을 던지는 순간, 논의의 초점이 자연스럽게 과거 프레딕스가 간과했던 본질적인 질문들로 옮겨간다. 고객에게 데이터 제공에 대한 확실한 인센티브를 어떻게 설계할 것인가? 통신 비용과 보안 책임 문제를 어떻게 해결할 것인가? 현장 엔지니어가 새로운 디지털 도구 대신 여전히 익숙한 공구함을 선호한다면, 우리가 바꿔야 할 것은 그들의 손에 들린 도구인가, 낡은 업무 절차인가, 아니면 잘못 설정된 핵심 성과 지표KPI인가? 이 질문들은 모두 '우리가 옳다'는 오만한 가정에서 벗어나, "고객이 무엇을 원하는가?"라는 겸손한 질문으로 회귀하도록 강제한다.

그런 의미에서 40억 달러라는 비용은 실패에 대한 대가가 아니라, 이 가드레일을 구축하는 데 들어간 막대한 '건설 비용'으로 재해석할 수 있다. 이 값비싼 안전 펜스 덕분에 앞으로 수십, 수백 개의 유사한 프로젝트가 잠재적 낭떠러지를 피할 수 있다면, 이는 결코 헛된 수업료가 아닐 것이다. 프레딕스 사례는 이후 산업계에 중요한 참고 자료가 되었다.

많은 전통 제조 기업은 제2의 프레딕스가 되면 안 된다는 경각심을 갖게
되었고, 산업용 AWS가 되겠다는 식의 거창한 슬로건을 내세우는 프로
젝트에 근본적이고 실질적인 질문을 던지기 시작했다.

　결론적으로, 프레딕스 프로젝트는 완전한 실패라기보다 값비싼 대가
를 치른 절반의 성공이라고 평가하는 것이 타당하다. 거인의 오만함에서
출발한 거창한 비전은 처참하게 실패했지만, 그 실패를 통해 얻은 교훈
은 조직을 더 현명하고 겸손하게 만들었다. 실패가 투명하게 기록되고,
그 원인이 철저히 분석되며, 그 교훈이 조직 전체에 공유될 때, 실패는 단
순한 비용이 아니라 미래의 성공을 담보하는 가장 강력한 전략적 자산이
될 수 있다. GE는 프레딕스를 통해 산업계의 패자가 시장 질서를 마음
대로 재편할 수 있다는 착각에서 벗어나, 고객의 가장 작은 목소리에 귀
기울여야만 살아남을 수 있다는 평범하지만 가장 중요한 진리를 배웠
다. 이것이 바로 40억 달러짜리 가드레일이 남긴 진정한 유산이다.

　　　　　　　　　　　　　　　　　　　　혁신은 왜 실패하는가

Q1. '고객의 문제'를 풀고 있는가, 아니면 '회사의 비전'을 팔고 있는가?

GE는 고객들이 "왜 내 소중한 데이터를 당신들에게 줘야 하죠? 보안은 어떻게 책임질 겁니까?"라고 물을 때, "우리가 산업 인터넷의 리더가 될 것이기 때문입니다. 미래는 여기에 있습니다"라는 식의 동문서답을 했다. 그들은 프레딕스라는 플랫폼을 구축하고 시장을 장악하는 데 몰두하느라, 정작 고객이 겪고 있는 '비용 절감', '안전 확보', '규제 준수'라는 구체적이고 현실적인 문제를 해결하는 데 소홀했다. 고객은 회사의 원대한 비전을 사지 않는다. 그들은 자신의 당면한 골칫거리를 해결해줄 '진통제'를 산다. 비전 자체만으로는 내부 직원들을 춤추게 할 수는 있어도, 고객의 지갑을 열지 못한다.

⭐ **우리가 제공하는 솔루션이 고객의 업무 현장에서 발생하는 애로사항을 어떻게, 얼마나 줄여줄지 수치로 증명할 수 있는가?**

진단 포인트 "혁신적인 플랫폼을 제공합니다", "디지털 전환을 선도합니다"와 같은 모호한 마케팅 용어 대신, "다운타임을 20퍼센트 줄여 연간 10억 원을 절약해줍니다", "데이터 입력 시간을 50퍼센트 단축합니다"와 같이 고객의 언어와 숫자로 가치를 설명할 수 없다면, 우리는 아직 고객의 문제를 제대로 정의하지 못한 것이다. 가치는 구체적인 이익의 형태로 표현되어야 한다.

✪ **프로젝트의 성공 지표가 '플랫폼 가입자 수', '데이터 수집량', '앱 개발 건수'와 같은 공급자 중심의 지표인가, 아니면 '비용 절감액', '설비 가동률 향상'과 같은 사용자 중심의 지표인가?**

진단 포인트 우리의 성공이 고객의 성공과 일치하지 않는다면, 그것은 지속 가능한 비즈니스가 아니라 거품일 가능성이 크다. 고객이 돈을 벌어야 우리도 돈을 버는 구조인지 점검해보자.

✪ **고객이 우리 솔루션을 도입하기 위해 감수해야 할 위험**(비용, 프로세스 변경, 학습 곡선, 보안 등)**에 대해 충분히 인지하고 있는가? 그리고 우리는 이를 상쇄하고도 남을 만큼의 확실한 효용을 제시하고 있는가?**

진단 포인트 GE 고객들이 보안 우려와 통신 비용 때문에 데이터 전송을 꺼렸던 것처럼, 고객이 느낄 심리적 장벽을 과소평가하지 말자. "보안은 완벽합니다"라고 말하는 것보다, "기존 폐쇄망을 유지하면서도 데이터를 안전하게 분석할 수 있는 엣지 솔루션을 제공합니다"라고 제안하는 것이 현실적이다. 장벽을 넘을 수 있는 구체적인 '사다리'를 제공해야 한다.

Q2. '듣고 싶은 말'만 듣는가, 아니면 '불편한 진실'을 찾아 나서는가?

이멜트 CEO 시절 GE의 이사회와 경영진 회의는 이른바 '나르시시즘 대잔치'였다. 빨간색 위험 신호들은 노란불이나 초록불로 둔갑했고, "할 수 있다", "도전하자"라는 긍정의 언어가 현실적인 우려와 기술적 난관을 덮어버렸다. 리더가 낙관주의를 강요하고 나쁜 소식을 배격할 때, 조직은 침묵한다. 그리고 그 침묵 속에서 문제는 곪아 터질 때까지 자라난다. 현명한 리더는 박수 소리보다 경고음 소리에 더 귀를 기울인다.

     혁신은 왜 실패하는가

✪ 우리 조직에는 난관이나 실패 가능성을 보고했을 때 '패배주의자'나 '능력 부족'이라고 비난받지 않을 심리적 안전감이 형성되어 있는가?

진단 포인트　최근 회의에서 "이건 안 될 것 같습니다", "이 일정은 무리입니다", "경쟁사가 더 낫습니다"라는 발언이 나왔을 때 리더가 어떻게 반응했는지 떠올려보자. 만약 그런 발언이 사라졌거나 발언자가 면박을 당했다면, 그것은 프로젝트가 완벽해서가 아니라 조직이 병들었기 때문일 수 있다.

✪ 현장 실무자들이 느끼는 문제점과 우려 사항이 중간 관리자의 필터링 없이 최고 의사결정권자에게 전달되는 공식적이고 정기적인 채널이 있는가?

진단 포인트　보고 단계가 올라갈수록 나쁜 소식은 희석되고 좋은 소식만 증폭되는 '보고의 왜곡' 현상을 막을 장치(핫라인, 익명 게시판, 현장 간담회 등)가 마련되어 있는지 점검해보자. 리더는 가공된 보고서가 아니라 날것의 데이터를 볼 수 있어야 한다.

✪ 우리는 우리의 가설이 틀렸을 수 있음을 입증하려고 노력하는가, 아니면 맞다는 증거만 수집하려고 하는가?

진단 포인트　프로젝트 검토 회의의 목적이 '추진 승인'을 위한 요식 행위인지, 아니면 '잠재적 리스크 발견'을 위한 치열한 검증 과정인지 자문해보자. 회의에 반드시 '악마의 변호인' 역할을 하는 사람을 지정해, 의도적으로 반대 의견을 내고 가설을 공격하게 하자. 만장일치는 가장 위험한 신호다.

프롤로그

Challapally, A., Pease, C., Raska, R., & Chari, P. (2025). "The GenAI divide: State of AI in business 2025." MIT NANDA Project. (https://mlq.ai/media/quarterly_decks/v0.1_State_of_AI_in_Business_2025_Report.pdf)

Dastin, J. (2018, October 11). "Amazon scraps secret AI recruiting tool that showed bias against women." *Reuters*.

Deloitte. (202:5). "State of generative AI Q4."

Finansys. (n.d.). "Failed ERP implementation: The Hershey's case study." (finansys.com)

Goddard, K., Roudsari, A., & Wyatt, J. C. (2012). "Automation bias: A systematic review of frequency, effect mediators, and mitigators." *Journal of the American Medical Informatics Association*, 19(1), 121–127. (https://doi.org/10.1136/amiajnl-2011-000089)

Huet, E., & Zaleski, O. (2017, April 19). "Silicon Valley's $400 juicer may be feeling the squeeze." *Bloomberg*.

Janis, I. L. (1972). *Victims of groupthink: A psychological study of foreign-policy decisions and fiascoes*. Houghton Mifflin.

Klein, G. (2007, September). "Performing a project premortem." *Harvard Business Review*.

Mitchell, D. J., Russo, J. E., & Pennington, N. (1989). "Back to the future: Temporal perspective in the explanation of events." *Journal of Behavioral Decision Making*, 2(1), 25–38. (https://doi.org/10.1002/bdm.3960020103)

Parasuraman, R., & Manzey, D. H. (2010). "Complacency and bias in human use of automation: An attentional integration." *Human Factors*, 52(3), 381–410. (https://doi.org/10.1177/0018720810376055)

Pemeco Consulting. (n.d.). "A case study on Hershey's ERP implementation failure: The importance of testing and scheduling." (pemeco.com)

RAND Corporation. (2024). "The root causes of failure for artificial intelligence projects and how they can succeed."

S&P Global Market Intelligence. (2025, March). *AI project failure rates are on the rise*.

Skillademia. (2024). "Metaverse statistics in 2024."

SunsetHQ. (n.d.). "Why did Juicero fail?" (sunsethq.com)

Zaleski, O., Huet, E., & Stone, B. (2017, September 7). "Inside Juicero's demise, from prized startup to fire sale." *Bloomberg*.

1장 | 변화를 가로막는 관성의 힘

Bresnahan, T. F., & Trajtenberg, M. (1995). General purpose technologies 'Engines of growth'?. *Journal of Econometrics*, 65(1), 83-108.

Brynjolfsson, E., & Hitt, L. M. (2000). Beyond computation: Information technology, organizational transformation and business performance. *Journal of Economic Perspectives*, 14(4), 23 – 48.

David, P. A. (1985). Clio and the economics of QWERTY. *The American Economic Review*, 75(2), 332 – 337.

Devine, W. D., Jr. (1983). From shafts to wires: Historical perspective on electrification. *The Journal of Economic History*, 43(2), 347 – 372.

Ford Motor Company (n.d.). The moving assembly line and the five-dollar workday. (https://corporate.ford.com/articles/history/moving-assembly-line.html)

Harford, T. (2017). *Fifty things that made the modern economy*. Little, Brown.

Hughes, T. P. (1983). *Networks of power: Electrification in Western society, 1880-1930*. Johns Hopkins University Press.

Nye, D. E. (1990). *Electrifying America: Social meanings of a new technology, 1880-1940*. MIT Press.

Rosenberg, N. (1982). *Inside the black box: Technology and economics*. Cambridge University Press.

Schurr, S. H., Burwell, C. C., Devine, W. D., Jr., & Sonenblum, S. (1990). *Electricity in the American economy: Agent of technological progress*. Greenwood Press.

Siemens AG (n.d.). "Drive technology: From the first electric motor to the digital twin." Siemens Historical Institute. (https://www.siemens.com/global/en/company/about/history/technology/drive-and-automation-technology/drive-technology.html)

2장 | 불 꺼진 공장의 신화

Adler, P. S. (1993). The 'learning bureaucracy': New United Motor Manufacturing, Inc. *Research in Organizational Behavior*, 15, 111 – 194.

Finkelstein, S. (n.d.). "Case study: GM and the great automation solution." Tuck School of Business at Dartmouth. (https://mba.tuck.dartmouth.edu/pages/faculty/syd.finkelstein/case_studies/01.html)

Geggel, L. (2018, April 17). Elon Musk says 'humans are underrated'. *Live Science*. (https://www.livescience.com/62331-elon-musk-humans-underrated.html)

GM Authority (n.d.). "General Motors Detroit-Hamtramck plant." (https://gmauthority.com/blog/gm/gm-facilities/gm-usa-facilities/gm-detroit-hamtramck-plant/)

Graban, M. (2016, June 9). "GM's CEO Roger Smith thought Toyota had "magic," but this was the secret." Lean Blog. (https://www.leanblog.org/2016/06/gms-ceo-roger-smith-thought-toyota-had-magic-but-this-was-the-secret/)

Harvard Business School (n.d.). "Roger B. Smith: 20th Century American Leaders." Retrieved November 29, 2024. (https://www.hbs.edu/leadership/20th-century-leaders/details?profile=roger_b_smith)

Helper, S., & Henderson, R. (2014). Management practices, relational contracts, and the decline of General Motors. *Journal of Economic Perspectives*, 28(1), 49 –72.

Ingrassia, P., & White, J. B. (1994). *Comeback: The fall and rise of the American automobile industry*. Simon & Schuster.

Keller, M. (1989). *Rude awakening: The rise, fall, and struggle for recovery of General Motors*. William Morrow & Co.

Levin, D. (2007, December 3). "GM's Roger Smith was a financial genius with faulty vision for future." Bloomberg.

Liker, J. K. (2004). *The Toyota way: 14 management principles from the world's greatest manufacturer*. McGraw-Hill. (While not in the snippets, this is the foundational text describing TPS principles like Andon, which NUMMI adopted).

Musk, E. (2017). "Tesla Second Quarter 2017 Update Letter." Tesla, Inc.

Musk, E. [@elonmusk] (2018, April 13). "Yes, excessive automation at Tesla was a mistake. To be precise, my mistake. Humans are underrated." Twitter. (https://x.com/elonmusk/status/984882630947753984)

O'Toole, J. (1995). *Leading change: Overcoming the ideology of comfort and the tyranny of custom*. Jossey-Bass.

Smith, R. (1990, July 31). "Outgoing chairman says technology, value will be GM's strengths" [Press conference]. United Press International. (https://www.upi.com/Archives/1990/07/31/Outgoing-chairman-says-technology-value-will-be-GMs-strengths/4364863009969/)

Smith, R. B. (1982, January). *"Speech announcing factory automation initiative."* General Motors Corporation.

Taylor, A., III. (1992, January 13). Can GM remodel itself? *Fortune*. (https://money.cnn.com/magazines/fortune/fortune_archive/1992/01/13/75966/index.htm)

This American Life. (2015, May 22). "NUMMI 2015" (No. 561) [Audio podcast episode].

Toyota Motor Corporation (n.d.). "NUMMI established." *75 Years of Toyota*. Retrieved November 29, 2024. (https://www.toyota-global.com/company/history_of_toyota/75years/text/leaping_forward_as_a_global_corporation/chapter1/section3/item2.html)

Wikipedia contributors (n.d.). "NUMMI." In Wikipedia. Retrieved November 29, 2024. (https://en.wikipedia.org/wiki/NUMMI)

Wikipedia contributors (n.d.). "Roger Smith (executive)." In Wikipedia. Retrieved November 29, 2024. (https://en.wikipedia.org/wiki/Roger_Smith_%28executive%29)

Impress Watch (2019, December 18). デンソーウェーブ、人の隣で作業できる協働ロボット「COBOTTA」によるオフィス業務自動化支援ソリューション. *Car Watch*. (https://car.watch.impress.co.jp/docs/news/1225290.html)

Adachi, T. (2020, November 25). 政手続きにおける「認印全廃」で脱ハンコの流れが加速. *DocuSign Japan*. (https://www.docusign.com/ja-jp/blog/accelerate-hanko-digitalization-in-government)

Business Insider Japan (2020, October 1). 河野太郎行革相「ハンコ9割以上を廃止」に悲鳴、全印協の47歳副会長が「僕らをバサッと切らないで」. *Business Insider Japan*. (https://www.businessinsider.jp/article/221182/)

Communications and Information network Association of Japan (CIAJ) (2024, July 31). "2023年度「ファクシミリの利用調査」結果." CIAJ. (https://www.ciaj.or.jp/pressrelease2024/10277.html)

Digital Workstyle College (2020, November 16). 【速報】河野行革相「押印の99％以上廃止を決定」でハンコはなくなる？会見要旨まとめ Minister Kono for Administrative Reform "decides to abolish over 99% of seals." Will seals disappear? Summary of press conference]. *Digital Workstyle College*. (https://digitalworkstylecollege.jp/news/20201113/)

Facta (2019, November).「アナログの極み」はんこ議連会長がIT担当相. *Facta Online*. (https://facta.co.jp/article/201911004.html)

FANUC Corporation (2019, December 17). "INTERNATIONAL ROBOT EXHIBITION 2019." FANUC. (https://www.fanuc.co.jp/en/product/show/2019/201912irex.html)

Kutsuzawa, S. (2019, December 11).「虚構新聞かと思った」ロボットが自動でハンコを押す画期的(?)なシステムが開発されTwitter騒然. *Netorabo*. (https://nlab.itmedia.co.jp/cont/articles/3298709/)

Netorabo (2019, December 11).「すごいぞ日本！って誰が思うねんW」デンソーと日立が開発"押印ロボット"にネット上総ツッコミ. *Netorabo Research*. (https://nlab.itmedia.co.jp/research/articles/3336/)

Ōtsuka, A. (2019, December 20). 話題の"押印ロボ"は60ページの袋とじも電子化できる。その意外な実力. *Business Insider Japan*. (https://www.businessinsider.jp/article/204481/)

SheepDog Inc. (2023, July 19). 30〜40代金融業会社員の10%が現在も勤め先にお辞儀ハンコの文化があると回答【お辞儀ハンコに関するアンケート】]. *PR Times*. (https://prtimes.jp/main/html/rd/p/000000253.000077217.html)

Sung, H. (2020, August 14).「[동서남북] 웃을 수만은 없는 일본 '항코의원연맹' 소동」. 조선일보. (https://www.chosun.com/site/data/html_dir/2020/08/13/2020081304875.html)

Yasuda, H. (2019, December 18). "自動押印ロボ"を見てきた。とてもゆっくりだった。(動画あり) [I saw the "automatic stamping robot." It was very slow (with video)]. *ITmedia News*. (https://www.itmedia.co.jp/news/articles/1912/18/news126.html)

Atlas RFID Store (n.d.). "Factoring in the environment in RFID deployments." (https://www.atlasrfidstore.com/rfid-insider/factoring-environment-rfid-deployments/)

Avery Dennison (n.d.). "Apparel and fashion." (https://rfid.averydennison.com/en/home/industry-segments/retail/apparel-and-fashion.html)

Bunduchi, R., & Smart, A. (2010). The costs of adoption of RFID technologies in supply networks. *International Journal of Operations & Production Management*, 30(4), 423-447. (https://www.researchgate.net/publication/238326897_The_costs_of_adoption_of_RFID_technologies_in_supply_networks)

California State Senate (2003, November 20). "Hearing information: 'How 'smart' is it to put computer chips in consumer products?'" Senate Select Committee on Technological Crime and the Consumer. (https://seuc.senate.ca.gov/november-20-2003-hearing-information)

Chopra, S., & Meindl, P. (2006). "RFID and its impact on the supply chain." Kellogg School of Management, Northwestern University. (https://www.kellogg.northwestern.edu/faculty/chopra/htm/research/RFID%20final-sept13,%202006%20SUBMITTED.pdf)

CPCON (n.d.). "RFID clothing tags: The future of fashion retail." (https://cpcongroup.com/rfid-clothing-tags/)

DLS (n.d.). "Walmart validation steps for RFID tags." (https://teamdls.com/DLS-Blog/RFID-Walmart-Validation-Steps.htm)

Edmund, W. (n.d.). "Auto-ID technology: The conflicting perspectives of tag-level and network-level data." MIT. (http://mit.edu/edmund_w/www/CutterITAdvisor.pdf)

eWeek (n.d.). "Case study: Wal-Mart's race for RFID." (https://www.eweek.com/enterprise-apps/case-study-wal-marts-race-for-rfid/)

Focus RFID (n.d.). "Walmart's RFID strategy: In-depth analysis of reshaping the retail supply chain." (https://www.focus-rfid.com/news/walmarts-rfid-strategy-in-depth-analysis-of-reshaping-the-retail-supply-chain/)

Graen, M. (2024, May 22). "When technology meets business: How RFID changed Walmart forever" [Video]. YouTube. (https://m.youtube.com/watch?v=v6gbc3JX-Ps&pp=0gcJCc0JAYcqIYzv)

Graen, M., Baker, D., Hardgrave, B., Hoheisal, B., & Austin, T. (2024, June 5). "Walmart's RFID resurgence: From mandate to momentum" [Video]. YouTube. (https://m.youtube.com/watch?v=SFignnMcfvs&pp=0gcJCa0JAYcqIYzv)

GS1 US (n.d.). "About GS1 US." (https://www.gs1us.org/industries-and-insights/media-center/press-releases/gs1-connect-digital-edition-to-feature-speakers-from-chick-fil-a-dicks-sporting-goods-ebay-kroger-nestle-pfizer-target-us-fda-and-walmart)

Impinj (n.d.). "The Walmart RFID tagging mandate: Advantages and compliance strategies." (https://www.supplychainbrain.com/blogs/1-think-tank/post/39573-the-walmart-rfid-tagging-mandate-advantages-and-compliance-strategies)

Impinj (n.d.). "Walmart's RFID mandate: What you need to know." (https://www.impinj.com/walmarts-rfid-mandate-what-you-need-to-know)

Kloud9 (n.d.). "Stockout Sentinel: Increase sales by predicting and eliminating stock-outs." (https://www.kloud9.nyc/solutions/stockout-sentinel)

POSDATA (2022, May). "Walmart RFID expansion supplies FAQ." (https://www.posdata.com/wp-content/uploads/2022/05/Walmart-RFID-Expansion-Supplies-FAQ.pdf)

RFID Label (n.d.). "What Walmart's RFID expansion means for the industry." (https://www.rfidlabel.com/what-walmarts-rfid-expansion-means-for-the-industry-rfid-walmart/)

RFIDLinked (n.d.). "Walmart RFID playbook." (https://www.rfidlinked.com/walmart-rfid-playbook)

Sensormatic (2019). "The magic of Macy's." (https://www.sensormatic.com/resources/cs/2019/the-magic-of-macys)

Supply Chain Dive (2016, October 25). "Macy's: Inventory will be 100% RFID-tagged by 2017." (https://www.supplychaindive.com/news/Macys-RFID-inventory-tracking/428937/)

Supply Chain Dive (2017, April 20). "Macy's RFID effort boosts sales, fulfillment." (https://www.supplychaindive.com/news/RFID-Macys-success-inventory-fulfillment-markdown-Platt/440827/)

Supply Chain Dive (2018, December 11). "RFID: What is next?" (https://www.supplychaindive.com/news/RFID-what-is-next/544108/)

Tabansi, O. (2025, August 10). "The failures and success of Walmart's RFID mandate in 2003." *Supply Chain Nuggets*. (https://supplychainnuggets.com/the-failures-and-success-of-walmarts-rfid-mandate-in-2003/)

The Strategic Sourceror (2013, June 18). "Macy's inventory advantage." (https://www.strategicsourceror.com/2013/06/macys-inventory-advantage.html)

The Wise Marketer (2005, October 24). "Wal-Mart RFID cuts out-of-stocks by 16%." (https://thewisemarketer.com/wal-mart-rfid-cuts-out-of-stocks-by-16/)

U.S. Government Accountability Office (2005, April). "Defense logistics: DOD's strategic plan for RFID needs to address challenges and implementation guidance." (GAO-05-345). (https://www.gao.gov/products/gao-05-345)

Violino, B. (2003, August 17). "Wal-Mart expands RFID mandate." *RFID Journal*. (https://www.rfidjournal.com/news/wal-mart-expands-rfid-mandate/84213/)

Wasp Barcode Technologies (n.d.). "RFID retail inventory management increases omnichannel sales at Macy's." (https://www.waspbarcode.com/buzz/rfid-retail-inventory-management-increases-omnichannel-sales-at-macys)

Wikipedia (n.d.). "Item-level tagging." (https://en.wikipedia.org/wiki/Item-level_tagging)

Wynne, M. W. (2004, July 30). "Memorandum for secretaries of the military departments: Radio Frequency Identification (RFID) policy." Office of the Under Secretary of Defense. (https://www.ustranscom.mil/cmd/associated/ait/files/20040730,_US-

D(AT&L)_Memo,Radio_Frequency_Identification(RFID)_Policy.pdf)

5장 | 텅 비어버린 가상 사무실

Bailenson, J. N. (2018). *Experience on demand: What virtual reality is, how it works, and what it can do*. W. W. Norton & Company.

Cointelegraph (2025, January 29). "Reality Labs bleed grows but Zuckerberg vows 'pivotal year' for metaverse." (https://cointelegraph.com/news/meta-reality-labs-losses-continue-zuckerberg-pivotal-year-metaverse)

Dealessandri, M. (2023, March 29). "Disney to lay off 7,000 staff, shuts down metaverse division." GamesIndustry.biz. (https://www.gamesindustry.biz/disney-to-lay-off-7000-staff-shuts-down-metaverse-division)

Hamilton, I. (2023, January 20). "Microsoft kills off AltspaceVR amid major layoffs." UploadVR. (https://www.uploadvr.com/microsoft-kills-altspace/)

Highsmith, J. (2005, June 21). "Paving cow paths." AgileConnection. (https://www.agile-connection.com/article/paving-cow-paths)

IANS (2023, September 15). "Meta launches social VR app Horizon Worlds on web and mobile." *Telangana Today*. (https://telanganatoday.com/meta-launches-social-vr-app-horizon-worlds-on-web-and-mobile)

Inter IKEA Systems B.V. (2017, September 12). "IKEA launches IKEA Place, a new app that allows people to virtually place furniture in their home." IKEA Global Newsroom. (https://www.ikea.com/global/en/newsroom/innovation/ikea-launches-ikea-place-a-new-app-that-allows-people-to-virtually-place-furniture-in-their-home-170912/)

Justus-Liebig-Universität Gießen (n.d.). "Meta Quest 2 specifications." (https://www.uni-giessen.de/de/studium/lehre/projekte/nidit/goals/quest2/specifications_quest-2.pdf)

Marcelline, M. (2023, February 5). "Meta's VR division reports $13.7 billion loss in 2022." PCMag. (https://www.pcmag.com/news/metas-vr-division-reports-137-billion-loss-in-2022)

Meta Quest (2021, August 19). "Introducing Horizon Workrooms: Remote collaboration reimagined." (https://about.fb.com/news/2021/08/introducing-horizon-workrooms-remote-collaboration-reimagined/)

Meta (2021, October 28). "Introducing Meta: A social technology company." Meta Newsroom. (https://about.fb.com/news/2021/10/facebook-company-is-now-meta/)

Meta (2024). "Upcoming changes to Meta Horizon Workrooms." Meta Quest Help Center. (https://www.meta.com/help/quest/905237787864011/)

Meta (n.d.). "Horizon Workrooms." (https://forwork.meta.com/horizon-workrooms/)

Nation, J. (2022, October 15). "Meta falls short of user goal for Horizon Worlds: WSJ." The Block. (https://www.theblock.co/post/177471/meta-falls-short-of-user-goal-for-horizon-worlds-wsj)

Neo-Retro (2024, March 29). "Horizon Workrooms changes as of May 30 2024." Meta

Community Forums. (https://communityforums.atmeta.com/t5/VR-Experiences/Horizon-Workrooms-changes-as-of-May-30-2024/td-p/1175847)

PwC (2020). "The effectiveness of virtual reality soft skills training in the enterprise." https://www.pwc.com/us/en/tech-effect/emerging-tech/virtual-reality-study.html

Stanford University (2025, May 28). "How to use virtual reality for experimental research." *Stanford News*. (https://news.stanford.edu/stories/2025/05/how-to-use-virtual-reality-experimental-research)

Tabansi, O. (2025, August 10). "The failures and success of Walmart's RFID mandate in 2003." *Supply Chain Nuggets*. (https://supplychainnuggets.com/the-failures-and-success-of-walmarts-rfid-mandate-in-2003/)

Tech at Meta (2021, October 28). "Connect 2021: Our vision for the metaverse." (https://tech.facebook.com/reality-labs/2021/10/connect-2021-our-vision-for-the-metaverse/)

Wiejak, K., Wiza, W., & Krawczyk-Lisińska, A. (2021). "The link between the level of immersion and cybersickness." In *International Conference on Human-Computer Interaction* (pp. 515-526). Springer, Cham.

WN Hub (2025, February 3). "Meta's AR/VR Reality Labs incurred a $4.4 billion loss, which was not mitigated by its $1 billion in revenue." (https://wnhub.io/news/vr/item-46989)

6장 | 클릭 한 번으로 집을 파는 꿈

Akerlof, G. A. (1970). "The market for 'lemons': Quality uncertainty and the market mechanism." *The Quarterly Journal of Economics*, 84(3), 488-500.

Barua v. Zillow Group, Inc., No. 2:21-cv-01551 (W.D. Wash. Nov. 17, 2021).

Business Model Analyst (n.d.). "Zillow business model." (https://businessmodelanalyst.com/zillow-business-model/)

Comparably (n.d.). "Zillow mission, vision & values." (https://www.comparably.com/companies/zillow/mission)

Copeland, R. (2022, February 10). "Zillow's shuttered home-flipping business lost $881 million in 2021." *The Wall Street Journal*. (https://www.wsj.com/business/earnings/zillows-shuttered-home-flipping-business-lost-881-million-in-2021-11644529656)

GeekWire (2021, November 2). "Zillow to shutter home buying business and lay off 2,000 employees as its big real estate bet falters." (https://www.geekwire.com/2021/zillow-shutter-home-buying-business-lay-off-2k-employees-big-real-estate-bet-falters/)

GeekWire (2021, November 4). "The risk-taking mentality of Zillow's Rich Barton: It takes just as much energy to swing for the fences as it does to bunt." (https://www.geekwire.com/2021/risk-taking-mentality-zillows-rich-barton-takes-just-much-energy-swing-fences-bunt/)

Inside AI News (2021, December 13). "The $500mm+ debacle at Zillow Offers – what went wrong with the AI models?" (https://insideainews.com/2021/12/13/the-500mm-debacle-at-zillow-offers-what-went-wrong-with-the-ai-models/)

Living in Phoenix AZ (n.d.). "The truth of Zillow's withdrawal from the Phoenix market." (https://livinginphoenixaz.com/blog/the-truth-of-zillows-withdrawal)

Mike DelPrete (2021, November 8). "Why Zillow failed?" (https://www.mikedp.com/articles/2021/11/8/why-zillow-failed)

Mike DelPrete (2022, November 8). "Opendoor's massive, unprecedented, and telling loss." (https://www.mikedp.com/articles/2022/11/8/opendoors-massive-unprecedented-and-telling-loss)

Mitchell, W. J. (1996). *City of bits: Space, place, and the Infobahn*. MIT Press.

Ongweso Jr., E. (2021, November 10). "Zillow sells thousands of homes to controversial rental powerhouse." Vice. (https://www.vice.com/en/article/zillow-sells-thousands-of-homes-to-controversial-rental-powerhouse/)

Ramsey Solutions (2021, November). "What is iBuying?" (https://www.ramseysolutions.com/real-estate/what-is-ibuying)

Robust Intelligence (2021, November 16). "Zillow's iBuying: What happened and Lessons learned." Robust Intelligence. (https://www.robustintelligence.com/blog-posts/zillows-ibuying-failures)

Robust Intelligence (2021, November 23). "Zillow's iBuying failures." (https://www.robustintelligence.com/blog-posts/zillows-ibuying-failures)

Stanford Graduate School of Business (2022, February 22). "Flip-flop: Why Zillow's algorithmic home-buying venture imploded." (https://www.gsb.stanford.edu/insights/flip-flop-why-zillows-algorithmic-home-buying-venture-imploded)

Statsig (2021, November 22). "In defense of Zillow's besieged data scientists." (https://www.statsig.com/blog/in-defense-of-zillows-data-scientists)

The Motley Fool (2019, February 22). "Zillow Group sees a path to $20 billion in revenue within 5 years." (https://www.fool.com/investing/2019/02/22/zillow-group-sees-a-path-to-20-billion-in-revenue.aspx)

Wikipedia (2025, July 28). "Long-Term Capital Management." (https://en.wikipedia.org/wiki/Long-Term_Capital_Management)

Wikipedia (2025, June 30). "Concept drift." (https://en.wikipedia.org/wiki/Concept_drift)

Zillow Group, Inc. (2021, November 2). "Zillow Group reports third-quarter 2021 financial results; Shares plan to wind down Zillow Offers operations." (https://s24.q4cdn.com/723050407/files/doc_financials/2021/q3/Zillow-Group-Q3%2721-Shareholder-Letter.pdf)

Zillow (n.d.). "What is a Zestimate?" (https://www.zillow.com/z/zestimate/)

7장 | 해맑은 소녀의 타락

Bender, E. M., Gebru, T., McMillan-Major, A., & Shmitchell, S. (2021). "On the Dangers of Stochastic Parrots: Can Language Models Be Too Big?" In *Proceedings of the 2021 ACM Conference on Fairness, Accountability, and Transparency* (pp. 610–623). Association for Computing Machinery. (https://doi.org/10.1145/3442188.3442922)

Cybereason (2021, October 26). "Malicious life podcast: Tay, a teenage bot gone rogue." (https://www.cybereason.com/blog/malicious-life-podcast-tay-a-teenage-bot-gone-rogue)

Hern, A. (2016, March 24). "Microsoft scrambles to limit PR damage over abusive AI bot Tay." *The Guardian*. (https://www.theguardian.com/technology/2016/mar/24/microsoft-scrambles-limit-pr-damage-over-abusive-ai-bot-tay)

Humby, C. (2006). "Data is the new oil." Association of National Advertisers Conference.

Hunt, E. (2016, March 24). "Tay, Microsoft's AI chatbot, gets a crash course in racism from Twitter." *The Guardian*. (https://www.theguardian.com/technology/2016/mar/24/tay-microsofts-ai-chatbot-gets-a-crash-course-in-racism-from-twitter)

Mihalcik, C. (2016, March 25). "Microsoft apologizes after AI teen Tay misbehaves." CNET. (https://www.cnet.com/science/microsoft-apologizes-after-ai-teen-tay-misbehaves/)

Sinders, C. (2016, March 25). "Microsoft's Tay is an example of bad design." Medium. (https://medium.com/@carolinesinders/microsoft-s-tay-is-an-example-of-bad-design-d4e65bb2569f)

Staff and agencies (2016, March 26). "Microsoft 'deeply sorry' for racist and sexist tweets by AI chatbot." *The Guardian*. (https://www.theguardian.com/technology/2016/mar/26/microsoft-deeply-sorry-for-offensive-tweets-by-ai-chatbot)

URENIO (2016, September 6). "Gartner's 2016 Hype Cycle for Emerging Technologies." URENIO

Vosoughi, S., Roy, D., & Aral, S. (2018). "The spread of true and false news online." *Science*, 359(6380), 1146 – 1151. (https://doi.org/10.1126/science.aap9559)

8장 | 거인의 발목을 부러뜨린 코드

Anonymous (n.d.). "FoxMeyer ERP Implementation." Desklib. (https://desklib.com/study-documents/foxmeyer-erp-implementation/)

Bostrom, R. P., & Heinen, J. S. (1977). "MIS problems and failures: A socio-technical perspective." Part I: The causes. *MIS Quarterly*, 1(3), 17–32.

Branton, P. (1998, November 2). "Negligence suit hits SAP." *Computing*. (https://www.computing.co.uk/news/1848849/negligence-suit-hits-sap)

Computergram International (1998, July 20). "FoxMeyer plus two sue Andersen for

SAP snafus." *Tech Monitor*. (https://techmonitor.ai/technology/foxmeyer_plus_two_sue_andersen_for_sap_snafus)

Emert, C. (1997, January 29). "McKesson to buy General Medical." *SFGate*. (https://www.sfgate.com/business/article/McKesson-to-Buy-General-Medical-2856661.php)

Garbugli, E. (n.d.). "FoxMeyer Drug: How a failed ERP implementation took down a $5B co." Lean B2B. (https://leanb2bbook.com/blog/how-failed-erp-implementation-took-down-5-billion-pharma-company/)

Grant, D., Hall, R., Wailes, N., & Wright, C. (2006). "The false promise of technological determinism: The case of enterprise resource planning systems." *New Technology, Work and Employment*, 21(1), 2-15.

Gulzar, H., Umair, H. M., & Mughal, M. T. (n.d.). "Foxmeyer: A failure of large ERP implementation." Scribd. (https://fr.scribd.com/presentation/369995860/Fox-Meyer)

Jesitus, J. (1997, November 3). "Broken promises? FoxMeyer's project was a disaster. Was the company too aggressive or was it misled?" *Industry Week*, 31 – 37.

Keil, M. (1995). "Pulling the plug: Software project management and the problem of project escalation." *MIS Quarterly*, 19(4), 421-447.

Kumar, A., & Gupta, A. (2016). "A study of failed ERP implementation projects." *International Journal of Innovative Research in Management, Finance & Accounting*, 4(4), 19-24.

Lacy v. National Intergroup, Inc., No. 96-11022 (5th Cir. Dec. 4, 1997).

Lauer, J. (2020, February 5). "FoxMeyer's downfall: A logistics management disaster." Clear Spider. (https://clearspider.net/blog/foxmeyer-logistics-management-disaster/)

Louis, A. M. (1997, January 14). "McKesson, pharmaceuticals sued on conspiracy charge." *SFGate*. (https://www.sfgate.com/business/article/mckesson-pharmaceuticals-sued-on-conspiracy-2858810.php)

Pishdad, A., & Haider, A. (2013). "The alignment of enterprise resource planning systems with organizational structures: A literature review." *Journal of Enterprise Information Management*, 26(4), 384-406.

Schoenherr, T., Griffith, T. L., & Chandra, A. (2014). "Knowledge management in supply chains: The role of physical and virtual proximity." *Decision Sciences*, 45(5), 833-862.

Scott, J. E. (1999). "The FoxMeyer Drugs' bankruptcy: Was it a failure of ERP?" *AMCIS 1999 Proceedings*, 22. (https://aisel.aisnet.org/cgi/viewcontent.cgi?article=1437&context=amcis1999)

Scott, J. E. (2014). "FoxMeyer ERP project Case study." *Studybay*. (https://loop.studybay.com/doc-foxmeyer-erp-project-case-study-30131/)

Staw, B. M. (1981). "The escalation of commitment to a course of action." *Academy of Management Review*, 6(4), 577-587.

Toffler, B. L., & Reingold, J. (2003). *Final accounting: Ambition, greed, and the fall of Arthur*

Andersen. Broadway Books.

Vessey, I., & Samson, D. (2002). "Implementing enterprise resource planning systems: The role of learning from failure." In G. Shanks, P. B. Seddon, & L. P. Willcocks (Eds.), *Second-Wave Enterprise Resource Planning Systems: Implementing for Effectiveness* (pp. 71-95). Cambridge University Press.

Vinaya, H. S. (n.d.). "ERP implementation is the challenge." (https://www.slideshare.net/vinaya.hs/erp-implementation-is-the-challenge)

Winner, L. (1980). "Do artifacts have politics?" *Daedalus*, 109(1), 121-136.

9장 | 맞춤형 시스템에 대한 집착

Conlan, T., & Arthur, C. (2013, May 24). "BBC suspends technology officer after Digital Media Initiative failure." *The Guardian*. (https://www.theguardian.com/media/2013/may/24/bbc-digital-media-initiative-failure)

House of Commons Committee of Public Accounts (2011, April 7). "The BBC's management of its Digital Media Initiative" (Thirty-seventh Report of Session 2010–11, HC 808). (https://publications.parliament.uk/pa/cm201011/cmselect/cmpubacc/808/808.pdf)

House of Commons Committee of Public Accounts (2014, April 10). "BBC Digital Media Initiative" (Fifty-second Report of Session 2013–14, HC 985). (https://thegreatbear.co.uk/wp-content/uploads/2014/07/985.pdf)

House of Commons Committee of Public Accounts (2014, April 10). "BBC Digital Media Initiative." *Wired*. (https://www.wired-gov.net/wg/news.nsf/articles/BBCs+Digital+Media+Initiative+a+complete+failure+10042014150500?open)

National Audit Office (2014) "BBC Digital Media Initiative." (https://www.nao.org.uk/wp-content/uploads/2015/01/BBC-Digital-Media-Initiative.pdf)

National Audit Office (2014, January 28). "Memorandum on the BBC's Digital Media Initiative." *Wired*. (https://www.wired-gov.net/wg/wg-news-1.nsf/0/34D428160DCF-644880257C6F00357060?OpenDocument)

Plunkett, J. (2014, August 7). "Sacked BBC technology chief wins unfair dismissal case." *The Guardian*. (https://www.theguardian.com/media/2014/aug/07/sacked-bbc-technology-chief-wins-unfair-dismissal-john-linwood)

Public Accounts Committee (2014, April 10). "BBC's Digital Media Initiative a complete failure." (https://committees.parliament.uk/work/4279/bbc-digital-media-initiative/news/183139/bbcs-digital-media-initiative-a-complete-failure/)

Rawlinson, K. (2015, November 5). "BBC spent £500,000 on failed defence of IT chief's unfair dismissal case." *The Guardian*. (https://www.theguardian.com/media/2015/nov/05/bbc-tribunal-it-chief-john-linwood-digital-media-initiative)

Redmans Solicitors (n.d.). "Linwood wins Employment Tribunal unfair dismissal case against BBC." (https://redmans.co.uk/insights/linwood-wins-employment-tribunal-unfair-dismissal-case-against-bbc/)

Sweney, M., & Conlan, T. (2013, December 18). "BBC 'took too long to realise DMI project was in trouble'." *The Guardian*. (https://www.theguardian.com/media/2013/dec/18/bbc-dmi-project-pwc-report)

The Guardian (2014, January 28). "BBC was 'too optimistic' about DMI project, says NAO report." (https://www.theguardian.com/media/2014/jan/28/bbc-dmi-nao-report-mark-thompson-lord-patten)

Wikipedia (2024). "Digital Media Initiative." (https://en.wikipedia.org/wiki/Digital_Media_Initiative)

10장 | 300억 달러짜리 처방전

American Medical Association (2018, September 14). "62 clicks to order Tylenol? What happens when EHR tweaks go bad." (https://www.ama-assn.org/practice-management/digital-health/62-clicks-order-tylenol-what-happens-when-ehr-tweaks-go-bad)

American Recovery and Reinvestment Act of 2009, Pub. L. No. 111-5, 123 Stat. 115 (2009)

Anderson, J., & Rowley, T. (2024, September 9). "EHR interoperability 2024: Clinician needs still not being met." KLAS Research. (https://klasresearch.com/archcollaborative/report/ehr-interoperability-2024/604)

Angwin, J., Larson, J., Mattu, S., & Kirchner, L. (2016, May 23). "Machine bias: There's software used across the country to predict future criminals. And it's biased against blacks." *ProPublica*. (https://www.propublica.org/article/machine-bias-risk-assessments-in-criminal-sentencing)

Centers for Medicare & Medicaid Services (n.d.). "EHR incentive programs: Stage 1 meaningful use specifications."

Definitive Healthcare (2024). "Top 10 inpatient hospital EHR vendors by market share." (https://www.definitivehc.com/blog/most-common-inpatient-ehr-systems)

Gawande, A. (2018, November 12). "Why doctors hate their computers." *The New Yorker*. (https://www.newyorker.com/magazine/2018/11/12/why-doctors-hate-their-computers)

Hancock, J. (2016, September 6). "Screen flashes and pop-up reminders: Alert fatigue spreads through medicine." *Kaiser Health News*. (https://khn.org/news/screen-flashes-and-pop-up-reminders-alert-fatigue-spreads-through-medicine/)

Health Information Technology for Economic and Clinical Health (HITECH) Act, Title XIII of the American Recovery and Reinvestment Act of 2009, Pub. L. No. 111-5, 123 Stat. 226 (2009).

Hill, R. G., Jr., Sears, L. M., & Melanson, S. W. (2013). "4000 clicks: A productivity analysis of electronic medical records in a community hospital ED." *The American Journal of Emergency Medicine*, 31(11), 1591–1594. (https://doi.org/10.1016/j.ajem.2013.06.028)

KLAS Research (2024, October 31). *Ambient speech: Delivering on promises with more to come*. (https://engage.klasresearch.com/blogs/)

McKenna, J. (2024, January 26). "Medscape physician burnout & depression report 2024: 'We have much work to do'." Medscape. (https://www.medscape.com/slideshow/2024-lifestyle-burnout-6016865)

Morozov, E. (2013). *To save everything, click here: The folly of technological solutionism*. PublicAffairs.

Muller, J. Z. (2018). *The tyranny of metrics*. Princeton University Press.

Obama, B. (2009, February 17). "Remarks by the President and Vice President at signing of the American Recovery and Reinvestment Act." The White House. (https://obamawhitehouse.archives.gov/the-press-office/remarks-president-and-vice-president-signing-american-recovery-and-reinvestment-act)

Obama, B. (2009, February 17). "Statement on signing the American Recovery and Reinvestment Act of 2009." The American Presidency Project.

Redhead, C. S. (2009, April 27). "The Health Information Technology for Economic and Clinical Health (HITECH) Act." Congressional Research Service.

Schulte, F., & Fry, E. (2019, March 18). "Death by 1,000 clicks: Where electronic health records went wrong." *Kaiser Health News & Fortune*. (https://kffhealthnews.org/news/death-by-a-thousand-clicks/)

Sinsky, C., Colligan, L., Li, L., Prgomet, M., Reynolds, S., Goeders, L., Westbrook, J., Tutty, M., & Blike, G. (2016). "Allocation of physician time in ambulatory practice: A time and motion study in 4 specialties." *Annals of Internal Medicine*, 165(11), 753–760. (https://doi.org/10.7326/M16-0961)

Wachter, R. M. (2015). *The digital doctor: Hope, hype, and harm at the dawn of medicine's computer age*. McGraw-Hill Education.

11장 | 그림자 노동의 탄생

Capital One Shopping (2024). "Self-checkout statistics." (https://capitaloneshopping.com/research/self-checkout-statistics/)

Davis, G. (2023, November 16). "Booths checks out of self-service checkouts." Altavia Watch. (https://altaviawatch.com/en/retail-today/retailer-news/booths-checks-out-of-self-service-checkouts/)

Davis, M. (2023, November 13). "Self-checkout users think it makes stealing easier." LendingTree. (https://www.lendingtree.com/debt-consolidation/self-checkout-survey/)

Holtz, S. (2023, December 1). "Theft with self-checkout amounts to 3.5% of sales: Report." *CSP Daily News*. (https://www.cspdailynews.com/technologyservices/theft-self-checkout-amounts-35-sales-report)

Illich, I. (1981). *Shadow work*. Marion Boyars Publishers.

NCR Corporation (2018, October 27). "New report reveals the extent of losses from self-checkout and identifies practical ways to manage it." (https://investor.ncr.com/news-releases/news-release-details/new-report-reveals-extent-losses-self-checkout-and-identifies/)

Parker, E., Schofield, C., & Wightwick, A. (2025, July 3). "Tesco introduces new 'VAR-style' technology at self-service checkouts." Wales Online. (https://www.walesonline.co.uk/news/uk-news/tesco-introduces-new-var-style-31983258)

Picchi, A. (2024, April 19). "Walmart joins other big retailers in scaling back on self-checkout." *CBS News*. (https://www.cbsnews.com/news/walmart-self-checkout-target-dollar-general-costco/)

Salpini, C. (2023, June 22). "Amazon Go closures continue." Retail Dive. (https://www.retaildive.com/news/amazon-go-closures-continue/653540/)

Walmart (n.d.). "Scan & go." (https://www.walmart.com/cp/scan-go/9679980)

Whole Foods Market (n.d.). "Dash carts." (https://www.wholefoodsmarket.com/customer-service/topics/dash-carts)

Wilson, K. (2024, March 13). "Loblaw shoppers have to scan their receipt before exiting self-checkout in select Ontario stores – Some customers think it's over-the-top." NOW Toronto. (https://nowtoronto.com/news/loblaw-shoppers-have-to-scan-their-receipt-before-exiting-self-checkout-in-select-ontario-stores/)

12장 | 비상 루프 없는 자동화의 비극

Bainbridge, L. (1983). "Ironies of automation." *Automatica*, 19(6), 775 – 779. (https://doi.org/10.1016/0005-1098(83)90046-8)

Boeing (n.d.). "737 MAX software updates." (https://www.boeing.com/commercial/737max/737-max-update/737-max-software-updates)

Ethiopian Accident Investigation Bureau (2022, December). "Aircraft accident investigation report: Ethiopian Airlines Group, B737-8 (MAX), registration ET-AVJ, 48 NM South East of Addis Ababa, Bole International Airport, March 10, 2019."

Herkert, J. R., Borenstein, J., & Miller, K. (2020). "The Boeing 737 MAX: Lessons for engineering ethics." *Science and Engineering Ethics*, 26(6), 2957 – 2978. (https://doi.org/10.1007/s11948-020-00230-6)

Komite Nasional Keselamatan Transportasi (2019, October). "Aircraft accident investigation report: PT. Lion Mentari Airlines, Boeing 737-8 (MAX); PK-LQP; Tanjung Karawang, West Java, Republic of Indonesia, 29 October 2018." (https://www.aaiu.ie/sites/default/files/FRA/2018%20-%20035%20-%20PK-LQP%20Final%20Report.pdf)

National Transportation Safety Board (2019). "Collision between vehicle controlled by developmental automated driving system and pedestrian, Tempe, Arizona, March 18, 2018" (NTSB/HAR-19/03).

National Transportation Safety Board (2020). "Collision between a sport utility vehicle operating with partial driving automation and a crash attenuator, Mountain View, California, March 23, 2018" (NTSB/HAR-20/01).

Nurkin, T., & Siegel, J. (2023, August). "Battlefield applications for human-machine teaming: Demonstrating value, experimenting with utility." Atlantic Council.

U.S. House of Representatives Committee on Transportation and Infrastructure (2020, September 16). "The design, development, and certification of the Boeing 737 MAX." (https://democrats-transportation.house.gov/committee-activity/boeing-737-max-investigation)

Webb, N., Smith, D., Ludwick, C., Victor, T., Hommes, Q., Favaro, F., Ivanov, G., & Daniel, T. (2020). "Waymo's safety methodologies and safety readiness determinations." Waymo. (https://waymo.com/research/waymos-safety-methodologies-and-safety-readiness/)

13장 | 자동화의 역설

Blueprint (n.d.). "What is the total cost of ownership for automation?" (https://www.blueprintsys.com/blog/total-cost-of-ownership-components-to-consider-for-rpa-migrations)

Brown, C. (2020, March 20). "Let's get real about RPA." *IDM*. (https://idm.net.au/article/0012834-let-s-get-real-about-rpa)

Ernst & Young (2016). "Get ready for robots: Why robotics is the next big thing in financial services." EY Financial Services. (https://eyfinancialservicesthoughtgallery.ie/wp-content/uploads/2016/11/ey-get-ready-for-robots.pdf)

Forbes Technology Council (2021, October 12). "Why process automation initiatives fail and how yours can succeed." *Forbes*. (https://www.forbes.com/councils/forbestech-council/2021/10/12/why-process-automation-initiatives-fail-and-how-yours-can-succeed/)

Forrester Consulting (2019, November). "Barriers and best practices for scaling RPA." Tricentis. (https://naviant.com/wp-content/uploads/2020/11/Forrester-RPA-Scalability-Research.pdf)

Gartner (n.d.). "Hype cycle." Gartner Glossary. (https://www.gartner.com/en/information-technology/glossary/hype-cycle)

Gartner (n.d.). "Total cost of ownership (TCO)." Gartner Glossary. (https://www.gartner.com/en/information-technology/glossary/total-cost-of-ownership-tco)

Google Cloud (n.d.). "What is Human-in-the-Loop (HITL) in AI & ML?" (https://cloud.google.com/discover/human-in-the-loop)

IBM (n.d.). "What is human-in-the-loop?" IBM Think. (https://www.ibm.com/think/topics/human-in-the-loop)

Lacheca, D. (2021, October 26). "3 ways for government CIOs to realize the true potential of robotic process automation." Gartner. (https://www.gartner.com/en/articles/3-ways-for-government-cios-to-realize-the-true-potential-of-robotic-process-automation)

Nalashaa (n.d.). "Avoid these 6 hidden RPA costs to maximize your ROI." (https://www.nalashaa.com/avoid-unnecessary-rpa-costs/)

National Audit Office (2015, December 1). "Early review of the Common Agricultural Policy Delivery Programme" (HC 606, 2015-16). (https://www.nao.org.uk/reports/early-review-of-the-common-agricultural-policy-delivery-programme/)

Parenti, C. (2001, August 6). "Big brother's corporate cousin: High-tech workplace surveillance is the hallmark of a new digital Taylorism." *The Nation*.

Plus One Robotics (n.d.). "Human-in-the-loop." (https://www.plusonerobotics.com/human-in-the-loop)

Polanyi, M. (1966). *The tacit dimension*. Doubleday & Company.

Shook, J. (2018, January 8). "Thank you, Tatsuro Toyoda." Lean Enterprise Institute. (https://www.lean.org/the-lean-post/articles/thank-you-tatsuro-toyoda/)

Test Triangle (2019, January). "Robotic process automation (RPA) testing: A definitive guide." (https://www.testtriangle.com/wp-content/uploads/2019/01/WP_01.pdf)

UiPath (n.d.). "RPA improves the lives of employees and citizens for the City of Copenhagen." (https://www.uipath.com/resources/automation-case-studies/copenhagen-municipality-enterprise-rpa)

Walton College (2022, September 15). "Taking the robot out of the human: Strategic supply chain process automation." University of Arkansas. (https://walton.uark.edu/insights/posts/taking-the-robot-out-of-the-human-strategic-supply-chain-process-automation.php)

Wikipedia (n.d.). "Digital Taylorism." (https://en.wikipedia.org/wiki/Digital_Taylorism)

박기록. (2024, 3월 6일). 「"오히려 RPA 적용 업무를 줄였죠"… BNK캐피탈이 초자동화 혁신에 놀라운 성과를 내는 비결 (上)」. 디지털데일리. (https://m.ddaily.co.kr/page/view/2024030615183133576)

14장 | 잿더미가 된 자동화 왕국

Bannister, A. (2019, July 26). "Ocado warehouse fire: The questions that need answers." IFSEC Global.

Edmondson, A. C. (1999). "Psychological safety and learning behavior in work teams." *Administrative Science Quarterly*, 44(2), 350–383.

Finkelstein, S. (2004). *Why smart executives fail: Case studies - General Motors under Roger Smith*. Tuck School of Business at Dartmouth.

Geggel, L. (2018, April 17). "Elon Musk says 'humans are underrated'." Live Science.

Hampshire & Isle of Wight Fire & Rescue Service (2019, February 5). "Firefighters tackle Ocado warehouse blaze."

Hampshire & Isle of Wight Fire & Rescue Service (2019, February 8). "Latest update on the Ocado warehouse fire in Andover."

Hampshire County Council (2019, July 17). "Report of Chief Fire Officer: Ocado fire contributory factors."

Hampshire County Council (2019, September). "Report of the Chief Fire Officer: Ocado fire review."

Investopedia (2018, April 13). "Excessive automation at Tesla was a mistake: Musk."

MacDuffie, J. P. (1995). "Workers' roles in lean production: The implications for worker discretion and skill." In *Lean work: Empowerment and exploitation in the global auto industry* (pp. 54-79). Wayne State University Press.

Musk, E. [@elonmusk] (2018, April 13). "Yes, excessive automation at Tesla was a mistake. To be precise, my mistake. Humans are underrated." Twitter.

Nonaka, I. (1994). "A dynamic theory of organizational knowledge creation." *Organization Science*, 5(1), 14–37.

Ocado Group (n.d.). "25 years of Ocado Group from online grocer to global technology pioneer."

Parasuraman, R., & Manzey, D. H. (2010). "Complacency and bias in human use of automation: An attentional integration." *Human Factors*, 52(3), 381–410.

Perrow, C. (1984). *Normal accidents: Living with high-risk technologies*. Basic Books.

Simply Psychology (2023, June 22). "Confirmation bias in psychology: Definition & examples."

SoBrief (n.d.). "Normal accidents: Living with high-risk technologies by Charles Perrow."

Stubley, P. (2021, July 17). "Major fire breaks out at Ocado warehouse after three robots collide." *The Independent*.

The FPA (2022, April 27). "Responding to fire: An Ocado case study."

TwinFM (2019, July 18). "Andover fire delivers £110 million dent in Ocado's business."

Walton, C. (2019, September 25). "Ocado Andover fire 'unprecedented within the UK'." Logistics Manager.

Wason, P. C. (1960). "On the failure to eliminate hypotheses in a conceptual task." *Quarterly Journal of Experimental Psychology*, 12(3), 129–140.

Wiener, N. (1988). *The human use of human beings: Cybernetics and society*. Da Capo Press.

Wikipedia (2025, August 2). "Roger Smith" (executive).

Woods, D. D. (2006). "Essential characteristics of resilience." In E. Hollnagel, D. D. Woods, & N. Leveson (Eds.), *Resilience engineering: Concepts and precepts* (pp. 21–34). Ashgate.

Arms Control Association (2003, November). "Army report details Patriot record in Iraq war." *Arms Control Today*. (https://www.armscontrol.org/act/2003-11/press-releases/army-report-details-patriot-record-iraq-war)

Associated Press (2003, March 23). "U.S. missile kills 2 British pilots." *CBS News*. (https://www.cbsnews.com/news/us-missile-kills-2-british-pilots/)

Booher, H. R., & Minninger, M. L. (2003). "Human-systems integration (HSI) in Army systems acquisition: A case study of the Patriot missile system" (ARL-TR-3081). U.S. Army Research Laboratory. (https://apps.dtic.mil/sti/tr/pdf/ADA472740.pdf)

Callister, J. M. (2003, Summer). "Navy pilot perishes over Iraq." *Y Magazine*. (https://magazine.byu.edu/article/navy-pilot-perishes-over-iraq/)

Dratsch, T., Chen, X., Rezazade Mehrizi, M. H., et al. (2023). "Automation bias in mammography: The impact of artificial intelligence BI-RADS suggestions on reader performance." *Radiology*, 307(4), e222176. (https://doi.org/10.1148/radiol.222176)

Farooq, J., et al. (2024). "A practical guide for understanding and mitigating bias in medical imaging AI." *Journal of the American College of Radiology*, 21(3), 475–486. (https://doi.org/10.1016/j.jacr.2023.10.019)

Goddard, K., Roudsari, A., & Wyatt, J. C. (2012). "Automation bias: a systematic review of frequency, effect mediators, and mitigators." *Journal of the American Medical Informatics Association*, 19(1), 121–127. (https://doi.org/10.1136/amiajnl-2011-000089)

Rossi, A., & Pourtois, G. (2024). "The fast and the thoughtful: A dual-process perspective on the sense of agency." *Biomedicines*, 12(1), 229. (https://doi.org/10.3390/biomedicines12010229)

Skitka, L. J., Mosier, K. L., & Burdick, M. D. (1999). "Accountability and automation bias." *International Journal of Human-Computer Studies*, 51(5), 971–986.

Skitka, L. J., Mosier, K. L., Burdick, M. D., & Rosenblatt, B. (2000). "Automation bias and errors: Are crews better than individuals?" *International Journal of Aviation Psychology*, 10(1), 85–97.

Swan, G. M. (n.d.). "A summary of Ikujiro Nonaka's 'The knowledge creating company'." University of Kentucky. (https://www.uky.edu/~gmswan3/575/nonaka.pdf)

UK Ministry of Defence, Directorate of Air Staff (2004, May). "Military aircraft accident summary: RAF Tornado GR Mk4A ZG710." (https://assets.publishing.service.gov.uk/media/5a78e39b40f0b62b22cbd9a5/maas03_02_tornado_zg710_22mar03.pdf)

UPI (2004, May 14). "UK faults self and US for plane shootdown." (https://www.upi.com/Defense-News/2004/05/14/UK-faults-self-and-US-for-plane-shootdown/30351084548727/)

Wikipedia contributors (n.d.). "1983 Soviet nuclear false alarm incident." Wikipedia. (https://en.wikipedia.org/wiki/1983_Soviet_nuclear_false_alarm_incident)

AFP (2015, April 15). "China's Ninebot buys US scooter firm Segway." Phys.org. (https://phys.org/news/2015-04-china-ninebot-personal-scooter-maker.html)

Brown, M. (2001, December 3). "Segway unveiled." This Day in Tech History. (https://thisdayintechhistory.com/12/03/segway-unveiled/)

Buda Segway Pest (2018, January 21). "Segway price." (https://budasegwaypest.com/2018/01/21/segway-price/)

Gordon, R. (2002, November 26). "S.F. supervisors vote to ban Segway scooters from sidewalks." *SFGATE*. (https://www.sfgate.com/bayarea/article/S-F-supervisors-vote-to-ban-Segway-scooters-from-2714422.php)

Grant, A. (n.d.). "Authors and writing." Andyunedited.com. (https://andyunedited.com/category/authors_and_writing/page/2/)

Griggs, B. (2016, May 22). "Toyota to bring back iBot wheelchair." *Engadget*. (https://www.engadget.com/2016-05-22-toyota-to-bring-back-ibot-wheelchair.html)

Kemper, S. (2003). *Code name Ginger: The story behind Segway and Dean Kamen's quest to invent a new world.* Harvard Business Press.

Kulas, D. (n.d.). "Segway" [Unpublished manuscript]. Department of Mechatronics and Medical Physics, University of Rzeszów. (https://www.ur.edu.pl/files/ur/import/private/137/E-dydaktyka/Materialy-dydaktyczne/Angielski/KNP/Mechatronika-Fizyka-Medyczna-IM-SDM/Mgr-Dorota-Kulas/Segway-mgr-Dorota-Kulas.pdf)

Meyers, J. (n.d.). "Was Steve Jobs right about Segway and the future of cities?" *The Internet*. (https://buttondown.com/theinternet/archive/was-steve-jobs-right-about-segway-and-the-future/)

National Association of City Transportation Officials (2024, July 22). "A micromobility record: 157 million trips on bike share and scooter share in 2023." (https://nacto.org/wp-content/uploads/Shared-micro-in-2023-snapshot_FINAL_July22-2024.pdf)

Segway (2025, January 7). "Segway officially recognized as global no. 1 brand in eKickScooter sales" [Press release]. *PR Newswire*. (https://www.prnewswire.com/in/news-releases/segway-officially-recognized-as-global-no1-brand-in-ekickscooter-sales-302342695.html)

Segway (n.d.). "About the brand." (https://uk-en.segway.com/about-the-brand)

Segway (n.d.). "About Us." Segway Asia Pacific. (http://ap.segway.com/about)

Segway-Ninebot (2024, October 25). "Record-breaking: Segway-Ninebot's global sales of smart eKickscooter exceed 13 million units" [Press release]. *PR Newswire*. (https://www.prnewswire.com/news-releases/record-breaking-segway-ninebots-global-sales-of-smart-ekickscooter-exceed-13-million-units-302285940.html)

U.S. Census Bureau (2003, September). "Income in the United States: 2002" (Current Population Reports, P60-221). (https://www.census.gov/library/publications/2003/demo/p60-221.

html)

U.S. Department of Energy, Office of Energy Efficiency & Renewable Energy (2012, September 10). "Fact #744: Average new light vehicle price grows faster than average used." Vehicle Technologies Office. (https://www.energy.gov/eere/vehicles/fact-744-september-10-2012-average-new-light-vehicle-price-grows-faster-average-used)

Wikipedia (n.d.). "Arrested Development (season 1)." (https://en.wikipedia.org/wiki/Arrested_Development_season_1)

Wikipedia (n.d.). "Paul Blart: Mall Cop." (https://en.wikipedia.org/wiki/Paul_Blart:_Mall_Cop)

Wikipedia (n.d.). "Segway." (https://en.wikipedia.org/wiki/Segway)

17장 | 확증 편향의 덫

Alexander, J. (2020, April 8). "Quibi's biggest problem is that you can't screenshot it." *The Verge*.

Alexander, J. (2020, October 22). "Quibi's death is a lesson for all of Hollywood: Stop trying to reinvent the wheel." *The Verge*.

Anderson, M., & Jiang, J. (2020, May). "Teens, social media & technology 2020." Pew Research Center.

Chan, S. (2020, July 10). "Sensor Tower: Quibi converts just 8% of early free trial users to paying subscribers." *TechCrunch*.

Christensen, C. M. (2016). *The innovator's dilemma: When new technologies cause great firms to fail*. Harvard Business Review Press.

Cialdini, R. B. (2009). *Influence: The psychology of persuasion*. Collins Business Essentials.

Faughnder, R. (2020, October 23). "What went wrong with Quibi? A timeline of its short, troubled life." *Los Angeles Times*.

Flint, J. (2020, July 16). "Netflix adds 10 million subscribers as coronavirus keeps people at home." *The Wall Street Journal*.

Flint, J., & Farrell, M. (2019, July 8). "Quibi is paying up to $100,000 a minute for content." *The Wall Street Journal*.

Jarvey, N. (2018, August 8). "Jeffrey Katzenberg's Quibi raises $1 billion from Hollywood studios, Alibaba." *The Hollywood Reporter*.

Jarvey, N. (2020, April 6). "Quibi launches with a star-studded slate. Can it capture a massive audience?" *The Hollywood Reporter*.

Jenkins, H., Ford, S., & Green, J. (2013). *Spreadable media: Creating value and meaning in a networked culture*. New York University Press.

Jennings, R. (2020, February 12). "TikTok, explained." *Vox*.

Kafka, P. (2020, October 21). "Quibi is dead. And we have questions." *Recode*.

Lee, W. (2020, May 11). "Jeffrey Katzenberg blames Quibi's disappointing launch on coronavirus." *The New York Times*.

McSpadden, K. (2015, May 14). "You now have a shorter attention span than a goldfish." *Time Magazine*.

Mehta, I. (2022, June 28). "TikTok is rolling out longer 10-minute video uploads." *TechCrunch*.

Morning Consult (2020). "The state of consumer entertainment & media." (https://morningconsult.com/)

Mullin, B., & Flint, J. (2020, October 21). "Quibi is shutting down." *The Wall Street Journal*.

Mullin, B., & Flint, J. (2020, October 22). "Quibi's shutdown marks a stunning collapse for a Hollywood heavyweight." *The Wall Street Journal*.

Nickerson, R. S. (1998). "Confirmation bias: A ubiquitous phenomenon in many guises." *Review of General Psychology, 2*(2), 175–220.

Patel, S. (2020, April 10). "Quibi was designed for on-the-go. That's a problem in a pandemic." *Variety*.

Pierce, D. (2020, January 8). "Quibi's Turnstyle is the phone-flipping future of video." *Wired*.

Ries, E. (2011). *The lean startup: How today's entrepreneurs use continuous innovation to create radically successful businesses*. Crown Business.

Senge, P. M. (2006). *The fifth discipline: The art & practice of the learning organization*. Doubleday.

Sherman, A. (2020, April 7). "Quibi downloaded more than 300,000 times on launch day, falls short of Disney+ debut." *CNBC*.

Solon, O. (2020, May 19). "Quibi, the bite-sized streaming service, is struggling. Can it be saved?" *NBC News*.

Spangler, T. (2020, April 13). "Quibi says it hit 1.7 million downloads in first week, but offers no data on viewing." *Variety*.

Vranica, S., & Flint, J. (2020, January 15). "Quibi sells out its $150 million first-year ad inventory." *The Wall Street Journal*.

18장 | 상명하달식 기술 도입의 최후

ALQST (2023, February). "The dark side of Neom: Expropriation, expulsion and prosecution of the region's inhabitants." (https://alqst.org/uploads/the-dark-side-of-neom-expropriation-expulsion-and-prosecution-en.pdf)

Atlas of Urban Tech (n.d.). "NEOM The Line." (https://atlasofurbantech.org/cases/sau-neom-theline/)

Barcelona City Council (n.d.). "Technological sovereignty: Principles and guidelines." Ethical Digital Standards. (https://ajuntamentdebarcelona.github.io/ethical-digital-standards-site/tech-sovereignty/0.1/policy.html)

Blackridge Research (n.d.). "NEOM The Line." (https://www.blackridgeresearch.com/proj-ect-profiles/neom-the-line-concept-dimensions-architecture-cost-smart-mega-city-kingdom-of-saudi-arabia-ksa)

Bloomberg News (2024, April 5). "Saudi Arabia scales back ambitions for Neom desert city." (https://www.bloomberg.com/news/articles/2024-04-05/saudis-scale-back-ambition-for-1-5-trillion-desert-project-neom)

Calzada, I. (2019). "Barcelona's grassroots-led urban experimentation: Deciphering the 'data commons' policy scheme." *ResearchGate*. (https://www.researchgate.net/publi-cation/332618268_Barcelona's_Grassroots-led_Urban_Experimentation_Deciphering_the_'Data_Commons'_Policy_Scheme)

CBC News (2020, May 7). "Sidewalk Labs cancels plan to build high-tech neighbour-hood in Toronto amid COVID-19." (https://www.cbc.ca/news/canada/toronto/side-walk-labs-cancels-project-1.5559370)

CNBC (2022, November 26). "Neom: Saudi Arabia's $500 billion bet to build a futuristic city in the desert [Video]." YouTube. (https://www.youtube.com/watch?v=dffUqowalwg)

Decidim (n.d.). "What is Decidim?" (https://docs.decidim.org/en/develop/whitepaper/what-is-decidim.html)

European Centre for Democracy and Human Rights (2025, July 16). "The cost of opposing NEOM: Arbitrary detention and unjust sentences for Saudi Arabia's Al-Huwaitat tribe." (https://www.ecdhr.org/the-cost-of-opposing-neom-arbitrary-detention-and-unjust-sentences-for-saudi-arabias-al-huwaitat-tribe/)

Global Landscapes Forum (n.d.). "The Line in the sand: Will Neom prove miracle or mirage?" Think Landscape. (https://thinklandscape.globallandscapesforum.org/71219/the-line-in-the-sand-will-neom-prove-miracle-or-mirage/)

Hauer, T. (2017). "Technological determinism and new media." *International Journal of English, Literature and Social Science*, 2(2), 1-4.

Mendez, J. (2022). "Placemaking versus place-taking: An institutional analysis of modern streetcar performance." *Journal of Planning Education and Research*.

NEOM (n.d.). "The Line." (https://www.neom.com/en-us/regions/theline)

Nesta (2020, January). "Common knowledge: Citizen-led data governance for better cities." (https://media.nesta.org.uk/documents/DECODE_Common_Knowledge_Citizen_led_data_governance_for_better_cities_Jan_2020.pdf)

Pinch, T. J., & Bijker, W. E. (1984). "The social construction of facts and artifacts: Or how the sociology of science and the sociology of technology might benefit each other." *Social Studies of Science*, 14(3), 399-441.

PwC (2023, November 10). "The eco-oasis: A blueprint for sustainable cities." (https://www.pwc.com/gx/en/issues/business-model-reinvention/how-we-fuel-and-power/sustain-able-energy-infrastructure/the-eco-oasis-blueprint-for-sustainable-cities.html)

RideKC (n.d.). "Performance dashboard." (https://ridekc.org/planning/dashboard)

Singularity Hub (2011, March 1). "Masdar City abandons transportation system of the future." (https://singularityhub.com/2011/03/01/masdar-city-abandons-public-transportation-system-of-the-future/)

Smith, M. R., & Marx, L. (Eds.) (1994). *Does technology drive history? The dilemma of technological determinism.* MIT Press.

The Appeal (2020, June 9). "The Camden Police Department is not a model for policing in the post-George Floyd era." (https://theappeal.org/camden-police-george-floyd/)

The Guardian (2016, February 16). "Masdar's zero-carbon dream could become world's first green ghost town." (https://www.theguardian.com/environment/2016/feb/16/masdars-zero-carbon-dream-could-become-worlds-first-green-ghost-town)

The Guardian (2019, June 6). "'Surveillance capitalism': Critic urges Toronto to abandon smart city project." (https://www.theguardian.com/cities/2019/jun/06/toronto-smart-city-google-project-privacy-concerns)

The New Arab (2025, March 13). "Saudi's NEOM bill skyrockets from $500 billion to $8.8 trillion." (https://www.newarab.com/news/saudis-neom-bill-skyrockets-500-billion-88-trillion)

Wikipedia (2025, August 13). "Masdar City." (https://en.wikipedia.org/wiki/Masdar_City)

Wikipedia (2025, August 17). "The Line, Saudi Arabia." (https://en.wikipedia.org/wiki/The_Line,_Saudi_Arabia)

World Economic Forum (2023, June). "Data for the city of tomorrow: Developing the capabilities and capacity to guide better urban futures." (https://www3.weforum.org/docs/WEF_Data_for_the_City_of_Tomorrow_2023.pdf)

WWF (n.d.). "WWF, Abu Dhabi unveil plan for world's first carbon-neutral, waste-free, car-free city." (https://wwf.panda.org/wwf_news/?121320/WWF-Abu-Dhabi-unveil-plan-for-worlds-first-carbon-neutral-waste-free-car-free-city)

Yigitcanlar, T., Kankanamge, N., & Vella, K. (2021). "How can smart city concepts address urban challenges? A systematic literature review." *Journal of Urban Technology,* 28(1-2), 155-186.

19장 | 헤드업 컴퓨팅의 오만

24/7 Staff (2017, August 4). "Smart glasses become the new standard in order picking." SupplyChain247. (https://www.supplychain247.com/article/smart_glasses_new_standard_in_order_picking)

Anderson, J., & Rainie, L. (2014, May 14). "The Internet of Things will thrive by 2025." Pew Research Center. (https://www.pewresearch.org/internet/2014/05/14/internet-of-things/)

Arthur, C. (2013, February 28). "Google's Sergey Brin: smartphones are 'emasculating'." *The Guardian*. (https://www.theguardian.com/technology/2013/feb/28/google-sergey-brin-smartphones-emasculating)

Berenbaum, S. (2013, April 25). "Google Glass has a 30-minute battery life while shooting video." *Digital Trends*. (https://www.digitaltrends.com/mobile/google-glass-30-minute-videobattery/)

Brin, S. (2013, February). "Why Google Glass?" [Video]. TED Conferences. (https://www.ted.com/talks/sergey_brin_why_google_glass)

CNET (2013, April 19). "Google Glass." CNET. (https://www.cnet.com/reviews/google-glass-preview/)

Cooley, C. H. (1902). *Human nature and the social order*. Charles Scribner's Sons.

Google (2012, June 27). "Project Glass: Live demo at Google I/O [Video]." YouTube. (https://www.youtube.com/watch?v=D7TB8b2t3QE)

Google (n.d.). "Glass Enterprise Edition 2 tech specs." Google Glass Enterprise Help. (https://support.google.com/glass-enterprise/customer/answer/9220200?hl=ko)

Google (n.d.). "Tech specs." Google Glass Help. (https://support.google.com/glass/answer/3064128?hl=ko)

Hall, S. (2014, June 24). "Google Glass app directory hits 64 apps with 11 new additions including Shazam, The Guardian, more." 9to5Google. (https://9to5google.com/guides/glassware/)

Hayden, S. (2023, March 16). "Google discontinues Glass Enterprise Edition smartglasses." Road to VR. (https://www.roadtovr.com/google-discontinues-glass-enterprise/)

Jacobs, L. (2013, September 12). "Google Glass in Vogue: How the device is shattering the barrier between fashion and tech." TED Blog. (https://blog.ted.com/google-glass-in-vogue-how-the-device-is-shattering-the-barrier-between-fashion-and-tech/)

LiKamWa, R., Wang, Z., Carroll, A., Lin, F. X., & Zhong, L. (2014). "Draining our glass: An energy and heat characterization of Google Glass." arXiv. (https://arxiv.org/abs/1404.1320)

Martinez, E. (2012, September 10). "Models sport Google Glass on runway." *CBS News*. (https://www.cbsnews.com/pictures/models-sport-google-glass-on-runway/)

Moon, M. (2013, June 12). "Thorough Google Glass teardown reveals 570mAh battery capacity." Engadget. (https://www.engadget.com/2013-06-12-google-glass-teardown-battery-capacity.html)

Oremus, W. (2015, January 16). "Google Glass isn't dead. It's going to be redesigned by the guy who invented the iPod." Slate. (https://slate.com/technology/2015/01/google-glass-dead-or-alive-nest-s-tony-fadell-takes-over.html)

SFGATE (2014, March 26). "Sarah Slocum, the infamous face of Google Glass." SFGATE. (https://www.sfgate.com/news/article/sarah-slocum-the-infamous-face-of-google-glass-5348911.php)

Upskill (n.d.). "Boeing cuts production time by 25% with Skylight on Glass." (https://

artillry.co/wp-content/uploads/2020/08/Upskill-Boeing-Case-Study.pdf)

Wikipedia (n.d.). "Google Glass." (https://en.wikipedia.org/wiki/Google_Glass)

Wikipedia (n.d.). "Loon LLC." (https://en.wikipedia.org/wiki/Loon_LLC)

Williams, R. (2013, March 26). "Google Glass will make 'privacy impossible' warn 'Stop The Cyborgs' campaigners." *The Independent*. (https://www.independent.co.uk/tech/google-glass-will-make-privacy-impossible-warn-stop-the-cyborgs-campaigners-8550499.html)

X, The Moonshot Factory (n.d.). "Waymo." (https://x.company/projects/waymo/)

X, The Moonshot Factory (n.d.). "Welcome to X, The Moonshot Factory." (https://x.company/)

20장 | 펜 하나가 던진 우주적 질문

Curtin, C. (2006, December 20). "Fact or fiction?: NASA spent millions to develop a pen that would write in space, whereas the Soviet cosmonauts used a pencil." *Scientific American*.

Fisher Space Pen (n.d.). "Our story." (https://www.spacepen.com/our-story)

Hamilton Pens (n.d.). "Pens that made history: The Fisher Space Pen." (https://www.hamiltonpens.com/blogs/articles/pens-that-made-history-the-fisher-space-pen)

Hardwick, C. S. (2016, January 27). "Of Space and Pens." (https://cstuarthardwick.com/2016/01/27/of-space-and-pens/)

Jones, T. (n.d.). "The saga of writing in space." National Air and Space Museum. (https://airandspace.si.edu/stories/editorial/saga-writing-space)

NASA Safety Center (2008, February 1). "The Apollo 1 tragedy." (https://sma.nasa.gov/docs/default-source/safety-messages/safetymessage-2008-02-01-theapollo1tragedy-vits.pdf?sfvrsn=98a91ef8_4)

NASA (2021, July 13). "How NASA astronauts write in space." NASA Spinoff. (https://spinoff.nasa.gov/space-pens)

Pen Heaven (n.d.). "Defying gravity: A brief history of the Fisher Space Pen." (https://www.penheaven.com/blog/defying-gravity)

PolitiFact (2019, May 21). "No, NASA did not spend over $165 million on a space pen while Russians used pencils." PolitiFact.

Reddit (n.d.). [r/askscience] "Why are graphite shards dangerous in a zero g environment?" (https://www.reddit.com/r/askscience/comments/3di7rf/why_are_graphite_shards_dangerous_in_a_zero_g/)

ScienceAlert (n.d.). "Why wouldn't NASA want to use pencils in space? Here's the true story." (https://www.sciencealert.com/why-wouldnt-nasa-want-to-use-pencils-in-space-heres-the-true-story)

SEMCO Carbon (n.d.). "Graphite dust: How we deal with the dust hazard." (https://

www.semcocarbon.com/blog/graphite-dust-how-we-deal-with-the-dust-hazard)

Wikipedia (n.d.). "Apollo 1." (https://en.wikipedia.org/wiki/Apollo_1)

Wikipedia (n.d.). "Space Pen." (https://en.wikipedia.org/wiki/Space_Pen)

Wikipedia (n.d.). "Writing in space." (https://en.wikipedia.org/wiki/Writing_in_space)

21장 | 새 배차 시스템이 낳은 악몽

Finkelstein, A., & Dowell, J. (1996). "A comedy of errors: The London Ambulance Service case study." *In Proceedings of the 8th International Workshop on Software Specification & Design (IWSSD-8)* (pp. 2-4). IEEE CS Press.

Greenwood, D., Khajeh-Hosseini, A., & Sommerville, I. (2010). *Lessons from the Failure and Subsequent Success of a Complex Healthcare Sector IT Project*. St Andrews Dependable Systems Engineering Group.

Hussian, S. T., Lei, S., Akram, T., Haider, M. J., Hussain, S. H., & Ali, M. (2018). "Kurt Lewin's change model: A critical review of the role of leadership and employee involvement in organizational change." *Journal of Innovation & Knowledge*, 3(3), 123-127.

Khajeh-Hosseini, A., Greenwood, D., & Sommerville, I. (2010). "Stakeholder impact analysis in software projects: A case study of the London Ambulance Service." arXiv preprint arXiv:1003.3880.

Kingman, S. (1993, March 6). "London ambulance service's computer system was 'high risk'." *BMJ*, 306(6878), 603.

Kopec, D. (n.d.). "The London Ambulance Service Computer Aided Dispatch (CAD) Software Crisis." Brooklyn College, CUNY. (http://www.sci.brooklyn.cuny.edu/~kopec/CIS_763/LAS%20hand%20in%20paper.doc)

Kotter, J. P. (1996). *Leading change*. Harvard Business School Press.

McGrath, K. (2001). "The golden circle: A way of arguing and acting about technology in the London Ambulance Service." *Journal of Intelligent Systems*, 11(4), 493-519.

Musick, E. (2006). "The 1992 London Ambulance Service Computer Aided Dispatch System Failure." Virginia Tech. (https://citeseerx.ist.psu.edu/document?repid=rep1&type=pdf&doi=ae9b434d4d10c25f70170688ffd5367f8b8ade22)

Page, D., Williams, P., & Boyd, D. (1993). "Report of the inquiry into the London Ambulance Service." South West Thames Regional Health Authority.

Pinchbeck, R. (n.d.). "Dispatching failure: A case study of the London Ambulance Service computer aided dispatch system." (http://www.robertpinchbeck.com/college/work/papers/dispatching_failure.htm)

UK Parliament (1995, June 30). "London Ambulance Service." *Hansard, HC Deb*, vol 262, cols 1222-30.

22장 | 화물 숭배의 예정된 비극

Bowman, E. (2018, July 31). "Scaled autonomy at Zalando: An accountability-based leadership model." InfoQ. (https://www.infoq.com/articles/scaled-autonomy-zalando/)

Edmondson, A. (1999). "Psychological safety and learning behavior in work teams." *Administrative Science Quarterly*, 44(2), 350 – 383. (https://doi.org/10.2307/2666999)

Edmondson, A. C. (2019). *The fearless organization: Creating psychological safety in the workplace for learning, innovation, and growth.* John Wiley & Sons.

Feynman, R. P. (1974). *Cargo cult science.* Caltech.

Growing Scrum Masters (n.d.). "Agile theater." (https://www.growingscrummasters.com/keywords/agile-theater/)

Jacobs, P., & Schlatmann, B. (2017, January). "ING's agile transformation." *McKinsey Quarterly*.

Kniberg, H. (2012, November 14). "Scaling agile @ Spotify with tribes, squads, chapters & guilds." Crisp's Blog. (https://blog.crisp.se/2012/11/14/henrikkniberg/scaling-agile-at-spotify)

Kniberg, H., & Ivarsson, A. (2012). "Scaling agile @ Spotify with tribes, squads, chapters & guilds." Crisp AB.

Kotter, J. P. (1996). *Leading change.* Harvard Business School Press.

LeanIX (n.d.). "9 use cases solved with enterprise architecture (part three)." (https://www.leanix.net/en/blog/9-use-cases-solved-with-enterprise-architecture-part-three)

Liker, J. K. (2021). *The Toyota way: 14 management principles from the world's greatest manufacturer* (2nd ed.). McGraw Hill.

Ohno, T. (1988). *Toyota production system: Beyond large-scale production.* Productivity Press.

Schein, E. H. (1985). *Organizational culture and leadership.* Jossey-Bass.

23장 | 성급한 의사결정의 폐해

Atske, S., & Perrin, A. (2021, July 16). "Home broadband adoption, computer ownership vary by race, ethnicity in the U.S.." Pew Research Center.

Bailenson, J. N. (2021). "Nonverbal overload: A theoretical argument for the causes of Zoom fatigue." *Technology, Mind, and Behavior*, 2(1). (https://doi.org/10.1037/tmb0000030)

Balcı, U., Ling, C., Stringhini, G., & Blackburn, J. (2021). "A first look at zoombombing." *In 2021 IEEE Symposium on Security and Privacy (SP)* (pp. 1386-1402). IEEE.

CBS Boston (2020, March 30). "'Zoom-Bombing' hijacks online class meetings in Massachusetts, FBI warns." *CBS News*.

Means, B., Toyama, Y., Murphy, R., & Baki, M. (2013). "The effectiveness of online and blended learning: A meta-analysis of the empirical literature." *Teachers College Record*, 115(3), 1–47.

National Center for Education Statistics (2022). "NAEP long-term trend assessment results: Reading and mathematics." U.S. Department of Education, Institute of Education Sciences.

Sweller, J. (1988). "Cognitive load during problem solving: Effects on learning." *Cognitive Science*, 12(2), 257–285. (https://doi.org/10.1207/s15516709cog1202_4)

UNICEF (2020, August 27). "COVID-19: At least a third of the world's school children unable to access remote learning during school closures [Press release]."

United Nations (2020, August). "Policy Brief: Education during COVID-19 and beyond."

Zoom Video Communications, Inc. (2021). "2021 proxy statement and notice of annual meeting of stockholders."

24장 | 비상 브레이크 없는 리더십

Ali, O. M., & Peszynski, K. (2014). "Queensland Health Payroll System – A case study." ResearchGate. (https://www.scribd.com/document/461057513/Queensland-Health-Payroll-System-a-cas-pdf)

Beyond Software (n.d.). "The Queensland Health payroll fiasco." (https://blog.beyond-software.com/the-queensland-health-payroll-fiasco)

Brockner, J. (1992). "The escalation of commitment to a failing course of action: Toward theoretical progress." *Academy of Management Review*, 17(1), 39-61.

Cater-Steel, A. (2019). "Situational incompetence: The failure of governance in the management of large scale IT projects." *Journal of Modern Project Management*, 7(3). (https://journalmodernpm.com/manuscript/index.php/jmpm/article/download/JMPM02004/349)

Dolfing, H. (2019, December). "Project failure case study: Queensland Health." (https://www.henricodolfing.com/2019/12/project-failure-case-study-queensland-health.html)

Jacobson, D. (2013, August 9). "Queensland Health Payroll System Commission of Inquiry Report: contract management lessons." Bright Law. (https://www.brightlaw.com.au/queensland-health-payroll-system-commission-of-inquiry-report-contract-management-lessons/)

Keil, M., & Flatto, J. (1999). "Escalation of commitment in IT projects: A new perspective." *PACIS 1999 Proceedings*. (https://www.science.gov/topicpages/m/medical+records+emr)

Lanthier, C., & Jay, P. (2018, February 28). "Queensland still trying to recover millions in payroll overpayments 8 years after 'catastrophic failure'." *CBC News*. (https://www.cbc.ca/news/canada/ottawa/phoenix-queensland-overpayments-payroll-1.4549218)

LeMay, R. (2013, August 1). "IBM should never have been appointed, finds Qld payroll inquiry." *iTnews*. (https://www.itnews.com.au/news/ibm-should-never-have-been-appointed-finds-qld-payroll-inquiry-352362)

Newman, C. (2012, December 13). "Health Payroll Commission of Inquiry announced [Press release]." Queensland Government. (https://statements.qld.gov.au/statements/71195)

Queensland Audit Office (2010). "Information systems governance and control, including the Queensland Health Implementation of Continuity Project" (Report No. 7 for 2010). (https://www.qao.qld.gov.au/sites/default/files/2019-12/FY%202010%20-%207%20Information%20systems%20governance%20and%20control%2Cincluding%20the%20Queensland%20Health%20Implementation%20of%20Continuity%20Project.pdf)

Queensland Government (2013, August). "Queensland Government response to the Queensland Health Payroll System Commission of Inquiry." (https://cabinet.qld.gov.au/documents/2013/aug/health%20payroll%20response/Attachments/Response.PDF)

Springborg, L. (2013, August 6). "Minister welcomes Parliamentary apology to Queensland Health workers [Press release]." Queensland Government. (https://statements.qld.gov.au/statements/72971)

Standing Committee on National Finance (2018). "The Phoenix Pay Problem: A Study." Senate of Canada. (https://sencanada.ca/content/sen/committee/421/NFFN/reports/NFFN_Phoenix_Report_32_WEB_e.pdf)

Stilgherrian (2012, June 6). "QLD Health payroll bungle to cost $1.25 billion." *iTnews*. (https://www.itnews.com.au/news/qld-health-payroll-bungle-to-cost-125-billion-303888)

Thompson, E. (2018, February 26). "Australian payroll fiasco foreshadowed Phoenix's failed launch in Canada." *CBC News*. (https://www.cbc.ca/news/canada/ottawa/phoenix-payroll-australia-queensland-experience-1.4543784)

Wikipedia (2024, March 23). "2010 Queensland Health payroll system implementation." (https://en.wikipedia.org/wiki/2010_Queensland_Health_payroll_system_implementation)

25장 | 현실과 괴리된 '톱다운 혁신'

AIN Publications (2024, July 1). "Airborne communications are coming down to earth." AINonline. (https://www.ainonline.com/aviation-news/business-aviation/2024-07-01/airborne-communications-are-coming-down-earth)

Al-Hawawreh, M. (2024). "A comprehensive survey on the security of cloud-based SCADA systems: Vulnerabilities, attacks, and countermeasures." *Electronics*, 13(4), 97. (https://doi.org/10.3390/electronics13040697)

BizThots (2024, March 17). "The digital transformation that failed at General Electric's." (https://bizthots.wordpress.com/2024/03/17/the-digital-transformation-that-failed-at-general-electrics/)

BJT online (n.d.). "Wi-fi in the sky: Better, faster & getting cheaper." (https://bjtonline. com/business-jet-news/wi-fi-in-the-sky-better-faster-getting-cheaper)

Check Point Software Technologies (n.d.). "What is SCADA?" (https://www.checkpoint. com/cyber-hub/network-security/what-is-scada/)

Chemitiganti, S. (2018, July 26). "What we can learn from GE and why digital transformations fail." Platform9. (https://platform9.com/blog/what-we-can-learn-from-ge-and-why-digital-transformations-fail/)

Fortinet (n.d.). "SCADA/industrial control systems." (https://www.fortinet.com/solutions/ industries/scada-industrial-control-systems)

GE Digital (n.d.). "Wikipedia." (https://en.wikipedia.org/wiki/GE_Digital)

GE Vernova (n.d.). "APM cloud & edge." (https://www.gevernova.com/software/products/ asset-performance-management/cloud-edge)

GE Vernova (n.d.). "Navigating SCADA cyber security challenges." (https://www.gever-nova.com/software/blog/navigating-scada-cyber-security-challenges)

General Electric (2013, January 29). "GE launches Industrial Internet solution to help utilities predict and prevent electrical grid outages." GE News. (https://www.ge.com/ news/press-releases/ge-launches-industrial-internet-solution-help-utilities-predict-and-prevent)

General Electric (2014, October 9). "GE to open Predix industrial internet platform to all users." GE News. (https://www.ge.com/news/press-releases/ge-open-predix-industrial-internet-platform-all-users)

General Electric (2015, September 29). "GE Predix software platform offers 20% potential increase in performance across customer base." GE News. (https://www. ge.com/news/press-releases/ge-predix-software-platform-offers-20-potential-increase-performance-across-customer)

General Electric (2016, March 1). "The GE digital transformation." (https://www.ge.com/ sites/default/files/ge_webcast_presentation_03012016_0.pdf)

General Electric (2017, June 12). "John Flannery named Chairman and CEO of GE." GE News. (https://www.ge.com/news/press-releases/john-flannery-named-chairman-and-ceo-ge)

General Electric (2017, November 13). "GE investor update." (https://www.ge.com/sites/default/files/GE-USQ_Transcript_2017-11-13.pdf)

Girod, S. J. G., & Duke, L. (2019). "Digital transformation at GE: Shifting minds for agility." *IMD*. (https://www.imd.org/research-knowledge/strategy/case-studies/digital-transformation-at-ge-shifting-minds-for-agility/)

Gorman, P. (2017, December 7). "GE CEO Flannery continues restructuring with 12,000 job cuts." *Chief Executive*. (https://chiefexecutive.net/ceo-flannery-continues-restructuring-12000-job-cuts/)

Human, L. (2022, November 23). "How General Electric burned $7 billion on their platform." PlatformEngineering.org. (https://platformengineering.org/blog/how-general-electric-burned-7-billion-on-their-platform)

Immelt, J. (2014, December). *GE's Jeff Immelt on digitizing in the industrial space*. McKinsey & Company. (https://www.mckinsey.com/capabilities/people-and-organizational-performance/our-insights/ges-jeff-immelt-on-digitizing-in-the-industrial-space)

Indra & General Electric (2016, October 4). "Indra and GE join forces to develop Industrial Internet applications on the Predix platform." (https://www.indracompany.com/sites/default/files/161004_pr_indra_and_ge_agreement_en.pdf)

Ivey Publishing (2021, November 11). "Digital transformation at GE: What went wrong? [Podcast]". (https://www.ivey.uwo.ca/publishing/podcast/2021/11/digital-transformation-at-ge-what-went-wrong/)

Kaelber, T. F. (2018, February 22). "The failure of the GE 'Success Theater'." JDSupra. (https://www.jdsupra.com/legalnews/the-failure-of-the-ge-success-theater-46647/)

Kaelber, T. F. (2018, February 22). "The failure of the GE 'Success Theater'." JDSupra. (https://www.jdsupra.com/legalnews/the-failure-of-the-ge-success-theater-46647/)

Chemitiganti, S. (2018, July 26). "What we can learn from GE and why digital transformations fail." Platform9. (https://platform9.com/blog/what-we-can-learn-from-ge-and-why-digital-transformations-fail/)

Kuo, U. (2023, April 29). "The dilemma of digital transformation: Lessons from GE's failed digital strategy." Medium. (https://medium.com/b8125-fall2024/the-dilemma-of-digital-transformation-lessons-from-ges-failed-digital-strategy-9c5d935a941e)

Layne, N. (2017, July 21). "GE shifts strategy, financial targets for digital business after missteps." Energynomics.ro (citing Reuters). (https://www.energynomics.ro/en/ge-shifts-strategy-financial-targets-for-digital-business-after-missteps/)

Leonov, Y. (2018, October 16). "How GE got culture all wrong." Axero Solutions. (https://axerosolutions.com/blog/how-ge-got-culture-all-wrong)

Macaulay, T. (2017, November 13). "GE to scale back Predix amid companywide restructure." CIO Dive. (https://www.ciodive.com/news/ge-to-scale-back-predix-amid-companywide-restructure/510758/)

Mixson, E. (2022, March 8). "Lessons learned from GE's digital transformation failure." Intelligent Automation Network. (https://www.intelligentautomation.network/resiliency/articles/lessons-learned-from-ges-digital-transformation-failure)

Moazed, A. (2017, October 24). "Why GE Digital failed." Applico. (https://www.applicoinc.com/blog/ge-digital-failed/)

Palo Alto Networks (n.d.). "What is ICS security?" (https://www.paloaltonetworks.com/cyberpedia/what-is-ics-security)

Panettieri, J. (2018, December 13). "GE sells ServiceMax to Silver Lake; Spins off GE Digital and Predix." ChannelE2E. (https://www.channele2e.com/post/ge-sells-servicemax-to-silver-lake)

Panorama Consulting Group (n.d.). "6 reasons for digital transformation failure." (https://www.panorama-consulting.com/digital-transformation-failure-reasons/)

Schamaria, N. (2018, January 15). "General Electric stock plummeted 44.8% in 2017: Here's what you should do." The Motley Fool. (https://www.fool.com/investing/2018/01/15/why-general-electric-plummeted-448-in-2017.aspx)

Silver Lake (2018, December 13). "Silver Lake to acquire majority stake in ServiceMax from GE Digital." (https://www.silverlake.com/silver-lake-to-acquire-majority-stake-in-service-max-from-ge-digital/)

Singh, S. (2018, December 16). "Lessons to learn from GE's IoT platform (Predix)'s failure." World of IoT on Medium. (https://medium.com/world-of-iot/lessons-to-learn-from-ges-iot-platform-predix-s-failure-4319bea5e3e7)

Stout, A., & Tacy, D. (2016). "Rebooting agile @ GE Transportation." Agile Alliance. (https://agilealliance.org/resources/experience-reports/rebooting-agile-ge-transportation/)

Torode, C. (n.d.). "Agile methodologies: GE's Rogers on making the switch." *TechTarget*. (http://media.techtarget.com/digitalguide/images/Misc/EA-Marketing/ITDA/Agile_Methodologies_V2.pdf)

Various authors (2018, August 13). "GE Digital to be spun off into a separate company [discussion]." *Hacker News*. (https://news.ycombinator.com/item?id=17749325)

Why your enterprise keeps failing at digital transformation (2019, November 1). *Forbes*. (https://www.forbes.com/councils/forbestechcouncil/2019/11/01/why-your-enterprise-keeps-failing-at-digital-transformation/)

Winig, L. (2016, January 19). "GE's big bet on data and analytics." *MIT Sloan Management Review*. (https://sloanreview.mit.edu/case-study/ge-big-bet-on-data-and-analytics/)